走进电力市场

安徽电力市场建设与运营实践

崔锦瑞　何　川　杨　莉◎编著

ZHEJIANG UNIVERSITY PRESS
浙江大学出版社

图书在版编目(CIP)数据

走进电力市场：安徽电力市场建设与运营实践/崔锦瑞,何川,杨莉编著. —杭州:浙江大学出版社,2021.8
ISBN 978-7-308-21488-9

Ⅰ.①走… Ⅱ.①崔…②何…③杨… Ⅲ.①电力市场－研究－安徽 Ⅳ.①F426.61

中国版本图书馆CIP数据核字(2021)第114198号

走进电力市场

——安徽电力市场建设与运营实践

崔锦瑞　何　川　杨　莉　编著

责任编辑	伍秀芳
责任校对	林汉枫
封面设计	雷建军
出版发行	浙江大学出版社
	(杭州市天目山路148号　邮政编码310007)
	(网址:http://www.zjupress.com)
排　　版	浙江时代出版服务有限公司
印　　刷	广东虎彩云印刷有限公司绍兴分公司
开　　本	710mm×1000mm　1/16
印　　张	20.25
字　　数	322千
版 印 次	2021年8月第1版　2021年8月第1次印刷
书　　号	ISBN 978-7-308-21488-9
定　　价	88.00元

编写委员会

主　编：崔锦瑞　何　川　杨　莉

副主编：汤涤非　董晨景　吴　昊　陈家庚

编　委：张　智　侯佳萱　蒋轶澄　李　晶

　　　　王海超　周　涛　李永波　张伟时

　　　　王　恺　李金城　唐家俊　李雅婷

　　　　钱寒晗　季　超　江海龙　林哲敏

　　　　郝宇星　齐　慧　张　纬　赵雪婷

　　　　程鸿鹄　王韵楚　裴　佑　刘欣怡

　　　　林振智

前　言

  《关于进一步深化电力体制改革的若干意见（中发〔2015〕9 号文）》颁发以来，我国电力市场化改革在电力市场"中国化"的道路上又经历了几年探索历程，并取得了显著成绩。

  2019 年 8 月 7 日，国家发改委、国家能源局发布《关于深化电力现货市场建设试点工作的意见》（以下简称《意见》），对加快推进电力现货市场建设进行了明确具体的安排，如合理设计电力现货市场建设方案，市场主体范围应涵盖各类发电企业和供电企业、售电企业、具备直接参加电力现货交易条件的电力用户等；统筹协调电力中长期交易与现货市场，对于优先发电、优先购电，根据市场建设进展纳入中长期交易等。这标志着我国电力现货市场建设将进入"深水区"。

  此前，2019 年 6 月 22 日，国家发改委发布的《关于全面放开经营性电力用户发用电计划的通知》（以下简称《通知》）要求，各地要统筹推进全面放开经营性电力用户发用电计划工作，坚持规范有序稳妥的原则，坚持市场化方向，完善价格形成机制，落实清洁能源消纳要求，确保电网安全稳定运行和电力用户的稳定供应，加强市场主体准入、交易合同、交易价格的事中事后监管。《通知》明确，经营性电力用户的发用电计划原则上全部放开。除居民、农业、重要公用事业和公益性服务等行业电力用户以及电力生产供应所必需的厂用电和线损之外，其他电力用户均属于经营性电力用户。《通知》《意见》等系列措施将加快推进电力市场建设。经营性电力用户全面放开发用电计划意味着没有计划电量，大部分电量将在市场上按供需关系撮合，这对电力市场的供需双方——发电侧和用户侧将产生明显影响。

  我国电力市场改革的成绩固然显著，但困难依然重重。原因可能有对电力市场建设根本出发点认识不足,对电力市场知识的理解不够深入和完备,对电力市场风险的认识和防范措施不够到位,对电力市场改革中可能出现的问题应对策略不够,这导致在市场改革试点过程中出现了一些不足和问题,也产生了一些负面影响。因此,当前的电力市场化改革迫切需要更加明确的方向指引,迫切需要妥善处理好遇到的矛盾和问题,否则将影响到下阶段改革工作的推进。

电力市场化改革迫切需要研究解决改革过程中遇到的"中国化"问题。电力市场建设与一个国家的政治、经济和社会环境密切相关。西方市场化程度高的国家长期以来形成的市场环境使得电力市场化改革主要着眼于市场机制的设计,而我国市场环境还处于建设和完善时期,在电力市场建设中需要考虑的因素也较西方市场化程度高的国家要更多一些、复杂化程度要更高一些。欧美市场经济模式也与其自身的政治、经济、历史文化传统紧密相连,基因与我国迥异。市场在我国电力行业落地,需要进行"中国化"改造,与我们的国情、现实相适应。

电力市场建设,最重要的就是"市场化"建设。如果没有科学完善的市场交易规则,行政的手、市场的手、社会各个层面的手在电力市场中相互作用,难以形成合力,电力市场效率会受到影响。近年来,我国电力细分市场蓬勃发展,微网、储能、售电市场被激活,大量社会资本进入,电力市场主体活力得到释放,而市场对于法律配套、监管配套、信息公开、信用体系建设要求也日趋强烈,电力市场配套机制需要完善的地方还有很多。

本书立足于当前中国电力体制改革以及电力市场建设的大背景,综合介绍了电力市场基本概念、电力市场定价理论,综合了微观经济学、宏观经济学等市场管理相关学科的基础知识,进行了具体形象的实例分析,旨在帮助电力行业、经济领域、公共事业管理、市场机制设计、投资行业等相关从业人员正确理解电力市场的基本原理,准确认识外部因素作用于电力市场的一般机理和途径,初步掌握开展工作需要的基础知识并形成一定的经济分析能力,为正在走向市场的供(售)电企业开展市场管理、进行市场决策提供帮助。同时,本书深入剖析了国外电力市场及我国电力市场的特点,全景式地展现了中国电力市场建设历程和路径,可以为每位有兴趣的读者提供电力市场的通识性知识,同时也可作为各级管理者及营销、调度、规划、财务等岗位员工进行市场管理及研究工作的参考书,希望能够为其提供中国电力市场设计、建设、运营、监管等方面的借鉴和参考。

本书以电力市场的建设实践为基础,以电力市场一般理论为依据,结合国际典型电力市场建设经验,对新一轮电力市场化改革先行省份的电力市场建设经验进行了提炼和总结。本书有机融入市场和经济学理论,是一本兼具实践经验和理论指导的电力市场专业书籍。本书全面梳理了国内外电力市场建设模式与内在逻辑,有机融入市场和经济学理论,深入结合了新一轮电力市场化改革先行省份的电力市场建设经验,在为当前市场成员提供技术借鉴的同时,能够为后续市场发展提供有益参考,有利于引导电力行业、经济领域、公共事业管理、市场机制设计、投资行业等从业人员自我学习,把握电力体制改革大方向,顺应电力市场建设和发展潮流,把握行业发展机遇。

本书的编撰工作得到了安徽电力市场建设经验与探索项目的大力支持。浙江大学刘晟源、邱伟强、章天晗、陈昌铭、黄亦昕、金伟超、沈美燕、代琼丹、肖凯超等参与了本书部分内容的整理或校对工作,在此向他们表示衷心的感谢。

由于编者水平和视野所限,书中难免有疏漏和欠妥之处,恳请读者批评指正。

2020 年 6 月

目 录

1 电力市场基础

    广义的电力市场是指电力生产、传输、使用和销售关系的总和。狭义的电力市场即指竞争性的电力市场，是电能生产者和使用者通过协商、竞价等方式就电能及其相关产品进行交易，通过市场竞争确定价格和数量的机制。电力市场是经济学中的市场原理与电力系统运行规律相结合的产物，既遵循一般市场的规律，又有其特殊性。

    本章阐述了电力市场的基本概念，包括电力市场的基本特征、基本结构和一般原则等，着重对电力市场交易体系中的电能量市场、辅助服务市场、电力金融市场和容量市场等进行了分类介绍，旨在帮助读者构建电力市场知识体系的基础框架。

1.1 电力市场概念

    市场是各方参与交换的关系总和。通俗地讲，大多数市场依赖卖方提供货物或服务（包括劳力）来换取买方的钱，是商品和服务价格建立的过程。从经济学的观点出发，市场由供给和需求两个基本要素构成，供求双方相互作用、相互协调，使市场趋于平衡。一个理性、完整的市场应满足以下条件：

    (1)供应方的产品成本随着需求量而改变；

    (2)需求方的需求量随着商品的价格而改变；

    (3)自由买卖的市场机制，买卖双方无垄断行为。

    电力市场就是以电力这种特殊商品作为交换内容的市场[1]。电力市场的基本特征是开放性和竞争性、计划性和协调性；与传统的垄断电力系统相比，电力市场具有开放性和竞争性，能够更好地引导电力资源的合理配置；

与普通商品市场相比,电力市场具有计划性和协调性,需要实时供需平衡,要求市场供应者之间、供应者与用户之间相互协调。

1.1.1　电力市场基本结构

电力市场存在六个基本要素,包括市场主体、市场客体、市场载体、市场电价、市场规则和市场监管组织[2]。其中,市场载体即电网,包括输电网和配电网;市场客体与市场本身的发展程度有关,一般包括电力/电量、辅助服务以及相关金融衍生品等;市场主体指商品生产者、消费者、经营者和市场管理者等,他们共同构成了电力市场的基本结构。

随着电力市场化改革的不断深入,原有的垂直垄断一体化电力工业经过放松管制与机构重组,在发输配售各环节逐渐衍生出一系列市场实体,成为当前国内外电力市场中较为常见的市场主体。这些实体主要包括发电企业 G(Generator)、电力交易中心 PX(Power Exchange)、独立系统运营商 ISO(Independent System Operator)、辅助服务供应商 AS(Ancillary Service Provider)、电网企业 GC(Grid Company)、计划协调者 SC(Scheduling Coordinator)、配电公司 D(Distribution Service Provider)、零售商 R(Retail Service Provider)以及用户 C(Consumer)等[3]。各市场实体在电力市场基本结构中的位置如图 1-1 所示。

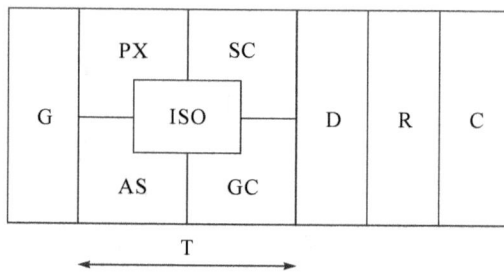

图 1-1　电力市场基本结构

输电部分 T 包括 GC、ISO、PX、SC 和 AS 五部分,是最重要和最复杂的环节。具体来看,电力交易中心 PX 主要负责市场主体的注册管理、各类市场交易的组织、市场交易平台的建设与运维、提供电力交易结算依据、按规定披露和发布信息等；独立系统运营商 ISO 负责交易合同的安全校核、按调度规程实施电力调度、实现系统的实时平衡、向 PX 提供安全约束条件和基础数据，并配合其履行市场运营职能、保障电力交易结果执行等；计划协调者 SC 的职能是把供求双方撮合在一起，而不必遵从 PX 的规则，以分散的方式促进电能供求进行交易；辅助服务供应商 AS 的职能是提供输电系统支持服务以保证电力系统可靠运行（根据市场结构的不同，辅助服务的交易可在 PX 或 ISO 中进行）；电网企业 GC 的职能是对所有用户开放其拥有的输变电设备。为了形成公平透明的竞争市场，应有一个独立的 ISO 来调度输电系统并向所有用户提供输电服务，但输变电设备的维修、操作仍属于电网拥有者的业务。

根据市场结构的复杂程度，不同国家和地区的电力市场中应用这些市场主体的组合方式有较大区别。如美国 PJM（Pennsylvania-New Jersey-Maryland Interconnection）市场中，ISO 与 PX 合二为一，而 SC、AS、GC 则相互独立。英国第一次电力市场改革电力库模式下则仅有 NGC（National Grid Company）一个机构，集 ISO、PX 和 GC 功能于一身，没有计划协调机构 SC。从我国中长期交易基本规则来看，目前电力市场中的"输电部分 T"主要由各省电力公司、电力交易中心和电力调度机构行使职能。

1.1.2 电力市场一般原则

电力市场应遵循"公平、公正、公开"即所谓的"三公"原则。

公平是电力市场的最基本的原则。建立电力市场的目的是在电力系统中引入竞争机制，在一个充分竞争的电力市场中，参与者之间都是平等的。例如，发电厂实行机会均等的竞价上网，竞争前机会均等。平等的市场环境能够促进竞争，激励各发电厂提高生产效率，降低成本，增加活力。对用户，按真实成本收费，尽量减少用户间交叉补贴是保证用户间平等的根本点。当然，这并不意味着用户的电价是绝对一样的。由于用户用电水平、性质和在系统中的位置不同，对不同用户收取相同的电费实际上是将供电费用绝对平摊，使得供电成本低的用户补贴了供电成本高的用户，这是不公平的。

公正是指处理市场经济事务要公平正直合乎道理,包括法规公正、交易公正、竞争公正、资源配置公正。市场经济是法制经济,市场法规是市场活动的标准和依据,只有法规公正,才能有市场的公正;交易公正是市场活动中直接表现出来的公正,包括公开交易、资源交易、等价交易和互惠交易;竞争公正是市场公正的核心内容,参与竞争的市场主体,都应享有平等的权利,同时负有相同的义务;资源配置公正是市场公正的根本体现,是使社会资源自由、合理地流向最能发挥能效的部门和单位。

公开是指对市场交易必要信息的公开,如生产成本、定价标准(如上网和销售电价、输配电价)、网络情况等。这样在电力市场上,发电商可以根据上网电价确定和调整自己的报价策略,随时了解自己的运行经济状况;用户可以依据零售电价制订最优用电计划,调整用电结构。通过电价杠杆,由电力市场将供电和用电双方紧密联系起来,各自选择优化的交易方式,实现经济互动和具有电价弹性的电力调度和市场均衡模式。

想要实现真正的"三公",必须有严格的监管体系作为保障,具体需做到以下几点:

(1)开放电网。如果不在输配电环节开放电网,市场竞争产生的效益就无法在发用端顺畅地传递,电力市场改革的目的也就无法根本实现。

(2)保障供需双方自由选择交易对象和交易数量的权力,一方面不断推进市场电开放比例,使市场交易的覆盖范围逐步扩大;另一方面多途径培育市场主体,如售电公司和综合能源服务公司等,加强市场竞争。

(3)净化竞争环境,规范竞争行为。市场竞争的结果取决于竞争环境和竞争机制的完善程度。保障市场良好的竞争环境、设立完善的市场竞争机制是所有市场参与者的责任与义务,仅靠仲裁和诉讼等方式解决电力市场纠纷和维护秩序无法催生良性竞争的电力市场环境。

1.1.3　电力市场交易体系

市场交易体系是指市场内各交易品种在时序上的配合以及协调关系。电力市场交易体系可从交易对象、市场性质和交易周期三个维度进行划分,如图1-2所示。其中,电力市场交易按照交易对象不同可分为电能量、辅助服务、容量、电力金融市场等,按照市场性质不同可分为物理市场和金融市场等,按照交易周期不同可分为中长期、日前和实时市场等。各类市场交易相互配合,共同组成电力市场有机整体。

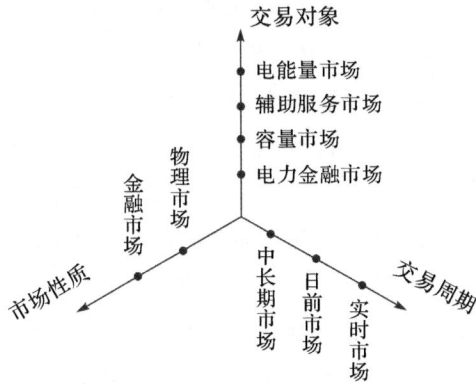

图 1-2　电力市场交易划分

　　各个国家和地区的电力市场都在不断发展之中,市场结构性差异不可忽视,但电力市场的基本架构总体相似,如图 1-3 所示。

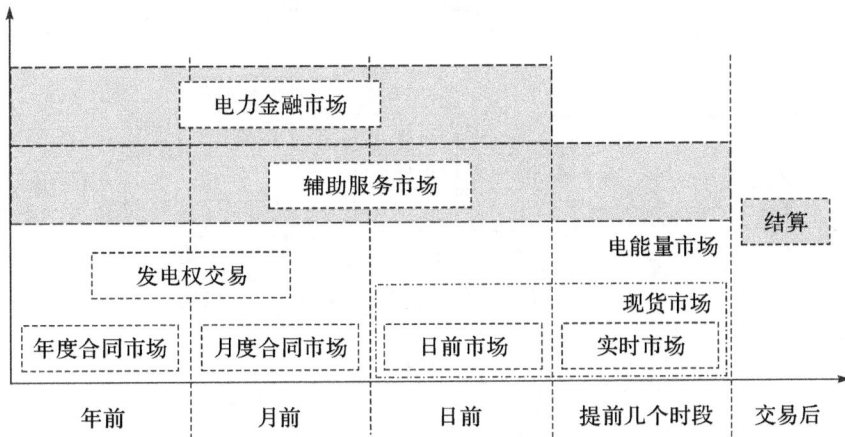

图 1-3　电力市场交易体系

1.1.4　电力市场模式

《关于推进电力市场建设的实施意见》(发改经体〔2015〕2752号)指出，电力市场主要分为分散式和集中式两种模式。

(1)分散式电力市场。分散式电力市场是一种主要以中长期实物合同为基础，发用双方在日前阶段自行确定日发用电曲线，偏差电量通过日前、实施平衡交易进行调节的电力市场模式[4]。分散式运营系统主要由市场成员管理、数据管理、市场申报、信息发布、中长期合同管理、日前市场、平衡机制、安全校核、市场评估分析、市场风险管控、市场监管、市场成员服务及系统管理等子系统组成；另外可提供日内市场子系统，适应开展日内现货市场交易的地区；可提供辅助服务市场子系统，适应开展调频、备用等辅助服务市场的地区，其市场系统逻辑结构如图1-4所示。

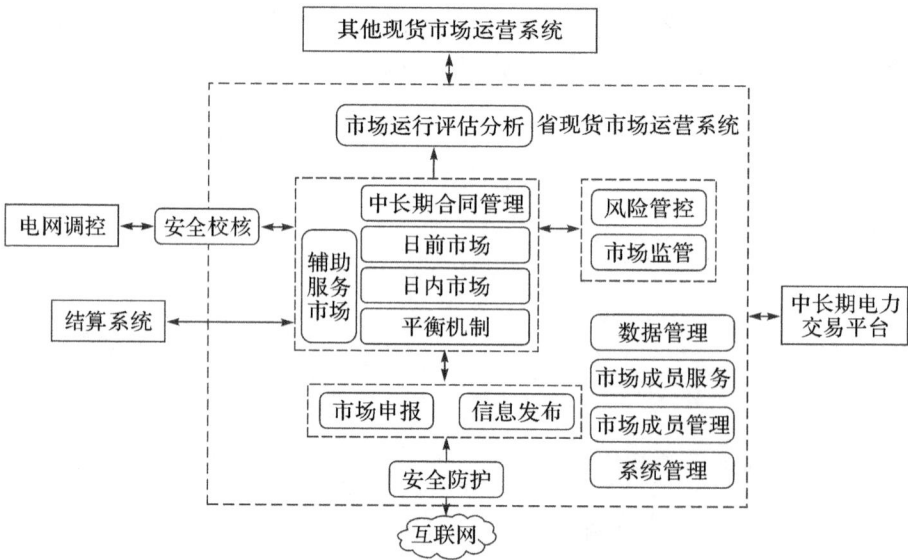

图1-4　分散式电力市场的运营系统逻辑结构

日前市场、日内市场、平衡机制和辅助服务市场是运营系统的核心子系统。在相应的时间节点上，市场参与者通过市场申报子系统参与日前市场、日内市场、平衡机制和辅助服务市场报价。

中长期合同管理子系统接收与管理市场主体自行分解、提交的日交易曲线，并提供中长期实物合同的分解与管理等功能。

日前市场根据市场申报子系统中上调/下调报价数据、负荷预测等信息，考虑约束条件和优化目标，优化计算出次日组合计划和出力计划。出清结果发送给安全校核子系统进行交流潮流计算，出现设备或断面越限时，由安全校核反馈越限信息至安全约束机组组合（Security Constrained Unit Commitment，SCUC）、安全约束经济调度（Security Constrained Economic Dispatch，SCED）重新进行优化计算，直至生成满足安全约束条件的市场出清结果。日前市场的出清结果将发送给信息发布子系统、日内市场子系统和结算系统。日前市场也可按市场规则采用边际出清等其他模式。

日内市场根据市场申报子系统中日内上调/下调报价数据、日前出清结果、最新负荷预测需求，采用 SCUC 或 SCED 计算出未来多小时多个时段的最优的快速启动机组的启停计划。计算结果发送给信息发布子系统、平衡机制子系统和结算系统。日内市场也可按市场规则采用其他出清模式。

平衡机制根据最新负荷预测需求和平衡机制上调/下调报价，采用 SCED 或市场规则规定的其他机制滚动计算未来一段时间的市场出清结果，市场出清结果送到电网调控系统进行控制执行，同时发送给信息发布子系统和结算系统。

辅助服务市场子系统应支持辅助服务市场的辅助服务交易，并对执行情况进行监控。支持与电能量联合出清模式和独立出清模式。

风险管控与市场监管子系统为市场运营机构与市场监管机构对市场的管控与监管提供技术支持。市场监管拥有足够的信息权限，可以查看监管所需要的任何市场信息。

数据管理、系统管理、市场成员服务、市场成员管理是运营系统辅助模块，为系统提供基础数据的管理与维护。市场成员主要通过数据申报子系统与信息发布子系统经互联网与系统交互，整个系统由安全防护机制进行保护。

运营系统应提供与电力中长期交易平台、结算系统、电网调度控制系统等其他相关系统之间的数据交换接口，实现横向集成；运营系统应提供与其他电力现货市场运营系统之间的数据交换接口，实现纵向贯通。

(2)集中式电力市场。集中式电力市场是一种主要通过以中长期差价合同管理市场风险,配合现货交易采用全电量集中竞价的电力市场模式。集中式电力现货市场运营系统主要由市场成员管理、数据管理、市场申报、信息发布、日前市场、实时市场、安全校核、市场评估分析、市场风险管控、市场监管、市场成员服务及系统管理等子系统组成;另外可提供长周期可靠性机组组合子系统,适应电网安全问题较为严重的市场,决策因电网安全运行必须提前确定启停的机组;可提供日内市场子系统,适应开展日内现货市场交易的地区;可提供辅助服务市场子系统,适应开展调频、备用等辅助服务市场的地区。市场系统逻辑结构如图 1-5 所示。

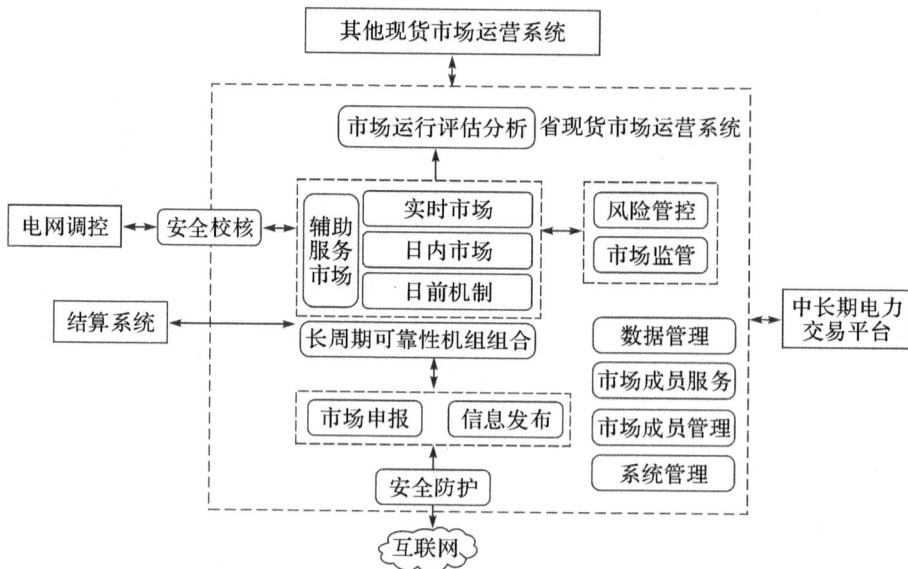

图 1-5　集中式电力市场的运营系统逻辑结构

日前市场、日内市场、实时市场和辅助服务市场是运营系统的核心子系统。在相应的时间节点上,市场参与者通过市场申报子系统参与日前市场、日内市场、实时市场和辅助服务市场报价。

长周期可靠性机组组合子系统利用来自电网调控系统中的计算周期范围内的系统负荷预测、母线负荷预测、联络线计划、检修计划等信息和市场申报子系统中市场报价、计划电量、计划出力建议、出力限额等信息,考虑各种安全约束滚动决策未来多天的需要提前决策的机组组合计划。该组合计划作为日前机组组合的基础。

日前市场根据市场申报子系统中报价数据、长周期机组组合状态、负荷预测等信息,考虑约束条件和优化目标,计算出集中优化出清次日组合计划和出力计划。出清结果发送给安全校核子系统进行交流潮流计算,出现设备或断面越限时,由安全校核反馈越限信息至 SCUC、SCED 重新进行优化计算,直至生成满足安全约束条件的市场出清结果。日前市场的出清结果将发送给信息发布子系统、日内市场子系统和结算系统。

日内市场根据市场申报子系统中日内报价数据、日前出清结果、最新负荷预测需求,采用 SCUC 或 SCED 计算出未来多小时多个时段的最优的快速启动机组的启停计划。计算结果发送给信息发布子系统、实时市场子系统和结算系统。

实时市场根据最新负荷预测需求和实时市场报价,在日前与日内市场确定的机组开停机组合基础上,采用 SCED 滚动计算未来一段时间的市场出清结果,市场出清结果送到电网调控系统进行控制执行,同时发送给信息发布子系统和结算系统。

辅助服务市场子系统应支持辅助服务市场的辅助服务交易,并对执行情况进行监控。支持与电能量联合出清模式和独立出清模式。

风险管控与市场监管子系统为市场运行机构与市场监管机构对市场的管控与监管提供技术支持。市场监管拥有足够的信息权限,可以查看监管所需要的任何市场信息。

数据管理、系统管理、市场成员服务、市场成员管理是运营系统辅助模块,为系统提供基础数据的管理与维护。市场成员主要通过数据申报子系统与信息发布子系统经互联网与系统交互,整个系统由安全防护机制进行保护。

运营系统应提供与电力中长期交易平台、结算系统、电网调度控制系统等其他相关系统之间的数据交换接口,实现横向集成;运营系统应提供与其他电力现货市场运营系统之间的数据交换接口,实现纵向贯通。

从国际电力市场建设经验来看,分散式和集中式电力市场是目前电力市场发展的两种主要模式,如表 1-1 所示。一般认为,集中式电力市场的资源配置效率更高,但市场规则较为复杂,市场力监控难度大,比如美国 PJM 市场、澳大利亚和新西兰电力市场采用了集中式电力市场;分散式电力市场的市场流动性更好,市场规则较为简单,但对于电网电源结构和市场主体的成熟度要求非常高,英国和欧盟成员国等大多采用这种模式[5]。

表 1-1　国外典型电力市场的交易模式

模式	典型市场	模式特点
集中式	美国 PJM、澳大利亚电力市场	现货交易、平衡交易、输电阻塞和辅助服务等交易在一个市场内进行统一组织,采用全电量集中优化的方式,市场组织效率高,将市场交易与电力运行特点紧密结合
分散式	英国电力市场	现货市场、平衡市场分散组织;市场主体自由选择参与现货市场和金融市场,由调度机构负责运行实施平衡市场(或平衡机制),交易组织简单,但需要对电力交易和电力系统的衔接与协调缜密设计,适用于市场主体众多、电网坚强的电力市场

1.2　电能量市场

电能量市场是电力市场交易体系最重要的组成部分,以电力/电量为交易标的,主要包括电力现货市场、电力远期市场等。

1.2.1　电力现货市场

电力现货市场对电力市场的开放、竞争、有序运行起到了基础性的支撑作用,也是协调市场交易与系统安全的关键所在。构建电力现货市场的目的包括:①在一个合适的时间提前量上形成与电力系统物理运行相适应的、体现市场成员意愿的优化的交易计划;②促进电量交易的充分竞争,以实现电力资源的高效、优化配置;③发挥市场价格形成的功能,真实反映电力商品短期供需关系和时空价值,为有效的投资和发展提供真实的价格信号,如新建发电资源、线路规划、配置储能等;④为市场成员提供了一个修正其中长期发电计划的交易平台,减少系统安全风险与交易的金融风险;⑤为电力系统的阻塞管理和辅助服务提供了调节手段与经济信号,真实反映系统的阻塞成本,保证电网的安全运行[6]。

由于电力具有供需实时平衡特性,电力现货市场的时间范围通常包括实时交割之前的数个小时乃至一日。电力现货市场主要由日前市场、日内市场和实时市场等三个市场中的全部或部分组成。三个市场各有不同的功能定位,它们相互协作、有序协调,以构成一个完整的现货市场体系。例如,美国 PJM 电力现货市场由日前和实时市场构成两级市场体系[7];北欧电力市场将日前市场和日内市场统称为现货市场并在 NordPool 中统一出清,各国输电系统运营商(Transmission System Operator, TSO)组织本国实时市场和辅助服务市场用于维护系统实时平衡;英国通过建立电力平衡机制替代实时市场实现系统平衡[8]。

日前市场是现货市场中的主要交易平台,以一天作为一个合适的时间提前量组织市场,使得市场成员能够比较准确地预测自身的发电能力或用电需求。日前市场往往采用集中竞价的交易方式,有利于促进市场的充分竞争,并发挥市场机制的价格形成功能。在分散式电力市场中,日前市场是对次日未满足的负荷进行竞争,市场的实时性比合同电量市场强,日前市场的出清结果与各机组的物理合同出力叠加形成次日调度计划。在集中式电力市场中,调度机构根据日前市场出清结果制订次日的发电计划,包括负荷预测、机组启停、发电输出功率安排、联络线计划等,从而增加运行的计划性,减轻实时调度的压力。

日内市场的主要作用在于为市场成员提供一个在日前市场关闭后对其发电和用电计划进行微调的交易平台,以应对日内的各种预测偏差及非计划状况,其交易规模往往较小。而随着更多间歇性新能源的大量接入,其在日内发电出力的不确定性会大大增强。此时,日内市场可以为新能源参与市场竞争提供机制上的支持。

实时市场往往在小时前由调度中心组织实施,非常接近系统的实时运行,因而其主要作用并不在于电量交易,而在于为电力系统的阻塞管理和辅助服务提供调节手段与经济信号,从而真实反映系统超短期的资源稀缺程度与阻塞程度。实时市场是在保障电力系统安全可靠运行的前提下,以最经济的方式实现电力供需实时平衡的电能量市场,形成与系统实际运行切合度高的发用电计划,保证电网的安全运行。

从当前世界各国的电力市场建设实践看,尽管对于现货市场的重要性都有共识,但是在具体的构建方式上却存在着较大差异,从交易标的、交易体系、出清方式、物理模型、价格机制等方面有着截然不同的设计,如表 1-2 所示。

表 1-2　国外典型电力市场的现货交易模式

国家或地区	市场体系	交易标的	出清模型	价格机制
美国 PJM	日前市场	电能＋备用	物理网络模型与机组运行参数	节点边际价格
	实时市场	电能＋备用＋调频	物理网络模型与机组运行参数	节点边际价格
英国	日前交易	电能	无约束出清	系统边际价格
	平衡机制	电能＋辅助服务	物理网络模型与机组运行参数	按报价支付
北欧	日前市场	电能	价区间联络线传输极限	分区边际电价
	日内市场	电能	价区间联络线传输极限	撮合定价
	平衡市场	电能＋辅助服务	物理网络模型与机组运行参数	系统边际电价

美国 PJM 市场的电力供需相对偏紧,电网阻塞程度相对较重,市场有一定的集中度,在局部地区与供需较紧张时刻,市场成员存在一定的施加市场力的空间。因此,在现货市场构建中,重点关注其对系统安全、供需平衡与市场平稳运行的保障。与之相对应的,美国 PJM 市场强调现货市场的资源优化配置功能,实施了日前市场的"全电量优化",同时考虑了电能与备用、调频等辅助服务资源的统一优化,并采用节点电价机制,以实施并引导电网的阻塞管理。因此,美国 PJM 现货市场的交易量大,且需要在出清计算时细致地考虑电网的物理模型,确保所决策交易计划的可行性。

英国电力市场的电力供给则较为充足,调节能力较强,且电网阻塞程度相对较轻,市场交易的经济性与电网运行的安全性可相对解耦,这是英国电力日前市场中实行无约束出清的一个重要原因。英国电力市场更重视电能商品在中长期市场上的流动性,现货市场的定位更多的是提供一个集中的电能购买平台,并允许市场成员对已签订的交易计划进行偏差修正。为此,英国电力市场将辅助服务与电能的耦合关系剥离,现货市场只交易电能,电力调度机构则负责组织辅助服务。日前市场的电量交易不考虑物理约束,也不进行安全校核,相关因素只在小时前的平衡机制中考虑。英国的平衡机制采用按报价支付(Pay as Bid,PAB)的形式进行。

北欧电力市场电力供应也比较充裕,水电装机比例高达50%,电网阻塞主要存在于一些重要输电断面上,采用日前市场分区定价机制反应价区间的阻塞程度[9]。市场主要功能在于协调各国迥异的资源特性,提供一个高效的跨国资源优化配置平台。因此,北欧电力市场为了优化配置稀缺的跨区联络线传输资源,一方面不允许在中长期市场中进行跨价区的双边交易,从而强化了日前市场在组织跨区电力资源优化配置上的功能[10];另一方面,多控制区 TSO 协调调度的方式(没有统一的北欧区域调度中心)使得其难以实现像美国 PJM 日前市场中的"全电量优化"(美国 PJM 只有一个统一的调度交易机构)。因此,其现货市场在交易规模、物理模型、价格机制等方面的机制设计都是介于美国 PJM 市场与英国电力市场之间。

1.2.2 电力远期市场

与电力现货市场相对应的,电力远期市场是对未来一段时间电力/电量进行交易的市场。电力远期合同交易是电力远期市场中的主要交易品种,按交易市场时间尺度可分为年度、季度、月度电量合同等,是指在时序上相对电力现货市场的中长期电能量交易,并对所形成的交易计划进行实物/现金交割和结算。从国外典型电力市场的发展建设来看,电力远期合同交易是为了克服现货交易的不足而逐渐发展起来的,其主要市场功能如下[11]:

(1)稳定电力供给

电力供给的稳定与否关系国计民生,是电力商品最重要的特点。现货交易周期短、波动大,大规模电量的现货交易不仅要面临巨大的价格风险,还将影响系统的安全运行,无法保障长期持续稳定的电力供给。电力远期合同交易通过合同的方式实现了电力的虚拟存储,使得电力用户,尤其是有特殊需求和供电保障要求的用户可以通过交易持有电力远期合同来储存足量的合同电量,以保障长期稳定的电力供给。

（2）减缓价格波动

电力现货市场价格波动频繁,电力远期合同交易对电价波动起到了平抑的作用,也促进了电力价格向电力工业的长期成本相靠拢,确保了电价的平稳性。

（3）提高需求弹性

电力远期合同交易通过预买预卖的方式,使得电力用户可以根据未来的价格信号,调节自身的生产计划,从而根据合同电量的价格制订合理的电力需求计划,提高电力需求的弹性。

我国电力中长期交易是指符合市场准入条件的发电企业、售电企业和电力用户通过自主协商、集中竞价等方式开展的多年、年、季、月、周等日以上的合同交易,属于电力远期市场的范畴。电力交易机构根据各年度合同中约定的月度电量分解安排和各类月度交易成交结果,形成发电企业的月度发电安排,电力调度机构应当合理安排电网运行方式并保障执行。

以下介绍两种特殊的电力远期合同。

（1）电力差价合同

电力差价合同是交易双方为了规避现货交易风险而签订的一类远期合同,其实质是将市场参与者的一部分利益通过金融合同形式予以保障,从而调整合同双方利益,降低市场成员由于现货市场价格大幅度波动造成的风险[12]。发电方和用电方事先协议一个固定的合同价格,在合同期限包含的时间内,当实时电力市场价格高于合同价格时,发电方按差价补偿用电方;当实时电力市场价格低于合同价格时,用电方反过来按差价补偿给发电方。这样的双向交替补偿机制为合同双方规避了实时电力市场价格波动风险,无论实时市场的价格如何,都按照合同价格进行结算。

此外,电力差价合同还有另外一种含义,它是以现货市场的分区电价和系统电价的差价作为参考电价的远期合同,如北欧电力市场中的差价合同,为的是避免输电阻塞所引起的分区电价与系统电价之间偏差所带来的价格风险。

也有观点认为,电力差价合同采用现金交割,不涉及物理意义上的供电,在降低风险的同时可扩大市场参与者的范围,属于电力金融市场的范畴。

（2）发电权

发电权交易是建立在两个发电主体之间的一种特殊的远期合同交易，是指发电企业由于发电原料不足、机组计划外检修、发电成本高、污染排放大等原因，以双边协商、集中竞价、挂牌等市场化方式向其他发电企业转让基数电量合同、优先发电合同等合同电量的交易行为，常用于缓解我国西北地区弃风弃光问题[13]。

1.3　辅助服务市场

国外电力市场改革的经验表明，随着改革的深入，电力市场交易类型将不断丰富，市场交易类型将从目前的电能交易延伸至辅助服务和容量等领域。其中辅助服务作为重要的电力市场交易品种，将对电力市场发展起到重要作用。

辅助服务是指发电和输电设备提供的用于保证电力传输、系统稳定性、可靠性和电能质量的服务，一般定义为完成输电的主要功能——将电能从发电厂输送到用户，并保证安全和质量所需要采取的所有辅助措施[14]。换句话说，在输电服务中，为保证电能质量和系统安全所采取的一切辅助服务措施都属于辅助服务。

辅助服务本身并不是由于电力市场的产生而出现的新技术，然而随着电力工业改革的不断深入，辅助服务问题得到了越来越多的关注。市场环境下，辅助服务不再仅仅是运行调度问题，行政和经济隶属关系的变化、利益主体多元化等因素都增加了辅助服务问题的复杂性。这一问题的解决，会对系统运行的可靠性和经济性造成深远的影响。在各国的电力改革中，辅助解捆都是电力市场的热点。

辅助服务主要包括负荷跟踪与频率控制、各类备用、无功补偿和电压控制、黑启动等。此外，调峰辅助服务是我国特有的辅助服务市场交易品种[15]。

1.3.1　自动发电控制

自动发电控制（Automatic Generation Control，AGC）是并网发电厂提供的有偿辅助服务之一，指发电机组在规定的出力调整范围内，跟踪电力调度交易机构下发的指令，按照一定调节速率实时调整发电出力，以满足电力系统频率和联络线功率控制。自动发电控制 AGC 又称为调节备用、调频备用或者频率响应备用，由于 AGC 是最常见的辅助服务类型之一，因此本书中将其与其他备用辅助服务分别进行介绍。

电力系统调频分为一次调频和二次调频。一次调频是所有机组根据系统频率偏差执行的调频，是有差调频；二次调频指调度机构根据系统频率偏差，通过调度支持系统，向特定的机组发出的增加处理或者降低出力的指令，接受指令的机组再利用安装的特定调频设备调整机组出力，是无差调频。一般所称的 AGC 属于二次调频的范畴[16]。从 AGC 对机组控制的角度来看，主要包括跟踪控制、调节控制和机组出力三个环节[17]，如图 1-6 所示。

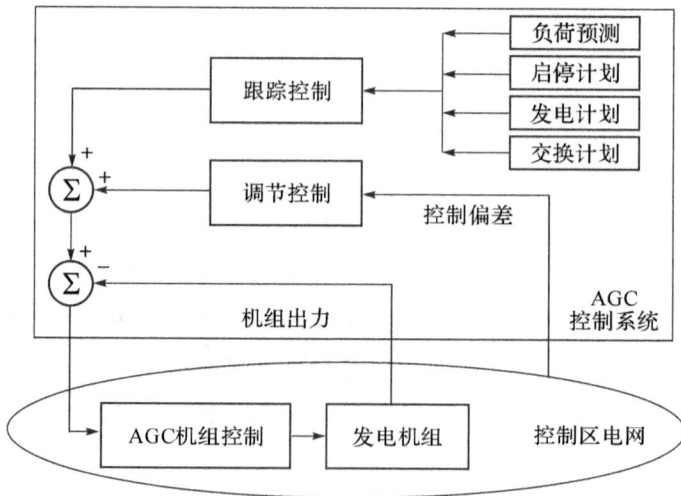

图 1-6　AGC 对机组控制的示意图

在联合电力系统中，AGC 是以区域系统为单位，各自对本区内的发电机的出力进行控制。其任务可以归纳为如下三项：①维持系统频率为额定值，在正常稳态运行工况下，其允许频率偏差在 $\pm(0.05\sim0.20)$ Hz 之间，视系统容量大小而定；②控制本地区与其他区间联络线上的交换功率为协议规定的数值；③在满足系统安全性约束条件下，对发电量实行经济调度控制（Economic Dispatch Control，EDC）。

在国际典型电力市场中，辅助服务市场早已从电量交易市场中分离出来，建立了独立的 AGC 竞价市场以保障电力市场中电网 AGC 的顺利实施。AGC 辅助服务的组织有两种思路：一种是签订长期合同，并在系统需要 AGC 服务时调用；另一种是组织 AGC 市场，进行 AGC 辅助服务的竞标。从世界范围看，以竞标方式组织辅助服务的情况居多，在 AGC 辅助服务市场中引入竞争机制将是主流趋势[18]。在 AGC 辅助服务市场中，辅助服务费用一般包含：

（1）调频电量费用。AGC 机组出力在调频基值点，应获得相应的电量费，其根据调度指令增加或降低的出力应获得补偿；

（2）调频容量费用。AGC 机组存在调频死区，机组必须维持一定的出力，因此参与 AGC 的机组可能失去参与实时市场、发电权市场的机会，产生机会成本，应获得相应补偿。

因此，在 AGC 辅助服务市场中，一般要求参与 AGC 服务的机组申报 AGC 容量价格和 AGC 电量价格，系统以容量价格、电量价格或二者加权价格为基准进行排序采购。

1.3.2　备用辅助服务

备用辅助服务是电力系统的重要特征之一，关系到电力系统的安全运行与可靠性。许多发达国家已将备用辅助服务从电量交易市场中分离出来，建立独立竞价的备用市场，与电量交易市场并行[19]。备用容量是指机组为系统提供备用服务需要提前预留的容量，在实时运行过程中，系统根据实时调度需要对该部分备用容量进行调用。

关于备用的分类，许多学者给出了不同方法。常见的如旋转备用、非旋转备用、替代备用、黑启动备用和 AGC。其中前三者的区别是：对于旋转备用，机组始终处于开机状态，可以在极短的时间内响应需要；对于非旋转备用，机组处于停机状态，但可在 10min 内成为可调度机组；替代备用是指可以在 1h 内成为可用的发电容量。黑启动备用指的是系统崩溃后，为重新建立电力平衡而首先启动的机组。从备用的根本特征即响应速度对辅助服务市场中的备用服务进行分类，可分为瞬时响应备用（AGC）、10min 旋转备用、10min 非旋转备用、30min 备用、60min 备用和冷备用[20]，如表 1-3 所示。

表 1-3　备用辅助服务的分类

备用名称	启动时间	是否同步
瞬时响应备用	瞬时	是
10min 旋转备用	<10min	是
10min 非旋转备用	<10min	否
30min 备用	(10min,30min)	否
60min 备用	(30min,60min)	否
冷备用	>60min	否

备用服务需要机组提前预留容量，压低出力运行，并根据实时调度需要分配电量。备用机组压低出力运行可能牺牲部分参与电量市场获利的机会，这部分损失的发电利润称为备用机组的机会成本。同时，机组压低出力工作将使单位发电成本增高。作为这两部分利润的补偿，备用机组一旦交易成功，无论是否被实时调用，都应支付其容量费用。另外，备用机组在实时调用过程中所产生的发电量需要另外结算。因此，在市场投标过程中，各机组应分别提交备用容量报价与电量付费报价。

备用的获取与定价通常基于以下五种方式：无偿提供、定性奖惩、定量奖惩、协商提供和竞争提供。一般前三种是在强制供方提供的基础上采用的；后两种属于基于市场的方法，给发电公司更多的自主权，使其能依据自己的成本提出相应的价格。特别地，当系统备用充裕时，应建立竞争性的备用市场，通过市场竞争机制和价格杠杆激励市场参与者提供备用，进行全局优化，降低总的备用购买成本。美国加州、新英格兰等市场通过竞价拍卖获得备用辅助服务，英国和挪威等国则通过长期合同方式获得备用辅助服务。

电能市场和备用辅助服务市场之间存在着天然的耦合关系。由于机组的 AGC 容量、AGC 调节速率与 AGC 基值点之间关系密切，AGC 基值点取决于电量市场的竞争结果，所以 AGC 市场与电量市场的耦合性比较强。例如，美国 PJM 市场中的备用辅助服务与调频服务采用集中式市场化交易，与电能量市场联合优化运行[21]。电能量市场的竞争结果决定了机组出力，而机组出力、机组容量和机组爬坡速率等因素影响机组可提供的旋转备用大小，所以旋转备用与电能量市场的耦合性也很强。一般而言，旋转备用的性能优于非旋转备用和替代备用，并能替代后两者；非旋转备用的性能优于替代备用，并能替代后者。因此，从高到低可以排出如下优先顺序：旋转备用、非旋转备用、替代备用。另外，受机组容量限制，机组所能提供的出力与各类备用总和不能超过机组容量，由此可见各类备用服务也有着天然的耦合关系。

电能与备用、各类备用市场间的耦合关系给市场交易决策和付费带来了很多困扰，不同的电力市场采用不同的方式处理这个问题。总的说来分为解耦和优化两种方式。解耦方式下各市场完全分离，以各市场最优目标进行分类优化，如英国电力市场通过平衡机制、招标和双边合同获取辅助服务；联合优化方式是考虑电能和备用以及各类备用之间的耦合关系，以一个全局最优的目标进行优化，寻求整体的最优解，如澳大利亚国家电力市场在实时市场中对电能和辅助服务联合优化出清。

此外，可中断负荷也可视为一种特殊的备用。可中断负荷指在电网高峰负荷时段用户负荷中可以中断的部分，在系统需要时主动或受控地采用调控手段，在允许时间内削弱部分负荷，减少系统有功缺额，也就相当于向系统提供了备用容量，从而提高了系统的可靠性，提升了系统供电质量和经济效益[22]。可中断负荷通常通过经济合同实现，是需求侧管理的一部分。可中断负荷在系统峰荷或故障时可以减少负荷需求量，从而等效于增加了备用容量。可中断负荷作备用需要着重解决三个问题：①负荷可中断的容量（备用容量）；②可中断负荷的补偿价格（备用价格）；③可中断负荷的调度管理（备用调度）。

1.3.3　无功辅助服务

无功服务又称无功支持服务或无功电压控制服务,指发电机组向电网注入或吸收无功功率,以维持系统正常运行时节点电压波动水平在允许范围内,在电力系统故障后提供足够的无功支持以防止系统电压崩溃的服务。

无功电压控制作为一种辅助服务,是使电网中的输电交易能够顺利完成的一个必要条件,尤其当输电网在重负荷下运行时,电压和无功功率控制变得格外重要[23]。无功辅助服务具有设备投资大、运行费用低的特点,通常其价格应该包括容量价格和电量价格。其中,容量价格是为了实现无功补偿设备的投资回收和无功备用的价值回收,电量价格则是为了补偿无功设备的总运行费用。由于各国电力市场结构模型不同,其无功辅助服务的获取方式也有所区别。具体来看,目前无功辅助服务的主要获取方法可以分为以下三类:

(1)不计及无功容量费用,只考虑无功电量费用。一般的做法就是系统可以免费使用所有运行在某一范围内功率因数的发电机的无功功率出力。如果超出这个范围的话,系统则支付给发电机一定的费用。采用这类方式的国家主要有挪威、西班牙等。

(2)计及无功容量费用,也考虑无功电量费用。如美国各州电力市场一般把发电机组提供无功功率支持导致有功损失而带来的机会成本纳入无功补偿范围;澳大利亚的 ISO 把发电机及同步电容器纳入无功补偿的范畴,对发电机仅补偿其损失的机会成本,对电容器的补偿为授权付费加电量电费;英国国家电网公司(NGC)对无功的付费为电量付费加容量付费。

(3)当电压或者功率因数超过一定的范围对用户无功电量进行收费。

1.3.4　黑启动

所谓的电网黑启动指的是整个系统因故障停运后不依赖别的网络的帮助,而是通过系统中具有自启动能力机组的启动来带动无自启动能力的机组,逐步扩大电力系统的恢复范围,最终实现整个电力系统的恢复[24]。黑启动作为辅助服务中的一种,是支撑电力系统安全运行的重要措施之一。水轮发电机组具有辅助设备简单、厂用电少、启动速度快等优点,是黑启动电源的首选。

在电力市场的竞争机制下,对于黑启动机组充裕的电网和黑启动机组不足的电网,希望通过黑启动服务达到的目标是不同的。黑启动机组充裕的电网在事故情况下能获得足够的黑启动电源,通过选择合适的电源减少黑启动完成的时间、降低电网或用户承担的黑启动服务费用,尽量减少因为大面积断电引起的供电方和用户的损失;黑启动机组不足的电网可以通过签订长期辅助服务合同等方式,使用邻网合适的机组作为黑启动机组,在本网出现大停电事故时能有效利用这些机组自启动实现本网供电的恢复,也可通过从邻网获得一定的黑启动紧急功率支持(即由相邻的电网提供本系统黑启动电源和系统恢复的部分功率)的方式实现本网供电的恢复,避免为了满足系统黑启动的要求而增加大量的投资去引入黑启动机组。

市场环境下,黑启动辅助服务可通过长期的投标拍卖形式或签订专门的双边合同获取。相比于能量市场,在基于市场方法的长期投标拍卖形式下,黑启动辅助服务的中标者通常需要与 ISO 签订有效期 3～5 年或者更长时间的中长期合同,在合同有效期内价格是固定的。这种黑启动服务可能出现短期区域性垄断,因此,这种机制特别适合于获取黑启动服务。ISO也可以与黑启动服务供应商通过双边谈判签订长期合同。

1.3.5 调峰辅助服务

在我国原有上网电价形成机制下,调峰是由发电企业共同担负的跟踪负荷、实现发电和用电均衡的一项重要工作。国外成熟电力市场依靠电力现货市场实现供需匹配,确定发电机组的出力计划,通过市场竞争形成时序电价来解决调峰的问题。国内尚未建立完整的电力现货市场体系,主要通过计划手段在常规电源间分配调峰任务,且不同于建立电力现货市场的地区,国内所指的调峰更多关注的是负荷低谷时段的减发能力。然而,随着电网调峰压力的增加,参与调峰的机组类型、各机组调峰任务分配等方面的矛盾日益突出,部分省份和地区建立了调峰辅助服务市场,旨在通过市场机制挖掘调峰潜力、促进新能源消纳、提高电网安全稳定运行水平。其中,京津唐电网调峰自 2013 年起采用按贡献度补偿的方式,而东北电网则于 2014 年启动了调峰市场,对深度调峰分段出清。截至目前,山东、山西、新疆、福建、宁夏等省份也纷纷开展了竞价调峰交易[25]。

1.4 容量市场

确保充裕的发电容量以维持安全可靠的电力供应是电力市场化改革过程中需要解决的一个重要问题。从时间角度,发电容量充裕性问题可分为长期问题和短期问题[26]。能量市场和辅助服务市场主要用于解决短期的电力平衡问题,并不能保障长期的发电容量充裕性。因此,有必要建立某种基于管制的或者基于市场的向发电公司支付容量费用的机制,以稳定发电公司的收入并鼓励新的投资,最终达到保证长期电力供应充裕性的目的。由行政方式确定容量费用需要考虑的因素很多,包括但不限于发电和用电主体对供求平衡的期望、新增容量成本、现有容量维持成本、用户停电成本等,因此其定价是相对困难的。在此背景下,一些学者认为通过市场机制确定容量费用从而保证容量平衡是个更好的方法。通过拍卖方式确定容量价格可以反映电力市场中发电容量的价值,也可表明用户对维持可靠性愿意支付的费用。电力容量市场应运而生。

电力容量市场,又称电力容量补偿机制,是在电能量市场基础上,对边际电厂的一种价格补偿机制。引入容量市场的目的是维护系统总的装机容量或有效容量,从而保证有充足的资源能够被调用以保障电网运行的可靠性,其对电力投资具有较强的指导价值。设立容量市场可以起到以下作用:

(1)以合理、直接的方式恢复固定的容量成本。

(2)为增加新的发电容量提供适当的价格信号。仅在能量市场下,高但剧烈波动的能量价格很难反映出需要新增的发电容量的清晰的、一致的价格信号。

(3)降低发电投资风险,尤其是对峰荷机组,从而鼓励发电投资。

(4)延缓现有竞争力弱的发电机组退出市场。通过支付容量费用或设立容量市场，生产成本高于市场出清价格的发电机组仍可以获得容量费用，从而使其可以在市场环境下生存更长的时间，增加系统中可用的发电容量。

（5）降低能量市场中的市场力。在单一能量市场中，发电机组的容量和能量成本都由能量市场回收，难以确定发电机组是否在行使市场力；支付容量费用或设立容量市场可使能量市场中发电公司的报价接近可变运行成本。可变运行成本可以近似估计，根据估计的成本可识别发电机组在能量市场中是否滥用了市场力。

从国际经验来看，为保障长期电力供给安全，目前包括英国、美国 PJM 在内的成熟市场都已建立起配套的电力容量市场机制。其中，英国容量市场的结构设计包含容量定额、资格 & 拍卖、交易、交付、支付五个阶段[27]，如图 1-7 所示。英国政府在容量定额和交付阶段进行市场引导，资格及拍卖和交易实现完全市场竞争。美国可靠性定价模型（Reliability Pricing Model，RPM）容量市场采用多重拍卖的形式，包括一个基本拍卖市场、三个追加拍卖市场和一个双边市场，给予容量市场充分的流动性，也为市场成员提供了多次报价的机会[28]，其具体情况将在本书第三章中进行介绍。

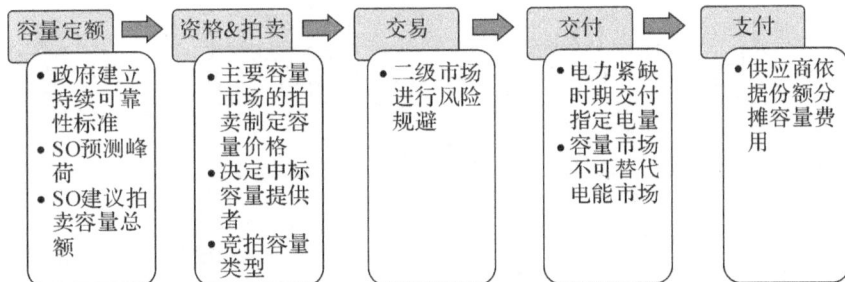

容量定额	资格&拍卖	交易	交付	支付
• 政府建立持续可靠性标准 • SO预测峰荷 • SO建议拍卖容量总额	• 主要容量市场的拍卖制定容量价格 • 决定中标容量提供者 • 竞拍容量类型	• 二级市场进行风险规避	• 电力紧缺时期交付指定电量 • 容量市场不可替代电能市场	• 供应商依据份额分摊容量费用

图 1-7　英国容量市场阶段图

1.5　电力金融市场

电力市场中电价的波动性使得越来越多的市场设计者和参与者认识到电力市场风险管理的重要性。电力市场需要发展各种合同以吸引市场参与者，同时降低交易成本，允许市场参与者锁定电力价格以确保他们有制订适当短期和中期发用电计划的机会,以减少价格波动带来的风险[29]。为增加市场的活性、稳定市场价格波动、降低成员收益风险等,电力市场在物理性交易的基础上逐步引入了电力金融交易。

电力金融市场是电力市场的金融衍生,进行电力期货、电力期权等不以电力商品所有权转移为目的的电力金融衍生产品相关交易。作为电力现货市场的完善与补充,电力金融市场能够吸引广泛的市场参与者,增强电力市场的竞争性,发现电力市场真实的电力现货价格,为市场参与者提供规避价格风险的手段。

电力金融市场交易可以分为场内交易和场外交易(Over-the-Counter Market,OTC),场内与场外交易的差别主要在于合同的标准化、定价方式、交易规则、风险、价格透明性及清算等方面。北欧、美国、澳大利亚、新西兰等市场先期出现电力衍生产品场外交易,后来逐步拓展至交易所场内交易[30]。引入了电力金融交易的市场基本架构如图 1-8 所示。

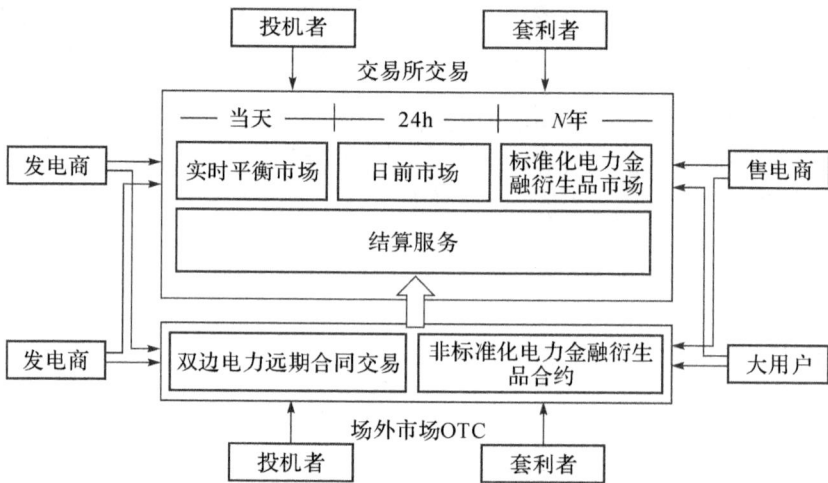

图 1-8　结合电力金融交易的电力市场架构

1.5.1　电力期货与期权

电力期货交易和电力期权交易是电力金融市场最常见的交易品种。电力期货不仅可以弥补电力现货带来的风险,更重要的是其价格是一种重要的市场信息,可以指导电力开发商决策电力投资。理论上,有效的电力期货市场和电力现货市场相结合将有利于发现电力的真实价格(相对于无期货市场的电力市场)。继电力期货之后,电能交易的巨大风险也推动了电力期权市场的形成。下面对电力期货和电力期权分别进行介绍。

(1)电力期货

首先介绍期货的基本概念。与现货不同,期货是以某种大众产品(如棉花、大豆、石油等)以及金融资产(如股票、债券等)为标的的标准化可交易合同,这个标的物可以是某种商品(例如黄金、原油、农产品),也可以是金融工具。期货合同是指交易双方签订的、在确定的将来时间按确定的价格购买或出售某项资产的协议,是在远期合同标准化后形成的。由于上述合同无须进行实物交割,因此它们被称作是期货合同(Future Contract)而不是远期合同。期货交易不以交割实物为主,其作用可概括为价格发现和风险规避,其中风险规避的主要策略为期货的套期保值。期货持有者称为多头,期货售出者称为空头。此外,还需要解释几个概念[31]:

①期货交割,即期货合约的真正执行,期货交割时期货多头方收取实际资货,并付给期货空头方以货币。在期货交割日期之前,如果进行相同数量、买卖方向相反的期货交易,那么交易人就不必担负交割实物的责任,同时可以获得在此期间内期货价格波动带来的收益或损失。

②期货头寸,可以理解为交易者手中持有的交割日期相同的期货的总和。期货的平仓就是从事一个与初始期货交易头寸相反的头寸。

③期货的套期保值。由于期货价格的波动与现货价格的波动是不同的,所以可以利用期货价格的波动所导致的收益,来补偿现货价格过高(或者过低)所带来的损失。这种保值手段称为套期保值,是期货合约最主要的金融功能之一。

电力期货指在将来的某个时期以确定的价格交易一定电能的合同。与普通商品相比,电力的最大特点是不能有效存储,而且由电力网络连接的发电和用电要求实时平衡。因此,电力期货明确规定了电力期货的交割时间、交割地点以及交割速率等。电力期货合同是一种在交易所集中竞价或计算机自动撮合方式进行的场内交易产品,合同由结算公司集中结算,绝大部分期货在到期前平仓,不再进行实物交割[32]。

　　电力期货合同可以认为是在电力远期合同基础上发展起来的高度标准化的远期合同,它与电力远期合同主要在交易场所和定价方式、合同标准化和结算交割方式等方面存在较大差异,但这些区别又不是绝对的,存在着相互接近或者是变通的可能。远期合同与期货的主要区别如表 1-4 所示。

表 1-4　期货交易和远期合同交易的区别

	期货交易	远期合同交易
交易场所	交易所	不规定
合同规范性	标准化合同	双方协定
交易风险	价格风险	信用风险
履约责任	可进行对冲解除履约责任	比较严格,要求履约
定价方式	场内集中竞价	双方协商
参与者	套期保值者、经纪人、投机商	生产者、经营者和消费者

　　随着电力金融市场在各国电力市场的逐步发展,多种电力期货已引入电力市场交易,下面对电力期货进行简要的分类。

　　①根据电力期货交割期的长短,分为日期货、周期货、月期货、季期货、年期货。

　　②根据电力期货的交割方式分为物理交割期货和金融结算期货。物理交割期货指的是按照期货规定的交易时间和交易速率进行电力的物理交割,由于涉及电力系统调度,需要在期货到期前数日停止交易,并将交割计划通知调度,以保证按时交割。金融结算期货不需要交割电力,是以现货价格为参考进行现金结算,可交易到协议到期前的最后一个交易日。

　　③根据电力期货交割的时段可分为峰荷(on-peak)期货和基荷(off-peak/base load)期货。其中,off-peak 指一天中的某些非高峰时段,而 base load 指基荷,一般指一天 24h 时段。峰荷期货是期货规定的交割时间为负荷较高时段的期货,而基荷期货是指交割时段为全天的期货。

　　电力期货由于其较高的流畅性,非常适合通过对冲来进行风险管理。纽约商业交易所的统计显示,不到 2% 的电力期货会进行电力交割,绝大部分电力期货以头寸对冲结束。因此,电力期货交易的主要目的是为电力市场参与者提供套期保值或者套利。以下从风险回避的角度出发讨论电力期货的套期保值问题。电力期货的套期保值方法分类如下：

①根据交易者所持头寸,可分为空头套期保值和多头套期保值。空头套期保值是指售电商通过卖出电力期货来保值的方式,多头套期保值则是指购电商通过买入电力期货来保值的方式。

②根据套期保值所选用的期货,可分为直接保值和交叉(间接)保值。直接保值是指交易者在哪个电力市场交易就选用该市场的电力期货进行保值,交叉保值是指采用其他相关金融工具,如原油期货、工业指数期货等为电力交易进行保值的策略。

③根据套期保值率是否变化,可以分为动态保值和静态保值。动态保值策略指交易者根据市场信息在保值过程中灵活调整套期保值率以期望获取更大的收益,而静态保值者则对期货价格的变化不敏感,在保值过程中其持有的期货并不随期货价格的变化而改变,即套期保值率为常数。

自20世纪70年代开始,美国和欧洲等国家和地区率先实施了电力市场化改革。经过多年的不断发展,目前世界上早期进行电力市场化改革的发达国家都已陆续推出了相对较为完善的电力期货市场及相应的电力期货合同。欧、美等国家和地区电力期货的实践运营结果大都表明电力期货交易有利于稳定电价,对规避电力交易过程中潜在的风险具有积极作用。美国、澳大利亚等发达国家把发展电力期货市场作为电力市场化改革的重要发展目标,其电力市场化改革以及电力期货的发展对于中国电力市场化改革具有重要的借鉴意义。

(2)电力期权

期权又称选择权,是指在特定的期限内以事先商定的价格购买或出售某标的物的权利,事先商定的价格称为敲定价。期权的标的物可以是有形的日常商品,也可以是无形的有价证券如远期合同、期货合同等。并非所有的期权合同都在交易所中交易,金融机构和大公司间直接进行的期权交易市场称为场外期权交易市场。期权的交易策略灵活,可以构造多种组合期权策略,如差价期权、跨式期权等。期权不仅用于经济金融领域的风险控制和市场盈利机会的发掘,还可进一步应用到资源分配和投资决策领域。

电力期权交易实质是对于电力这个商品或其使用权的买卖[33]。电力期权赋予了其持有者在某一确定的时间以某个确定的价格交易电力相关标的物(电力、电力期货或电力远期合同)的权利。在电力期权合同的有效期内,买主可以行使或转卖这种权利。当然买主认为行使电力期权对自己不利时,也可以放弃行使这种权利,但购买期权所付出的费用,即买主支付的"权利金"也不再退还。电力期权最大的特点在于,持有者有权利但不一定行使权利,且没有义务;出售者有义务等待执行期权,但没有任何权利,即交易的双方权利和义务不对等,而电力期货、电力远期合同等交易双方的权利和义务是对等的。电力期权合同在合同到期时,买方可以执行合同,按约定价格进行实物交割,或者放弃权利,还可以进行对冲交易;电力期货合同中的买方只能在到期时按约定价格进行实物交割,或者进行对冲交易,不能放弃权利。因此,电力期权合同具有更大的灵活性。类似地,对电力期权也可进行简单的分类。

①根据电力期权标的物的流向,可分为看涨期权和看跌期权。看涨期权的持有者有权在某一确定的时间以某一确定的价格购买电力相关标的物,看跌期权的持有者则有权在某一确定的时间以某一确定的价格出售电力相关标的物。如图 1-9 所示,看涨期权持有者可在实时市场价格高于行权价格时以行权价格买入电力相关标的物,降低自身成本或进行权利转让获取收益;看跌期权持有者则可以在市场价格低于行权价格时按照行权价格卖出电力相关标的物以获取收益。

②根据期权执行期的特点,可以分为欧式期权和美式期权。欧式期权只能在期权的到期日执行,而美式期权的执行期相对灵活,可在期权有效期内的任何时间执行期权。此外,还有新型期权,它比欧式期权和美式期权的盈亏状况更为复杂,例如亚式期权和障碍期权等。

③根据电力期权的标的物,可分为基于电力期货的期权(电力期货期权)和基于电力现货的期权(电力现货期权)。电力期货期权的交易对象为电力期货、电力远期合同等可存储的电力有价证券,电力现货期权的交易对象为不可存储的电力商品。

标准的电力期权需要在证券交易所交易,可以有效管理市场风险。此外,在电力市场中有很多选择权可以看作电力期权,如负荷侧管理中的可中断用户负荷的选择权以及部分辅助服务。通过对电力期权的定价从而为这

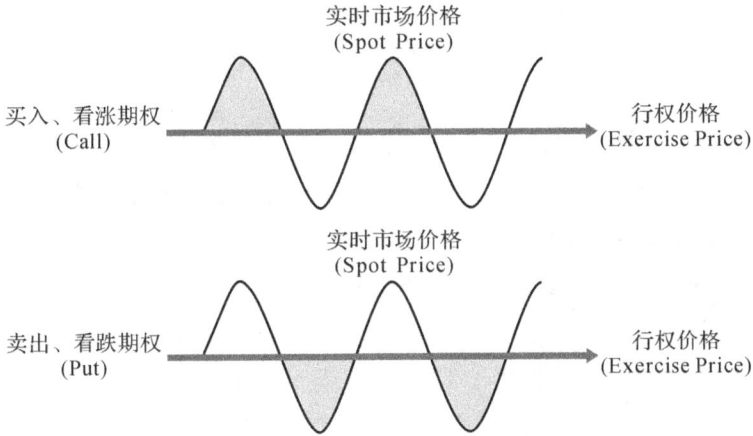

图 1-9　电力市场期权举例

些选择权给出合理价格,能够推动电力市场的稳步发展。可中断负荷是需求侧管理的一项重要内容,其实质是赋予系统调度在特定情况下中断部分负荷的权利以保证系统安全。但在市场环境下,削减负荷应当是用户的自愿行为,可以看作是用户将中断负荷的权利以适当价格卖给调度,所得收益作为对用户中断负荷造成损失的补偿。

1.5.2　金融输电权

(1)输电阻塞与输电权

受限于输电线路的物理特性,系统并不能总以发电成本最小的发电机组来满足负荷需求或满足所希望的特定输电计划,从而产生了输电阻塞[34]。输电阻塞是由系统输电容量与输电计划之间的矛盾引起的,因此,合理解决输电阻塞可分两方面进行:

①尽可能通过调整网络结构和控制器参数改变网络潮流,以化解阻塞,从而避免更改发电计划及由此引起的附加阻塞费用,使发电方案最优。实际电网可以通过控制母线运行方式(拓扑结构调整)以及调节变压器抽头、移相器、柔性交流输电系统(Flexible AC Transmission Systems,FACTS)装置等操作整合完成。

②当运行优化无法满足所希望的特定输电计划时,在公平竞争和资源优化的约束下,以经济性为目标合理调整各市场参与者的输电计划,保证系统的安全可靠运行。

实际上,物理输电权(Physical Transmission Right,PTR)曾被提出进行系统阻塞管理,通过确定一个相应的可用输配电容量的电网输电权来确保一个输电计划能够顺利完成[35]。物理输电权定义和分配了使用输电端口输电容量的权利,但实践证明这种物理性的输电权实施复杂且难以操作。随着电力市场化改革的不断推进,市场交易结果的执行也对系统的阻塞管理提出了更高的要求。相比于传统的发、输、配电一体化模式,电力市场环境下系统运营商需根据市场实时供需情况进行系统优化调度,机组为获取超额利润可能采取投机行为,使得电力系统运行愈加复杂。

当前,在国际电力市场常用的节点电价(Locational Marginal Price,LMP)或分区定价(Zonal Marginal Price,ZMP)机制下,根据实时电价理论,系统的阻塞成本被折算至 LMP 中,阻塞区 LMP 较高,非阻塞区较低,从而提供用于调整各市场参与者输电计划的经济信号。发电机组以发电节点处的 LMP 结算,负荷以负荷节点处的 LMP 支付电费,当系统没有阻塞时,全电网各节点上的边际价格时相同的;当系统存在输电阻塞时,从低电价节点输送电量到高电价节点会存在边际电价差,市场运营产生阻塞结余。对于电力交易中心,分摊阻塞结余是电力市场设计的任务之一。通过 LMP 不仅可以得到计及输电阻塞的发电计划,而且求出的节点电价也为阻塞费用的分摊提供了依据,同时 LMP 的计算也是金融输电权市场设计的基础[36]。

金融输电权(Financial Transmission Right,FTR)作为一种规避阻塞风险的金融工具,被定义为赋予其持有者从输电阻塞结余中获得补偿的权利,从而保证输电价格的长期稳定。FTR 最显著的特点就是以 LMP 价差所对应的财务收益权代替物理的输电容量使用权。当发生阻塞时,电力交易中心在结算过程中将会把此阻塞结余返还给 FTR 的持有者,即通过 FTR 对冲阻塞费用,从而规避了阻塞给市场参与者所带来的风险。

此外,输电权的相关研究中还涉及基于潮流的金融输电权,也称关口权(Flowgate Right,FGR)。FGR 可认为是 PTR 和 FTR 的组合,既有容量预留作用,又可以实现金融风险的规避。FGR 根据网络拓扑和系统运行状况定义可能产生阻塞的关键路径,购买了 FGR 的市场主体,在实际调度时享有基于该关键路径容量的计划优先安排的权力;若其未能使用输电线路的相应容量,则有权从使用了线路容量但未获得 FGR 的市场主体处获得金融补偿。FGR 被认为是独立于 PTR 和 FTR 的第三类输电权,但由于具有一定的金融属性,部分学者也将其与点对点金融输电权(Point to Point Financial Transmission Right,POP FTR)作为 FTR 的两个主要分支[37]。

(2)金融输电权的分类

按照市场参与者应承担的义务和享受的权利,不考虑关口权,FTR 可分为义务型和期权型两大类[38],具体如下。

①义务型 FTR。义务型 FTR 的经济价值取决于日前市场流出节点和注入节点之间的价格差,其值可正可负,取决于阻塞的方向。只有在指定的路径和阻塞方向一致时才对其拥有者有利;当发生相反的情况时,输电权拥有者还必须支付由于 LMP 的差异所引起的费用。义务型 FTR 可以方便地在拍卖市场进行分解或叠加交易。

②期权型点对点 FTR。对于期权型 FTR,当 FTR 定义方向与阻塞潮流同方向时,目标分配为正;当 FTR 与阻塞潮流反方向时,目标分配为 0,即如果发生了反向阻塞,参与者也不需要支付相应的费用,因此可以作为一种安全性更高的规避风险的手段。实际上,期权型 FTR 的复杂性比义务型 FTR 更高,因此在实际调度中大多使用义务型 FTR。

(3)金融输电权的意义

在节点电价市场中,建立有效的金融输电权市场的意义体现在以下几方面:

①适应市场环境下阻塞管理的要求。金融输电权将阻塞时输电系统的使用方式由固定输电能力的使用权转变为不影响实际调度的阻塞财务收益权。若输电用户事先购买了 FTR 以规避自身合同交易的阻塞风险,而电力市场的交易结果表明其他市场参与者可以更高效使用输电线路(即节点电价机制下实际市场出清结果与 FTR 所有者的电量合同执行计划不同)时,FTR 所有者可得到一定的经济补偿。阻塞时出现的利益协调问题通过 FTR 的财务收益在金融输电权市场进行补偿,有效促进了电能量市场的充

分竞争。也就是说,可以实现输电权持有者在自身获得经济补偿的前提下,通过节点电价机制将输电能力转移给效率更高者使用,这有利于输电系统的开放和使用效率的提高。

②阻塞风险规避。具有很大波动性的节点或分区价格导致了阻塞费用的不确定性,也造成了输电容量使用(输电计划实施)的不确定性,因而要求出现一种控制阻塞风险的套期保值工具,为电力交易双方规避阻塞风险提供保障,金融输电权的产生正是应对这一需求。

③阻塞盈余分配。在基于节点边际电价或区域边际电价的电能量市场,输电阻塞发生时将产生阻塞结余,因此如何分配这笔费用应是市场设计充分考虑并妥善解决的问题。运用 FTR 进行阻塞费用的再分配,可将阻塞盈余返还给市场参与者,维护市场的公平。此外,输电市场的设计在确保廉价电能优先使用的同时,也应提供正确的价格信号来指引输电投资与电源投资。在一个高效的金融输电权市场中,阻塞瓶颈可以通过其拍卖市场中 FTR 的价格来有效识别,并以此价格信号吸引投资来缓解阻塞。

金融输电权可以通过市场交易来获取,如美国 PJM 电力市场中,市场参与者可以通过年度、月度 FTR 拍卖以及 FTR 二级市场获取 FTR。

1.6　本章小结

本章主要介绍了电力市场的基本概念,包括电力市场的定义、结构、交易体系和市场模式等,旨在帮助读者构建电力市场知识体系的基础框架。从电力市场的交易体系着手对电能量市场、辅助服务市场、容量市场以及电力金融市场等进行了进一步介绍。其中,以电力现货市场和电力远期市场为主的电能量市场主要进行不同时段的电能量交易,是电力市场交易体系的核心内容;辅助服务市场主要涉及自动发电控制、备用、无功、黑启动等辅助服务交易;容量市场主要是为了保障电力长期供应的充裕性;电力金融市场是对物理性电力市场的完善和补充,包括电力期货、期权、金融输电权等,能够为市场参与者提供多方面、多途径的市场风险控制手段,从而推动电力市场的良性发展。

参考文献

[1] 夏清，郭炜. 协调运行的电力市场交易体系[J]. 中国电力，2009，42 (1)：1-6.

[2] 昆明电力交易中心有限责任公司. 电力市场——云南电力市场建设经 验与探索[M]. 北京：中国电力出版社，2017.

[3] 王锡凡，王秀丽，陈皓勇. 电力市场基础[M]. 西安：西安交通大学出 版社，2003.

[4] 国家发展改革委办公厅，国家能源局综合司. 关于印发电力市场运营 系统现货交易和现货结算功能指南（试行）的通知[EB/OL]. https:// www.ndrc.gov.cn/xxgk/zcfb/tz/201812/t20181214_962340.html (2020-06-08)

[5] 马莉，范孟华，郭磊，等.国外电力市场最新发展动向及其启示[J]. 电 力系统自动化，2014，38(13)：1-9.

[6] 邹鹏，陈启鑫，夏清，等. 国外电力现货市场建设的逻辑分析及对中国 的启示与建议[J]. 电力系统自动化，2014，38(13)：18-27.

[7] 魏玢.美国PJM电力市场及其对我国电力市场化改革的启示[J]. 电力 系统自动化，2003(8)：32-35.

[8] Jiang Y, Hou J, Lin Z, et al. Optimal bidding strategy for a power producer under monthly pre-listing balancing mechanism in actual sequential energy dual-market in China[J]. IEEE Access, 2019(7): 70986-70998.

[9] 李竹，庞博，李国栋，等. 欧洲统一电力市场建设及对中国电力市场模 式的启示[J]. 电力系统自动化，2017，41(24)：2-9.

[10] 梁志飞，陈玮，张志翔，等. 南方区域电力现货市场建设模式及路径 探讨[J]. 电力系统自动化，2017，41(24)：16-21.

[11] 张显，王锡凡，陈皓勇，等. 电力市场中的双边合同[J]. 电力自动化 设备，2003(11)：77-86.

［12］张琛,颜伟. 差价合同分解算法的市场力抑制作用分析［J］. 电网技术，2019，43(8)：2718-2725.

［13］徐昊亮，靳攀润，姜继恒，等. 促进风电消纳的发电权交易优化方法［J］. 中国电力，2020，53(3)：167-176.

［14］袁家海，席星璇. 我国电力辅助服务市场建设的现状与问题［J］. 中国电力企业管理，2020(7)：34-38.

［15］胡朝阳，毕晓亮，王珂，等. 促进负备用跨省调剂的华东电力调峰辅助服务市场设计［J］. 电力系统自动化，2019，43(5)：175-182.

［16］仇进，吴继平，滕贤亮，等. 适应辅助服务市场化的自动发电控制调频容量实时计算方法［J］. 电力系统自动化，2018，42(8)：16-21.

［17］胡泽春，谢旭，张放，等. 含储能资源参与的自动发电控制策略研究［J］. 中国电机工程学报，2014(29)：5080-5087.

［18］丁军威，沈瑜，黄永皓，等. AGC辅助服务市场的竞价模式研究［J］. 清华大学学报(自然科学版)，2003，43(9)：1191-1194.

［19］丁军威，沈瑜，康重庆，等. 备用辅助服务市场的组织与交易决策［J］. 电力系统自动化，2003，27(2)：29-32，59.

［20］王建学，王锡凡，别朝红. 电力市场中的备用问题［J］. 电力系统自动化，2001(15)：7-11.

［21］何永秀，陈倩，费云志，等. 国外典型辅助服务市场产品研究及对中国的启示［J］. 电网技术，2018，42(9)：2915-2922.

［22］王蓓蓓，李义荣，李扬，等. 考虑响应不确定性的可中断负荷参与系统备用配置的协调优化［J］. 电力自动化设备，2015，35(11)：82-89.

［23］熊虎岗，程浩忠. 电力市场环境下无功辅助服务［J］. 现代电力，2007，24(2)：84-91.

［24］林姿峰，闵勇，周云海，等. 电力市场中的黑启动服务［J］. 电力系统自动化，2002(2)：9-13.

［25］杨萌，张粒子，杨巍巍. 考虑可再生能源参与的调峰交易机制设计［J］. 电力系统自动化，2018，42(20)：45-52.

［26］王勇，钟志勇，文福拴，等. 发电装机容量市场适当价格水平的确定［J］. 电力系统自动化，2005(9)：5-10.

[27] 侯孚睿，王秀丽，锁涛，等. 英国电力容量市场设计及对中国电力市场改革的启示[J]. 电力系统自动化，2015，39(24)：1-7.

[28] 王冬明，李道强. 美国 PJM 电力容量市场分析[J]. 浙江电力，2010(10)：50-53.

[29] 张显，王锡凡. 电力金融市场综述[J]. 电力系统自动化，2005，29(20)：1-10.

[30] 黄仁辉，张粒子，武亚光，等. 中国电力金融市场的实现路径探讨[J]. 电力系统自动化，2010，34(11)：54-60.

[31] 江健健，夏清，祁达才，等. 基于期货的新型电力交易模式[J]. 中国电机工程学报，2003，23(4)：31-37.

[32] 梁青. 我国电力金融衍生品交易可行性研究[D]. 上海：复旦大学，2009.

[33] 罗朝春，吴军，涂光瑜，等. 电力市场期权交易分析与应用[J]. 继电器，2005，33(19)：50-55.

[34] 郭金，谭忠富. 金融输电权和输电期权在输电阻塞管理中应用[J]. 电力自动化设备，2004(6)：61-64.

[35] 黄继民，罗毅芳，薛年华. 电力市场中输电权及市场权力问题综述[J]. 电网技术，2002(12)：66-70.

[36] 高彦辉. 电力市场阻塞管理中的电价[J]. 电网技术，2008，32(S2)：223-225.

[37] 付慧颖，周渝慧，金鑫. 基于关口金融输电权的双边拍卖模型[J]. 电网技术，2008(5)：93-96.

[38] 华月申，严正，黄涛，等. 金融输电权应用于华东电力市场的探讨[J]. 电网技术，2009，33(6)：72-77.

2 电力市场定价机制

电力作为特殊商品,其时间和空间维度上的价值不同。新一轮电改的主要目的是还原电力的商品属性,使政府垄断和价格控制减至最小,尽可能采用市场机制来确定电力价格。在一定程度上,电力市场的定价机制能帮助深入理解市场机制运作的本质。本节围绕电力市场化改革进程中电力商品的价格形成机制,首先介绍电力市场的微观经济学基础,接着阐述了节点边际定价机制和区域定价机制的基本理论,并从设计理念、资源调配效率、市场门槛、引导投资等角度对比了两种定价机制的区别,最后对电力市场中经常出现的市场力问题进行了探讨。

2.1 电力市场的经济学基础

经济学强调最优化和均衡,研究的是一个社会如何利用稀缺的资源以生产有价值的物品和劳务,并将其在不同人之间进行分配。经济学有两大分支:微观经济学和宏观经济学,两者之间没有明确的界线。宏观经济学(Macro Economics)研究总量经济问题以及通货膨胀、失业、资本成本等指标是否处于均衡状态。微观经济学(Micro Economics)研究消费者、投资者、企业管理者等单位实体的最优经济行为和相互作用,以及在不同市场上观察到的均衡价格和数量是否具有经济效率[1]。本节将讨论电力市场的微观经济学基础,包括需求理论、生产理论、市场均衡等,帮助读者了解电力市场的特征对价格和产量效率的影响,以及如何衡量由无效率的价格、产量以及强制性的管制带来的社会损失。

2.1.1 电力生产成本分析

在讨论生产者行为之前,首先必须定义成本。经济学中的成本不同于会计学成本,后者通常指在给定公司财务状况下基于资产负债表和投入产出的价格。经济学家将稀缺资源投入与其可替代用途联系起来定义成本。尽管我们通常用货币形式来表示成本,但是投入的成本也暗含在其替代用途中。经济学中的机会成本由此而来,定义为生产者为从事某项经营活动而放弃另一项经营活动的机会,或利用一定资源获得某种收入时所放弃的另一种收入。此时,另一项经营活动应取得的收益或另一种收入即为正在从事的经营活动的机会成本。将稀缺性资源分配给生产性活动时,有效率的生产者会考虑每种投入的最佳用途。另一个重要的经济学概念是沉没成本[2]。沉没成本是指由于过去的决策已经发生了的、不能由现在或将来的任何决策改变的成本。例如,投资新的发电和变电设施,许多安装成本都是沉没的。识别沉没成本的重要性在于这项成本不应该在决策中考虑。如果旧的发电设备是不经济的,那么其所有的建设成本都是沉没的。在决定是否废弃旧机组时,公司仅考虑运营成本,而不考虑沉没成本。

(1)总成本、平均成本和边际成本

在生产过程中,发电企业将投入(生产要素)转变为产出(产品),生产成本即是购买生产要素的货币支出。根据是否受产量变动影响,成本可分为固定成本(Fixed Cost,FC)和可变成本(Variable Cost,VC)。固定成本不受产量变化的影响,即使产量为零也需要支付,例如厂房租金、长期工作人员的薪水等。可变成本随产出水平的变化而变化,例如原材料、燃料、按量支付的加工费等。固定成本和可变成本的和称为总成本(Total Cost,TC)。

从单位产品的角度上,成本可以分为平均成本(Average Cost,AC)、平均固定成本(Average Fixed Cost,AFC)、平均可变成本(Average Variable Cost,AVC)、边际成本(Marginal Cost,MC)。平均成本指总成本除以总产量。平均可变成本指可变成本除以总产量。平均固定成本指固定成本除以总产量。边际成本指多实现一单位产出所增加的总成本,如果以 Q 表示总产量,则有:

$$MC = \frac{\mathrm{d}TC}{\mathrm{d}Q} = \frac{\mathrm{d}(VC+FC)}{\mathrm{d}Q} = \frac{\mathrm{d}VC}{\mathrm{d}Q} \qquad (2\text{-}1)$$

（2）U 形边际成本曲线的经济含义

在许多生产活动中，平均成本的变化趋势为：①低产量时，成本高；②在一定产量范围内，成本下降；③高产量时，成本高。这就是我们所熟知的 U 形成本曲线。图 2-1 所示为典型成本曲线，除平均固定成本外，其他成本曲线一般都是在产量较小时下降，但过了一个临界点后上升。

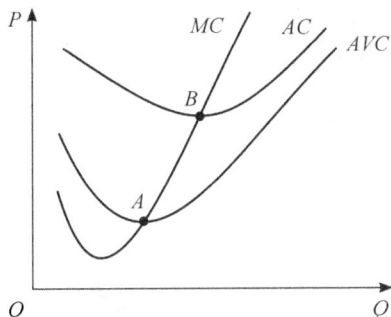

图 2-1　典型成本曲线

在雇佣工人数量较少时，工人之间的劳动协作和配合可能会使劳动效率提高更快，从而使新增工人产出量大于此前每个工人产出量，结果使边际成本在低产量阶段下降。随着工人人数增加，更多的工人在一个加工厂干活，给定设备和产房面积等固定投入条件，会出现"窝工"现象，使劳动边际产出下降。在这个劳动投入是全部可变投入的简单生产函数中，劳动边际产出下降意味着边际成本上升。边际成本先降后升，构成 U 形边际成本曲线。

在可变投入包含不止一个投入要素时，只要整个可变投入边际产出发生先降后升的情况，就会出现先降后升的 U 形边际成本曲线。

1）U 形边际成本曲线与 U 形平均可变成本曲线的关系

第一个产品的边际成本与平均可变成本相等，两条成本曲线起点重合。当边际成本下降时，平均可变成本必然下降，但其下降速度没有边际成本快，这是因为低边际成本带来可变成本的相对节省被前期产出分摊。当边际成本到达最低点后上升，平均可变成本并没有立即上升，因为只要平均可变成本高于边际成本,则平均可变成本仍然下降。

边际成本持续上升与平均可变成本持续下降,两者在点 A 相交,此后边际成本高于平均可变成本,并且平均可变成本开始由下降转为上升。换言之,边际成本曲线与平均可变成本曲线在平均可变成本的最低点相交。显然,如果市场价格低于点 A 对应的价格,则企业会停止生产,因此点 A 又称为停业点(Shutdown Point)。

2)U 形边际成本与平均成本以及平均可变成本曲线关系

平均成本是平均固定成本与平均可变成本之和。由于平均固定成本曲线总是下降的,因而只要平均可变成本下降,平均成本曲线必然也会下降。

边际成本达到最低点后上升,平均成本没有马上上升,因为只要平均成本绝对水平高于边际成本,则边际成本仍会将平均成本向下拉。边际成本持续上升,平均成本持续下降,两者最终在点 B 相交,此后边际成本高于平均成本,并且平均成本开始由下降转为上升。换言之,边际成本曲线与平均成本曲线在平均成本的最低点相交,点 B 又称为收支平衡点。短时期内,当市场价格处于点 A 和点 B 之间时,企业可以弥补可变成本和部分固定成本,因此尽管收益比总成本小,但是企业仍然会生产,以减少亏损。

平均成本曲线需要分摊固定成本,因而永远会高于平均可变成本曲线;也就是说,当产量增加时,平均可变成本会不断逼近平均成本曲线,但是永远不会与后者相交。

2.1.2　从垄断到市场竞争

电力商品的买卖包括一系列的生产性行为,如发电、输电、配电、售电等。这些活动可以整合在一个市场中,由这个市场同时为消费者提供发电、输电、配电和售电这四项服务,也可以拆分开来。如果上述四项活动捆绑在一起,则只有一个电力供应商,这个电力供应商可以由国家、区域或地方政府所有,也可以由消费者合作所有。此时,电力供应处于垄断状态,垄断企业可以将价格定在生产成本之上。要提高效率就需要引入竞争,或者通过管制来限制这种将价格定在生产成本之上的能力[3-4]。

尽管电力市场通常不是完全垄断的,也不是竞争的,但依赖于买方的数量及其相互影响,市场分类在垄断和竞争之间出现了一个连续体。更确切地,经济学中为了便于分析市场,根据厂商数目、产品差异度、是否存在进入壁垒等因素,从竞争程度把市场分为完全竞争、垄断、垄断性竞争和寡头垄断四种类型。不同的市场类型对市场价格的形成机制和企业的决策产生不同的影响。

过去电力工业以国家和地方垄断为主,一个纵向一体化的独立电力公司是其服务区域内唯一的电力供应者,由该公司向服务区域内所有的电力用户提供电力。此时,管制机构周期性地设定价格,以寻求经济效率、保证公正的投资回报率并补偿运营费用[5]。在管制体制内,电力公司在许多管制约束的条件下追求利润最大化,而管制价格允许电力公司将成本转嫁到用户侧,因此电力公司缺乏降低成本和在适度风险下投资的激励。

当一个市场中只有一个生产商时,就形成了垄断。垄断和完全竞争是对立的两个模型。完全竞争中竞争者的数目趋向于无穷,而垄断则是另一个极端的情况,没有任何竞争,因而只有一个生产者。垄断的市场还有以下的特征:存在保护该生产者的市场准入壁垒;商品的价格由该生产者确定,不过通常要受到政府监管。形成垄断的原因有很多,但最主要的有以下四种:①该垄断企业控制着生产其产品所需要的关键资源;②该垄断企业能够在足够低的成本水平上生产满足整个市场需要数量的商品,从而迫使其他的竞争者相继破产;③该垄断企业对其他产品或生产技术获得了专利保护,从而避免了其他竞争者;④该垄断企业是受到政府政策保护的唯一生产者,形成了坚固的市场准入壁垒。

自然垄断是指行业中有很强的规模经济特性,该行业的平均成本在其规模扩大的整个过程中都明显下降,在这种情况下,该行业如果由一个企业来生产,就会比多个企业能更有效地提供全部产出。传统的电力公司、自来水公司、邮政行业属于自然垄断行业。目前一般认为在相当长的时期内,输电网应该继续垄断经营。

当市场存在以下特征,可认为该市场为寡头垄断市场:①市场中参与竞争的企业少,几个企业占很大的市场份额;②市场存在一定程度的进入壁垒;③企业相互依存,决策受其他企业反应的影响;④各生产企业的产品相同或类似。寡头是不完全竞争的一种,在这种情形下,一个行业由少数几个企业所支配。汽车、家电、钢铁、航空、石油化工等行业通常容易形成寡头垄断市场。

进一步地,当市场的特征表现为:①市场中有大量的生产企业;②市场中的商品虽然属于同一种类,但是每个企业的产品相互有一些差别,不可完全替代;③任何竞争者都可以自由地进入和退出这个市场;④任何一个生产企业都对其产品的价格有一定的影响,通常认为该市场为垄断性竞争的市场。从短期的角度来说,因为任何一个企业的产品都与其他竞争者的产品不同,垄断性竞争与垄断相似;从长期的角度来说,垄断性竞争与完全竞争相似,因为任何企业都可以自由进入,因此赚取利润的潜力会吸引新的企业进入,导致完全竞争[6]。垄断竞争的典型例子是零售、餐饮等,地理位置、服务质量的不同是形成垄断竞争的主要原因。

在完全竞争的市场中,许多买方和卖方相互作用理论上将会产生一个等于边际成本的价格,从而实现经济效率最大化。完全竞争的市场是理想的公平竞争的市场,它有以下特征:①市场中单个企业出售无差异的产品;②所有市场参与者的规模,不管是生产者还是消费者,相对于整个市场的规模来说都足够小,以致任何个体都是市场价格的接受者;③所有的资源都可以自由流动,没有贸易壁垒存在。完全竞争的市场是由许多相对于市场而言很小的企业组成,企业是价格接受者,单个企业面临的需求曲线是整个市场需求曲线的很小一部分。因此,可以认为完全竞争市场中的需求曲线是完全水平或者弹性无穷大。

2.1.3 规模经济与自然垄断

用 z 表示一个燃煤电厂使用的煤的吨数,E 表示相应的发电机生产的电量,生产函数可表示为 $E(z)$。显然,生产函数通常是单调递增的,如图 2-2 所示。

关于生产函数有两个基本概念:① 生产函数一般是个参数优化问题,原因在于许多商品可以用不同技术和不同原料生产,显然厂商会采用最便宜的方式生产出最多的商品;② 生产函数的形状问题,就是规模效益问题。按照投入 z 对产出量 $E(z)$ 的影响,将规模效益分为以下三种情况(图 2-3):

A. 如果对任何 $t > 0$ 和 z，$E(tz) = tE(z)$，即投入与产出增加倍数相同，则称生产函数有恒定规模效益。许多手工业就表现为规模效益恒定。

B. 如果对任何 $t > 1$ 和 z，$E(tz) < tE(z)$，即投入增加比例大于产出增加比例，则称生产函数无规模效益。管理困难或新增投入质量下降往往是规模经济递减的原因。

C. 如果对任何 $t > 1$ 和 z，$E(tz) > tE(z)$，即所有投入的增加导致产出以更大的比例增加，则称生产函数有显著规模效益。

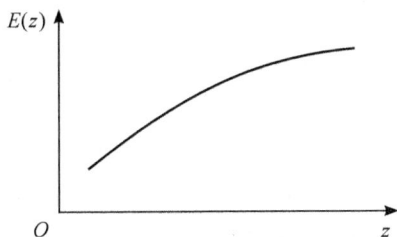

图 2-2　单调递增的电量生产函数

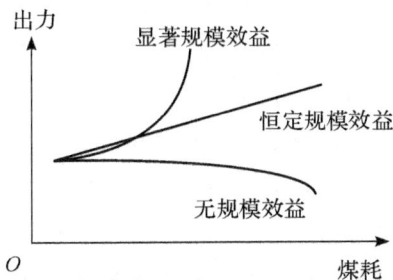

图 2-3　投入与产出的规模效益

生产是否具有规模效益也可以通过观察边际费用函数的形状来判断，如图 2-4 所示。一般地，对恒定规模效益的生产，其对应的边际费用函数是常数；对有显著规模效益的生产，其对应的边际费用函数是下降的；对无规模效益的生产，其对应的边际费用函数是上升的。

从平均成本来看，对生产单一产品的厂商而言，如果随着产出的增加，平均成本下降（边际成本曲线位于平均成本曲线之下），这是规模经济的结果；平均成本等于边际成本（平均成本不增加也不减少），这是规模经济不变

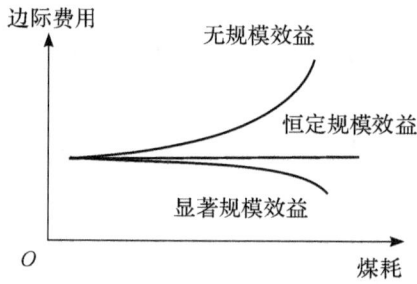

图 2-4　边际费用函数和规模效益

的情况;随着产出增加,平均成本增加(边际成本大于平均成本),这是由于存在规模不经济的原因。

　　对生产性活动来说,固定成本占总成本的比重较大。例如,对在特定地点生产原油的厂商来说,油井的建设成本占大部分的成本份额,而增加一桶原油所带来的成本增量是很少的(直至大部分的石油被开采完),因此,在单个生产地点,原油的生产是规模经济的。同样,在电话服务业中,占总成本大部分份额的是建设通信网络的固定成本,而电话的连通成本(使用设备转换连接,使人们能相互交流)是很小的,因此,通信网络呈现规模经济。许多网络服务都是这样,包括运输业、输电和配电业。对某些发电技术来说,资本占产品成本的主要部分(考虑水电和核电),因此,尽管一些发电技术(对那些燃料成本是主要成本的技术而言)呈现一般形状的成本曲线,但是一体化的电力工业呈现规模经济[7]。

　　由于具有规模经济性,增量产出可致平均成本下降。具有最大产出的厂商能以最低成本进行生产,将竞争者赶出市场,这就是自然垄断的情况。一旦没有竞争,自然垄断者就能运用其市场地位使价格高于生产成本。因为这些特征,在自然垄断的行业中,竞争将导致市场势力的应用,以至于出现竞争性市场的价格不等于边际成本的市场失灵现象。在自然垄断条件下,仅有一家厂商能产生最低的总成本。

　　因为市场势力的存在,自然垄断常常需要管制,以使价格接近边际成本。将两个或更多的产品生产过程结合起来能产生技术效率。如果一家公司生产两种产品的成本比两家公司分别生产相同两种产品的成本低,这个生产过程就呈现范围经济[8]。例如,如果将供电与供热结合起来,将比分开生产电力和供热更便宜些。尽管规模经济与范围经济没有必然的联系,但是两者对于考虑一个多产品生产工业是否会导致自然垄断时是十分重要的。

2.1.4 供给和需求的基本原理

(1) 供需曲线

图 2-5 所示为基本供给和需求曲线。人们购买某种商品的数目取决于该商品的价格、相关商品价格、个体收入、个体偏好等多种因素。需求曲线 D 反映了消费者在各个价格下愿意并且能够购买的商品数量[9]。

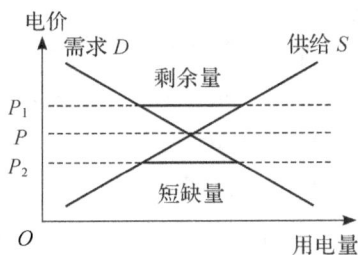

图 2-5 基本供给和需求曲线

需求曲线通常是单调递减的,即商品价格上升时需求量减少,价格下降时需求量增加。需求曲线单调递减的原因主要是替代效应和收入效应。替代效应是指商品价格上涨时,消费者减少对该商品的消费(被别的商品"替代");当价格下降时,消费者对该商品的消费增加("替代"别的商品)。收入效应是指商品价格的变动会引起消费者实际收入的变化,使该商品需求量变动。

生产者愿意生产和销售的产量受商品价格、投入原料价格、技术、相关商品价格、政策等多种因素的影响。供给曲线 S 反映了市场价格和产量间的关系。供给曲线是单调递增的,这是因为价格越高,厂商愿意和能够生产的产量就越多。

供给曲线 S 与需求曲线 D 的交点为供需平衡点,其相应价格为出清价格 P。当市场价格高于 P,处于 P_1 时,供需不平衡,供给剩余量迫使供应商降低价格,最终供需平衡维持在价格水平 P;当市场价格低于 P,处于 P_2 时,供需不平衡,供给短缺量促使供应商提高价格,最终供需平衡仍然维持在价格水平 P。在 P 点上,既不存在短缺,也不存在供给过剩,供需力量达到平衡,价格没有变动的趋势。

(2)价格弹性

经济学中,弹性是一个变量变化率与另一个变量变化率的比例,是一种敏感度分析的工具[10]。需求的价格弹性反映了需求对于价格变动的反应程度,定义为:

$$\varepsilon(\rho) = \frac{\rho}{P}\frac{\mathrm{d}P}{\mathrm{d}\rho} \tag{2-2}$$

一般情况下,一种商品的价格上升,需求量减少,因此需求的价格弹性是一个负数。不同商品的价格弹性或对价格的敏感程度相差很大。

若 $\varepsilon < -1$,则认为需求具有价格弹性,此时需求量的减少百分比大于价格增加的百分比。若 $-1 < \varepsilon < 0$,则需求缺乏价格弹性,此时需求量的减少百分比小于价格增加的百分比。图 2-6 所示为两种特殊情况,图 2-6a 为 $\varepsilon = -\infty$(无穷大)价格弹性,图 2-6b 为 $\varepsilon = 0$ 完全无弹性。这两种情况为极端情况。实际上,对于珠宝、名画、文物等奢侈品的需求,弹性几乎是无穷大的,而对于基本的食品、电力、药品等必需品,消费者对于价格的变动不敏感,需求受价格影响很小。

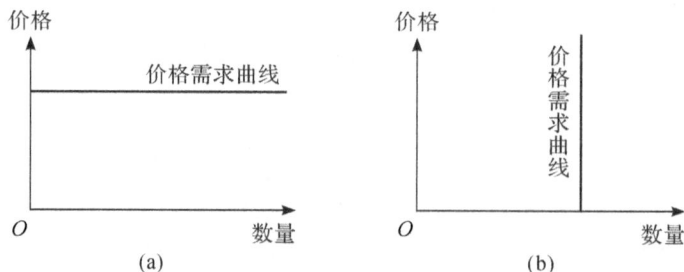

图 2-6　价格弹性模式。(a)完全弹性和(b)完全无弹性

(3)政府监管的影响

一般情况下,供需可以自动平衡到一个出清价格,这就是所谓"无形的手"。市场供需平衡时,消费者和生产者享受盈余,如图 2-7 所示。当价格

处于均衡点时,部分消费者可能愿意支付高于均衡点价格 P 的价格 P_1,因此这些消费者享受盈余。市场消费者享受盈余的幅度由图中上三角形的面积来描述;同理,生产者盈余可以由图中下三角形的面积表示。

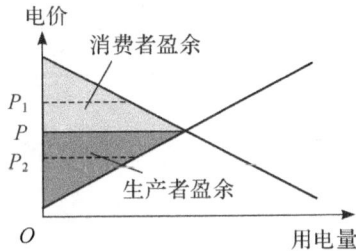

图 2-7 消费者盈余和生产者盈余

假设政府出于某种原因干涉市场("有形的手"),设定一个市场最高限价 P_2(如图 2-8 所示),此时生产者将降低产量至 Q_2。消费者盈余变化为 $A-B$,生产者盈余变化是 $-A-C$。两者之差为无谓损失,大小等于 $B+C$。

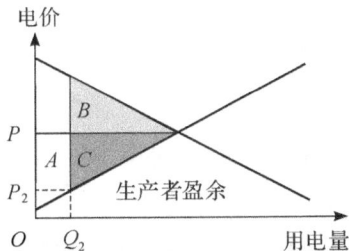

图 2-8 管制价格上限低于出清价格时的社会盈余损失

假设政府设定一个市场最低限价 P_1(如图 2-9 所示),此时需求量为 Q_1。消费者盈余变化为 $-A-B$,生产者盈余变化是 $A-C$。两者之差为无谓损失,大小等于 $B+C$。

上述表明,政府干预市场虽然可以提高某些群体的利益,但通常会产生市场扭曲,导致无效率。当然,这个断言的正确性是有前提的,如以经济剩余最大为目的,不考虑政治影响、环境因素。

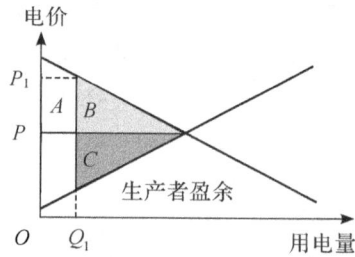

图 2-9 管制价格高于出清价格时的社会盈余损失

2.1.5 基本生产定律和经济效率

生产者从产品销售中获取的收入和生产成本之间的差值称为利润。通常认为厂商是最大化利润者。假设需求量是价格的函数 $\rho(P)$，则收益 $v(P)=\rho(P)P$，厂商的利润最大化问题可以表示为：

$$\max_P \pi(P)=v(P)-c(P)=\rho(P)P-c(P) \tag{2-3}$$

对 P 求导得：

$$\frac{\mathrm{d}v}{\mathrm{d}P}=\frac{\mathrm{d}c}{\mathrm{d}P} \tag{2-4}$$

式(2-4)表明，如果厂商获得最大利润，则边际利润等于边际成本。这就是著名的基本生产定律。

在完全竞争的状态下，市场的价格将等于边际成本。因此，利润最大化的厂商选择的产量会使价格等于边际成本。下面将讨论该价格的经济效率。

当存在经济利润而且没有进入市场的障碍时，市场竞争将致使如下情况发生：

①其他厂商会进入；

②其他厂商的进入会增加市场的产出；

③价格下降（因为供给曲线向外移动）；

④经济利润下降。

若存在利润损失而且没有退出市场的障碍，市场竞争将会出现下列情况：

  ①厂商退出；

  ②产出减少；

  ③价格上涨（因为供给曲线向内移动）；

  ④经济损失减少。

长期运作中，在没有进入和退出壁垒的条件下经济利润等于零，即厂商获得正常的利润率。

考虑用拍卖作为市场竞争模型，当价格上升时，最大化利润的厂商调整它们的产出以使边际成本正好等于市场价格。如果平均成本高于边际成本（这时的情况处于 U 形平均成本的左侧），那么，平均成本将高于市场价格。这时，厂商的总成本将高于总收入，厂商出现亏损。假定厂商在亏损时退出市场，这时厂商将不会再进行生产，在自然垄断条件下，在相关的范围内边际成本低于平均成本。如果价格等于边际成本，总收入小于总成本，自然垄断厂商将会出现亏损。因此，在寻求使厂商生产接近有效生产时，管制机构必须认真选择管制价格。

上面引入了"效率"这个概念。首先明确技术效率与经济效率的区别，技术效率是指给定投入集的最大产出，或者是在给定的产出下的最小投入；经济效率指在给定机会成本下最大产出，或者在给定产出下的最小机会成本[11]。

在市场竞争下，最小化成本意味着价格等于边际成本，这是经济上的效率价格，它使消费者知道生产一个增量单位产出的成本。如果价格不反映边际成本，市场就不能产生效率价格。例如，如果电价被设定在效率价格（边际成本）之下，则有：①消费者的需求水平高于有经济效率的数量；②生产者的供给水平低于有经济效率的数量。如果电价被设定在效率价格（边际成本）之上，则有：①消费者的需求水平低于有经济效率的数量；②生产者的供给水平高于有经济效率的数量。但是，对自然垄断厂商而言，如果价格设定等于边际成本时，收入将不足以维持其生产。管制机构必须发现适当的价格，这个价格要鼓励厂商以最小成本开展生产。

2.2 节点电价与区域电价

在电力现货市场环境下,对于市场管理者而言,合理的定价不仅使各市场主体都能从市场中获利,同时也是维持市场健康稳定的关键。纵观国际电力市场,分区电价和节点电价就是两种最为典型的电力现货市场定价方式,节点电价主要在以美国为代表的电力市场中得到应用,而在欧洲电力市场(特别是北欧电力市场)主要采用分区电价。它们被广泛运用的原因,正是因为通过市场供需关系确定电价可显著减轻电网阻塞,优化电网运行。

在国内现货试点的八个省份地区中,多数省份采用了节点电价作为定价和结算的依据。在四川现货试运行方案中,提出了分区电价的概念,分区电价仅作为市场主体分析阻塞情况和市场供需的价格信号,暂不作为结算依据。

节点电价是指在满足各类设备和资源的运行特性和约束条件的情况下,在某一节点增加单位负荷需求时的边际成本,即在某时间、某地点以最低成本"多消费1度电"所需要增加的成本。它反映了特定节点的电力供需关系,即价格高表示该节点电力供给趋紧,价格低表示该节点电力供给富余。分区电价是按阻塞断面将市场分成几个不同的分区,并以分区内边际机组的价格作为该分区市场出清价格,即分区电价。

2.2.1 节点边际电价模型

节点边际电价(Locational Marginal Price,LMP)理论从20世纪70年代发展起来,已在北美、新西兰、新加坡等地的电力现货市场中得到应用,并在美国能源联邦管理委员会(FERC)的推动下,成为其倡导的"标准市场设计"(Standard Market Design,SMD)的基石[12]。其主要优点在于:一是能自然地运用最优潮流技术处理网络阻塞;二是节点电价合理反映了节点负荷的发电边际成本,不损害公平[13-14]。

    节点电价理论是基于经典的优化调度模型、在满足各种约束条件满足情况下的资源优化配置电价，所以它与经济调度和最优潮流有着深刻的联系。最优潮流（或安全约束经济调度）模型求解过程中对应于节点有功功率的拉格朗日乘子（影子价格）即为节点电价[15-16]。

    某节点的节点电价是指系统向该节点供应额外 1MW 功率的微增费用[17]。例如图 2-10 中，节点 1 负荷增加 1MW，此时 G1 增加 1MW 出力，系统发电成本增加 \$5，因此，节点 1 的边际电价为 \$5/MW，节点 2 的节点电价为 \$30/MW。显然，用户的电费单价与自身所处的节点位置相关，这样的电价系统比全网统一电价系统更加合理。结算时，G1 和负荷 1 以节点 1 的电价分别获得和支付电价，G2 和负荷 2 以此类推。

节点①和②的电价分别为：\$5/MW 和 \$30/MW

图 2-10　两机系统节点边际电价计算

    下面介绍电价计算的数学模型。如果发电机组向调度中心报价，报价曲线是递增的，则调度中心可进行下一个调度时段的安全约束经济调度。该线性最优潮流数学模型为[18-20]：

$$\min_{\boldsymbol{P}_G} \boldsymbol{p}^{\mathrm{T}} \boldsymbol{P}_G \tag{2-5}$$

$$\text{s. t.} \quad \boldsymbol{e}^{\mathrm{T}}(\boldsymbol{P}_G - \boldsymbol{P}_D) = 0 \tag{2-6}$$

$$\boldsymbol{T}(\boldsymbol{P}_G - \boldsymbol{P}_D) \leqslant \overline{\boldsymbol{F}} \tag{2-7}$$

$$\underline{\boldsymbol{P}}_G \leqslant \boldsymbol{P}_G \leqslant \overline{\boldsymbol{P}}_G \tag{2-8}$$

该优化问题的拉格朗日函数为

$$\Gamma = \boldsymbol{p}^{\mathrm{T}} \cdot \boldsymbol{P}_G + \lambda \boldsymbol{e}^{\mathrm{T}}(\boldsymbol{P}_G - \boldsymbol{P}_D) + \boldsymbol{\mu}^{\mathrm{T}}[\boldsymbol{T}(\boldsymbol{P}_G - \boldsymbol{P}_D) - \overline{\boldsymbol{F}}]$$
$$+ \hat{\boldsymbol{\tau}}^{\mathrm{T}}(\boldsymbol{P}_G - \overline{\boldsymbol{P}}_G) + \check{\boldsymbol{\tau}}^{\mathrm{T}}(\underline{\boldsymbol{P}}_G - \boldsymbol{P}_G) \tag{2-9}$$

式（2-9）中，λ，$\boldsymbol{\mu}$，$\hat{\boldsymbol{\tau}}$ 和 $\check{\boldsymbol{\tau}}$ 为与约束相对应的拉格朗日乘子。最优性条件为：

$$\frac{\partial \Gamma}{\partial P_{Gi}} = p_i + \lambda + \sum_k \mu_k T_{ki} + \widehat{\tau}_i - \widecheck{\tau}_i = 0 \quad (i = 1,2,N_G) \quad (2\text{-}10)$$

第 i 节点的节点电价是：

$$\rho_i = -\lambda - \sum_k \mu_k T_{ki} \tag{2-11}$$

式(2-11)可以写为向量形式如下：

$$\boldsymbol{\rho} = -\lambda \boldsymbol{e} - \boldsymbol{T}^{\mathrm{T}} \boldsymbol{\mu} \tag{2-12}$$

基于式(2-12)，从各类机组角度来分析电价。

● 对于边际机组 i，$\widehat{\tau}_i = \widecheck{\tau}_i = 0$，由此可知 $p_i = \rho_i$，所以边际机组的报价等于节点电价。

● 对于出力已经达到上限的机组 i，$\widecheck{\tau}_i = 0$，则有 $p_i - \rho_i + \widehat{\tau}_i = 0$，即 $p_i + \widehat{\tau}_i = \rho_i$。因为 $\widehat{\tau}_i > 0$，所以 $p_i < \rho_i$，即机组报价小于节点电价。

● 对于出力已经达到下限的机组 i，$\widehat{\tau}_i = 0$，所以 $p_i - \rho_i - \widecheck{\tau}_i = 0$，即 $p_i - \widecheck{\tau}_i = \rho_i$。因为 $\widecheck{\tau}_i > 0$，所以 $p_i > \rho_i$，即机组报价高于节点电价。

这样，从发电机的角度，节点边际电价是一个合理的结算价格，因为在这种情况下，边际机组、满发机组和零出力机组都满意，不存在"窝电"问题。

在节点电价体系下，对于出力达到下限的机组，其出力为 $\underline{P}_G$。一般地，$\underline{P}_G \neq 0$。这样，这部分机组的价格应当得到其报价。由于这部分报价高于节点电价，其产生的费用称为上抬费用(Uplift)，这个上抬费用只能让所有的用户共同承担。

再从负荷一侧来考察边际价格。优化问题式(2-5)～(2-8)的目标函数总购电费用 $c = \boldsymbol{p}^{\mathrm{T}} \boldsymbol{P}_G$ 随负荷水平变化而变化。运用包络定理可知：

$$\frac{\partial c}{\partial \boldsymbol{P}_D} = \frac{\partial \Gamma}{\partial \boldsymbol{P}_D} = -\lambda \boldsymbol{e} - \boldsymbol{T}^{\mathrm{T}} \boldsymbol{\mu} = \boldsymbol{\rho} \tag{2-13}$$

式(2-13)说明，如果某节点负荷增加 1MW，其相应购电费用增加值就等于该节点边际价格。这是一个非常好的性质，因为它符合"谁用高价电，谁付高价钱"这个基本常识。

以图 2-11 中三节点系统数学模型为例分析节点电价。注意最后结果中节点 1 电价高于两台发电机组的最高报价 10 美元。

问题的数学模型如下：

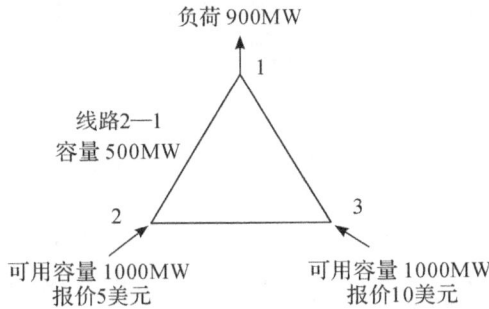

图 2-11 节点电价计算

$$\min_{\boldsymbol{P}_G}(5P_{G2}+10P_{G3})$$

s. t. $\quad P_{G2}+P_{G3}-0.9=0$

$$\begin{bmatrix} -0.3333 & 0.3333 & 0 \\ -0.6667 & -0.3333 & 0 \\ 0.3333 & 0.6667 & 0 \end{bmatrix}\begin{bmatrix} -0.9 \\ P_{G2} \\ P_{G3} \end{bmatrix} \leqslant \begin{bmatrix} \overline{F}_{21} \\ \overline{F}_{31} \\ \overline{F}_{23} \end{bmatrix}$$

$$0 \leqslant P_{G2} \leqslant 1.0$$

假设线路 3—1 和 2—3 都有很高的线路输电容量,因此,与它们有关的不等式约束可以忽略。

计算结果表明,节点 1 电价等于 15 美元。上述节点电价模型中,目标函数是总生产成本最小。在上述问题中,如果两台机组各出力 450MW,这时全网的清算价格为 10 美元,即用户的支付价格低于节点电价。那么,应当采用用户支付最小还是社会效益最小模型?

一般认为,节点电价系统是正确的。因为在节点电价系统,社会生产成本最低。在上面例子中,如果要求每台发电机组出力 450MW,这时虽然用户支付费用减少,但全网生产成本高,显然是不合理的。

节点电价体系的良好性质是满足"谁用高价电,谁付高价钱"这个基本常识。但是,当系统存在爬坡速度慢或者启动时间长的机组时,这个良好性质会受到一定程度的破坏。例如,假设一个三机系统如图 2-12 所示,其中机组 G3 存在最小技术出力 20MW,根据经济调度的结果,G3 出力等于 20MW。此时,机组 G2 出力 30MW,是边际机组,其报价设定节点 2 的电

价,等于 30 美元。此时机组 G3 的报价高于节点电价,获得上抬费(40－
30)美元×20＝200 美元。这个上抬费由所有负荷分摊,它在一定程度上破
坏了节点电价的良好性质。

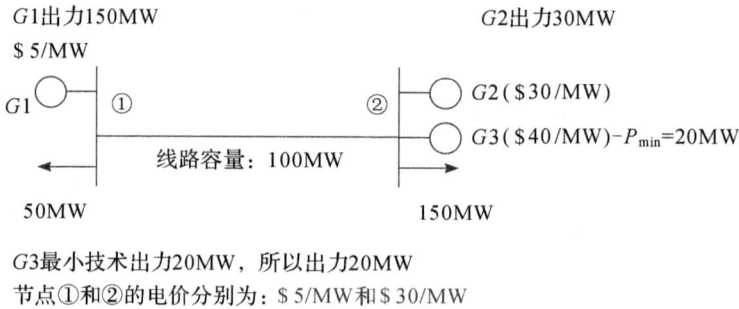

G1出力150MW　　　　　　　　　　G2出力30MW
$ 5/MW

G1 ○　①　　　　　②　○ G2($30/MW)
　　　　　　　　　　　　　　　○ G3($40/MW)-$P_{min}$=20MW
　　　　线路容量:100MW

50MW　　　　　　　　　　150MW

G3最小技术出力20MW,所以出力20MW
节点①和②的电价分别为:$5/MW和$30/MW

图 2-12　三机系统节点电价体系下的上抬费

　　再看更为严重的情况,假设机组 G3 的最小技术出力为 60MW,根据经
济调度的结果,其出力等于 60MW,其他机组的调度出力情况如图 2-13 所
示。这时,机组 G1 是系统唯一的边际机组,系统价格即为 G1 报价
$5/MW。但机组 G3 的报价高于系统边际价格,因此获得上抬费(40－5)
美元×5＝175 美元,该上抬费也由所有负荷分摊。在这个例子中,由于机
组 G3 最小技术出力的存在,消除了节点 1 和 2 之间的电价差别,节点电价
体系的优点已经荡然无存了。

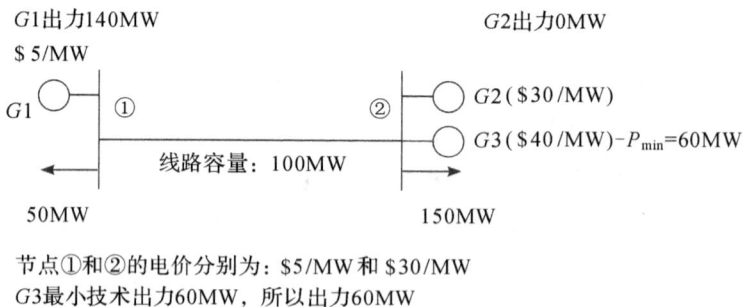

G1出力140MW　　　　　　　　　　G2出力0MW
$ 5/MW

G1 ○　①　　　　　②　○ G2($30/MW)
　　　　　　　　　　　　　　　○ G3($40/MW)-$P_{min}$=60MW
　　　　线路容量:100MW

50MW　　　　　　　　　　150MW

节点①和②的电价分别为:$5/MW和$30/MW
G3最小技术出力60MW,所以出力60MW

图 2-13　三机系统节点电价体系下的上抬费

（1）用户侧参与市场竞价

在上面介绍的节点电价模型中，没有考虑负荷侧参与竞价。电力系统中有的负荷是可以调度的，比如，抽水蓄能电站在抽水期间的负荷。在日前市场，负荷也在一定程度可以调度[21]。一个好的市场设计应当给予负荷竞标的机会。本节介绍需求侧竞标的模型。

需求侧竞标的基本思想与发电侧竞标思想是对称的。根据这个思想，负荷向调度中心申报愿意支付的最高电价曲线。这个电价曲线一般是阶梯形的，递减的。图 2-14 显示了两种负荷竞价曲线，一种有封顶价格，一种没有封顶价格。在有封顶价格情形，所有负荷都申报了最高愿意支付的价格；而在没有封顶价格情形，部分负荷没有申报最高支付价格（也就是说，这部分负荷愿意支付任意高的电价）。

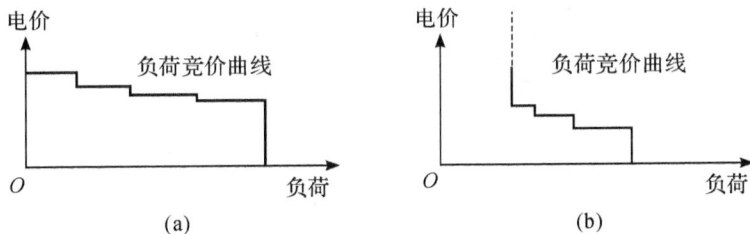

图 2-14　两种负荷竞价曲线。(a)有封顶价格的负荷竞价曲线；(b)无封顶价格的负荷竞价曲线

在没有阻塞的电力市场某时段，负荷竞价曲线和机组竞价曲线的交点处的电价为出清价格。图 2-15 显示了负荷出清和机组出清两种出清方式。

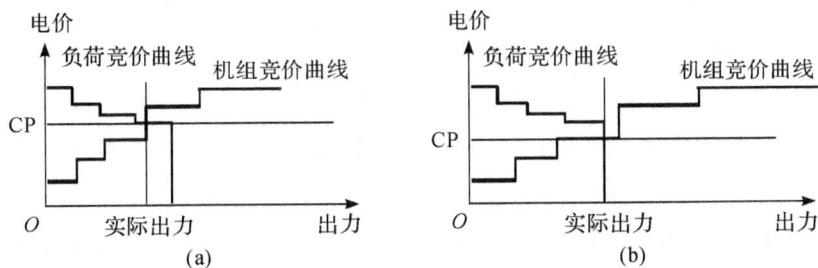

图 2-15　两种出清方式。(a)负荷出清；(b)发电机组出清

假设一个节点负荷只申报一个经济曲线,并且所有负荷都申报了一个愿意支付的最高价格,考虑需求侧侧竞价后,实时调度模型如下:

$$\max_{P_G, P_D} p_D^T P_D - p^T P_G \tag{2-14}$$

$$\text{s. t.} \quad e^T(P_G - P_D) = 0 \tag{2-15}$$

$$T(P_G - P_D) \leqslant \overline{F} \tag{2-16}$$

$$\underline{P}_G \leqslant P_G \leqslant \overline{P}_G \tag{2-17}$$

$$\underline{P}_D \leqslant P_D \leqslant \overline{P}_D \tag{2-18}$$

从上述模型,运用前面介绍的节点电价原理,不难进行电价分析,只是这里目标函数改为最大化社会福利,而在上一节负荷不参与竞价的节点电价模型中,是最小化生产成本。

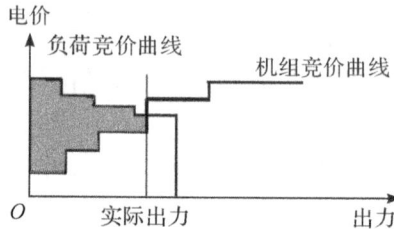

图 2-16　社会盈余

在只有部分负荷申报了愿意支付最高价格的情形,调度模型要烦琐一些,但基本的定价原理是一样的。

(2) 事后节点电价

前述节点电价是预想意义上的,其基本假设是负荷预测完全准确,机组完全听从调度命令。这个电价被称为"事前电价",相应的"理想"调度被称为"事前调度"。在实际系统运行中,这两点几乎不能满足。例如,负荷预测会有误差,机组出力也不可能刚好与"事前调度"一致。所以,"事前电价"与实际系统运行并不相符。

设想一个理想化的例子来说明上述问题。假设在一个没有阻塞的时段,系统只有一个边际发电机,而该边际发电机有两个价段,电价分别为 $10/MW 和 $30/MW,如图 2-17 所示。假设根据"事前调度",要求这台发电机的高价段出力,则系统清除价是 $30/MW。而在实际运行时,该发

电机没有将出力调度到高价段。这时,系统清除价显然不应当等于
$30/MW。事后电价的基本思想就是根据系统实际运行情况计算节点边
际电价。

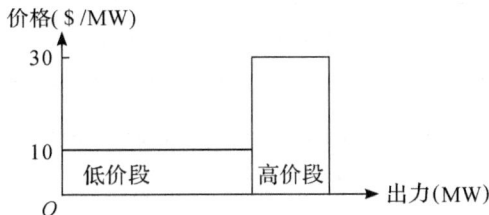

图 2-17 一台发电机的两个价段

这种电价原理在一个调度时段的基本运作流程如下(假设一个调度时
段从 12:00 开始,12:05 结束):

● 12:00—估计 12:05 负荷,进行事故分析并运用调度员经验确定"起
作用输电线路约束",计算 12:05 预想出力和调度电价,向各个输电区域
(Zone)自动发出调度电价;

● 12:05—计算 12:05 状态估计,确定不可调度机组,根据状态估计结
果确定各个机组实际出力和所处价格段,计算 12:05 事后电价,将电价公布
在互联网上。

下面介绍电价计算的数学模型。调度时段开始前,如果调度中心有机
组报价,它可对即将运行的时段进行有安全约束的经济调度。令发电机组
报价为 $\boldsymbol{P}$,这个线性最优潮流数学模型如下:

$$\min_{\boldsymbol{P}_G} \boldsymbol{p}^{\mathrm{T}} \boldsymbol{P}_G \tag{2-19}$$

$$\text{s. t.} \quad \boldsymbol{e}^{\mathrm{T}}(\boldsymbol{P}_G - \boldsymbol{P}_D) = 0 \tag{2-20}$$

$$\boldsymbol{T}(\boldsymbol{P}_G - \boldsymbol{P}_D) \leqslant \overline{\boldsymbol{F}} \tag{2-21}$$

$$\underline{\boldsymbol{P}}_G \leqslant \boldsymbol{P}_G \leqslant \overline{\boldsymbol{P}}_G \tag{2-22}$$

注意,式(2-21)只包括起作用约束,而起作用约束是调度员人工选择
的。如果取 $\lambda, \boldsymbol{\mu}, \check{\boldsymbol{\tau}}$ 和 $\hat{\boldsymbol{\tau}}$ 为与约束相对应的拉格朗日乘子,拉格朗日函数为:

$$\Gamma = \boldsymbol{p}^{\mathrm{T}} \boldsymbol{P}_G + \lambda \boldsymbol{e}^{\mathrm{T}}(\boldsymbol{P}_G - \boldsymbol{P}_D) + \boldsymbol{\mu}^{\mathrm{T}}[\boldsymbol{T}(\boldsymbol{P}_G - \boldsymbol{P}_D) - \overline{\boldsymbol{F}}] + \hat{\boldsymbol{\tau}}^{\mathrm{T}}(\boldsymbol{P}_G - \underline{\boldsymbol{P}}_G)$$
$$+ \check{\boldsymbol{\tau}}^{\mathrm{T}}(\underline{\boldsymbol{P}}_G - \boldsymbol{P}_G) \tag{2-23}$$

则第 j 节点的节点电价是：

$$\rho_j = -\lambda - \sum_{i=1}^{m} \mu_i T_{ij} \tag{2-24}$$

这个节点电价是预想意义上的，其基本假设是负荷预测完全准确，机组完全听从调度命令。如前述，这个电价被称为"事前电价"。

按照"事后定价"的思想，事前电价不是用于财务结算的。调度员得到预想电价后，通过通信网或者电话将预想电价告诉系统每一台机组，但并不指定机组出力大小。正常运行的机组收到调度命令后，会有如下三种反应：

①调度机组使实际出力等于预想出力，说明这台机组的报价是实际运行费用。这种情况在图 2-18 中显示。

②调度机组使实际出力高于预想出力，说明这台机组的报价高于实际运行费用，所以它愿意多出力并可能抬高事后电价。另外一种情况是，这台机组的实际爬坡率高于它申报给 ISO 的爬坡率。

③调度机组使实际出力低于预想出力，说明这台机组的报价低于实际运行费用，所以它愿意少出力，但它不会因此受到任何惩罚。另外一种情况是，这台机组的实际爬坡率低于它申报给 ISO 的爬坡率。

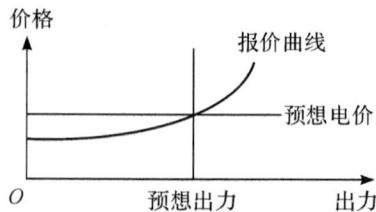

图 2-18　机组预想出力和预想电价

事后电价的计算在一个调度时段结束的时刻开始。这时，这个时段的状态估计结果已经具备，令 $\hat{\boldsymbol{P}}$ 代表根据状态估计得到的实际调度出力向量，$\boldsymbol{\varepsilon}$ 代表一个包含很小的数（如 1MW）的向量。首先求解下述问题：

$$\min_{\boldsymbol{P}_G} \boldsymbol{p}^{\mathrm{T}} \cdot \boldsymbol{P}_G \tag{2-25}$$

$$\text{s.t.} \quad \boldsymbol{e}^{\mathrm{T}}(\boldsymbol{P}_G - \hat{\boldsymbol{P}}_G) = 0 \tag{2-26}$$

$$\boldsymbol{T}\boldsymbol{P}_G \leqslant \boldsymbol{T}\hat{\boldsymbol{P}}_G \tag{2-27}$$

$$0 \leqslant \boldsymbol{P}_G \leqslant \hat{\boldsymbol{P}}_G + \boldsymbol{\varepsilon} \tag{2-28}$$

类似一般的节点电价模型,求解上述问题可得到事后节点电价。在求解上述问题时,必须考虑如下市场规则:

①不可调度的机组不能直接进入上述优化问题,因而不能设电价。对于这样的机组,其相应的出力变量 P 在上述线性规划中被设为等于实际出力值常数,并在功率平衡方程和潮流约束不等式两端被消去。

②如果机组出力高于预想出力的10%,它不能够参与设定事后电价。这条规则的意图是明显的,即防止机组过多出力。

③事后电价低于事前电价。这是个软的规则。当出现事后电价高于事前电价时,调度公司一般需要对电价计算进行分析,并且在互联网说明公布的电价需要进一步确认。

④出于电网安全性的考虑,调度中心可要求个别机组按照规定兆瓦出力。如果这些机组不遵守调度命令,将会受到惩罚。

事后电价模型中有两个值得注意的地方:

①功率平衡方程式(2-26)与前面一般的电价计算问题有区别,这是因为事后节点电价计算希望在运行点附近进行,而采用调度优化形式的功率平衡方程则不能达到这个目的。

②采用 $0 \leqslant P_G \leqslant \hat{P}_G + \varepsilon$ 形式的出力约束不等式是明显的,因为电价计算线性规划只包含了可调度机组。这些机组总是可以设电价的,所以不应当有出力下限约束。

现在用一个例子介绍为什么事后电价模型和一般调度模型中的潮流约束不等式有区别。图 2-19 描述的是预想出力和电价,图 2-20 描述的是实际出力和电价。注意,图 2-20 中显示实际潮流是 97MW,而线路极限是 100MW,但根据"人工选择起作用约束"的原则,在事后电价计算过程中,仍然认为线路是拥塞的。这就是为什么在计算事后电价时要用 $TP_G \leqslant T\hat{P}_G$,而非原线路潮流约束式 $T(P_G - P_D) \leqslant \overline{F}$。

从上面事后电价的计算过程可以看出,事后电价模型对机组数据要求不灵敏,例如,不需要很准确的爬坡率和机组可用容量数据。另外,一般机组也不必要严格跟随调度命令,这样可免去传统调度方式中机组不跟随调度命令而受到惩罚。如果较多机组的实际出力都比预想出力少,这时电价会上扬,激励机组多出力;反之亦然。这个过程是动态平衡的。如果系统容

$5/MW $30/MW

G1   潮流：100MW   G2

                     容量：100MW

50MW   150MW

G1预想出力150MW   G2预想出力50MW

图 2-19　事后定价的预想出力、电价计算

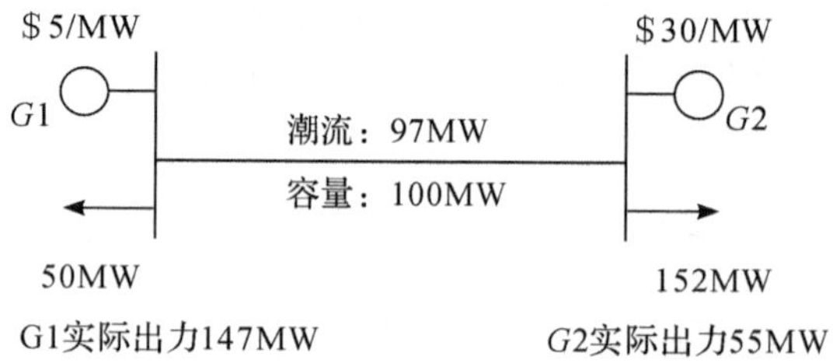

$5/MW $30/MW

G1   潮流：97MW   G2

                     容量：100MW

50MW   152MW

G1实际出力147MW   G2实际出力55MW

图 2-20　事后定价的实际电价计算

量足够大的话,个别机组即使不跟随调度命令,其带来的问题也很小,因此事后电价可能是较好的电价体系。

事后电价原理在美国宾夕法尼亚州、马里兰州、新泽西州、纽约州,新英格兰地区,加拿大安大略省,新西兰等地区或区域得到应用[22]。

2.2.2　分区边际电价模型

分区边际电价(Zonal Marginal Price,ZMP)可以认为是系统边际电价考虑了阻塞之后的细化设计,但是从本质上说仍然是节点边际电价机制的简化。上节给出了市场参与者要求对节点边际电价作出简化的原因,而能够简化成分区电价的基础则是电力系统运行过程中并不是到处始终存在着电网阻塞。在实际电网运行过程中,人们发现输电阻塞通常只是频繁、明显地出现在某些区域之间,而在这些区域内部输电阻塞发生的概率很小,程度也轻微,由此提出了分区边际电价来简化和替代节点边际电价。

分区边际电价机制的运作过程是:将整个市场的电力网络按照某种分区规则划分成若干个区域,划分出的区域是具有相同或相近边际成本的节点的集合;根据分区的结果和分区定价的模型确定各分区的电价,按照分区电价对各分区中的市场参与者进行结算,这个电价就是分区边际电价。最早并一直采用分区电价机制的电力市场是北欧四国电力市场,而在美国几个有组织的电力市场中,德州市场(Electric Reliability Council of Texas, ERCOT)比较成功地实施了分区边际电价。除此以外,实行节点边际电价的各市场设计中也多存在分区思想。

分区边际电价机制实用中最重要的关键是分区确定。考虑到输电网络和电力系统运行状态的复杂性,分区边界的合理划分一直是一个比较困难并且备受争议的问题。如果分区不能够体现实际的阻塞情况,就可能出现分区之间阻塞较少,而分区内部阻塞严重的情况,导致分区边际电价的价格信号严重扭曲,影响市场效率。

(1) 现有分区方法特点及其适用性

广义上看,可以把系统边际电价系统边际作为最极端的分区电价机制,即只有一个分区的分区电价机制,这是简化程度最粗的分区方案。系统边际电价的"分区"效果不好,极大可能出现严重的价格扭曲。扭曲的价格信号轻则提高了系统运行成本,致使效率降低,重则会威胁到系统安全。除此以外,如图 2-21 所示,现有的分区方法大致可以分为四类[23]。本节将结合实际市场中的运行情况,详细分析各类分区方法。

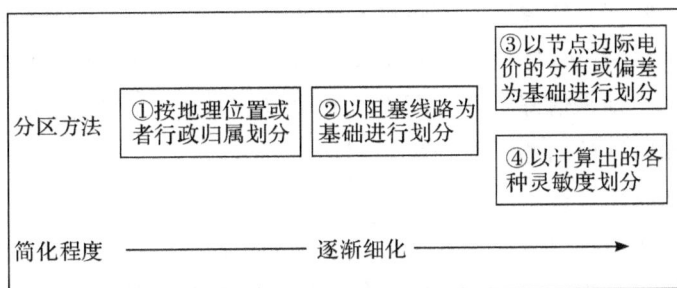

图 2-21 分区方法分类

1)地理位置或行政归属

分区细化程度比系统边际电价稍好些的方法是根据地理位置或者行政归属划分区域(图 2-21 中第①类),这是最早出现的有意义的分区方法,并获得了实际应用。这一方法的优点是简单直观,市场参与者容易理解,从而接受程度很高。

在某些实际市场中根据这种方法分区运作得很成功。如北欧市场从设计运行伊始就使用按国家地理边界划分区域的分区电价机制并沿用至今(各国内部对于区内阻塞可以采取不同的措施,挪威电网内部根据阻塞断面进行再分区是处理分区内阻塞的一种方法),运行效果较好,市场运营商打算继续使用下去;在一个市场年度内,分区价格与系统价格相同的时间超过 1/4。

根据这种方法分区在另一些市场运行中却出现了问题,如美国加州电力市场。加州在进行电力系统市场化改革前存在三个大的公用电力公司和一些小型的公用事业公司,设计市场时就直接根据原有三大公用电力公司的控制区边界将全加州分成了 3 个大的区域,并且只在实时调度中设置了小于/等于 2 小时的预备阶段来处理分区内阻塞,分区运行多年从不调整。其运行结果是:市场运营商经常不得不急急忙忙地修改大量不可行的日前计划。如果用区域间阻塞费用和区域内阻塞费用的对比来衡量加州分区阻塞管理效果的话,就会发现加州的分区效果很差:2005 年的区域间阻塞费用是 0.546 亿美元,2006 年为 0.56 亿美元;而 2005 年的区域内阻塞费用高达 2.22 亿美元,2006 年为 2.07 亿美元。分区内阻塞费用约为分区间阻塞费用的四倍。其分区电价机制完全无法体现阻塞情况,区内阻塞远多于区间阻塞;价格出现严重扭曲。同样是根据地理位置或行政归属划分区域,为什么北欧和加州的运行效果差距如此巨大?主要是因为这种分区方法不一定能符合网络电气特性。北欧市场良好运作的根本原因是:根据地理位置划分区域的结果恰好符合了网络主要电气特性,另外北欧电网的阻塞程度远比加州电网的阻塞程度轻微。

2)阻塞线路分区

既然基于地理位置或行政归属进行区域划分所产生的电价信号缓解电网阻塞的效果有限,并且根据分析,各节点边际电价的差异主要是边际阻塞成本和边际网损成本引起的,很自然地,有人提出了以阻塞输电线路为基础的区域边界划分方法(图 2-21 中第②类)。

这种方法未获得实际应用。这种方法看似合理:分区之间的断面必须有阻塞线路穿过,分区可以完全体现出电网的阻塞情况,但是有一个明显的缺点是在存在环网的情况下,这种划分方法可能导致自相矛盾,即:如果环网的某一部分出现阻塞时,势必需要确定要由哪些非阻塞线路来决定区域边界。当然,在辐射型或者链条型的电网中,如果能够很明显分得出重负荷区和多电源区,那么就有可能得到效果较好的分区。针对环网问题,近年有人提出了根据线路阻塞情况以图论理论解决环网的动态分区方法,但却需要在每个时段都对整个市场重新进行分区。电网运行过程中的阻塞情况变化较为频繁,根据阻塞线路进行动态分区也必然会出现频繁变动的分区,容易出现与节点边际电价相似的问题:市场参与者(主要是用电客户)会感到无所适从,价格信号作用效果不佳。

3)节点电价分布分区

图 2-21 中的第③类和第④类方法都能够较好地解决环网问题,第③类方法是以节点电价分布和偏差为基础进行区域划分,第④类方法则以某灵敏度指标为基础进行区域划分。第③类方法也未获得实际应用,具体方法是:基于经典实时电价理论,通过分析各节点电价的构成成分,得到节点阻塞成本公式(阻塞线路的拉格朗日乘子与阻塞线路对节点负荷功率的偏导数),以各节点阻塞成本与最大阻塞成本的偏差为基础进行分区,同时该方法还是一种动态分区方法,分区随时改变。

这类方法虽然对环网的适应性很好,区域内各节点边际电价也相近,然而缺点也是很明显的:首先,在各节点电价之间差别不大或者说节点边际电价是沿某一路径渐变的情况下,划分区域的标准将会难以确定;其次,节点边际电价的变动频繁,如果动态分区则其缺点同第②类分区方法,如果不进行动态分区,分区标准不易确定。可见,在实用中根据节点边际电价分布划分出理想的区域可能很困难,即实用性不强。此外,还有根据节点边际电价预测值进行分区的方法也可以勉强归入第③类,但是,可以预料到,在节点边际电价预测本身工作量就很大的情况下,以预测的电价为基础进行分区方法的可操作性、实用性和分区效果都不强。

4)灵敏度分区

第④类以各种灵敏度为基础进行区域划分的方法是一种较为合理的方法。先求出各节点电价对各节点负荷的变化率,即节点电价灵敏度,然后再分析节点电价灵敏度的变化规律,运用模糊聚类分析方法将灵敏度相同或相近的节点纳入同一电价区。这一方法能够处理节点电价沿线路渐变的情况,但是也存在一定问题,即有可能会出现同一区域内节点电价差别较大的情况。

(2)合理分区的判断标准

上述各种分区方法的分析以及分区定价理论的应用情况验证了分区定价机制的优点和实用性都在于:分区定价机制能否提供简洁和足够准确的价格信号。将发挥价格信号作用这个标准分解,并结合实际应用情况,理想的分区以及据其运行的分区电价机制应该实现以下分项目标:

①物理含义应明确。指调度交易计划可行,不需要进行太多的区域内阻塞管理,但是应注意设计处理区域内阻塞的机制。如果采用类似纽约电力市场的定价和结算方法,则可以不严格考虑分区的物理含义,也不必单独进行区域内阻塞管理。

②经济含义明确:分区内各节点的节点电价水平相当,归并为分区价格后,价格信息损失较小。

③区域划分相对稳定:分区能够在一定时间内保持不变,市场参与者可以对自身市场位置具有一定预期。长期不变的分区可能会不再符合系统特性,进而不再具有明确的物理和经济含义,但是过于频繁变化的分区则使价格信号不再简洁清晰,分区电价机制也就失去意义。

以这些标准对四类方法进行判断后,可以得出结论,灵敏度分区方法比其他方法更有优势,准确性和实用性更强。

2.2.3 节点电价与分区电价的对比

与其他市场显著不同,电力市场是基于电力系统这个物理网络而建立的,电力(功率)实时平衡是电力系统稳定运行的基本条件,需要比较复杂的调度过程[24]。总体来说,电力市场/电力系统的问题可分为电力系统物理层、商品交易层和金融交易层3个层次,各自服从不同的规律,但又互相关联[25]。在3个不同层次中,"电能"的内涵是完全不同的,如图2-22所示。

(1)物理层面同质的电能

在电力系统中,电压、电流等物理量服从电磁场的基本规律——麦克斯韦方程组,或在电路中简化而成的基尔霍夫定律。各发电厂生产的电能一

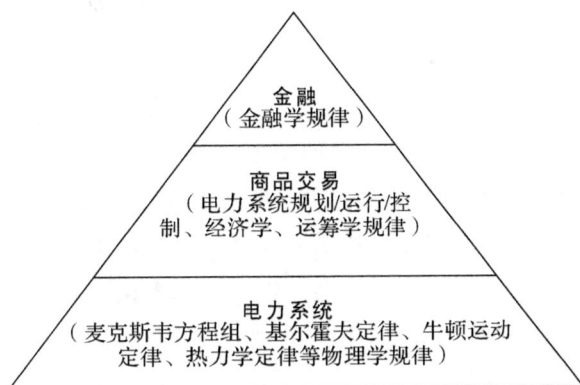

图 2-22 电力市场问题涵盖的三个层次

且上网,在物理上就被同质化,无法再区分开来[26]。电力系统潮流方程是由基尔霍夫定律推导得来的,因此属于这一层。

(2)商品交易层面异质的电能商品

本层是电力市场交易的核心。电力市场中交易的商品是以看不见摸不着的能量形态存在的,是世界上最特殊的一种商品,其定义完全取决于所采用的调度模型(属于运筹学模型)。由于物理层面的电能在时间和空间上均有连续性,在商品交易层面上,电能商品几乎是可以任意定义的,而电力市场的核心问题也是发、用电计划权(简称"发、用电权")的竞争与分配和电费如何结算的问题。由于电力系统运行的特点,所有发、用电权商品都必须通过电网调度来实现,最终转化为物理电能。

(3)金融层面用于财务结算的电能商品

国外电力市场建立了远期(差价合约)、期货、期权等电力金融交易,往往以金融合约的形式完成。大多数金融合约并不涉及实物交割(属于商品交易层面的问题),而属于纯粹的财务结算,对电力系统的实际运行没有任何影响;物理合约是必须物理执行的,最后将转变为调度计划;到期未能平仓的期货合约则变为必须实物交割的物理合约。因此,在图 2-22 中,金融合约属于第 3 层,物理合约属于第 2 层。

节点电价所采用的物理潮流模型属于图 2-22 中第 1 层(电力系统层)的网络模型,但电能商品的交易(贸易)关系包括比物理电网更多的社会和经济属性。为体现这种复杂的交易(贸易)关系,本书引入"贸易网络"的概念,一个相关的概念是运营管理(Operations Management)课程中所讲的"供应链网络"(Supply Chain Network)。供应链网络是基本供应链(Supply Chain)的发展。由于技术的快速进步,具有基本供应链的商业组织可以将这个链发展成更复杂的结构,涉及更多商业组织之间的更高层面的相互依赖性和连接性,因而形成供应链网络。在电力市场中,贸易网络或供应链网络是一种由发、用电权交易而组成的抽象网络,与物理电网是两回事。电能商品贸易网络与物理电网的关系可用图 2-23 来表示。图 2-23 中,在同一个物理电网的基础上,形成了两个贸易网络:贸易网络 A 由主力化石能源发电厂、A 市的主要商业负荷、B 市负荷和少量可再生能源的电能交易而形成,采用统一电能价格(不含输配电价);贸易网络 B 由工厂及其自备电厂、风电场、居民用户及屋顶太阳能、A 市分布式电源及次要商业负荷、电池储能系统及插电式混合动力车(Parallel Hybrid Electric Vehicle,PHEV)充电站的电能交易形成,采用统一电能价格(不含输配电价)。两个贸易网络在 A 市相连。显然两个贸易网络与物理电网的拓扑结构不同,也不服从物理潮流定律,实际上,贸易网络属于图 2-22 中第 2 层(商品交易层)的网络模型。

(1)美国电力市场的节点电价体系

美国电网迄今已有 100 多年的建设发展历史,最初是由私营和公营电力公司根据各自的负荷和电源分布组成一个个孤立的电网,随后在互利原则基础上通过双边或多边协议、联合经营等方式相互联网,逐步形成了东部、西部和德克萨斯三大联合电网,这三大联合电网之间仅由少数低容量的直流线路连接。

美国的输电网纵横交错,常见的电压等级有 765、500、345、230、161、138、115kV。美国电网建设时间较早,电网结构在 20 世纪中期已基本成型。随着经济和电力需求增速趋缓,电网的建设与改造明显停滞。美国输电网投资自 20 世纪 70 年代以来一直裹足不前,而且长期滞后于电力需求和发电容量的增长。由于输电投资水平低,跨州、跨区电网联系薄弱,输电能力不足,输电阻塞严重。

目前,美国共有 520 家电网公司,设立了 127 个分区控制中心。在美国

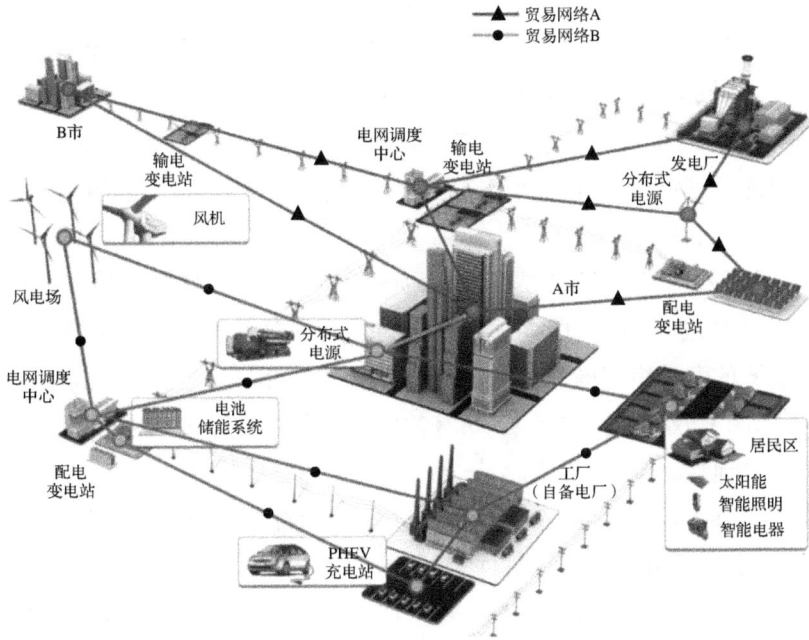

图 2-23　物理电网与电能贸易网络示意图

电力工业格局和体制机制下,协调数量众多的电网企业和调度运行机构难度很大,电网安全责任落实的复杂程度也显著加大。此外,美国经济发展比较充分和均衡,不同地区的经济结构和用电情况差异也没中国大。

因此,在美国电力市场引入节点电价体系以反映物理输电网络阻塞,并使得交易出清结果自动满足输电线路传输容量约束是合理的。此外,在美国,电力公司要加入电力市场,就要先将调度权上交至 ISO 或区域输电组织(Regional Transmission Organization,RTO),而以 PJM 为代表的美式电力现货市场的目的实际上是采用市场机制打破电力公司的"各自为政",实现较大范围的经济调度。

(2)欧洲电力市场的分区电价体系

北欧电力市场是国际上第一个真正意义的跨国电力市场,其形成过程是一家市场做强、周边国家纷纷加入的模式,运行几十年来获得了丰富的经验。北欧地区主要指挪威(Norway)、丹麦(Denmark)、瑞典(Sweden)和芬兰(Finland)四个国家。这四个国家电力系统联系紧密,已经形成统一的大电网,并且和周围邻近欧洲国家也有联络线相连。北欧四国之所以能形成统一电力市场,与其电源的互补性密切相关。挪威绝大部分为水电。瑞典和芬兰的能源构成中核电占比较大,其次为水电。在瑞典其他能源类型中,生物质能发电及石油发电占了很高比例,达到45.8%。丹麦原先大部分为火电,但随着可再生能源的利用,风电的比例持续提高,占到总额的近一半左右。

北欧电力市场现货交易分为日前市场和日内市场。二者交易均在Nord Pool中进行,成交的均为物理合同。其中日前市场交易地区为北欧四国、波罗的海沿岸三国和英国,日内市场除上述国家外还有德国参与。市场将不同国家分为不同的区域,在有的国家内部也进行了分区,这主要是由于这些区域间经常出现阻塞。

北欧日前市场Elspot将交易日分为24个竞价时段,每小时为一个竞价时段。市场参与者可以在前一天对第二天的传输电量进行报价,既可以对各个小时灵活报价,也可以对一段时间整体报价,之后Nord Pool将所有上报的售电报价和购电报价汇总,二者曲线的交点则为系统电价。当整个系统内不存在阻塞时,Elspot的所有交易地区均以该电价进行结算。若某联络线上交易容量超过传输线所能传输的最大容量,则在出现阻塞的地方划分区域实行分区电价,进行新一轮的价格计算,并且进行对销贸易(Counter-Trading)来消除阻塞,其成本由TSO(输电系统运营商)承担并作为电网需加强的信号,最终该区域电价和系统电价会出现差异。这种区域划分是不固定的,一般能维持3～4个月,视不同阻塞情况而定。以瑞典为例,全国基本分为四个区域,在实际中,瑞典本质上是一个同价区域,如在2014年,其全国有86%的时间是同价的,其区域电价差异主要发生在区域3和区域4,但这两个区域仍有90%的时间是同价的。区域间联络线不断加强,差异电价情况也会相对减少。最终分区电价作为该区域现货市场结算价格,而在金融市场一般以系统电价作为参考价格。

北欧电力市场的阻塞管理独具特色。对于价区间的阻塞,首先,各TSO会提前一周向北欧电力交易所提交区域间的可用的传输容量并对上报的容量复核;之后,北欧电力市场交易所会根据发用双方的报价和可用传输容量进行市场出清,形成系统电价和区域电价。当区域间存在阻塞时,为了满足线路的传输容量限制,会让某个区域的高价机组多发电,减少另一区域的低价机组发电,由此必然导致两区域之间的电价不相等,形成区域电价,产生阻塞剩余。阻塞剩余由北欧电力交易所收取后分配给各国的TSO,归各国TSO所有。对于区域内部阻塞,假定节点A到节点B的输电线路因输电容量不足产生阻塞(功率由A流向B),此时由TSO在B节点买入电量(发电商多发电或者负荷减少用电),在A节点卖出电量(发电商少发电或者负荷多用电),由此产生的阻塞费用最终由TSO承担。目前,对于区域内部的阻塞管理在平衡调节市场中完成。需要说明的是,北欧电力市场规定,阻塞收益归TSO所有,对销交易需要的阻塞费用也由TSO承担。总体来说,TSO最终将获得阻塞收益。但是,各国的TSO不会故意造成阻塞来获得阻塞剩余,这主要因为有合理的激励机制。监管机构每年会核定次年的输配电价,在核定的时候会将今年TSO所收取的阻塞费用从输配电价中扣除,此外,TSO在减少阻塞时所支付的成本会在制定输配电价的时加以考虑。这种阻塞费用考核和输配电价制定相结合的方式在一定程度上激励了TSO运用阻塞收益对电网进行投资以减轻阻塞,扩大区域间的传输容量。

可以看出,北欧电力市场的分区电价体系设计更多地体现了经济学家的思路,其价区划分不仅仅是物理网络约束,还有社会经济方面的考虑并涉及国际贸易,可以看出一个不同于物理电网的贸易网络的存在。价区的划分涉及市场公平性的问题,也与输电网物理阻塞有关。北欧电力市场研究人员对节点电价与分区电价进行了深入的对比研究,但并没有将分区电价换为节点电价的提议。

(3)节点电价与分区电价的不同之处

PJM市场设计者更像调度机构主导的市场设计模式,且PJM市场设计初期网络阻塞问题突出,为了减少调度机构的工作难度,采用节点边际电价可能更易于操作。北欧市场则情况大不相同,其市场设计更像经济学家的设计风格,尽量让电力市场的属性与一般市场相同,更崇尚减少电力系统运行约束对市场自由度的影响,因此,除了将经常出现阻塞问题的主要断面考虑作为约束条件外,其他网络约束能不考虑则尽量不考虑。当然,这也与北欧各区域内电网建设较完备、网络阻塞相对较轻有关。除此之外,在设计理念上,北欧的市场设计者更倾向于认为市场成员已缴纳了输配电价,输电网络拥有者就有责任解决系统的阻塞问题,而不是把这个问题推向市场来解决。

总而言之,节点电价与分区电价的差异主要表现在以下几个方面:

①从设计理念上来看,节点电价是基于"工程师思维"的精细考虑,实质上是经济调度理论的发展,节点电价本身也是安全约束经济调度 SCED 的副产品[27];区域电价更像是"经济学家视角"的产物,以欧洲市场为代表的区域电价体系优先强调的是商品的本质,所以市场的流动性、总交易量、价格收敛度之类的指标往往是他们关注的重点。

②从资源调配效率来看,成熟的节点电价体系天然就考虑了网络特性和备用约束的影响,集中优化出清的属性使得优化效果可以做到最好,但实际运行中,又受限于软件和算法等因素。区域电价体系则是由市场自发完成优化,但局部的最优之和往往不是整体最优。另外区域的划分也不是依据科学的计算结果,而会受到种种掣肘[28]。

③从市场门槛来看,节点电价体系给人的印象首先是复杂、难以预测,对市场参与者,尤其是中小型参与者来说,大大提升了其进入市场的门槛。相比之下区域电价简单明了,能大大促进市场参与者开展双边交易,这些对遏制市场力、提升市场透明度帮助很大。

④从引导投资来看,节点电价体系给出了非常精准的价格信号,一旦产生阻塞,阻塞带来的高电价仅在局部区域产生,而新投资是否能带来经济效益往往一目了然;区域电价在价区内没有差异,持续的输电阻塞会造成价区范围内的较高价格,因此在引导投资方面只能称得上有效。

2.3 输配电价的定价机制

2.3.1 输配电价管制模式

(1) 成本加成管制模式

成本加成管制模式即投资回报率管制模式(Rate-of-Return Regulation),

最早出现于美国国家铁路公司,用于解决公司的市场竞争力问题。19 世纪末,美国等国家开始将这种基于回报率的管制模式应用于电力行业。成本加成管制模式的核心是以投资成本的一定比例规定投资回报的上限,以此对价格进行管制。其假设前提是:监管部门通过掌握被监管企业的投资回报率动态,对被监管企业的准许利润进行实时调整[29]。可见,利用成本加成模式对输配电价进行管制,是一种间接的管制方式,即监管部门不直接规定输配电价的上限,而是通过控制电网企业的投资回报率,间接对输配电价格产生影响。电力市场改革背景下,电网企业承担输配电职能,成本加成管制模型具体可表示如下:

$$I(P,Q) = C + \alpha \cdot RB \tag{2-29}$$

式中:$I(P,Q)$ 表示电网企业的收入函数,由输配电价和用电量决定;C 表示电网企业的准许成本,包括折旧费、运行维护费等;RB 表示投资回报率基数(Rate Base);α 表示监管部门准许的投资回报率水平。α 的确定是成本加成管制模式的难点,一般通过加权平均资金成本法(WACC)计算。

成本加成管制模式应用的典型地区是美国纽约州。目前,纽约州共有8 家输电企业和 7 家配电企业,由联邦能源监管局(Federal Energy Regulatory Commission,FERC)、纽约独立系统运营公司(New York Independent System Operator,NYISO)和纽约州公共服务局(Public Service Commission,PSC)共同担负监管职责。其中,FERC 通过制定相关政策,对美国所有输电企业进行管制;NYISO 是 FERC 的下属机构,负责在纽约州落实 FERC 制定的管制政策;PSC 管制的对象为配电企业,负责制定相应的配电价格。

成本加成管制模式可以实现政府部门的重要公共政策目标,且消除垄断造成的企业高额利润,但其也存在以下缺点:

①过度投资。监管部门根据被监管企业的投资成本确定其投资回报上限,造成被监管企业通过过度投资获取高额利润,产生 Averch-Johnson 效应。

②缺乏对企业成本的控制。监管部门仅关注企业的利润,但未能对价格进行管控,即不能控制企业生产成本变动造成的产品价格变化,导致企业缺乏降低生产成本的动力。

③监管部门过高的成本。监管部门确定企业的投资回报率基数和准许投资回报率，需要收集整理大量的数据，产生高额的信息成本。

（2）价格上限管制模式

成本加成管制模式造成产品价格刚性上涨，引起消费者不满，在此基础上，价格上限管制模式逐渐发展起来，以提高企业生产效率并降低价格。价格上限管制模式最早应用于英国公共事业的私有化改革中，20世纪末开始逐渐在电力行业应用。其实质为：监管部门在监管期初核算初始价格，并根据通货膨胀率和生产效率的增长率之间的差额对监管期内的价格上限进行调整[30]。可见，该模式直接对价格的上涨幅度进行管制，从而控制产品的价格水平，实现对被监管企业进行有效的激励。价格上限管制模型具体可表示如下：

$$P_{t+1} = P_t \cdot (1 + \frac{RPI - X}{100}) + Y \tag{2-30}$$

式中：P_t 和 P_{t+1} 分别表示第 t 年和第 $t+1$ 年的管制价格上限；RPI 表示商品零售价格指数（Retail Price Index），用以反映市场通货膨胀水平；X 表示被管制企业生产效率增量；Y 表示其他因素造成价格的增加值或减少值，包括政策法规变动、税收政策变化、自然灾害等。

由价格上限管制模型可以看出：由于 RPI 为外生变量，即单个企业无法影响市场的零售价格指数，企业必须通过提高生产效率获取较高的利润，从而提升企业的经济效益。因此，价格上限管制模型可以对被监管企业进行有效的正向激励。

英国从1990年开始使用价格上限管制模式对输配电价进行管制，监管机构为 OFGEM，其通过标杆管理的方法确定监管期内的初始价格 P_t 和生产效率增量的百分比 X。为了对企业进行有效的激励，OFGEM 对全国14家配电企业的历史业绩、其他工业企业的历史业绩及整个国家的经济形势进行了深入分析。

相比成本加成模式，价格上限管制模式具有以下优点：

①有效激励企业减少成本。由于监管机构仅对价格上限进行管制，企业可通过优化生产要素和提高技术水平降低生产成本，提高生产效率，获取更多的利润，间接增加了社会的整体效率。

②抑制过度投资,避免 Averch-Johnson 效应。成本加成管制模式每年对投资回报率水平进行调整,而价格上限管制模式的价格调整周期为 3～5 年,能够有效抑制企业为获取较高利润进行的过度投资。

③监管成本降低。监管机构不需要对全部企业的具体运营信息进行收集分析,有效减少了监管成本和信息不对称性对管制模式造成的影响。

但是,价格上限管制模式也存在不能反馈电力需求、对投资的拉动作用不显著等问题。

(3)质量管制模式

价格上限管制模式规避了成本加成管制模式存在的过度投资、生产效率较低和监管成本较高等问题,但服务质量有所降低。基于绩效管制的企业通过降低服务质量减少成本,以获取额外利润。对于监管机构来说,最理想的状态是电网企业提高电能质量和服务质量产生的成本与电力用户愿意为电能质量和服务质量支付的费用相等,即在电能质量和输配电价之间寻求一个平衡点[31]。监管机构对配电公司进行质量管制的具体方法:

①监管机构根据企业公布的业绩情况对其进行质量管制。

②规定企业的绩效标准的下限,绩效标准中包括电能质量和服务质量等指标,监管机构对低于绩效下限的企业进行惩罚。

③对比企业的各项绩效指标,与已有质量标准进行对比,对不满足质量标准的企业进行惩罚。

由于供电质量不断降低,英国于 2002 年开始在价格上限管制的基础上引入质量管制,提出了供电中断次数、供电中断持续时间和用户满意度三项指标,如果这三项指标不满足质量标准,监管机构将通过降低电价对企业进行惩罚。若配电企业的质量标准低于历史的绩效水平,配电企业将被处罚的上限为准许收入的 1.75%,奖励也相应按此标准执行。澳大利亚输配电价的质量管制模式与英国相似,其在价格上限管制的基础上,引入质量调整因子,激励配电企业提高供电服务质量,具体模型如下:

$$(1+CPI_t) \cdot (1-Z_t) \cdot \frac{1+Q_t}{1+Q_{t-1}} \geqslant \frac{\sum_{i=1}^{n} p_{i,t} \cdot q_{i,t}}{\sum_{i=1}^{n} p_{i,t-1} \cdot q_{i,t-1}} \qquad (2\text{-}31)$$

式中：CPI_t 表示第 t 年的消费者价格指数；Z_t 表示第 t 年的修正因子；$p_{i,t}$ 和 $q_{i,t}$ 分别表示第 t 年第 i 类配电业务的电价和电量；Q_t 表示第 t 年的质量调整因子，可表示如下：

$$Q_t = \sum \left[Q_m^j \cdot (P_{m,t}^j - P_{m,t-1}^j) \right] \tag{2-32}$$

式中：Q_m^j 表示第 j 类停电情况下，第 m 类用户的质量调整因子；$P_{m,t}^j$ 表示第 j 类停电情况导致第 m 类用户当前绩效与标准绩效的差距。

质量管制模式在一定程度上提高了企业的供电服务质量，但也存在以下缺点：①相比价格上限管制模式，监管成本增加；②质量管制体系设计具有较大的难度，价格和质量之间平衡点选取不当将会引起用户不满。

2.3.2 输配电成本分摊方法

（1）邮票法

邮票法起源于邮电系统的计费方式，其特点为平均分摊，即所有使用输配电网的用户按照年最大负荷比例，分摊输配电网的固定综合成本。根据邮票法分摊输配电网的固定成本，用户分摊的费用与其所处的位置无关，即该方法不考虑输配电的距离，不涉及输配电功率注入和流出的节点。邮票法具体可表示如下：

$$P_n = \frac{C^f + C^v}{L_n} \tag{2-33}$$

式中：P_n 表示用户 n 的输配电价格；L_n 表示用户 n 的用电量；C^f 和 C^v 分别表示输配电网的固定成本和变动成本。

邮票法具有计算简便的优点，被世界各国广泛使用：美国 ISO-NE 电力市场中，9 家电力公司内部使用邮票法计算用户的输配电价；美国 ERCOT 电力市场中，70% 的输配电网固定成本采用邮票法进行分摊；挪威电力市场中，输配电网的固定成本使用邮票法进行分摊。

目前，国内各省级电力公司均采用邮票法分摊本省的输配电成本，核算相应的输配电价。输配电网的历史投资成本巨大，投资回收期较长，基于邮票法制定各电压等级的输配电价，有利于合理补偿输配电网的历史投资成本，保证电网公司获得合理收益，保障输配电网的新增投资建设及改造。此外,邮票法制定的价格具有长期稳定性,避免了输配电价的频繁波动[32]。然而,邮票法的公平性有所欠缺,不能有效反映用户对输配电网资源的使用程度,且邮票法基于历史成本核算输配电价,不能体现未来的资源价值。

（2）兆瓦—公里法

兆瓦—公里法具体可以分为两类:①根据线路的长度和线路中潮流的乘积测算输配电价;②根据用户对输配电网的使用程度进行输配电成本的分摊。利用兆瓦—公里法核算输配电业务分摊的输配电费用,具体步骤如下:

① 计算第 m 条线路的固定成本 C_m^{f};

② 计算第 m 条线路单位兆瓦公里的固定成本 $C_m^{\mathrm{f,unit}}$:

$$C_m^{\mathrm{f,unit}} = \frac{C_m^{\mathrm{f}}}{P_m^{\max} \cdot L_m} \tag{2-34}$$

式中: $P_m^{\max}$ 表示第 m 条线路的输送功率最大值; L_m 表示第 m 条线路的长度。

③ 计算剔除第 k 项输配电业务的注入功率和流出功率后,各条线路的潮流 P_m^k;

④ 计算考虑网损的输配电变动成本 C_m^{v};

⑤ 计算第 k 项输配电业务的输配电费 C_k^{total},可表示如下:

$$C_k^{\mathrm{total}} = \sum_{m=1}^{M} (C_m^{\mathrm{f,unit}} \cdot P_m^k \cdot L_m + C_m^{\mathrm{v}}) \tag{2-35}$$

兆瓦—公里法相比邮票法更为合理,应用较为广泛。美国 ERCOT 电力市场中,其他 30% 的输配电网固定成本采用兆瓦—公里法进行分摊;日本电力市场中,10 家大型电力公司均采用简化的兆瓦—公里法核算用户的输配电成本。兆瓦—公里法相对合理且应用广泛,但是它仅仅考虑了设备的基本容量费用,未计及备用容量费用,导致输配电网成本不能完全回收。

兆瓦—公里法考虑了用户与电源之间的距离,计及了线路中潮流的大小,且可以计算一个输配电网络中任意一项输配电业务需要分摊的输配电成本,即反映不同用户对输配电网的使用程度,但没有考虑输配电网备用容量的费用,造成电网公司的输配电成本不能完全收回,不利于电网公司的正常运营,一定程度影响了其供电质量和服务质量。此外,各省级电力公司的输配电业务繁多,各类输配电业务交易之间相互影响,导致兆瓦—公里法对于长距离电力交易有失公平。

（3）潮流追踪法

潮流追踪法是一种拓扑分析方法，通过追踪发电机组出力和各个节点的负荷需求，实现对输配电网成本的合理分摊。潮流追踪法可分为基于图论的分析方法和基于网络矩阵的分析方法。由于基于图论的分析方法无法解决网络的自环流问题[33]，本书重点介绍基于网络矩阵的分析方法，其基本思路为：发电电源优先供应本地区负荷，剩余发电功率供应外地负荷，节点处均作为潮流混合器，即各输入线路的潮流混合成为输出线路的潮流；潮流计算过程中，按照比例共享原则进行追踪并对输配电网成本进行分摊。基于网络矩阵的分析方法确定的分摊系数为非负值，有利于保证电网企业的收支平衡。此外，输配电成本的分摊结果与平衡节点选取无关。

潮流追踪法释放了强烈的经济信号，有助于输配电网的合理经济适用。此外，潮流追踪法将网损等费用纳入了输配电网成本内进行分摊，增加了输配电网成本的覆盖面和透明度。潮流追踪的缺点主要包括两点：①潮流追踪法确定的输配电网成本分摊系数均为非负值，未考虑系统中各用户的潮流方向，事实上，电力系统中存在负向潮流用户，即其潮流贡献方向与线路的最终潮流方向相反，负向潮流用户有利于减少线路的总容量，提高系统的安全稳定性，潮流追踪法对负向潮流用户缺乏合理有效的激励机制。②潮流追踪法的比例共享原则割裂了双边交易用户的整体性，因此，潮流追踪法不适用于同时存在双边交易和集中交易的电力市场。

（4）边际成本法

边际成本法以经济学原理为基础，分为长期边际成本法（Long Run Marginal Cost，LRMC）和短期边际成本法（Short Run Marginal Cost，SRMC）。LRMC 和 SRMC 分别以与输配电业务直接相关的电网总成本的边际变化和变动成本的边际变化作为分摊输配电费用的依据。LRMC 需要根据未来电力需求和供给的变化，确定长期边际容量成本和长期边际电量成本。由于未来电力需求的不确定性，造成基于长期边际成本法制定的输配电价的波动性较大。LRMC 具体模型可表示如下：

$$C_s^{\mathrm{LR}} = \frac{\partial C(g)}{\partial g_s} = \sum_{u=1}^{U} \frac{C_u \cdot S_{s-u}}{P_u} \tag{2-36}$$

式中：C_s^{LR} 表示节点 s 处的长期边际成本；$\partial C(g)$ 表示输配电网的总成本；g_s 表示节点 s 的净发电功率；C_u 表示支路 u 的成本；P_u 表示支路 u 的最大容量；S_{s-u} 表示支路 u 在 s 节点处的灵敏系数。

SRMC 适用于对电力市场中具有竞争性特征的电能产品进行定价，相比邮票法、兆瓦 — 公里法和潮流追踪法，SRMC 可以释放合理的经济信号，与经济学理论中的市场整体收益最大化的理念一致。SRMC 具体模型可表示如下：

$$C_s^{SR} = \frac{\partial C(l)}{\partial g_l} + \lambda \cdot (1 + \frac{\partial L}{\partial g_l}) - \sum \alpha \cdot \frac{\partial R}{\partial g_l} \qquad (2\text{-}37)$$

式中：C_s^{SR} 表示节点 s 处的短期边际成本；g_l 表示节点 s 处的负荷；λ 为拉格朗日乘子；L 为输配电网的网损；R 为输配电网的各类约束。

边际成本法也是应用较为广泛的一种输配电成本分摊方法。新西兰电力市场中，现货交易的节点电价通过 SRMC 制定；智利电力市场同样采用 SRMC 分摊电网的使用成本；英国高压配电领域基于 LMRC 对高压配电网的成本进行分摊，并由此确定特高压配电的价格。

基于边际成本法制定的输配电价格可以反映资源未来的价值，释放合理的经济信号，为电网企业新增投资建设提供有效的指导和激励，有助于提升输配电网的可靠性和稳定性。此外，基于经济学原理的边际成本法更符合电力体制改革的总体思路。边际成本法在我国各省级电网公司不适用的主要原因是：输配电网的固定资产投资较大，导致系统的边际成本小于平均成本，因此输配电网成本难以全部收回，造成电网企业收支不平衡，且基于边际成本法制定的输配电价波动性较大，不便于电网企业核算输配电价和用户缴纳输配电费。

2.4 市场力分析

在图 2-24 中，发电机 $G2$ 的必发功率为 $300-100=200\text{MW}$，所以机组 $G2$ 有市场力。

测量市场力的常见指标有两个，一个是 HHI，另外一个是 Lerner

图 2-24　机组 2 有市场力的情形

Index[34-35]。HHI 的定义如下：

$$HHI = \sum_i (market\_share)^2 \tag{2-38}$$

比如，在一个市场中有两个供应商，各自占有 50% 的市场份额，则：

$$HHI = 50^2 + 50^2 = 5000$$

西方经济学家们认为，HHI 指标如果大于 2000 则可能存在市场力。

Lerner Index 的定义也很简单，对一个供应商，其 Lerner Index(LI) 的计算如下：

$$LI = \frac{price - cost}{cost} \tag{2-39}$$

显然，Lerner Index 反映了价格上抬程度。这些方法都是"事后"方法，并不一定适用于电力市场。运用博弈理论分析市场力也是一个常见方法，这个方法是"事前"方法。

实际上，前面介绍的价格竞争博弈模型为计算市场力提供了理论基础。注意到曾经定义了一个数值指标叫必须运行发电容量[36]。该指标可以用来测量市场博弈者控制价格的能力。对于第 i 个发电方博弈者，可以计算以下指标来测量该发电机在有功市场中的市场力：

$$MRR = \frac{D_P - \sum_{j \notin i} \bar{P}_j}{\sum_{j \in i} \bar{P}_j}, 0 \leqslant MRR \leqslant 1 \tag{2-40}$$

上述数值指标表明一个发电商的必须发电容量占其总可用容量的比例。显然，这个比例越高，此发电商越有动机抬高价格，通常称此数值指标为必须发电比例。

美国加州采用了所谓"Residual Supply Index"计算发电商的市场力，其原理同必须发电比例比较接近，这里不再介绍。

计算市场力是一个很复杂的课题,但是成功建立和完善一个市场离不开市场力分析。这个方法在美国新英格兰电力市场得到应用。

2.5 本章小结

本章主要介绍了电力市场的定价理论,包括电力市场的经济学基础、实时电价理论和输配电价的定价机制。首先,电力市场的经济学基础从微观经济学的角度出发,介绍了成本、生产函数、规模效益、供给与需求、价格弹性、基本生产定律、垄断与竞争等经济学概念,旨在帮助读者从根本上掌握电力市场相关理论。接着,节点电价与分区电价介绍了节点边际定价模式和分区边际定价模式,针对节点电价下的负荷侧参与市场报价、事后节点电价、分区划分方法作了讨论,并从设计理念、资源调配效率、市场门槛、引导投资等角度对比分析了两种定价机制的区别。然后,从电力体制改革背景下我国输配电价的关键问题出发,详细阐述了输配电价的管制方法和输配电成本的分配方法。最后,介绍了常用的市场力分析指标。

参考文献

[1] 杰里,瑞尼,著,王根蓓,朱保华,译. 高级微观经济理论[M]. 上海:上海财经大学出版社,2002.

[2] 甘德强,杨莉,冯冬涵. 电力经济与电力市场[M]. 北京:机械工业出版社,2010.

[3] 王锡凡,等. 电力市场基础[M]. 西安:西安交通大学出版社,2003.

[4] (英)Zhang ZP,主编,宋燕敏,王霄雁,李晓露,译. 电力系统重组 基于均衡模型的电力市场分析[M]. 北京:中国电力出版社,2016.

[5] (美)菲雷顿·P. 萧山西(Fereidoon P. Sioshansi). 全球电力市场演进新模式、新挑战、新路径[M]. 北京:机械工业出版社,2017.

[6] (美)巴里·穆雷(Barrie Murray). 电力市场经济学 能源成本、交易和排放[M]. 上海:上海财经大学出版社,2013.

［7］（美）詹姆斯·莫莫（James Momoh），（美）拉明·米利（Lamine Mili），编，董军，薛贵元，译. 电力系统经济性市场设计与规划［M］. 北京：中国电力出版社，2016.

［8］Derek W. Bunn. 竞争性电力市场模拟定价机制［M］. 北京：中国电力出版社，2008.

［9］Green RJ. Competition in generation：the economic foundations［J］. Proceedings of the IEEE，2000，88(2)：128-139.

［10］Luenberger D. Microeconomic Theory［M］. McGraw Hill Company，1995.

［11］（新西兰）达里尔·R. 比格，（伊朗）穆罕默德·礼萨·赫萨姆扎德，编，冯永晟，译. 电力市场经济学［M］. 北京：经济管理出版社，2018.

［12］ISO New England，Inc. Locational Marginal Pricing under Standard Market Design［EB/OL］. www. iso-ne. com（2003-01-20）.

［13］言茂松. 电能价值当量分析与分时电价预测 电力市场的定价理论与方法［M］. 北京：中国电力出版社，1998.

［14］Schweppe FC，Caramanis MC，Tabors RD，et al. Spot Pricing for Electricity［M］. Boston，MA，USA：Kluwer Academic Publishers，1988.

［15］何宇斌，郭嘉，沈俭荣，等. 基于风险节点电价的互联系统分散协同调度方法［J］. 电网技术，2017，41(8)：2462-2468.

［16］Wu FF，Varaiya P. Coordinated multilateral trades for electric power networks：theory and implementation［J］. International Journal of Electrical Power & Energy Systems，1999，21（2）：75-102.

［17］潘敬东，谢开. 节点边际电价的优化原理［J］. 电力系统自动化，2006(22)：38-42，95.

［18］张瑞友，韩水，张近朱，等. PJM 节点边际电价计算方法及其应用［J］. 东北大学学报，2005(11)：16-18.

[19] 王欣星，周晖. 基于原-对偶内点法的节点边际电价计算[J]. 电网技术，2007(18)：23-27.

[20] 史新红，郑亚先，薛必克，等. 机组运行约束对机组节点边际电价的影响分析[J]. 电网技术，2019，43(8)：2658-2665.

[21] 王宣元，高峰，康重庆，等. 扩展的节点电价算法研究[J]. 电网技术，2019，43(10)：3587-3596.

[22] 林华. 实时电力市场事后定价机制研究[D]. 上海交通大学，2010.

[23] 汤慧娣. 电力市场分区电价理论与应用[D]. 华北电力大学，2009.

[24] Kahn AE，Cramton PC，Porter RH，et al. Uniform Pricing or Pay-as-Bid Pricing：A Dilemma for California and Beyond[J]. 2001，14(6)：70-79.

[25] 陈皓勇. 电改勇评——节点电价一定比分区电价好吗？[EB/OL]. https://mp. weixin. qq. com/s/_hdYSvH9DR-9fyegkbIIA (2018-10-08).

[26] Gribik PR，Angelidis GA，Kovas RR. Transmission access and pricing with multiple separate energy forward markets[J]. IEEE Trans. on Power Systems，1999，14(3)：865-876.

[27] 宋嗣博，郭红霞，杨苹，等. 基于节点边际电价的电力市场分区策略研究[J]. 电力建设，2017，38(9)：132-138.

[28] Caramanis MC，Bohn RE，Schweppe FC. Optimal spot pricing：practice and theory[J]. IEEE Trans. on Power Apparatus and Systems，1982，101(9)：42-42.

[29] 金戈鸣. 输配电价理论与典型定价实例[M]. 北京：中国电力出版社，2019.

[30] 李英，李成仁，郑厚清，等. 输配电价理论与实务[M]. 北京：中国电力出版社，2012.

[31] 陈中飞，荆朝霞，谢文锦. 多层级电网的输电定价机制分析[J]. 电力建设，2018，39(7)：10-22.

[32] 杨娟. 输配电价规制现代化研究[M]. 北京：中国市场出版社，2018.

［33］董晋喜，谭忠富，王佳伟，等．电力体制改革背景下输配电价关键问题综述［J］．电力系统及其自动化学报，2020，32(3)：113-122.

［34］夏清，黎灿兵，江健健，等．国外电力市场的监管方法、指标与手段［J］．电网技术，2003(3)：1-4.

［35］林济铿，倪以信，吴复立．电力市场中的市场力评述［J］．电网技术，2002(11)：70-76.

［36］刘敦楠，李瑞庆，陈雪青，等．电力市场监管指标及市场评价体系［J］．电力系统自动化，2004，28(9)：16-21.

3 国际电力市场建设经验

世界范围内的电力市场化改革始于 20 世纪 80 年代末,目前已有多个国家和地区建立了较为完备的电力市场体系。国外电力市场改革经验对我国电力市场建设有着重要的参考价值。

本章首先介绍国外电力市场化改革的总体情况,然后详细介绍美国 PJM 电力市场、英国电力市场、北欧电力市场和澳大利亚电力市场等国外典型电力市场的改革历程和市场建设运营情况,突出各市场的特点及好的做法,帮助读者对电力市场建立更加具体的理解和认识。

3.1 国外电力市场改革概述

世界电力行业的市场化改革始于 20 世纪 80 年代末,美国、英国、日本等发达国家在电气、通信、运输、铁路等多个行业开展了放宽管制为核心的市场化改革。在美国,卡特政府时代开始进行陆运交通、航空、通信领域的市场化改革,并在里根政府时代,进一步扩大至电力行业;在英国,撒切尔政府时代,石油、电力等领域的市场化改革也在加速推进;在日本,政府于 20 世纪 90 年代就开始进行电力行业的市场化改革。在上述发达国家的影响下,许多发展中国家也开始进行电力行业的市场化改革。

在电力全球化和电力市场化改革的潮流面前,世界各国都结合本国国情制定了符合本国在国际市场中战略定位的电力市场化改革目标。其总体目标有:改革电力产业产权模式,打破垄断格局;提高服务,改善质量,使用户有更多选择;促进竞争,提高企业经营效率;促进电力产业市场化,优化电价机制等。其中,由于发达国家和发展中国家电力产业基础和经济发展阶段不同,政治体制迥异,目标的定位存在较大差别。发达国家侧重实现效率和服务质量的提高,改革的目标主要手段在于激励性监管;发展中国家电力改革的目标主要是为了解决电力产业投资不足的困境,重在推动电力产业发展,满足国内日益增长的能源需求,建立科学的管理体制等。

电力产业改革一般包括四个方面:

①交易模式的转换,对电力工业国有资本实行民营化,出售给股民或外国公司,核心是引入竞争机制。

②电力行业组织结构的转换,从原来的垂直一体化,认为各个环节是一个系统不可分割,到现在从理论到实践上可以分开了。厂网可以分开,终端销售也是可以分开的,实行自由化。

③资源配置方式的转换,目的是建立一个竞争性的市场结构,通过电力市场配置电力资源,即资源配置方式市场化。

④监管内容和方式的转换,由以行政管理为主过渡到以依法监管为主。

引入竞争、放开市场,成为电力市场化改革的主要思路。从传统的发输配用一体化管制型电力行业体系正逐步转向发用侧开放的市场体系,其运行体制变化趋势如图 3-1 所示。

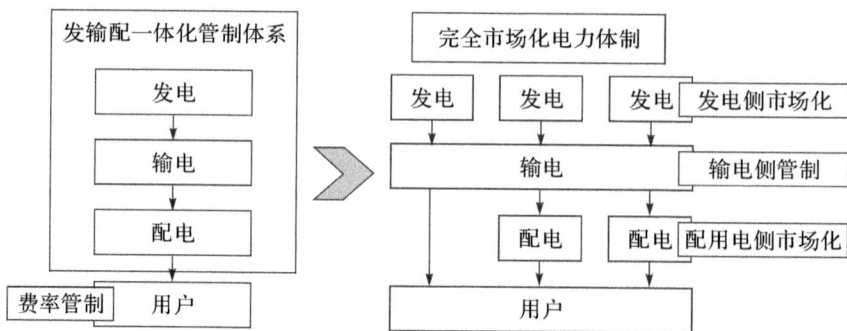

图 3-1　电力市场化改革发展方向

然而由于各国电力市场基础条件、所面临的问题等方面存在差异,各国电力市场没有标准化或规范化的组织运营模式;同时各国电力市场的改革并没有止步,时至今日各国仍然在不断推进其体制改革的进程。

(1)电力企业民营化

民营化是将国有、公营的电力工业所有权或经营权转移到民间,包括将国有电力企业的资产全部或部分出售或转让给私人企业,将国有电力企业改组为股份公司并将股份卖给私人持股者。一般来说,国家将国有电力产业民营化是出于一个或多个目的。这些目的包括:增加国家收入、增加民营化企业或公司的投资资本、减少政府在经济中的参与、促进股份拥有面的扩大、提高效率、引入更多的竞争、使企业面向市场规律等七个方面。

新自由主义经济理论认为民营化是电力工业实现政企分开和引入竞争机制的前提条件,离开了民营化,电力工业市场化改革将不复存在。但是,1998 年 9 月在美国休斯敦召开的 17 届世界能源大会却认为:能源和电力企业的国家所有制本身并不是问题,前提是国家愿意并能够承担和满足能源和电力工业的投资需求。只要引入足够多的市场竞争主体,不实施电力民营化,一样可以通过电力市场配置电力资源,实现电力市场化改革目标。

(2)电力产业市场化

电力产业市场化是建立竞争性电力市场,通过电力市场配置电力资源。纵观当前世界各国,其电力行业市场结构往往可划分为六种基本形态。

1)发输配售一体化模式

在电力市场经济活动中,一个部门或公司对一个地区的发、输、配、售业务完全垄断,实现一体化经营。

该模式的基本特点是高度的纵向一体化,由一家公司或电力部门开展电力生产、电能输配、电力直销,直到输送至各个用户。过程虽然涉及环节众多,但整个电能传输流程瞬间完成,终端用户毫无自主选择权。电力模式包括:①纵向一体化模式。国家对电力企业实行全面管理,电力企业在全国范围内负责电力的生产、配送直至最终销售。②区域性的一体化垄断。每个区域均由一家电力公司独立经营,区域内部实现电力经营全面垄断,且各区域间的电力企业保持经营独立,供求平衡。

我国香港的中华电力、港灯集团均为发输配售一体化模式,特区政府通过类似我国输配电价模式的电价政策对其进行监督。

2)输电独立,发配售电一体化模式

在电力市场中,将电力工业中的电力生产业务与电力传输业务剥离,同时一同剥离的还有配电业务。输电业务由输电公司负责经营,允许纵向对发、配、售业务实行一体化经营。一家电力企业可以同时经营发电公司、配电公司和售电公司，允许横向成立多家电力企业。输电独立，发、配、售电一体模式下，输电服务由输电公司垄断经营，电力企业在市场中既是电能提供者，同时还是电能销售者。需要说明的是，这里所说的发、配、售电一体模式可以是较为宽松的经营权条件下的一体化经营，即同时经营发电、配电和售电业务的企业，其所有权是一体的，而经营权可以是分离的。

英国在 1997 年至 2005 年间的电力市场结构呈现了比较典型的输电独立、发配售电一体化的模式特点。

3）发输电独立、配售电一体化模式

在电力工业环节中，发电、输电是独立业务，形成单独的电力公司。配电业务、售电业务由具有独立产权的电力公司或部门分别经营，形成配售电一体化经营模式。在该种模式下，允许建设多种产权形式的独立发电厂，独立发电厂所生产的电能可以选择全部卖给电网经营管理机构，也可以选择将部分直接卖给配售公司或大用户；输电网向用户开放，电网经营机构负责电网的运行与控制，负责电力市场的运营；配电公司和售电公司实施一体化经营，在同一供电区域内，可能存在多家配售公司共同参与竞争，也可能只存在一家配电公司对该区域垄断供电。

印度电力市场由于发电侧建设相对滞后，电力供不应求，因此在市场组织上采用发输电独立、配售电一体化模式。

4）输配电独立、发售电一体化模式

在电力工业环节中将输电、配电业务从电力市场中独立出来，允许发电、售电业务由同一独立企业实行一体化经营。在这种模式下，输电业务处于垄断地位，配电公司可以由一家企业独立经营或者多家企业共同竞争。发电业务和售电业务可以由一家企业同时经营，并同时参与发电侧、售电侧的电能交易。输配电独立、发售电一体结构模式下，可以在发电侧和售电侧有效竞争，允许发售一体化的电力商业公司同时参与发电侧和售电侧的竞争，大用户直接向发售一体的商业性公司购电，政府对输电公司与配电公司的经营实行管制。理论上配电网的开放有利于降低电价，提供优质服务。另外，发电业务、售电业务一体化经营可有效实现企业 B2C 经营，增强竞争力，提高经济效益，增加电力基础投资。

新西兰电力市场是典型的输配电独立、发售电一体化模式。

5)发售电独立、输配电一体化模式

发售电独立,由具有独立产权的企业经营。输配电实现一体化经营。发售电独立、输配电一体市场结构模式下,输电公司拥有输配电设备的所有权,实行垄断经营,输配电网向发电厂和售电商放开;在电力工业的电力生产环节引入竞争,实行竞价上网;售电环节放开客户的自主选择权,引入市场竞争。

该模式在加拿大电力市场比较显著。

6)发、输、配、售电完全分开的模式

发、输、配、售电完全分开模式是将发输配售业务进行完全的拆分,形成发电业务、输电业务、配电业务、售电业务相互分离的市场结构。发、输、配、售电完全分离的结构模式下,电力企业只允许经营各类业务中的一种。发电商可以直接面对客户,接受用户的交易需求,也可以自主选择客户;输电业务由一家企业垄断经营,为发电企业提供输电业务的相关服务;配电企业向售电企业提供配电服务;供电业务与销售分开,售电侧引入竞争,用户根据用电的经济性从电力销售公司买电,部分大用户可考虑直接从发电厂买电。

美国和阿根廷电力市场与这种市场组织模式比较吻合。

(3)电力产业自由化

所谓电力自由化,就是实行电力行业开放,降低进入成本,放松管制,减少政府干预。电力自由化的结果是竞争的加强。虽然世界各国电力行业还没有一国是完全做到自由放开的,不同程度的管制总是存在的,但纵观全球电力产业的发展,竞争的趋势已成为不可阻挡的力量。电力行业实行自由化的过程较为复杂,在此过程中,行业重组、资产分拆、监管体系的演进均是不可缺少的。

由于世界各国情况不同,电力工业民营化和市场化的进展程度也各不相同,大致可以分为三类:第一类是探索型,自由化和民营化程度比较高,如美国、英国等,采用的市场结构模式有纵向分离和纵向整合模式;第二类是中间型,如日本采用的是引入有限竞争的单一买家模式,20世纪90年代以来,日本电力产业实施了大幅度地自由化改革,于1995年引入了批发电力的竞标制度,并于 2000 年在零售业开始对大用户实施了自由化;第三类是稳妥型,如法国,继续实行国营和省营垂直垄断管理体制,不搞自由化和民营化,截至目前基本保持纵向垂直一体化形式。

本章后续将分别从电力市场改革历程及电力市场建设情况等方面介绍国外典型电力市场,包括美国 PJM 电力市场、英国电力市场、北欧电力市场和澳大利亚电力市场。

3.2　PJM 电力市场

3.2.1　PJM 电力市场发展历程

PJM 是宾夕法尼亚州—新泽西州—马里兰州联网运行有限公司的简称,是经美国联邦能源监管委员会(Federal Energy Regulatory Commission,FERC)批准、于 1997 年成立的一个非营利机构,负责美国 13 个州以及哥伦比亚特区电力系统的运行与管理,系统规模在世界上处于第三位[1]。作为一个区域输电组织,PJM 负责美国目前最大、最复杂的电力控制区的协调控制、管理竞争性电力批发市场、规划电网的扩容以保障系统可靠性并减轻阻塞。

图 3-2 所示为 PJM 的发展历程。PJM 始于 1927 年,当时三家公共事业服务公司通过互联来共享其发电资源,实现了共同的效益和效率,形成了世界上第一个持续的电力库。在此期间,PJM 由一个成员的公用事业服务部门运营。1962 年,PJM 安装了第一台用于控制发电的线上计算机。PJM 于 1968 年完成了第一个能源管理系统(Energy Management System,EMS)。这个 EMS 是一个信息技术系统,可以实时监控输电网运行。1993 年,为了更好地管理电力库,成立了 PJM 互联协会,PJM 开始向一个独立、中立的组织过渡。1997 年,PJM 成为一个完全独立的组织。当时,会员资格对非公共事业服务公司开放,并选举出了独立董事会成员。1997 年 4 月 1 日,PJM 开设了第一个以竞价为基础的能源市场。同

1927 宾西法尼亚州和新泽西州互联是世界上第一个连续运动的电力库市场

1970 PJM Valley Forge 控制中心投运

1978 公共事业管理政策法案（PURPA）

1993 PJM 互联协会成立

1992 能源政策法

2000 调频市场

2001 紧急事件经济性和减负荷计划　加利福尼亚能源危机

2002 旋转备用市场　PJM区域输电运营商状态

2003 8月14日美国和加拿大大停电

2008 日前安排的备用市场　长期金融输电权市场

2012 基于实际表现的调频　稀缺电价

2011 先进的控制中心

1935 联邦能源管理委员会管理批发市场电力销售和输电传输

1965 东北部大停电

1967 PJM东部受到干扰

1968 北美电力可靠性委员会、中大西洋地区委员会(MAAC)和其他地区组织成立

1996 联邦能源法888号

1997 PJM确定作为一个独立的公司成立　基于市场出清价格的实时电量市场(MCP)

1998 实时市场推出节点电价和金融输电权

1999 金融输电权拍卖市场　短期容量市场

2006 可靠性第一公司　NERC认证为电力可靠性组织

2007 可靠性定价模型（RPM）PJM容量市场

2015 RPM中容量性能产品

图例：□ PJM事件　■ 行业事件　■ 市场事件

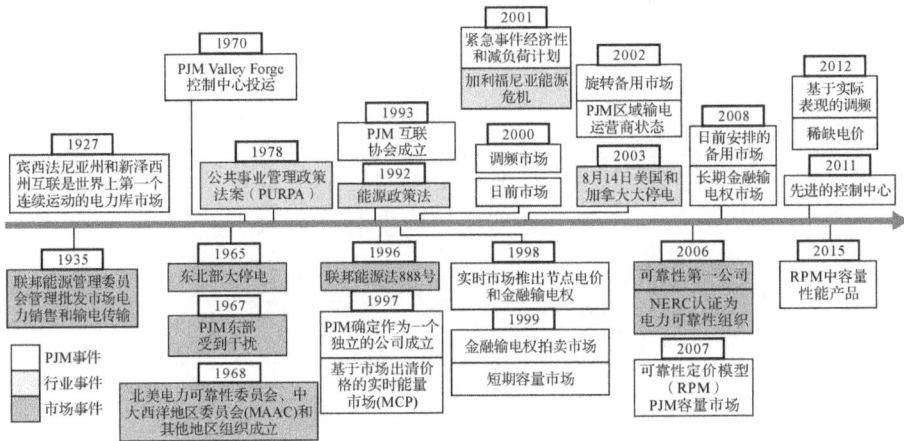

图 3-2　PJM 发展历程

年晚些时候，FERC 批准 PJM 成为美国第一个全功能的独立系统运营商（Independent System Operator, ISO）。ISO 负责电网的运营，但不拥有输电网，以便为非公共事业服务公司的用户提供对网络的无歧视接入。后来，FERC 鼓励组建区域输电组织（Regional Transmission Organization, RTO）来运行多州地区的输电系统，并推动竞争性批发电力市场的发展。PJM 于 2002 年成为全美第一个全功能的 RTO。从 2002 年到 2013 年间，PJM 将多个输电网、电力公司集成到其运营部门旗下，这些集成扩大了可用资源的数量和多样性，以满足消费者对电力的需求，并增加了 PJM 批发电力市场的收益[2-3]。

PJM 的成功因素在于，市场的改革和发展循序渐进，有利于实现平稳过渡；市场提供了灵活的交易机制和多样化的交易种类，为市场成员提供了充分的选择权和防范风险的手段；系统运行及规划集中化管理和协调，有效地保证了供电的安全性和可靠性；通过制定统一的市场交易规则、系统可靠性准则、输电服务定价规则来促进地区间交易，实现州间开放。

PJM 交易市场结构如图 3-3 所示。从市场结构上看，PJM 可服务于辖区内或区外的所有成员，包括发电商、供电企业及其他电力交易商。用户可以选择任意供电企业，供电企业的义务主要体现在容量与电能义务两个方面[4]。供电企业的供电义务要求主要从发电厂的运行、签订双边交易合同、

从 PJM 采购三个方面实现。PJM 电力双边交易模式见图 3-4。

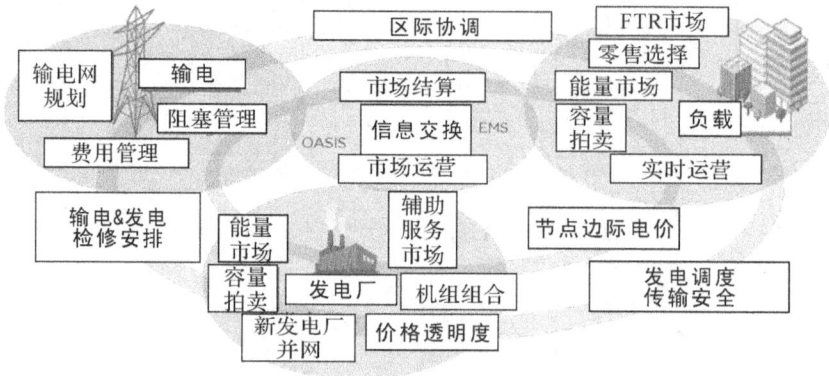

图 3-3　PJM 市场结构

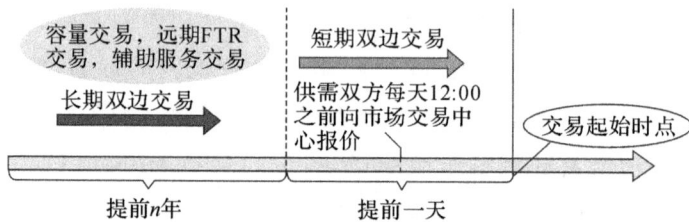

图 3-4　PJM 电力双边交易模式

（1）市场主体

PJM 既是系统运行机构又是市场运营机构，其主要职能是：系统集中控制与调度；电力市场运营；管理输电网价格和输电服务；开展区域电网扩展规划并协调各成员之间的电源规划等。市场交易主体包括发电商、供电企业、售电商（包括零售商、趸售商）、中间商（包括交易商、经纪人）及终端电力用户。

（2）交易类型

按交易的时间跨度来划分，PJM 电力双边交易的形式是日前电能交易；按交易标的划分，PJM 电力双边交易可以分为容量信用交易、辅助服务交易和输电权交易等[5]。

①日前电能市场。日前电能市场属于现货交易市场，供需双方需在每天 12:00 前向电能交易中心报价，然后电能交易中心根据报价情况并参考

系统安全约束确定第 2 天 24h 的现货交易量与电价。该市场实行供需双方的报价机制,报价内容包括市场参与者的供给或需求价格(对应于不同的容量)、技术参数以及地理位置。

②容量信用市场。容量信用市场包括提前一个月和提前一天两种类型。市场采用买卖双方报价、按供需匹配的方法进行交易。PJM 容量市场使得供电商能够平等地参与到零售市场中,终端用户也可以自由选择供电企业直接进行交易,因此,几乎所有电力供应商的终端用户数和日负荷大小都是动态的。

③辅助服务市场。PJM 交易市场包括以市场报价为基础的旋转备用服务和调频服务交易市场。为保证电力系统的可靠性,供电企业应按照供电比例承担电力系统的调频工作,通过与其他成员签订双边交易合同、从调频市场购买、自有电厂电力调度等措施实现系统调频。

④输电权交易市场。对日前市场与实时平衡市场中发生的电能交易需缴纳一定的输电阻塞费用,并将这些费用合理分配给输电权拥有者。输电权交易市场中包括双边交易和输电权集中拍卖这两种方式。

(3)交易信息披露

在日前市场中,电力供需双方根据需求进行报价(包括市场参与者的供给或需求价格、技术参数以及地理位置),由 PJM 按照供给和需求进行匹配并在交易平台上公布交易结果,交易双方事后进行结算。

3.2.2 电能量市场

(1)两级市场体系

长期以来的电网运行实践中,调度机构要在日前制订次日的发电计划,包括负荷预测、机组启停、发电输出功率安排、联络线计划等,从而增加运行的计划性,减轻实时调度的压力。在实时运行时,调度员只需处理各种原因导致的发电与负荷的不平衡。一体化能量市场充分借鉴了这些运行经验,形成了日前市场和实时市场,两个市场分别出清和结算,因此也称为两级市场体系[6],如图 3-5 所示。

日前市场(提前市场)通过上报的负荷竞价、发电机投标等,计算得到次

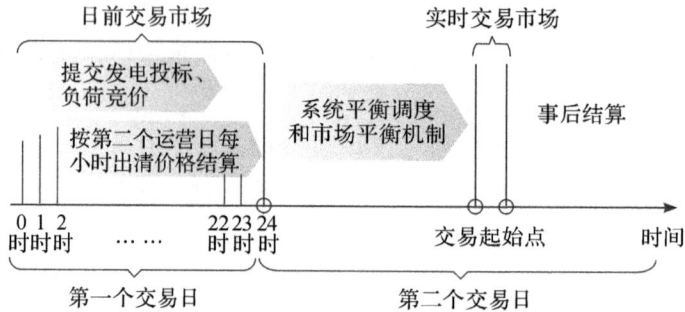

图 3-5 PJM 电力市场两级市场体系

日每小时电力的出清价格。平衡市场(实时能量市场)中,在实际的系统运行安全约束的经济调度基础上,每 5 分钟计算一次出清价格。日前市场结算以日前节点电价为基础,平衡市场的结算以实时的小时综合节点电价为基础。

日前市场本质上是合同购买。市场出清之后,日前发电计划和节点边际电价(Locational Marginal Price,LMP)成为财务承诺,必须以此量和价进行日前市场结算,交易导致的电网阻塞和网损也将以日前 LMP 中阻塞费用和网损费用分量结算。对输电交易而言,电源点和负荷点的 LMP 阻塞分量的价差为输电交易的阻塞费用,作为阻塞风险对冲工具的金融输电权(Financial Transmission Right,FTR),也将以日前市场 LMP 的阻塞分量结算。

电网实时运行时,无论是发电、电网还是负荷侧的变化,都可能造成与日前计划的偏离,其电量偏差称为不平衡电量,须通过实时市场来出清和结算[7]。在日前市场中没有中标的机组和负荷,可以调整其日前市场投标,参与实时市场。对于没有调整投标的市场参与者,其日前市场投标将自动延续到实时市场,实时 LMP 将根据实时市场中的投标和状态估计提供的电网运行实际情况计算。

实时市场为平衡市场,仅仅结算实时市场与日前市场的偏差。对供电商而言,如果其实时负荷超出日前市场负荷,将会以实时 LMP 为超出部分付费,反之将得到补偿。对发电商而言,如果实时发电少于其日前市场计划,减少部分将以实时 LMP 从市场中购买,反之得到补偿。由实时电力买卖所导致的电网阻塞和网损,将以实时 LMP 结算,输电用户根据其与日前输电计划的偏差支付实时阻塞费用,或者得到补偿。

(2)PJM 事后节点电价

结算机制包括结算电量和结算电价两部分内容。由于实时市场的作用是消除不平功率,维持稳定运行,因此实时市场的结算电量为不平衡电量。LMP 是大多数电力市场采用的结算电价,计算实时市场 LMP 的方式有两种:一种是在接近实际运行的时刻出清,计算电价;另一种是在实际运行时刻结束后,根据机组的实际运行情况计算电价。前者计算的 LMP 是预想意义上的,其基本假设是负荷预测完全准确,机组完全听从调度命令,这个电价是"事前(Exante)电价",相应的"理想"调度被称为"事前调度"。在实际系统运行中,尤其是电力市场环境下,这两点几乎不能满足。例如,负荷预测会有误差,市场主体"唯利是图"的本性也使得机组不可能完全与"事前调度"一致。所以,"事前电价"与实际运行系统并不相符。事后(Expost)电价的基本思想是根据系统实际运行情况计算 LMP,主要作用是激励机组遵守调度指令、规避市场力。事后电价的计算在一个交易时段结束的时刻开始。该交易时段的状态估计结果已知,因此可根据机组的实际出力计算电价,计算流程为首先对机组的实际出力进行预处理,不服从调度的机组不能设定事后价格,接着以总成本最小为目标函数,在实际运行点附近求解事后电价。事后电价计算时还必须考虑如下的市场规则:①不可调度的机组(如水电、风电、B 类机组)不能进入上述优化问题,因而不能设定事后电价。②如果机组出力高于调度安排出力的一定限值(PJM 为 10%),不能够参与设定事后电价。这既是对此类机组的惩罚,规避市场力,也防止事后电价过高。③事后电价低于事前电价。这是个软的规则。当出现事后电价高于事前电价时,调度公司一般需要对电价计算进行分析。④出于电网安全性的考虑,调度中心可要求个别机组按照规定指令出力。如果这些机组不遵守调度命令,将会受到惩罚。

PJM 电力市场的事后电价用于结算实际发/用电量与日前安排发/用电量的偏差,机组和外部双边交易(External Bilateral Transactions)设定事后电价[8]。PJM 实时市场每 5 分钟计算一次事后电价。调度员根据机组的实际出力、外部双边交易的情况,并结合他们提交的实时市场投标数据,确定可设置事后电价的机组和交易。只有符合经济调度要求的机组和交易才能设置事后电价。符合经济调度要求是指：①机组实际出力不超过实时安排出力的110％或机组实际出力对应的报价不超过实时安排出力对应的报价；②PJM调度员指定必须投运的机组；③外部双边交易实际需求对应的报价等于实时安排需求对应的报价。

若机组实际出力不超过实时安排出力的110％，但有部分出力对应的报价大于实时安排出力对应的报价，将这部分电力的报价设定为事前价格；若机组的实际出力大于实时安排出力的110％，这样的机组不服从调度，无权设置事后价格，它只能是价格的接受者；若机组的实时报价中有小时空载费用，同时机组的实际出力小于实时安排出力下限的90％，则将报价的小时空载费用乘以实际出力和计划下限的比值作为投标价格。PJM实时市场计算事后电价前对投标数据进行预处理的过程如图3-6所示。

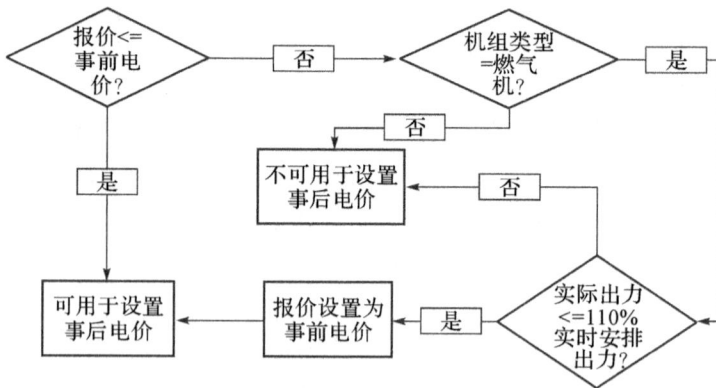

图 3-6　PJM 实时市场报价预处理

若机组被判定可用于计算事后电价，将它的出力设置为一个小区间，既便于算法出清，又不致偏离实际运行点过远；若机组不可用于设置事后电价，将它的出力固定。采用增量线性模型，以总调整成本最小为目标函数，应用软件 LPA(Locational Pricing Algorithm)计算事后电价。由于违规机组出力被固定，可视为负的负荷，相当于系统总负荷降低，因此由其他机组确定的事后电价显然小于事前电价，从而使实际收益小于采用事前电价结算的收益，在一定程度上起到遏制机组策略出力的作用。机组的实际收益仍然可能大于按照调度指令出力时的预计收益,即事后电价机制不满足激励相容条件。

实际电力市场采用事后电价机制时往往与辅助服务市场配合,违规机组在主能量市场的实际收益虽然大于遵守调度指令的预计收益,但是机组违规出力将引起频率波动,导致自动发电控制(AGC)等辅助服务的调用,因此作为辅助服务的使用者,必须承担相应的辅助服务费用。综合主能量市场和辅助服务市场的收益,违规机组的实际收益往往小于预计收益,事后电价机制通过与辅助服务市场的配合,达到了激励机组遵守调度指令的目的。事后电价的作用是规避市场力和提供经济信号。市场力大的机组(如成本低或处于阻塞区),倾向于多发电,从而引起频率波动和 AGC 动作。如果按照事前电价结算,ISO 必须支付此类机组多发电的电费,其他机组必须承受少发电的损失和 AGC 动作造成的机械损耗,这不符合市场"公正、公平、公开"的准则。如果按照事后电价结算,多发电的机组无权设定事后电价,只能作为价格接受者,打击了他们行使市场力的企图,从而规避了市场力,而且也免去了在传统调度方式中机组不跟随调度命令而进行的惩罚机制。另外,由服从调度的机组设定的事后电价小于事前电价,ISO 节省了电量费用。事后电价提供了经济信号,如果较多机组的实际出力都比调度安排出力少,这时大多数机组参与设定事后电价,电价会上扬,激励机组多出力;如果较多机组的实际出力都比调度安排出力多,则较多的机组无法设定事后电价,电价必然下降,机组自然减少出力。

3.2.3 容量市场

(1)PJM 容量市场发展过程

1998 年,PJM 开创了容量信用交易模式的容量信用市场(Capacity Credit Market,CCM)。当年 10 月 15 日,第一个月度市场开市;12 月 31 日,第一个日市场开市。

1999 年 1 月 27 日,由于容量信用市场容易被操纵而被管制,此时距第一个月度市场开始仅 3 个月。

1999 年 5 月 31 日,容量信用市场经过改良后恢复运行。

1999 年 7 月 10 日,容量信用市场再次被管制,此后一直处于管制状态。

2007 年,PJM 采用可靠性定价模式取代原有的容量信用市场,并于当年 4 月开始正式运行。

(2)容量信用市场

容量信用市场是 PJM 电网最初采用的容量市场模式,为容量市场的建设取得了宝贵经验,奠定了良好的基础[9]。容量信用市场分为月度市场和日市场,市场成员有两类:负荷服务商(Load Servers)和容量拥有者(Resource Owner)。容量拥有者指 PJM 区域内的现有机组、规划中机组、可削减的电力负荷(Demand Resource)、合格的输电网升级项目(Qualifying Transmission Upgrades)及区域外机组。

是否参与容量信用市场遵循自愿原则,负荷服务商和容量拥有者都可以在市场外通过双边交易买卖容量信用(Capacity Credit),通过容量市场购得的容量信用不得以任何借口进行调整。负荷服务商购买容量信用,以满足全部或部分机组容量义务。

在月度市场中,负荷服务商和容量拥有者可以根据自己未来的容量需求预期和对市场情况的判断,买卖容量信用。而在日市场中,如果参与者不能满足其规定的容量义务,PJM 仅接受其不足部分的买盘;如果参与者在满足其规定的容量义务的基础上有多余的容量信用,PJM 仅接受多余部分的卖盘[10]。

在月度市场和日市场的参与者完成报价后,PJM 根据买卖双方的申报组织出清,出清价格等于边际成交卖盘的报价,所有成交的交易都按照统一市场出清价格成交。

如果市场成员在月容量信用市场上卖了过多的容量信用,以致无法满足自己最终的机组容量义务,则必须通过日容量信用市场或双边交易获得足够的容量信用,否则将根据 PJM 的运行规则和可靠性保障协议(Reliability Assurance Agreement,RAA)进行处罚。

(3)可靠性定价模型(Reliability Pricing Model,RPM)容量市场

RPM 容量市场是由多重拍卖市场组成的,包括 1 个基本拍卖市场(Base Residual Auction)、3 个追加拍卖市场(Incremental Auction)和 1 个

双边市场。市场成员也由负荷服务商和容量拥有者组成。

基本拍卖市场提前3年举行。PJM根据对3年后的负荷预测,组织容量拥有者竞价,以满足电网3年后的机组容量需求,购买容量的费用根据规则分摊给负荷服务商。市场成员可以在第一次和第三次追加拍卖中购买容量来替代其无法履约的售出容量,比如工程的延迟或取消、现有机组的毁损等[11-12]。在目标年份的前1年,PJM将重新进行负荷预测,如果此次预测比基本拍卖前预测高100MW以上,则组织第二次追加拍卖以补足差额,并将购买费用按规则分摊给负荷服务商。负荷服务商可以通过双边交易市场获得其在容量拍卖中未满足的容量。

在容量信用市场中,市场成员受到的约束很少,一些有实力的市场成员可以通过月度市场买空卖空、控制日前市场供给等方式操纵市场,从而获取高额利润。RPM容量市场完善了规则,力图规范市场成员行为,促进市场健康发展。

3.2.4 辅助服务市场

PJM的辅助服务市场包括五方面的内容:调节和频率响应服务,运行备用服务,计划、系统控制和调度服务,来自发电方的无功供应和电压控制服务,以及能量不平衡服务。

(1)调节和频率响应服务

PJM调节和频率响应服务的最大特点是不单独设立调频电厂,而将调频义务分配到每个负荷服务商。LES可以利用自己的发电资源或通过与第三方签订合同来履行自己的调频义务,也可以从PJM购买这个服务。调频机组分为三个类别:基础类、边际类和高峰类。每个类别的调频成本将根据历史的清算价由互联办公室确定。在发生冲突的情况下,调频调度命令优先于能量调度命令。调频服务必须由PJM电气范围内的发电机组提供。

(2)运行备用服务

PJM电力市场是一个开放的电力市场,其备用获取的最大特点是不指定机组作为备用,而是规定每个供电企业必须承担备用义务,义务量根据其负荷的比率来确定。供电企业完成备用义务的方法可以是自己拥有提供备用的机组,也可以是签订双边合同或者从 PJM 备用市场购买备用[12]。备用需求加上合理的补偿方法,形成了 PJM 备用市场的供需杠杆。PJM 备用的结算周期为 1h,每天分为 24 个运行小时,备用的计算和获取按小时为单位操作。

(3)计划、系统控制和调度服务

计划、系统控制和调度服务由 PJM 直接提供,用户必须从 PJM 购买这项服务。计划、系统控制和调度服务的收费依据是 PJM 的运营成本,包括建筑、人员成本和企业管理费用。每个传输用户每月的计划、系统控制和调度服务收费按下式计算:

每月收费＝PJM 每月运营成本×用户比例

式中:用户比例指以 MW·h 计算的该用户对输电系统的使用量占输电系统总使用量的比例。

(4)来自发方的无功供应和电压控制服务

为保持提供者的输电设施电压在可接受的范围内,在控制区操作员的控制下,发电厂将发出或吸收无功[13]。用户必须向 PJM 购买来自发电方的无功供应和电压控制服务。该服务采用固定费率制,分为月费率、周费率、日费率和小时费率,计费单位为 $/(MW·h),根据所预定的传输容量计算。

(5)能量不平衡服务

当用户实际传输的电能与计划传输的电能存在差异时,PJM 必须提供能量不平衡服务。能量不平衡的计量单位为 MW·h,且峰荷时段和非峰荷时段分开计算[14]。如果能量不平衡在±1.5%的偏差范围之内,传输用户(传输用户指接受点对点传输服务的电力用户)可以选择在以后的峰荷时段或非峰荷时段消除这种能量不平衡,也可以选择用现金结算。应该支付给 PJM 的金额按照能量送达 LMP 的 120%计算,应该支付给传输用户的金额按照能量送达 LMP 的 80%计算。对于超出±1.5%偏差范围的能量不平衡必须用现金结算。应该支付给 PJM 的金额按照能量送达节点 LMP 的 150%或 100 $/(MW·h)中较高的价格计算,应该支付给传输用户的金额按照能量送达节点 LMP 的 70%计算。

3.2.5　金融输电权

(1)PJM 输电服务

PJM 输电服务(图 3-7)可以为 PJM 输电区域组织输电网开放服务费率条款(Open Access Transmission Tariff,OATT)中所列的合格用户所使用。用户可以通过开放访问即时信息系统(Open Access Same-Time Information System,OASIS)向 PJM 申请所需要的输电服务。PJM 将对服务申请对于接入网络的系统影响进行评估,并决定是否接受或拒绝。所有关于输电服务申请的问题和信息要求都必须通过 PJM 成员关系部(Member Relations Department)或 OASIS 热线进行。

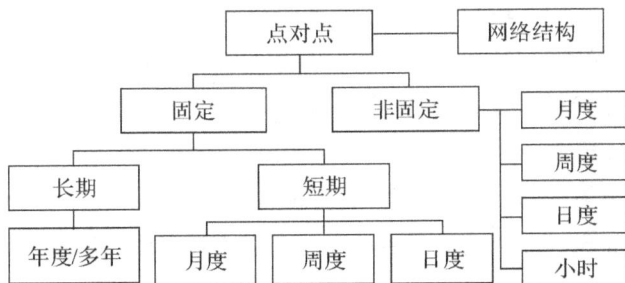

图 3-7　PJM 输电服务类型

1)点对点输电服务

该服务是指使用输变电设施在接收点(Point of Receipt,POR)与输送点(Point of Delivery,POD)之间进行容量或能源输送。在 PJM RTO OATT 中,分为固定(Firm)和非固定(Non-Firm)点对点输电服务,对应的服务时间也有不同。点对点输电服务可以用于 PJM RTO 的容量或能量接入、输出、经过或内部流动。

2)固定点对点输电服务

事先预留并进行计划的点到点间输电服务。这种服务的最小时间要求是一天。最长时间则基于服务协议(Service Agreement)条款中未来时间段的可用输送容量而定。该服务的优先级高于非固定点对点输电服务。基于固定输电服务可以申请金融输电权。固定点对点输电服务又分长期和短期固定点对点输电服务：

长期固定点对点输电服务的服务时限大于 1 年。长期固定点对点输电服务采用先到先服务的机制（即谁先预订服务，就先服务谁），并且对于本地负荷用户（Native Load Customers）和网络用户（Network Customers）平等对待。

短期固定点对点输电服务的服务时限小于 1 年，采用先到先服务的机制，优先级弱于长期固定点对点输电服务。

固定点对点输电服务客户可以基于 PJM 费率条款，通过选举变更接收点和输送点以获得非固定点对点服务。这种变更申请需要在 OASIS 上操作，并且有明确的时间要求。

3）非固定点对点输电服务

当已经满足了本地负荷用户、网络用户、长期和短期固定点对点输电服务之外，仍能提供一些输电容量用于非固定点对点输电服务[15]。服务时限可以是按小时、按日、按周、按月申请并计划。

4）网络传输服务

网络传输服务，即 PJM 网络集成输电服务（PJM Network Integration Transmission Service），允许网络用户在 PJM RTO 内使用 PJM 网络资源安排网络负荷。购买网络传输服务的用户必须接受或提供辅助服务。网络传输服务用于将 PJM RTO 内的网络资源或可交付给 PJM RTO 的容量和能量以及 PJM 能量市场的能量，输送给网络负荷。每一个网络用户可以整合自己现有的和计划的网络资源来安排网络负荷，就像那些实际拥有输电资产的负荷服务商一样，采用 PJM RTO 输电服务设施（Transmission Service Facilities）安排本地负荷用户。网络传输服务也可用于网络用户从非指定的资源将购买的更经济的能量输送给其网络用户。

（2）金融输电权市场

由于 LMP 存在不确定性，使得发电厂和用户面临一定的市场风险，PJM 倾向于引入一种点对点的、规避风险的、纯粹的金融工具 FTR（Financial Transmission Rights）来解决这一问题。

FTR 即金融输电权，是从经济补偿原理出发，同输电网络物理使用权分离，当网络阻塞时其所有者获得经济补偿，从而获得节点价格的相对稳定性[16]。FTR 的目的是使所有市场参与者传输能量时得到收费的确定性,同时分配阻塞盈余。它不同于物理输电权,并不代表实际的电能传输权利。

按照输电容量定义的不同,金融输电权又可进一步分为点对点金融输电权(Point to Point Financial Transmission Right,POPFTR)和关口金融输电权(Flow Gate Right,FGR),后者又被称为基于潮流的输电权。按照经济补偿方案设计的不同,点对点金融输电权又可分为责任(Obligation)型点对点输电权和权益(Option)型点对点输电权。在没有特别指明的情况下,金融输电权就是指点对点金融输电权,PJM 电力市场采用的就是这种类型的输电权。同时,在 PJM 电力市场中,输电权又被称为固定输电权(Fixed Transmission Right,FTR)。

显然,通过拍卖获得 FTR 是一种很好的方法。1999 年 4 月,PJM 建立了世界上第一个金融输电权市场,开展点对点责任型金融输电权的交易。为了进一步改进 FTR 市场,PJM 于 2003 年 3 月至 2005 年 4 月先后 4 次修改其输电权市场规则,引入了在年度拍卖市场上交易的长期型 FTR 产品,引入了期权型 FTR 来降低持有输电权的收益风险,还针对 FTR 有效时段的不同开发了"高峰时段 FTR"(On-peak FTR)、"低谷时段 FTR"(Off-peak FTR)和"24 小时 FTR"(24-hour FTR)。在引入新交易品种的同时,PJM 也相应改进了金融输电权的分配机制和拍卖机制,开展多轮的年度 FTR 拍卖,并引入了拍卖收益权机制[17]。PJM 市场参与者通过竞标得到输电权后,拍卖所得的收益是通过拍卖收益权(Auction Revenue Right,ARR)机制来分配的。ARR 是一种可以赋予其持有者获得年度 FTR 拍卖市场中拍卖收益分配的金融工具,仅与年度 FTR 的拍卖收益分配相联系,与电能量市场阻塞盈余的分配无关。ARR 持有者具体可以获得多少收益,由 ARR 的"目标分配"决定,其目标分配值是依据每一轮年度 FTR 拍卖中出售的责任型 FTR 的出清价格计算的,定量表达式如下

$$\text{ARR 的目标分配} = (\text{ARR MW}) * (\text{LMP ARR Sink} - \text{LMP ARR Sink}) / (\text{ARR 拍卖轮次})$$

式中:ARR 拍卖轮次是指年度 FTR 的拍卖轮次,LMP ARR Sink 和 LMP ARR Sink 分别指每轮年度 FTR 拍卖中,相同路径责任型 FTR 的送达节

点和注入节点的节点边际价格，"ARR MW"是指这笔 ARR 的数量。ARR 只能是责任型的，其目标分配可正可负，因此，它既可能给持有者带来收益，也有可能带来收费。

3.3　英国电力市场

3.3.1　英国电力市场发展历程

英国是最早实行大型电力市场化改革的国家之一[18]。自 1947 年，英国的整个电力供应行业被国有化，中央发电局（Central Electricity Generating Board，CEGB）拥有英格兰和威尔斯的所有发电和输电系统、供应及分配大容量电源。在国有化的背景下，英国的电力价格虽然稳定，但缺乏一定的激励，电力行业的规划发展停滞，投资的成本效益低下。

至 1980 年，在美国天然气改革为天然气市场带来繁荣以及社会生产力显著提高的背景下，时任英国首相的撒切尔夫人就油、气、电三大产业进行了私有化改革，希望以此提高效率。1982 年，英国政府做了相关政策评估，并且修改了立法，允许私有电力公司开展供电业务。在经过一段准备期后，1988 年，英国政府在政府工作白皮书中提出了电力市场化改革的计划。白皮书明确提出了改革的动机和核心是：竞争会为电力价格和成本的降低带来动力，充分保证把用户的利益放在首位。

根据白皮书提出的计划，在正式推行改革之前，英国也做了相应的制度设计。1987 年，原发电市场的垄断集团经私有化后形成三家发电公司。1988 年，以先前的 16 个区域为基础，重新划分了 12 个区域公司，负责接管电网设施的所有权，为电力市场化确保了公平的电网接入权，从而为之后的改革做了充分的铺垫。1989 年，英国通过电力法，将 CEGB 拆分为四部分[19]：国家电网公司（NationalGrid Company，NGC）、国家电力公司（National Power，NP）、国家发电公司（Power Generation，PG）和核电公司（Nuclear Electricity，NE）。

1990 年,英国的电力市场化改革正式开始。改革涉及调整电力市场价格、推行私有化、实施有关规定、实行鼓励竞争等方面的内容。英国电力体制改革主要分为三个时期,分别是 1990—2001 年的电力库(Pool)市场、2001—2005 年的新电力交易协议(New Electricity and Trading Arrangements,NETA)市场,以及之后的英国电力贸易和传输协议(British Electricity Trading and Transmission Arrangements,BETA)市场[20]。电力交易机构的"相对独立",实际是从 2001 年 NETA 市场建立、ELEXON 公司管理交易市场后开始的[21]。

在强制性的电力交易市场——电力库(Pool)中,NGC 负责运营电力交易市场,组织所有发电企业通过电力库进行售电业务。在电力库的模式下,NGC 既承担了系统运营商的角色,负责主配网传输和调度,提供辅助服务,又负责市场运营商的角色,负责管理电力库的结算等资金流业务。NGC 开发了一套用于公平科学地计算发电侧和需求侧竞价价格的程序。NGC 根据交易日前一天发电机组申报的未来 48h 的电价和可用发电量,依次排出用以满足次日预测负荷的机组,其中每一时段最后一台计划调用的机组的报价即为该时段的系统边际价格(System Marginal Price,SMP)。由此计算出发电机组在市场中实际发电所获得的收益,称为联营购入价(Pool Purchase Price,PPP),即 PPP=SMP+LOLP(VOLL-SMP)。其中,LOLP 为机组的失负荷概率,当系统中所报的可用发电量相比于负荷预测量低时,该值增加,反之减少;VOLL 为失负荷代价,反映用户为避免切负荷愿付的代价,一般由政府定价。该式的后一项表示机组的容量费用。

看似科学合理的计算公式却避免不了实际操作中的弊端。在电力库模式下,市场出清价由发电企业单侧竞价产生,用户侧只能被动接受该价格,而无法参与市场定价的过程。电力库模式在运行期间主要出现的三大问题包括:

①发电企业更容易操纵市场。据统计,电力库模式下电力市场中约为 90%的报价被两大煤电厂操控。

②电价的波动幅度较改革前有明显的增大。据统计,1997—1998 年间,英国电力市场中每半小时最高峰和最低谷的电价波动范围为日均电价

的 180%，远高于煤炭、天然气等资源的价格变化幅度。

③由于 NGC 担任电网运营和交易系统管理的双重任务，因此其管理成本较改革前大幅增长，其中 1993—1994 年度高达 2.55 万亿英镑。

在电力库模式中暴露的各种弊端下，NETA 市场于 2001 年 3 月被正式提出。此外，市场交易管理权也从系统运营商 NGC 中分离出来，由其下属子公司 ELEXON 承担。NETA 模式下，供应商签署了新的协议，允许天然气电力市场办公室对市场价格失衡进行干预的权利，因而 Pool 模式下的发电侧市场力得到了有力的控制。

NETA 在英格兰和威尔士地区推行的 5 年时间里，建立了电力交易机制，进一步还原了电力的商品属性，且成效显著。但是苏格兰地区的电力市场由两个纵向一体化公司把控，仍然存在严重的垄断问题，电力改革并没有在全国意义上得到推广。英国政府通过的"2004 年能源法"为在英格兰、威尔士及苏格兰三大地区建立一个统一的竞争批发电力市场以及其他各方面的机制创造了基本的法律框架。2005 年 4 月 1 日，BETA 模式的所有业务许可证条款正式生效，NGC 正式接管英国四个地区整个输电网的调度。

3.3.2　英国电力市场平衡机制

2001 年引入 NETA 模式后，英国电力市场主要特征之一就是市场以双边合同为主，发电侧和用户主要通过签订远期电力交易合同满足需求，合同交易可以从若干年以前一直到交易前若干小时。远期电力交易合同包括通过双边协商达成的中长期和短期双边合同，以及通过电力交易所集中竞价达成的短期交易合同。平衡市场由 NGC 负责组织，用市场化手段处理合同电量和实际电量之间的偏差电量，在电量计量结算方面引入了电力平衡结算准则（Electricity Balancing Significant Code，EBSC）。

目前英国平衡市场电量约占总电量的 3%。在平衡市场中，系统根据发电和负荷的不平衡服务报价，以不平衡调度费用最低为目标进行平衡服务的调用。参与平衡机制的发电商和供电商被称为平衡机制单元（Balancing Mechanism Unit，BMU），其发/用电量必须可以独立计量或单独控制,容量大于 50MW 的发电商和供电商有义务作为平衡机制单元。一个平衡单元一般由一组发电机或一组用户组成,并将其分为一个主导成员和若干一般成员[22]。

在英国电力市场中,发用电双方需要在某个特定的交易时段关闸时刻前签订对于该时段交易电量的双边合同[23]。BMU 中的成员需要向不同的机构提交两组数据:①各个成员均需通过合同代理商向交易管理机构提交相关的双边合同信息;②主导成员代表 BMU 内的所有成员向电网公司提交物理发/用电曲线(Physical Notificatio,PN)及不平衡服务报价(Bid/Offer)。PN 精确到半小时交易时段内,表示该 BMU 每分钟的发电出力水平或负荷消耗水平,并将作为实时平衡调度的基础值。PN 可以在每个交易时段的关闸时刻前进行修改,而在关闸后,该值被确定为最后的物理发/用电曲线(Final Physical Notification,FPN)。

NETA 模式下双边合同的设计在于希望发用电双方根据"签订"的合同量执行发用电计划,但在实际系统运行中,双方发用电的不匹配是无法避免的,而平衡机制的设计旨在通过 BMU 提供的不平衡服务来解决偏差问题[24]。不平衡服务报价分为上调服务报价(Offer)和下调服务报价(Bid)两部分,对机组和负荷具有对称性。Offer 是指机组增加出力或者负荷减少出力的报价,Bid 是指机组减少出力或者负荷增加出力的报价。Bid/Offer 是市场成员为了实现在所规定的偏离了 FPN 的运行水平上,所愿意付出的成本。图 3-8 是一组简化了的发电和负荷 BMU 单元的 Bid 和 Offer。

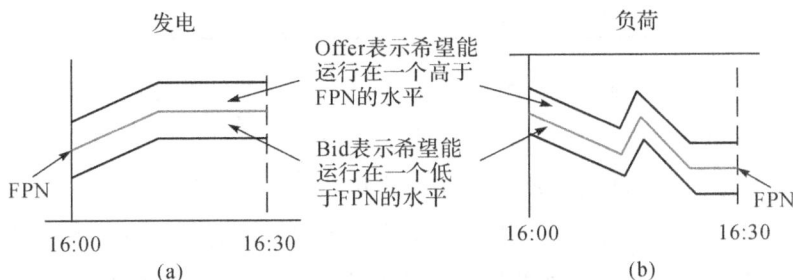

图 3-8 Bid 和 Offer 的示例。(a)发电 BMU 单元;(b)负荷 BMU 单元

平衡机制中的报价具有以下特点:

①发电和负荷同等参与平衡市场,发电侧的 FPN 为正值,而负荷侧的 FPN 为负值。如果这是一个发电 BMU 单元,那么该 BMU 单元应该增加其电能输出水平。如果这是一个负荷 BMU 单元,那么这个 BMU 单元应该降低它的电能输入水平。

②在实际运行中,针对一个特定的交易时段,一个 BMU 单元允许同时提交几个 Bid 和 Offer。例如,某发电 BMU 单元的上调量水平不超过 100MW 的 Offer 可能是 ￡30/MWh,而上调量水平介于 100MW 到 200MW 之间的 Offer 可能为 ￡40/MWh。

③Bid 和 Offer 都是成对出现的(表 3-1)。在实际运行中,这些 Bid 和 Offer 用数字加以区分。运行在高于 FPN 的 Bid 和 Offer 的标号为正,运行在低于 FPN 的 Bid 和 Offer 的标号为负,且 Bid 和 Offer 应遵守凸性原则,即电价应随电量增加而增加。

表 3-1　Bid 和 Offer 对

Bid 和 Offer 对	偏移量 （MW）	时间	Offer （￡/MW）	Bid （￡/MW）
3	大于＋100	16:00	40	39
2	＋100	16:00	30	24
1	＋50	16:00	25	24
−1	−40	16:00	23	22
−2	−100	16:00	20	18

电网公司接收到各个 BMU 上报的 Bid/Offer 后,会按照既定规则对报价对进行筛选,并将最终接受的 Bid/Offer 提交给系统运营商(System Operator,SO)。SO 则以每半个小时为单位,根据调度成本最小的原则选择调整机组和负荷的出力或用电,以满足系统平衡电力需求,并按报价支付。调度成本最小的原则即在计算平衡控制量时,以平衡控制的费用最小为目标(图 3-9)。

图 3-10 表示 BMU 单元在某交易时段内被调用的平衡控制量。由图可见,在该时段 BMU 单元共被调用了三种性质不同的平衡控制量,即:

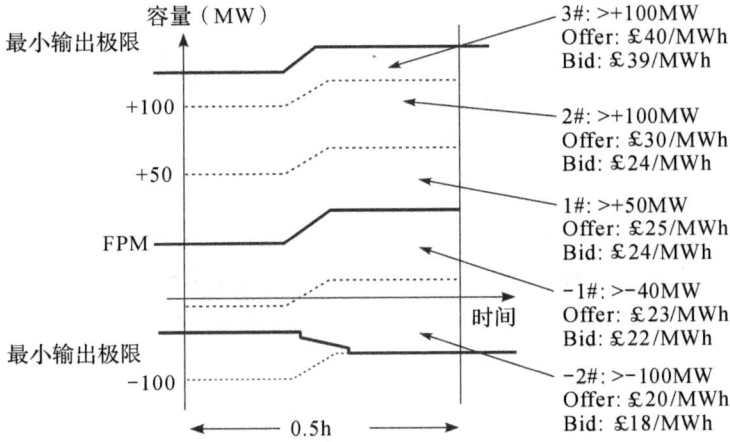

图 3-9　Offer-Bid 对

Offer 1（用 ▦ 表示）、Offer 2（用 ▨ 表示）、Bid 1（用 ▨ 表示）。

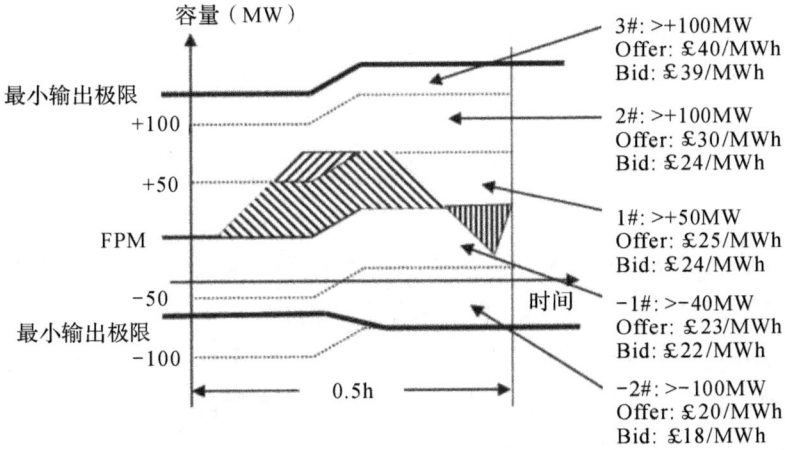

图 3-10　平衡控制量

图 3-11 为英国电力市场平衡机制中的信息流动的整体示意图。

此外，英国国家电网为了降低系统运行成本，除通过平衡机制来解决电能不平衡和网络阻塞之外，还可以在平衡机制开启前，主动提前购买或出售一些电能。例如，当调度机构预测次日某些时段会出现电力短缺时，可参与电力交易所的日前或日内交易，提前购买部分电能；当调度机构预测某些区

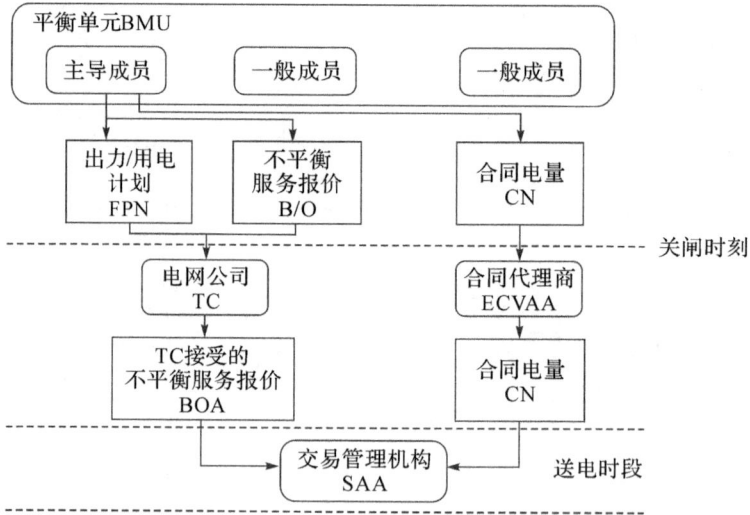

图 3-11　英国电力市场平衡机制中的信息流动示意图

域会出现网络阻塞时,可与特定区域的机组签订双边合同(一般为长期合同)进行阻塞管理。

3.3.3　英国电力市场不平衡结算

不平衡结算在不平衡服务调用结束后进行,一般分为两部分:①对提供不平衡服务的主体进行结算,以被调用服务的报价 Bid 和 Offer 进行结算;②对使用不平衡服务的主体进行考核。当用电时段结束后,交易机构将根据 BMU 提交的实测电量和合同电量核算其不平衡电量,并以系统售电价(System Sell Price,SSP)和系统购电价(System Buy Price,SBP)结算。其中,SSP 和 SBP 分别为系统平衡控制上调量和下调量的加权平均价。

举例来说,当用电时段结束后,交易结算机构将根据 BMU 单元的实测电量、调用的不平衡服务电量以及合同电量,计算其不平衡电量 EIV,即 $EIV = MV - (BOA + CN)$。其中,所有数据均以 BMU 单元为对象,其中 MV 为实测电量,BOA 为被采纳的能量平衡服务电量,CN 为合同电量。图 3-12 为不平衡电量结算的示意图。如图所示,对于不平衡电量采用不平衡服务的使用费用 SBP 或 SSP 结算,对于平衡控制量采用不平衡服务的提供费用 Bid 或 Offer 结算,而对于合同交易量采用双边合同电价结算。

图 3-12 不平衡电量结算示意图

对造成不平衡的市场成员的考核早期采用具有激励性质的双结算机制。该机制下,根据市场成员的不平衡电量与系统的不平衡方向是否一致而采用不同的结算价格。若其不平衡情况与系统的不平衡情况方向相同,即加重市场不平衡,则采用由平衡服务成本确定的惩罚性价格(又称主要定价法);反之,对减缓市场不平衡的主题,则采用非惩罚性价格(又称补充定价法)结算。双结算机制下不平衡电费的收取方法如表 3-2所示。

鉴于在双结算机制下,SSP 和 SBP 的差值日渐缩小,偏差值也逐步减少(图 3-13)。2014 年,英国能源监管机构(Office of Gas and Electricity Markets,Ofgem)出台了《电力平衡机制评估—终稿方案》,提出由于双结算机制导致不必要的不平衡成本、对某些规模小的市场主体不利等因素,取消双结算机制,采用最后入围的 500MW 报价的平均价,并预计 2018—2019年实现以最后入围的 1MW 报价的平均价结算,从而更好地反映平衡服务的边际成本。

表 3-2 双结算机制下不平衡电费的收取

市场电价£25/MWh		输电系统	
		电量过剩	电量不足
交易成员（发电商、售电商）	多发少用	1 被支付 SSP，用惩罚价格算法（例如：SSP＝£10/MWh）	2 被支付 SSP，用常规价格算法（例如：SSP＝£25/MWh）
	少发多用	3 支付 SBP，用常规价格算法（例如：SBP＝£25/MWh）	4 支付 SBP，用惩罚价格算法（例如：SBP＝£35/MWh）

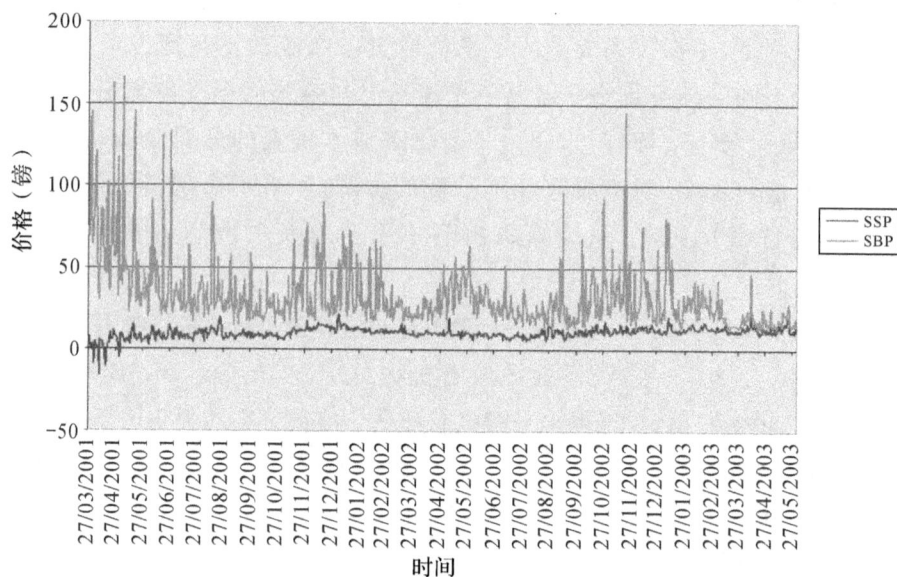

图 3-13 Neta 模式下 SSP 和 SBP 的变化

3.3.4 英国电力容量市场

英国（北爱尔兰除外）容量市场的结构设计包含容量定额、资格及拍卖、交易、交付、支付 5 个阶段，如图 3-14 所示。英国政府在容量定额和交付阶段进行市场引导，资格及拍卖和交易实现完全市场竞争[25]。

图 3-14 英国容量市场阶段图

（1）容量定额

容量定额是由 SO 根据可靠性指标确定容量交易额度的过程。英国主要包含目标容量和需求曲线制定两部分内容。

目标容量：为满足预期可靠性标准（LOLE≤3h/a），SO 分析并建议亟待拍卖的容量总额，经技术专家组独立审议后由国务大臣决定拍卖目标容量。其中：SO 于 2014 年 6 月公布《电力容量报告》，给出具体建模方法并确定 2014 年底英国首轮容量拍卖的目标容量，建模进程如图 3-15 所示。

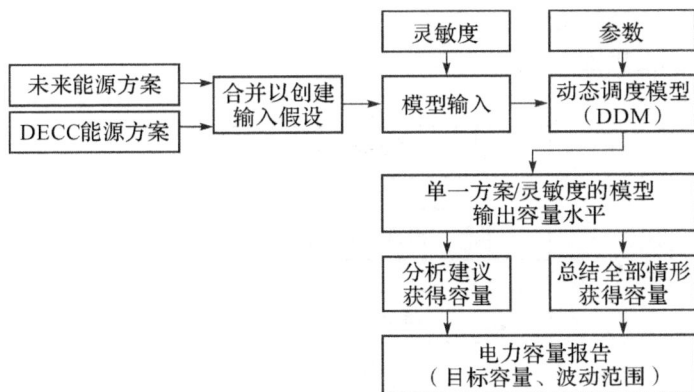

图 3-15 建模进程概念图

报告指出，SO 采用动态调度模型（Dynamic Dispatch Model，DDM）确定目标容量，DDM 作为一种全面综合的电力市场模型，广泛应用于英国电力市场中长期分析。详细容量机制流程如图 3-16 所示。DDM 输入中包含 5 个能源方案（根据未来不同经济和能耗水平划分）和多种灵敏度（风速、天气、机组可用性等），涵盖了将来的多种可能性（兼顾可信和广泛）。其中对目标容量影响最大的因素分别为负荷预测、发电构成和互联水平。每种方案或灵敏度都会生成对应容量水平,在大批容量水平中使用鲁棒优化的方法确定建议目标容量和容量波动范围。

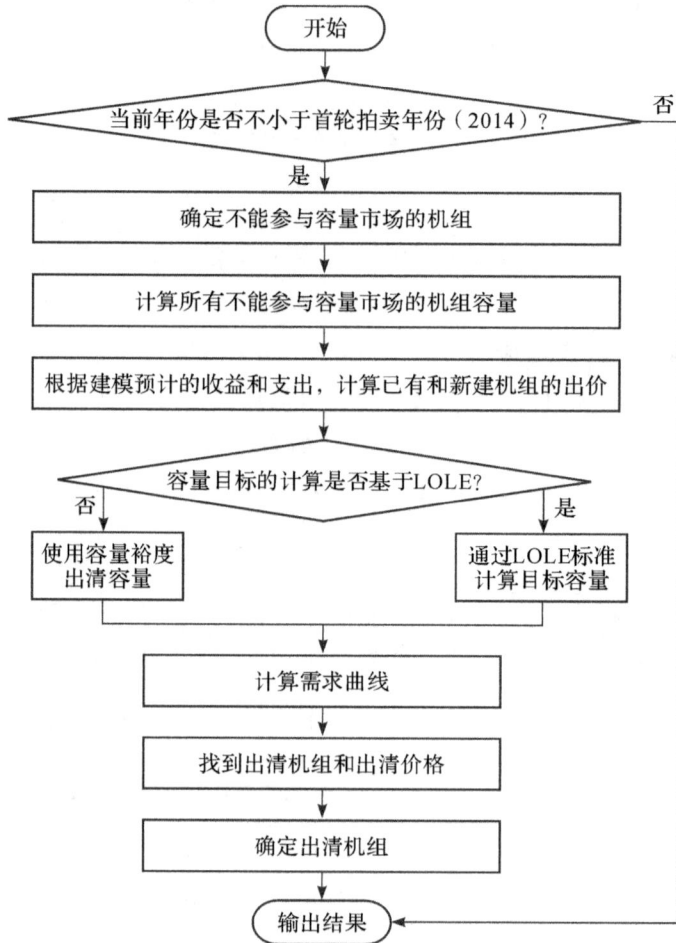

图 3-16　容量机制流程

鲁棒优化方法是在将来不确定因素的情况下,最小化决策成本。在分析建议容量目标时,鲁棒优化方法是不断将单一方案/灵敏度下获得的容量水平在其他全部方案/灵敏度下进行最坏成本输出,其中,成本包括容量获得成本和电量不足期望值成本两部分。遍历全部容量水平,直到找出所有最大成本的最小值,对应容量即为建议目标容量[26]。

需求曲线:英国根据目标容量、新进入者成本(New Entrant Cost,CONE)、价格上限和波动范围(1.5GW)绘制需求曲线,如图 3-17 所示。

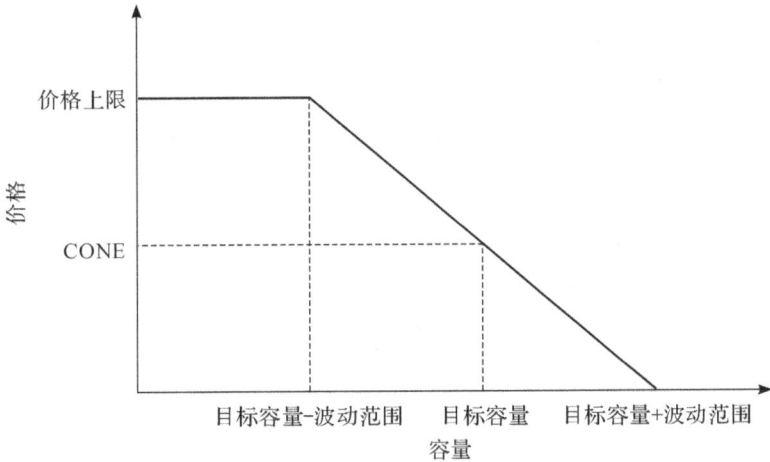

图 3-17　容量需求曲线

（2）资格及拍卖（主市场）

英国容量市场坚持"技术中立"原则,符合市场申请资格的容量包含供给容量和 DSR 容量两部分。供给容量根据建设类型分为已有、翻修和新建容量。DSR 容量根据有无测试证书分为已验证、未验证。资格不符的容量包括差价合同支持容量、小范围上网电价补贴容量、可再生能源义务容量和互联容量。互联容量因市场规范待定,暂无资格参与。其余容量均因已在其他机制中补贴,因此无资格再获取容量收益。

主市场是先于交付年 4 年的拍卖,满足绝大部分的容量交易。预审合格的容量进入该阶段出价,容量主市场采用荷兰式拍卖:自始拍价起,每轮价格递减叫拍。当中拍容量满足目标容量时,拍卖停止,此时获得出清价格。拍卖总时长不超过 1 周。中拍容量签署容量协议,协议中明确供应商给予容量提供者稳定的报酬,容量提供者则应在交付年必要时刻交付相应电能,否则将受到同负荷损失相关的惩罚。已有容量适用于 1 年期容量协议;已有容量发生重大翻新(每千瓦最小支出费用满足 3 年协议阈值)时,可申请 3 年期容量协议;新建容量(符合新建标准同时满足协议阈值)最多可申请长达 15 年的容量协议。

（3）交易（二级市场）

交易是先于交付年 1 年的拍卖，实现容量调整。该阶段发生于主市场和交付之间，这是预审合格但未签署协议的部分容量替代主市场签署了协议却无法兑现的容量的交易进程。

（4）交付

容量提供者将在交付年收到报酬。SO 至少提前 4h 预警电力短缺，此时容量提供者须按照容量协议交付电能，超出协议的额外供给和未能交付的不足电能将受到相应的奖励和惩罚，惩罚不会超过容量提供者在容量市场中获得的总收益。如果 SO 没有提前预警，即使容量提供者未能按时按约交付电能，也不会受到惩罚。具体罚金的制定正待商榷。

（5）支付（结算）

容量协议费用由供应商承担，依据其交付年在电能市场中所占份额进行结算。当正常支付（包含奖励情况）时，资金流将从供给商开始，流经容量市场决算机构（Capacity Market Settlement Bureau，CMSB），最终抵达容量提供者；当容量提供者面临惩罚时，资金逆向流动。

3.3.5　英国电力辅助服务市场

在英国电力市场中，电力交易通过是通过 Pool 来完成的，辅助服务由辅助性服务业务部门（Ancillary Services Business，ASB）管理。1990 年 4 月，NGC 成立了 ASB，其职责是以经济的方式购买辅助性服务，以便使电力系统频率和电压维持在允许波动范围之内。ASB 是 NGC 中的一个独立授权的业务部门，按月向辅助服务提供者支付费用，在每天的 uplift（附加费）中回收辅助服务成本（即向辅助服务提供者所支付的费用）。另外，还允许 ASB 从 uplift 中回收日常管理费用和获得少许利润，这个日常管理费用和允许的利润由电力联营体各成员协商确定，目前允许利润率为日常管理费用的 10%。

ASB 签订合同的辅助服务包括频率响应、备用容量、无功支持和黑启动。下文将阐述对上述各项服务的费用支付机制的细节。英国 NGC 目前为辅助服务支付的费用不超过当年电力总支付费用的 2%。对每个发电厂有一个辅助服务合同,合同中详细规定了机组应提供的服务内容,以及每项服务应支付的费用。合同是与服务提供者签订,而非与发电机组签订。目前英国有 120 多个辅助服务合同。根据英格兰—威尔士发电主市场运行规则,辅助服务必须服从中央调度。

3.3.5.1　辅助服务内容

在英国电力市场平衡机制下,辅助服务分为强制性辅助服务和商业化辅助服务,前者要求所有授权经营的发电主体义务向 NGC 提供,如频率响应、无功等;后者则按照市场的规则由部分发电主体与国家电网公司协商提供。目前,英国的辅助服务市场的类型主要分为以下几类:

(1)频率响应

要求与 NGC 的电网联网的每台发电机组在正常运行工况下,能够和汽轮机调速装置协调地快速动作,以保证频率响应。蒸汽轮机调速装置必须按照 BS132 要求来设计和运行,燃气轮机调速装置必须具备 3%～5% 的调速性能。对于 Magnox 和 AGR 核电站发电机组,则要求每台机组始终能够对频率变化自动响应,以便控制与调整系统频率。在频率敏感模式下运行时,电网调度员对每台机组发布指示。当发电机组在频率敏感模式下运行,其实际出力低于满负荷出力时,它可以获得两种支付补偿,包括由电力联营体支付的"利润损失"及对其频率响应辅助服务的补偿。其中,"利润损失"的补偿是电力联营体常规支付的补偿,当机组实际出力低于无约束调度计划下的出力值时,机组就可获得这个补偿;频率响应辅助服务补偿费用是根据服务合同中的信息计算确定的,这项补偿费用是用于回收发电机组在频率敏感模式下运行而产生的附加成本。

每台发电机组的辅助服务合同中详细确定了频率一次响应期望水平(10s 内)和二次响应期望水平(30s 内)。根据不同的降负荷水平和不同的系统频率变化情况来确定不同的频率响应期望水平。当发电机组按合同规定的频率响应期望水平提供辅助服务,可获得合同规定的频率敏感运行模式下的经济补偿(£/h)。ASB 在现场安装一些在线监测装置,对所有的发电机组都要检测是否达到合同规定的频率响应水平。ASB 签订专门的频率响应服务合同来满足那些对电网频率影响大的用户的需求。在这种情况下,如果这个合同规定的服务能够降低频率响应的总支付费用,那么该合同就可以接受。

国家电网有责任把频率控制在《电力供应规范》(即满足标准频率 50Hz 的±1%的频率波动)内。频率响应包括动态频率响应和非动态频率响应。动态频率响应是指对系统实时变化提供连续的服务,而非动态频率响应通常是由超过规定的频率偏差所触发。国家电网通过如下三个不同的平衡服务来控制频率:强制性频率响应(Mandatory Frequency Response,MFR)、固定的频率响应(Fixed Frequency Response,FFR)和需求侧管理的频率响应(Frequency Response of Demand-side Management,FRDM)。

(2)备用服务

为了进一步加强系统的频率控制和增强系统的安全性,国家电网公司需要预留出一定的备用容量来满足一些不可预期的负荷需求增加或减少。在英国电力系统中,根据提供服务的响应速度和时段的不同,备用服务主要包括以下四种:快速备用、区间备用、快速启动和平衡机制启动(Balance Mechanism Start-up,BM Start-up)。

为了实施招标,ASB 规定了提供服务的时间。通常每天分成 3 个时间段,提供服务的时间以及服务的持续时间随季节不同而不同。ASB 最低的合同备用容量为 3MW。每年 10—12 月进行招标。每个投标者报出自己提供服务的时间、机组容量可用率、启动、空载、增加出力及各自的投标价格。次年 1 月评标,2—3 月与中标者签合同,服务合同实施时间为每年的 4 月 1 日至次年的 3 月 31 日。由于英国电网所有的备用容量需求都可以通过旋转备用提供,因此停机备用中标者的价格必须低于通过此机组竞标产生的旋转备用的价格。

(3)电压与无功调节

强制无功服务(Mandatory Reactive Power Service,MRPS)可以提供各种不同的无功辅助服务输出,指定特定的发电机输出和吸收无功辅助服务,以帮助管理电压接近连接点电压水平。当强制无功服务不能满足最低技术要求时,需要进行"加强的无功服务",即包括安装静态补偿装置在内的一些技术支持手段实现电压与无功调节。

（4）黑启动

ASB 负责提供黑启动服务。ASB 通过合同谈判方式确定提供黑启动服务的发电厂。在改革之初，是与改革之前承担黑启动的发电厂签订黑启动服务合同。在电力市场化改革六七年后，发电模式发生了较大变化，黑启动服务机制和相关政策也作了相应修改，过去长期提供黑启动服务的一些电厂已经关闭，因而选择确定一些 CCGT 型发电厂通过合同方式提供黑启动服务。

1995 年，NGC 要求各个发电厂确定自己各个机组提供黑启动服务的成本，并将确定成本的细节提供给 NGC。之后通过几个月合同谈判，于 1996 年形成了新的黑启动服务合同。

3.3.5.2　辅助服务提供方式

目前英国电力平衡服务市场主要通过两种交易方法获得：一是通过签订双边合同，二是通过招投标市场。电网公司按照提供辅助服务的质量，数量和服务性质，选择最经济的供应商。上述的几种辅助服务中，强制频率响应、频率控制需求管理、平衡机制启动、需求管理、快速启动和黑启动是通过签订双边合同获得的；固定的频率响应、短期运行备用、无功调节则通过平衡服务市场获得；快速备用既可以通过签订双边合同获得，也可以通过平衡服务市场获得。

3.3.5.3　市场运作

在平衡机制中，被系统调度员要求提供平衡机制动作的"签约方"允许对他的 BMU 单元在相应时段内所接受的每个调整量进行买卖。由于购买的平衡服务的数量受经济和技术两方面的限制，应首先考虑 Bid 和 Offer 的有关技术限制以及动态参数，然后按 Bid 和 Offer 价格的高低加以选择。当然，当系统中再没有可用的 Bid 和 Offer 时，就需要启动"紧急程序"。辅助服务协议一般是在"关闸"之前签订的，这样就可以在平衡服务实施之前对价格以及服务的数量达成一致。辅助服务协议规定了在平衡机制内提供的辅助服务的内容和价格。

3.4 北欧电力市场

3.4.1 北欧电力市场发展历程

北欧电力市场化改革源于挪威。1991年1月1日,挪威能源法案正式实施。这个能源法案提出了要通过引入竞争来促进电力工业的效率和保证电力的可靠供应。法案强制要求电网输电业务要和其他竞争性业务相分离,至少要做到财务分开。1992年,挪威国家电力公司一分为二,变成一个全国性的电网公司 Statnett 和一个发电公司 Statkraft。Statnett 负责电网的经营、运行和监控,电网要对第三方开放,同时建立了基于节点的输配电价机制。该能源法案的实施是挪威乃至北欧的电力市场化改革的重要标志[27]。

瑞典也在1991年开始走出了市场化改革的第一步,进行厂网分开,并于1992年成立了瑞典国家电网公司 Svenska Kraftnät。1995年1月,出台了基于节点的输配电价机制;次年1月1日,竞争性的电力市场建立。

芬兰的电网最初由两家电网公司拥有,一个是国有的 IVS,另一个是企业自有的 TVS。1997年9月,两家电网公司合并,成立了国家电网公司 Fingrid。芬兰的新能源法要求从1995年6月起开始市场竞争;同年,基于节点的输配电价机制建立起来;次年,芬兰建立了自己的电力交易所,即负责电力平衡的 EL-EX。

丹麦的新能源法从1996年开始实施,法律规定要分步开放电力市场。1998年1月1日,丹麦成立了 Eltra 电网公司负责丹麦西部 Jutland 和 Funen 的输电网;第二年,成立了 Elkraft 公司负责丹麦东部 Zealand 的输电网。

北欧今天的统一电力市场是逐步建立起来的。最先是挪威在1991年建立了国家电力市场,瑞典1996年1月率先加入,两国成立了挪威—瑞典联合电力交易所,Statnett 和 Svenska Kraftnät 各拥有50%的股份,其总部设在挪威首都奥斯陆,在瑞典首都斯德哥尔摩设立了办事处。1998年6月芬兰加入,瑞典国家电网公司和芬兰国家电网公司联合拥有EL-EX交易所,运营北欧电力交易平衡调节市场,与北欧电交所紧密配合、互为补充。El-EX交易所于1999年改为Elbas市场。继瑞典和芬兰之后,丹麦西部于1999年7月加入,最后,丹麦东部于2000年10月加入。这样,历时近10年,囊括北欧四国的统一电力市场建立起来[28]。北欧电力市场的交易类型也是一个逐步发展的过程。1993年的挪威电力市场还只是一个电力远期合同市场(Forward Market),只允许市场主体进行物理合同的交易,而且合同时间最长为6个月。从1997年开始,北欧电力市场引入金融期货合同,1999年允许期权合同上市交易,2000年又引入了差价合同,来规避分区电价(Area Price)和系统电价(System Price)的价差。2002,北欧电交所将其现货市场业务拆分并转到新设立的北欧电力现货交易所。2003年,由于挪威清算所许可证的法定要求,北欧电交所的清算业务从电交所独立出来,由全资子公司——北欧电力交易清算所负责[29]。2008年,金融市场、清算所和Nord Pool Consulting被Nasdaq-OMX统一收购。2010—2013年,爱沙尼亚、立陶宛和拉脱维亚等相继加入北欧电力市场,同意现货市场联合出清。2014年,来自欧盟的14个成员国加上挪威的电网运营商和电力交易所就电力联合交易正式达成协议,建立统一的日前电力批发市场。

北欧电力市场一直坚持市场信誉和公正待遇压倒一切的原则,努力满足市场参与者的需要,得到了政府的支持和市场参与者的拥护。他们下一步的目标是:以技术发展和业务经营为重点,在市场竞争的基础上完善市场运作,并向欧洲大陆市场挺进。目前,北欧电力市场主要采用日前市场、日内市场与实时市场互为补充的市场模式,三个市场有着不同的功能定位,共同形成一个贴近实时运行的交易计划。

在日前市场中,电力交易所会根据发用双方提交的报价,形成发电曲线和用电曲线,最终两曲线的交点即为系统电价。在系统无约束出清形成系统电价后,电力交易所会进一步将区域间联络线的限制考虑到出清模型中去,从而形成分区电价。近年来,随着北欧电力市场范围的扩大和阻塞程度的加重,价区逐步增多。2016年,北欧电力市场已增至17个价区。

日内市场是日前市场的延续,同样由北欧电力交易所组织,在日前市场关闭后 14:30 开始,持续滚动出清直到实时运行前一个小时。日内市场是一个撮合交易市场,按照"先来先得、高低匹配"的原则,为市场成员提供一个调整日前交易计划的平台,以此来应对负荷预测偏差、设备突然故障等问题。随着新能源的不断接入,日前风电预测的误差量变大,日内市场的重要性也逐步凸显。

早期实时市场由各国 TSO 负责运行并进行结算。2010 年,芬兰、瑞典和挪威的 TSO 建立协调统一的北欧不平衡结算模式,并成立了负责不平衡电量结算的 eSett 公司。

3.4.2   电力市场预报价机制和二元定价机制

平衡调节市场(Regulating Market)是系统实时运行前的最后一道关口,其主要作用在于保障系统的实时平衡与稳定运行,而不进行电量交易。平衡调节市场是由北欧各国 TSO 负责,参与的市场成员主要是发电商和能迅速对负荷做出较大调整的电力用户[30]。

在平衡调节市场开展前,各平衡责任提供者(Balance Responsible Party,BRP)需要提供报价,报价可一直修改、调整直到实时运行前 45min,并且对于报价的容量和价格是有限制的。在北欧,报价最小的容量是 10MW,最大为 50MW。

TSO 会对各平衡责任提供者提供的报价进行优化排序,得到增出力报价序列(高于现货价格)和减出力报价序列(低于现货价格)。实时运行时,TSO 作为单一购买者按照总费用最小的原则调用平衡资源,最终形成上调/下调边际价格(双价格体系,挪威除外)。此外,为保证平衡调节市场中平衡资源的充裕性,北欧各国 TSO 会定期开展备用容量市场,在备用容量市场中标的发电商必须在平衡调节市场中报价。

北欧平衡调节市场的组织形式与英国类似,主要的差别在于调用的平衡资源结算时,英国是按报价支付(pay as bid),而北欧是按边际价格结算。2013 年,北欧平衡调节市场的交易量为 41.97 亿千瓦时,相较于 2012 年的 44 亿千瓦时有所下降,这是由于日内市场交易电量增加,减少了平衡调节市场的再调度电量。

平衡市场的主要运作流程如下：

①每天下午日前市场结束后,15:00—19:30 市场成员针对次日各时段向 TSO 报价;

②每天 19:00 前,参与次日现货市场的所有发电商根据在现货市场中的出清结果编制次日发电计划,并报送给 TSO;

③每天 22:00 前,TSO 完成次日负荷预测,做好相关潮流分析,得出次日 24 小时各时段的预计不平衡量,据此估算次日实时平衡市场的各时段的市场空间。同时对各市场成员的实时平衡市场报价进行优化排序,得到增处理报价(包括增加发电出力和减少用电负荷)序列和减出力报价(包括减少发电出力和增加用电负荷)序列,最终形成次日 24 小时预报价排序表;

④TSO 在电网实时运行过程中,根据频率波动情况,按照各市场成员在实时平衡市场中的本时段报价排序表进行依次调用;

⑤在结算过程中,将参与实时平衡市场的市场成员每小时的表计实测电量数据与在现货市场中已出清的该小时的合同电量成交数据进行比较,两者偏差为不平衡电量。这部分不平衡电量将参照该小时的实时平衡市场电价进行结算。

在实时调度结束后,系统调度运行机构会分别计算每个市场成员的计划净发用电与实际发用电之间的偏差,得到每个市场成员的不平衡电量。只有在实时调度运行结束后得到电能量计量信息,才能计算出每个市场成员的不平衡电量。而在此前的实时调度运行中,则由系统调度运行机构通过额外购买发电量或者减少发电量,消除系统的不平衡电量。

在北欧不平衡结算模型中,对平衡责任方的不平衡结算分为两类:发电不平衡和用电不平衡。其中

发电不平衡量＝实际发电量－计划发电量±发电不平衡调整量

用电不平衡量＝实际用电量＋计划发电量±交易量±用电不平衡调整量＋电网量测区域(MGA)不平衡量

需要说明的是,在发电机组和电力用户为单位的结算模式下,即使从电力公司层面来看不平衡电量为零,如果每个发电机组和电力用户的实际发

用电量与市场关闸时提交的计划发用电量不一致,电力公司依然可能需要支付一定的不平衡电量结算费用。

例如,在包括西班牙和北欧国家在内的欧洲电力市场中,对市场成员的不平衡电量计算都是以发电和用电成员为单位进行。在意大利电力市场,对大的发电机组以机组为单位进行结算,小型发电机组可以相互抵消。在法国、德国、荷兰、澳大利亚、比利时电力市场中,则允许将市场成员的所有发电和用电汇总,以市场成员总的发用电资源组合为单位进行不平衡电量汇总,甚至多个市场成员可以联合组成一个电力平衡责任主体共同承担不平衡电量财务责任。

有效的不平衡电量价格反映了实时交付时的电能价值,其价值就是实时市场的出清电价,系统调度运行机构以不平衡电量价格在实时市场中购买和售出电能,以消除系统不平衡量。当需要上调时,eSett 公司按报价从低到高的顺序选取上调订单,直到这些订单的总容量满足上调需求,此时被选取订单中的最高价格为上调价格,一般高于日前出清价格。当需要下调时,eSett 优先选择报价最高的下调订单,满足 eSet 下调需求的所有订单中的最低价格为下调报价,一般低于日前出清价格。

不平衡电量结算价格与实时市场出清价格在时间和空间尺度上不匹配,导致不平衡电量结算价格可能无法有效反映实时调度运行中由不平衡电量引发或者降低的成本,这可能促使市场成员在实时调度中采取自行改变发电计划的做法来逐利。

在欧洲电力市场中通过采用特殊的不平衡电量定价机制来限制这种自行改变发电计划的做法。欧洲各国广为采用的不平衡电量二元定价机制(表 3-3)中,不平衡电量结算电价是日前市场出清电价和实时平衡市场出清电价的组合。法国、比利时和意大利电力市场都使用了二元定价机制。在 eSett 公司下,芬兰、瑞典和挪威等国对于发用两侧的不平衡电量有不同的计算方法,两类不平衡量的定价方式不同:发电不平衡量的定价采用"两价法",而用电不平衡量的定价采用"一价法"。

表 3-3　不平衡电量的二元定价机制

不平衡类型	方法	时段		
		上调时段	下调时段	平衡时段
发电侧负不平衡	两价法	上调价格	日前价格	日前价格
发电侧正不平衡		日前价格	下调价格	日前价格
用电侧负不平衡	一价法	上调价格	下调价格	日前价格
用电侧正不平衡		上调价格	下调价格	日前价格

　　例如,如果全系统的不平衡电量为负,系统调度运行机构需从实时平衡市场购买所需的额外电能,即需要上调。此时,实时平衡市场的出清价格可能高于日前市场出清价格。不平衡电量为负的市场成员则以实时平衡市场出清价格支付,由于这个价格高于日前市场的出清价格,该市场成员支付的不平衡电量费用高于市场成员在日前市场购买欠发电量或者超用电量的费用,以起到一定的惩戒作用。反之,不平衡电量为正的市场成员,如果其超发电量刚好抵消全系统的不平衡电量,则以日前市场出清电价支付其超发电量。相对日前市场交易,市场成员并未额外获利,他们完全可以在日前市场出售相应的超发电量;否则,市场成员就可能有意不遵守合同与调度安排,在日前市场和平衡市场之间套利。

　　若全系统的净不平衡量为正时亦然同理。无论何种情况,市场成员都并未能通过帮助消除系统的不平衡电量而额外获益,反要为加剧不平衡电量而额外受损。

　　在二元定价机制下,需保证不平衡电量的收益必然低于其在日前电力市场或者日内电量市场中的交易收益,这样就能限制市场成员自行调整发电行为。市场份额大的市场成员由于有更多的机会利用自身资源实现自我平衡,需要承受的不平衡电量也较低。

　　需要说明的是,在欧洲电力市场出清中没有电网安全约束问题,市场交易中不受电网安全约束的影响。在按照统一边际价格出清的电能市场中,任何节点的发电都可以由其他节点的发电来替代。但是,由于存在输电阻塞,市场成员的发用电计划可能无法实际执行。系统将形成不同的分区价格。此时需要对发电机组的出力计划进行"系统再调度"。在实时平衡市场中,系统调度运行机构必须保障系统运行满足电网安全约束。系统调度运行机构需要按照不同的价格支付参与调节的市场成员。比如,系统调度运行机构可能不得不选择与不平衡电量发生地在同一区域的高价机组而放弃其他地区的低价机组。

目前,对于区域内部的阻塞管理在平衡调节市场中完成。实际上,要使价格能够真实反映不平衡电量成本,就要求价格能够随节点位置而变化。如果在电能市场依然按照全国统一价格出清,必然会催生在不同市场间套利的动机。

因此,在依靠再调度来解决输电网阻塞的电力市场中,一般会采用与二元定价机制相类似的不平衡电量定价机制来解决以上问题。

但是,一旦确定不使用反映不同节点真实成本的不平衡电量结算机制,在不平衡电量定价中就需要格外谨慎。

所谓系统平衡交易是指为消除输电网阻塞而开展的实时平衡市场交易,该交易不参与不平衡价格计算。当然,由于从理论上来说对于同时解决多个约束的实时交易,不可能将其只归于单一应用目的,因此这个交易标注机制高度依赖已有的调度惯例。

3.4.3 北欧分区电价机制

在国际电力市场中,应用广泛的阻塞管理方法主要是分区电价模型和节点电价模型。分区电价指的是,不考虑约束计算出一个无约束的系统电价,然后考虑区间约束得到各价区的分区电价,如果两价区间没有阻塞,则其分区电价相同。该模型由 Schweppe 等于 1988 年首先提出,它实质上是一个基于最优潮流的算法,受发电机边际成本、系统容量、网损和线路阻塞情况等因素的影响。这样的路径选择是由市场特点以及社会基础所决定的:一方面欧洲各国辅助服务市场相对独立,可再生能源补贴政策差异较大;另一方面欧洲注重社会公平,区域模型因为价格阶层更少,且鲜有极端情况出现,更受欢迎。

阻塞管理主要包括消除阻塞和阻塞剩余再分配两个方面。当系统不考虑输电线路约束出清,整个系统的出清价格相等,若系统发生阻塞需要再调度产生的费用支出称为阻塞成本。当系统考虑输电线路约束出清并且线路出现阻塞时,系统将形成不同的分区价格,发电商和用户均按各自对应的区域价格进行购售电交易,由此将形成阻塞剩余。阻塞剩余的值等于两区域间的价差乘以互联线路上的潮流数量,并且该剩余总是正值。

目前,针对价区内和价区间的阻塞,北欧主要采用区域价格和对销交易(counter trading)相结合的方式来解决[31]。对于价区间的阻塞,首先,各TSO会提前一周向北欧电力交易所提交区域间可用的传输容量并对上报的容量复核;之后,北欧电力市场交易所会根据发用双方的报价和可用传输容量进行市场出清,形成系统电价和区域电价。当区域间存在阻塞时,为了满足线路的传输容量限制,会让某个区域的高价机组多发电,减少另一区域的低价机组发电,由此必然导致两区域之间的电价不相等,形成区域电价,产生阻塞剩余。阻塞剩余由北欧电力交易所收取后分配给各国的TSO,归各国TSO所有。对于区域内部阻塞,假定节点A到节点B的输电线路因输电容量不足产生阻塞(功率由A流向B),此时由TSO在B节点买入电量(发电商多发电或者负荷减少用电),在A节点卖出电量(发电商少发电或者负荷多用电),由此产生的阻塞费用最终由TSO承担。目前,对于区域内部的阻塞管理在平衡调节市场中完成。

需要说明的是,北欧电力市场规定,阻塞收益归TSO所有,对销交易需要的阻塞费用也由TSO承担。总体来说,TSO最终将获得阻塞收益。但是,各国的TSO不会故意造成阻塞来获得阻塞剩余,这归功于合理的市场激励机制。监管机构每年会核定次年的输配电价,在核定的时候会将今年TSO所收取的阻塞费用从输配电价中扣除。此外,TSO在减少阻塞时所支付的成本会在输配电价制定的时加以考虑。这种阻塞费用考核和输配电价制定相结合的方式,在一定程度上激励了TSO运用阻塞收益对电网进行投资以减轻阻塞,扩大区域间的传输容量。

分区的划分考虑两方面因素:首先是政治考虑,一个国家有统一的电价在某种程度上减轻了政府管理的工作量;其次,定义竞价分区更多是经济上的考虑,分区越大,市场流动性越大,市场力越小,能优化出的社会福利越大。然而,大的分区也带来基础设施成本的增加和遇到阻塞时再调度成本的增加。因此,分区大和小之间有一个最优平衡。如果某区阻塞有时严重有时不严重,就通过分区分裂来尽力达到无阻塞时大分区追求流动性,有阻塞时分裂成下一级更小的分区。北欧电力市场的逐步扩大使得区域间资源合理配置的优势凸显,区域间能量的交换逐步增多。

从 2006 年起,欧洲大陆开始筹建包含 7 个电力交易所、涉及 23 个国家的电力现货市场的联合出清机制,2014 年完成区域价格耦合(PCR)项目[32]。欧洲电力市场耦合包括日前市场耦合和日内市场耦合两个项目。在耦合的电力市场中,各市场成员在其所属的交易所报价,然后由 PCR 统一出清。日前交易出清由 Euphemia 算法计算出交易计划,也就是日前调度计划。7 个电力交易机构轮值进行出清,每两周轮换一次。市场耦合一方面提高了电力市场的流动性,提升了电力市场的稳定性,减小电价波动;另一方面,其允许不同地区的售电商报价和购电商报价进行无障碍匹配,大大提高了市场的交易成功率,使买卖双方的利益最大化。

3.4.4 北欧电力金融市场

北欧电力金融市场交易品种十分丰富,包括期货合同、差价合同和期权合同。金融市场交易的范围覆盖挪威、芬兰、瑞典和丹麦四国,交易行为十分活跃,每年金融合同的交易量可以达到实际售电量的 10 倍。

(1)期货合同

北欧电力金融市场挂牌交易的期货合同分为短期期货合同和远期期货合同:短期期货合同分日期货合同和周期货合同;远期期货合同分月度期货合同、季度期货合同和年度期货合同。

(2)差价合同

尽管北欧电网比较坚强,但由于报价行为的投机性、负荷波动的随机性和机组非计划停运的不确定性,分区之间堵塞随时都会发生。为规避分区电价风险,北欧电力市场引入了差价合同[33]。

北欧电力市场差价合同是一种以现货市场的分区电价与无约束系统电价的差价作为参考电价的期货合同。差价合同的成交价格反映了人们对差价的预期,差价合同的成交价格可能正,也可能负,还可能是零。当某个区域的分区价格高于无约束系统电价时,差价合同的成交价格为正,赢利;反之,成交价格为负,亏损;如果相等,盈利情况则为零。

(3)期权合同

北欧电力金融市场的期权合同有买入期权和卖出期权两种。买入期权的买方有权利在期权到期之前以事先约定的成交价格购买电能。同理,卖出期权的卖方有权利在期权到期之前按事先约定的价格出售电能。北欧电力金融市场挂牌经营标准化的期权合同,其附属合同为远期期货合同。

3.5　澳大利亚电力市场

3.5.1　澳大利亚电力市场发展历程

澳大利亚是较早进行电力市场化改革的国家,20 世纪 90 年代起即对各州的垂直一体化国有垄断电力公司的发、输、配、售四个环节进行了拆分,竞争环节(发电和零售)改组为数十家独立公司,其中不乏私有化公司。目前,澳大利亚除北部特区和西澳大利亚之外,其他各州均已形成发输配售分开、发售电侧竞争、输配电政府管制、公司化运营的管理体制。

澳大利亚国家电力市场(National Electricity Market,NEM)建设始于维多利亚州和新南威尔士州(New South Wales,NSW)的电力批发市场试点[34]。1995 年初,维多利亚州的系统运营商 VPX(Victorai Power Exchange)已经开始运营维多利亚电力联营体,新南威尔士州电力批发市场于 1996 年启动。这两个市场都参考了英格兰和威尔士电力联营体设计,是强制性的现货市场。1997 年 3 月,VPX 和 NSW 的系统运营商 TransGrid 联合推出形成初期阶段的国家电力市场,管理跨州电力交易,但只负责控制本州的电力系统的安全性和可靠性。1998 年 12 月,澳大利亚国家电力市场 NEM 正式运营。表 3-4 展示了至今为止澳大利亚电力市场化改革的主要历程。

当前,澳大利亚电力市场由国家电力市场 NEM 和电力金融市场构成。其中,NEM 是单一的全电网、全电量电力交易调度平台,是以 24h 为周期,以 5min 为时间节点,滚动地实现电力供需平衡的电力现货市场。澳大利亚电力系统分为东南部、西部和北部三个电网,其中东南部电网覆盖昆士兰州、新南威尔士州(包括澳大利亚首都特区)、南澳大利亚州、维多利亚州和塔斯马尼亚州等五个行政州,用电量约占全国 85%。因此,澳大利亚国家电力市场 NEM 也约定俗成地指东南部电网的电力市场(西澳大利亚州与北部特区实行 NEM 试点)。图 3-18 展示了澳大利亚电力现货市场和电力金融市场的市场结构。

表 3-4　澳大利亚电力市场化改革的主要历程

时间	重要事件
1990 年	垂直一体化拆分,发电和售电环节首次引入竞争
1996 年	国家电力法通过,国家电力市场管理有限公司(National Electricity Market Management Company Limited,NEMMCO)成立
1996—1998 年	国家电力市场筹备,维多利亚州和新南威尔士州开展电力批发市场试点
1998 年	国家电力市场 NEM 正式运营
2004 年	澳大利亚能源市场委员会(Australian Energy Market Commission,AEMC)和能源监管局(Australian Energy Regulator,AER)成立
2005 年	塔斯马尼亚加入国家电力市场,并于 2006 年实现物理互联
2009 年	澳大利亚能源市场运营中心(Australian Energy Market Operator,AEMO)成立,取代 NEMMCO
2012 年	发布《能源白皮书》,建立未来能源市场改革架构

　　澳大利亚电力现货市场采用电力库(Pool)模式,澳大利亚能源市场运营中心 AEMO 负责集中交易和调度;对于受 AEMO 调度的机组,所有电能交易都必须通过 AEMO 的集中交易平台进行交易。AEMO 在电力市场中的职能和目标由澳洲电力法(Australia Electricity Law)来界定,而运作流程则由澳洲电力市场规则(Australia Electricity Rule)来定义。具体来看,AEMO 同时发挥市场运营者和系统运营者职能[35]。

　　(1)市场运营者:AEMO 负责接受发电厂报价,为下一个交易日制订/公布预调度发电计划,为集中协调的调度过程提供基础平台,在满足电力系统安全约束条件情况下,保证发电厂的机组按照公布的发电计划进行实时调度。

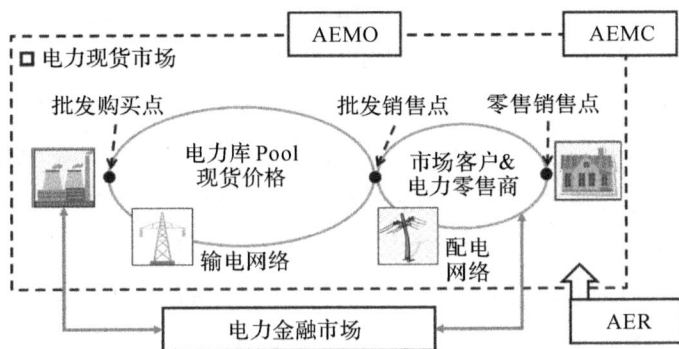

图 3-18　澳大利亚电力市场结构

（2）系统运营者：AEMO 负责监测电力系统技术运营状况，确保其一直处于规定的安全运行范围内，当电力系统超出允许的安全运行范围时，负责运营电力系统并且尽快将电力系统恢复到安全范围内，即如果电力系统超出规定的安全范围，AEMO 将暂停市场运营，并仅实行系统运营职能。图 3-19 展现了 AEMO 在澳大利亚电力市场中的市场和系统运营者职能。

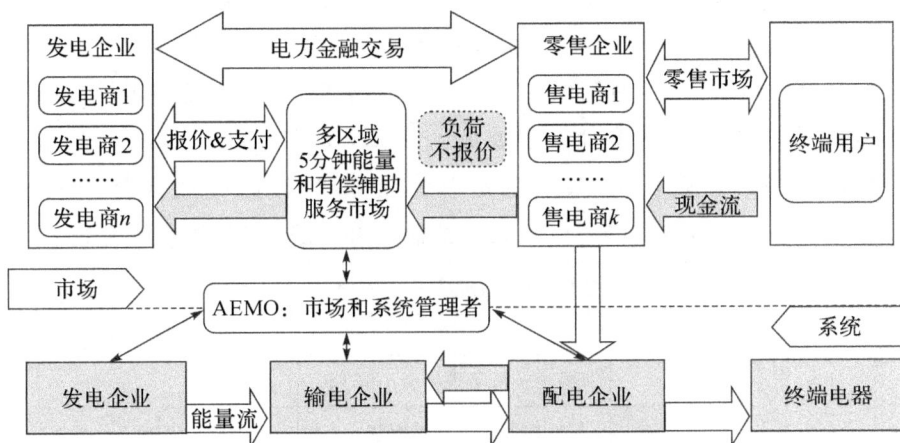

图 3-19　AEMO 的市场和系统运营者职能

发电厂商负责在交易日的前一天报价（包括价格和电量），把电力销售给电力库，即负责按照 AEMO 公布的预调度计划，为电力库生产电力并且输送到已登记的接入点。澳大利亚电力市场中的发电机组划分为可调度安排、准调度安排和非调度安排三类。一般而言，注册容量在 30MW 以上的发电机组（站）为可调度安排的发电单元；30MW 以上有间歇性的风电、太阳能电站另归属准调度安排类，即可以借助预测对其计划发电。所有调度安排的与准调度安排的发电机组（站）都必须安装必要的电讯设备以保证接受执行调度指令。它们都由 AEMO 集中统一调度发电。发电能力小于 30MW 的发电设备属于非调度安排类，AEMO 统一预测其发电量，计入电力供需平衡过程。

澳大利亚输电服务供应商负责将进入电力库的电力输送到特定地点即配电网通道或者大型终端用户。配电服务供应商负责输送电力到终端用户。

澳大利亚电力市场的市场客户定义为在已登记接入点消费电力的大用户，或者是负责把电转售给终端用户的零售商[36]；终端用户定义为向市场运营者或者电力零售商购买电力的用户，登记成为市场客户的任何终端用户都可以直接从市场运营者购买电力。用电负荷分为可调度负荷与不可调度负荷。可调度负荷仅限于安有自动通讯与控制装备的负荷，如抽水蓄能电站抽水用电负荷，可参与市场竞价出清过程。不可调度负荷不参与报价，由 AEMO 统一预测不可调度负荷和辅助服务需求进行出清。

在电力监管方面，目前澳大利亚电力市场实行 3 级监管机构[37]，如图 3-20 所示。其中，澳大利亚政府委员会（Council of Australia Governments，COAG）为最高监管机构，负责制定总体能源战略；能源理事会（Energy Council，EC）总体负责能源资源政策的制定和市场发展；澳大利亚能源监

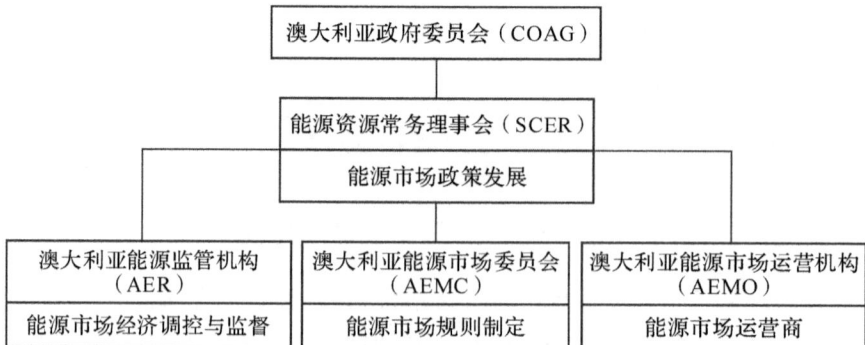

图 3-20 澳大利亚电力监管机构设置

管局 AER 具体负责监管政策和市场政策执行；澳大利亚能源市场委员会
AEMC 具体负责制定能源市场规则；澳大利亚能源市场运营中心 AEMO
具体负责能源市场的运作；澳大利亚能源消费者协会（Energy Consumers
Australia，ECA）维护能源消费者权益。

3.5.2　电力实时市场

（1）上网发电报价

澳大利亚 NEM 以电力库 Pool 模式实现全电网、全电量的电力集中交
易调度，以"日前报价＋预出清＋滚动调整"的市场机制实现电力供需平衡。
澳大利亚电力实时市场中的所有交易均在电力库 Pool 中完成，即使某一公
司同时拥有发电资源和用户，也须参与集中式市场进行发电、购电，从而使
得电力供需关系在市场上得到完整体现[38]。实时市场发电报价以 24h 的
交易日为期限，以 30min 时段为周期。发电报价单元因电源不同而不同，
火电按机组报价；水电一般按水电站报价，其中规模较大水电站可分成多个
报价单元，规模小的水电站也可组成一个报价单元参与市场；风电通常按风
场报价，太阳能发电以电站为单位报价。市场规则限定电力报价在－1000
澳元/兆瓦时至 14000 澳元/兆瓦时（2016/2017 财政年度）的上下限内，报
价上下限由 AEMC 下属电网系统可靠运行委员会每隔 4 年审核一次并根
据情况进行调整。不同发电报价单元根据自有技术经济特点、燃料价格、运
营开支等因素确定自身的报价[39]。

发电单元的报价方案包括电价和发电两部分，电价部分允许申报递增
排序的十个电力价格，赋予整个市场充裕的宽松度和自由度；发电部分是每
个价位上按 30min 时段依次上报的非负发电出力以及与发电生产相关的
参数，例如最大发电能力、试运行时的指定出力、出力增加或减少（爬坡）的
速率与幅度、日发电量限制等。发电单元的报价方案分全日报价与即时变
更两种方式。全日报价是在每天中午 12:30 之前提交下一个交易日（次日
凌晨 4:00 到后天凌晨 4:00）的报价方案，上报的十个电力价格在交易日
24h 内都是固定不变的，是在综合分析次日全天市场供需形势后，对发电机
组（站）的初步安排。即时变更是指即时更改机组出力，但已报的价位不能

变。澳大利亚电力市场规则允许发电报价单元可以在实时发电调度之前的任何时间对报价方案实行即时修改,但必须注明修改的理由,且电力监管委员会有调查的权力。值得强调的是,为了维护电力市场秩序,提高调度计划执行效率,澳大利亚电力市场规则设有真实意向条款,要求市场主体提交的报价方案要体现其计划安排的真实意向,当市场实时出清时的实际情况与预期情况出入不大时,发电企业应尽量维持原初的报价方案,以减少对AEMO调度发电安排的干扰。

需要强调的是,在当前澳大利亚 Pool 模式下,电力市场仅发电侧报价,负荷不报价,即从短期来看,用电负荷是刚性需求。此外,少部分发电企业与其他市场主体签订长期合同将发电量全部出让(Power Purchase Agreement,PPA),只负责发电机组的运转与维修,获得合同收入;买断发电量的市场主体则拥有该部分发电量的市场交易权,决定开机组合、参与市场报价。这种合同形式虽然存在,但并非主流,主要存在于可再生能源发电机组。

(2)有偿辅助服务

AEMO 在履行系统运营者职能时,除平衡电力实时供需外,也必须保证电力系统运行安全可靠,通过调频及调压辅助服务将频率和电压控制在电力系统技术标准规定范围内;通过调载辅助服务来调控电网潮流;通过重启辅助服务来保障系统在发生全部或部分停电故障后能够重新启动。澳大利亚市场规则规定 AEMO 向市场主体购买有偿辅助服务,并依照确定的方法向市场主体收缴购买有偿辅助服务的费用。其中,调频辅助服务有专有的辅助服务市场,电网调压、调载及系统重启辅助服务采用招标采购的方式购买。

澳大利亚电力市场中调频辅助服务可分为修正用调频和恢复用调频。修正用调频包括向上修正和向下修正两种,提供修正用调频的机组遵从 AEMO 自动发电控制指令,保证频率在 $49.85 \sim 50.15\,\mathrm{Hz}$ 的正常运行范围内。恢复用调频是机组或线路出现故障使得系统频率跳出正常运行范围时的调频服务,包括快速向上/下恢复、慢速向上/下恢复、延迟向上/下恢复等六种。

澳大利亚调频辅助服务市场是电力实时市场的一部分,在机制设计上与电力实时交易高度类似。市场主体对各种调频辅助服务分别报价,报价方案包括 10 个价位及每个价位上、下调辅助服务兆瓦数,包括全日报价与即时变更两种方式。AEMO 在运行实时电力市场同时也负责调频辅助服务市场的运行,以购买电能与调频辅助服务的总成本最低为目标对电力市场与调频辅助服务市场共同出清;报价低于出清价格的调频辅助服务被征收,并按 5min 运行时段进行结算。

澳大利亚电力市场规则规定 AEMO 向市场主体征收调频辅助服务费用。AEMO 使用数据采集与监控系统在频率偏移时记录市场主体发电出力或用电负荷的变化情况,确认其造成调频辅助服务需求的责任。修正用调频服务费用按市场主体造成频率扰动的"责任因子"分配,如果出力/负荷变化方向与频率偏移方向相同,责任因子增大;如果变化方向逆于频率偏移方向,责任因子就减小。

(3)市场实时出清

澳大利亚实时电力市场实质上是一个依照市场规则进行发电调度的过程,它兼顾电力的物理和商品双重属性,在保障电力系统安全可靠运行前提下,以最经济的方式实现电力供需实时平衡。从市场交易的角度来看,它是招标采购电力过程;从电力系统运行的角度来看,它是经济发电调度过程。澳大利亚实时市场中,市场出清是 AEMO 根据发电企业报价或更改的报价,用电负荷预测以及电网运行状态,在满足输电潮流约束条件下,按照经济调度原则进行优化安排决定发电机组(站)出力的过程。出清结果即时向市场及社会公开发布,以实现信息透明、保证市场效率。

澳大利亚电力实时市场以 5min 时段为调度周期。每个 5min 时段开始时,技术支持系统汇集市场主体最新发电报价方案,采集实时信息数据,包括气温、风力、日照等影响负荷和可再生能源机组出力的环境信息以及电网公司提供的电力系统设备的动态热额定功率等。实时市场出清采用的预测负荷由两部分构成:第一部分是 5min 时段开始时,也是前 5min 时段结束时的实际负荷;第二部分是应用神经网络模型对负荷 5min 之内变动的预测。描述电力系统状态的变量使用的是由数据采集与监控系统(SCADA)5min 时段开始时获取的实际数据。此外,AEMO 根据网架结构和负载状态,启用和撤销不同的动态潮流约束条件,以避免线路过载、维持系统稳定、保障正常供电。电力市场与调频辅助服务市场采用同一技术支持系统共同出清运算,产生发电机组(站)在5min时段终止时达到的出力目标,确定有调频能力的发电机组(站)5min时段内可用调频辅助服务,同时得到各个价区电力出清价格及调频辅助服务价格等出清结果。

(4)市场结算价格

澳大利亚电力市场采用区域电价机制(Zonal Marginal Price,ZMP),各价区基本与行政州辖区重合,即分为昆士兰、新南威尔士、维多利亚、塔斯马尼亚、南澳等五个价区。虽然实行的是全市场、全电网统一交易调度,但在市场出清时,每个价区的用电需求(预测值)与调频辅助要求都是分别得到满足的。倘若价区的用电负荷都是由价区内的发电机组供应,那么这个价区的市场出清价就是价格最高的被调度发电机组使用网损因子(inter-regional loss factor,区域间损耗因子)修正的报价,即边际机组价格。此外,由于跨价区联通线的存在,一个价区的出清价也经常会是其他价区发电机组的报价。澳大利亚电力市场各个价区内的用电及发电使用的是在输电网接入点上计量的电量结算,市场分区定价产生的每个价区出清价是定义在价区参照点上的价格,输电网接入点上的结算电价需要再乘以相应的静态网损因子(intra-regional loss factor,区域内损耗因子)[40],因此,即使在同一价区,处在电网不同点的发电厂结算价格也是不同的。AEMO逐年决定并公布静态网损因子,计入网损后产生的市场结算剩余返给电网公司,用于减少用户的输电费用。

澳大利亚电力市场以5min为调度时段。每个5min调度周期开始时,市场技术支持系统根据收集的实时信息数据进行负荷预测,然后由优化软件根据负荷预测结果和机组报价对电力和调频辅助服务进行共同出清。每5min时段内的电力市场调度价格由满足电力供求平衡的最后一台机组的报价确定。如果发生输电限额越限,则一部分更便宜的机组将因受限不能进入市场,现货价格上升,以反映按报价排序的"优先次序"中较后面机组的较高报价。在供电过程中,调度价格每5min确定一次,并且6个调度价格在每半小时进行平均,以确定NEM中每个区域的价格,即市场交易30min单元的结算价格是30min时段所包含的6个5min节点上实时出清电力价格的算术平均值[41]。AEMO采用现货价格作为依据,结算在NEM交易的物理电力交易。图 3-21 给出一个 4:00 至 4:30 时段内 NEM 的出清示例，共有 5 个发电机组参与了该时段的发电调度。4:10，系统负荷为 330MW，第 1、2、3 号机组必须满负荷运行，4 号机组部分发电容量被调用，此时调度价格即为 4 号机组的报价 37 澳元/兆瓦时。4:20，系统负荷上升，此时 4 号机组需满负荷运行，5 号机组被部分调用，调度价格上升为 5 号机组的报价，即 38 澳元/兆瓦时。整个 4:00 至 4:30 时段内电力市场结算价格为各节点电价算数平均值，即$(35+37+37+38+38+37)/6=37$ 澳元/兆瓦时。

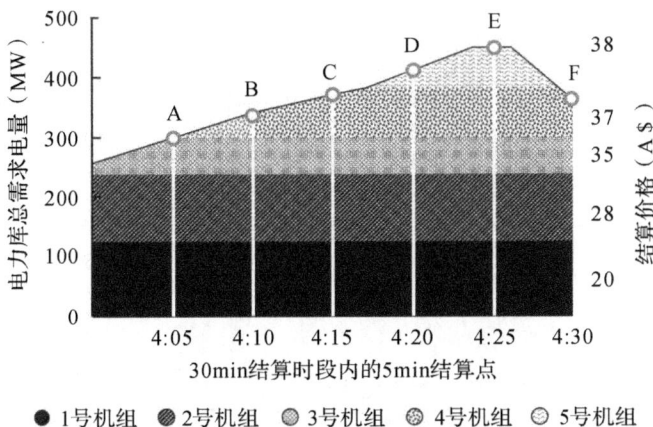

图 3-21 NEM 现货结算价格示例

实际上，澳大利亚大多数居民生活和小型商业户用电的读表周期是两三个月，显然无法直接应用于市场价格波动变化的 30min 结算时段。对此，AEMO 按周公开发表居民生活和小型商业户用电负荷形状曲线，把读表期间内用户的累积电量分解成 30min 时段结算电量。配电营业区内居民生活用电和小型商业户负荷形状曲线是根据配电网与输电网连接点以内的总用电量减去所有分时电表计量之和后的余量来计算的。用电负荷形状曲线一旦得出，不随以后读表数据的修正而改动。结算时使用同一用电负荷形状曲线代表一个配电营业区内所有居民和小型商业用户分时用电量，使得结算结果与用户实际用电负荷产生差异，不可避免地导致用户与用户之间的交叉补贴。

3.5.3　澳大利亚电力金融市场

澳大利亚电力实时市场中,发电机组报价范围很大,各价区电价具有很强的波动性。图 3-22 展示了澳大利亚各价区实时电价的波动情况。

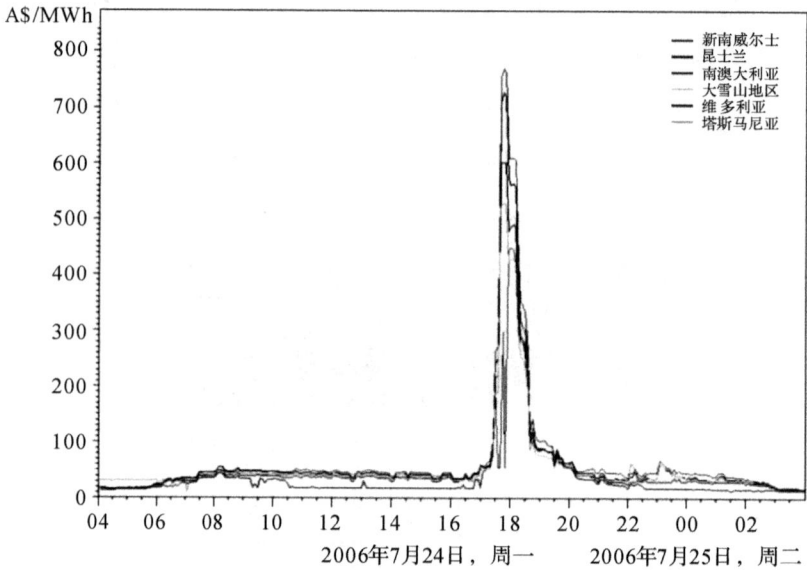

图 3-22　澳大利亚各价区电价波动情况

电力金融市场为市场主体提供了规避电力市场价格波动风险的电力金融产品,与澳大利亚国家电力市场相辅相成,是整个电力市场体系中必不可少的环节。澳大利亚电力金融市场采用现金交割,不涉及物理意义上的供电,极大地提高了交易的灵活程度。由于市场内采用的是非物理执行合同,所以也不会对电力市场实时供需平衡造成干扰,既起到稳定市场收入和成本的作用,又扩大了市场参与者的范围,有助于增加电力金融产品交易流动性,促进中长期电价的发现。

现金交割的差价合同是澳大利亚电力金融市场主要的交易品种[42],比较重要的如(单向)高价补偿合同和(双向)差价补偿合同等。澳大利亚 NEM 采用集中式电力库模式,其运行与这些合同无直接关系,AEMO 既不要求市场主体上报有关差价合同数据,也不在调度过程中执行它们。电力市场的结算实际包括两个阶段：第一阶段为发电企业、电力用户与市场运营机构根据实时出清电价进行结算；第二阶段为发电企业与电力用户在电力金融市场中按照签订的电力差价合同进行差价补偿。

3.5.4 市场预出清机制

在实时出清所采用的同一技术支持系统下，澳大利亚电力市场还设计了市场预出清机制，用以实现与实时出清不同的市场功能。电力市场预出清是 AEMO 根据发电企业报价或修改的报价、用电负荷预测以及电网运行状态，在实时市场出清之前进行一系列的市场出清模拟，并公布模拟结果。AEMO 在技术支持系统执行市场预出清过程完成后及时将出清结果如机组发电出力安排、辅助服务要求等分别发送给各个市场主体，同时发布公开的市场信息，如用电负荷预测、预出清电力价格、跨州联络线路潮流等。市场交易所有的预出清结果信息及数据，包括市场主体相关信息，在交易日结束后全部上传到电力市场数据库系统。值得注意的是，当电力供需紧张时，市场预出清结果将呈现出较高的模拟实时电价，电力大用户将根据电价对自身的生产过程进行调整，以降低负荷的方式减少购电成本。澳大利亚电力市场技术支持系统考虑到用户负荷对电价的响应现象，在预出清电力价格达到一定阈值时会将预测的负荷进行合理下调。该部分下调量是 AEMO 对电价上升时需求侧响应的预期，在电力市场出清前完成并作为已知信息输入优化调度程序。

澳大利亚电力市场预出清机制的建立使得市场主体在电力系统运行可能出现问题时能够作出更积极的反应，避免 AEMO 采用强制性的干预措施。值得注意的是，市场预出清与实时市场出清具有不同的市场功能。首先，市场预出清是在现有发电报价和负荷预测基础上对未来实时出清的模拟，产生的发电出力不用于传送自动发电控制（AGC）执行指令。其次，预出清电价并不用于交易结算，市场结算价格由实时出清结果确定。市场预出清的另外一个市场功能是作为实时市场出清的备案，在实时市场出清发生故障时，AEMO 采用最临近一次的预出清结果替代实时出清。

澳大利亚电力市场的预出清机制可进一步划分为基于全日报价的预出

清和实时滚动预出清。其中，全日报价的预出清是指在全日报价中午12:30 截止后，AEMO 汇集发电报价，结合用电负荷结果，运行电力市场技术支持系统对下一个交易日进行市场出清模拟。全日报价预出清过程产生在交易日的每个 30min 节点上各州电力价格、发电机组出力及辅助服务要求，为市场主体运营发电机组提供市场信息，同时有助于 AEMO 保障电力系统安全可靠运行。与其他电力市场中的日前市场相比，尽管都涉及下一个交易日的市场出清，但澳大利亚电力市场依据全日报价的预出清过程不产生影响实时市场交易的出清结果，这与一般的日前市场是完全不同的。

另一方面，澳大利亚电力实时市场允许发电机组采用即时变更的方式进行报价。为了保障预出清机制与市场报价机制相匹配，在实时发电调度实施之前，AEMO 可根据发电企业更改的报价方案、用电负荷预测的变化以及电网运行状态的改变，通过滚动更新的预出清机制不断地调整调度安排并及时公布调整后结果。实际上，基于全日报价的预出清过程尽管带有浓厚的日发电计划色彩，但它仅是电力市场进行滚动预出清中较为重要的一次。

澳大利亚电力市场实时滚动预出清分两个时段进行，首先是每 5min 更新一次未来 1h 内每个 5min 节点上市场预出清及发电调度安排，然后是在整点或半点，如 11:00、11:30 等，进行未来 1h 往后每 30min 节点上市场预出清，更新每 30min 时间节点上的发电调度安排。在每天中午 12:30 以前，30min 节点上的预出清每次都以交易日结束时间（次日凌晨 4 点）为截止点；过了中午 12:30 之后，预出清范围扩展至下一个交易日截止时间，即后天凌晨 4 点。实行发电安排动态调整，使之不断得到修正，可以避免在实时市场出清时大幅度补偿发电计划，这是保障电力系统经济安全可靠运行的行之有效的方法。特别是在电力系统出现突发事件时，市场主体参考预出清显示的信息，及时地调整报价方案与发电安排，有助于实现电力系统再平衡的"软着陆"。

3.5.5　跨州结余拍卖制度

受限于输电线路的物理特性，系统并不能总以发电成本最小的发电机组来满足负荷需求,从而产生了输电阻塞。在跨州输电线路阻塞时,受电州与送电州出现实时电力价格高低不同的情况,电能从低价州输往高价州。根据澳大利亚电力市场规则,在分区定价机制下 AEMO 对输送电量在受电州以高电价与用电方结算,同时在送电州以低电价与发电方结算,所产生的差额即是跨州结余。图 3-23 展示了维多利亚州(Victoria,VIC)向南澳大利亚州(South Australia,SA)送电产生的跨州结余。假定某半小时内由于跨州联络线阻塞,受电州 SA 实时电价较高(45 澳元/兆瓦时),送电州 VIC 实时电价低(40 澳元/兆瓦时),结算价格差为 5 澳元/兆瓦时。跨州输电功率为 400MW,在不计电量损耗情况下,AEMO 结算时将产生跨州结余 1000 澳元。

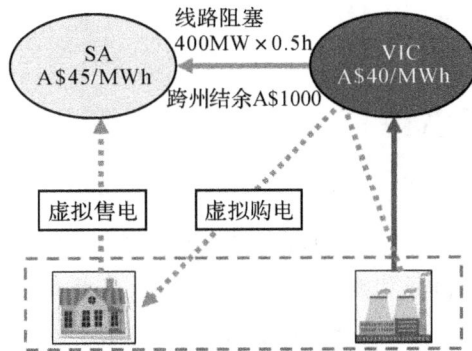

图 3-23 维多利亚州—南澳大利亚州跨州结余

在实际系统运行中,造成跨州输电线路阻塞的原因是多重复杂的,阻塞发生与否有很大的不确定性。受、送电两州的价差、跨州输电量以及阻塞持续时间的不同,会产生不同的跨州结余。澳大利亚电力市场规则设有专门条款要求作为非营利机构的 AEMO 将跨州结余返还市场主体,其返还机制为跨州结余竞价拍卖(Settlement Residue Auctions,SRAs)[43]。

澳大利亚跨州结余按跨州截面及潮流方向进行拍卖,这与点对点期权型金融输电权 FTR 相类似。AEMO 为每个跨州截面的双向潮流分别设定总"点数"。点数作为拍卖的计价单位,其数值是截面的标定输电兆瓦数,即一个点数对应输电能力中的 1MW。输电线路扩容或增建新线路后,截面的总点数会随之增加。实际上,受限于线路热额定输电能力、电压调控和系统稳定性,截面的输电能力总是低于标定的输电能力,一个点数并不代表实际输电 1MW。市场主体通过竞价获取某跨州截面某一潮流方向的点数与其总点数之比,即是该市场主体能分到的该潮流方向跨州结余的分配份额,因而通常送电州往受电州方向的跨州结余点数价格较高,反之较低。2018年第三季度拍卖结果显示,VIC 流往 SA 的跨州结余点数均价达 32193.18澳元,而 SA 流往 VIC 的点数均价仅为 747.33 澳元。在拍卖中,市场主体竞价购买未来三年内每个季度跨州结余分配额度,以获得未来跨州结算余额的收益权,并可将其作为跨区域交易风险的一种规避措施;AEMO 将拍卖所得付给经营跨州输电线路的公司。实际上,跨州结余竞价拍卖不涉及发电侧实时电力市场,参与拍卖的主体除了发电公司和售电商外,还有银行、基金等交易商。

3.6 本章小结

本章主要介绍了国外典型的电力市场,包括美国 PJM 电力市场、英国电力市场、北欧电力市场和澳大利亚电力市场,重点介绍了各市场的特点,旨在帮助读者更全面地了解国际电力市场的运作情况,并为我国电力市场建设提供借鉴和启示。

参考文献

[1] PJM. Energy & Ancillary Services Market Operations [EB/OL]. https://www. pjm. com/-/media/documents/manuals/m11-redline. ashx (2019-5-30).

[2] 国家电力监管委员会. 美国电力市场[M]. 北京:中国电力出版社,2005.

[3] (美)菲雷顿·P. 萧山西(Fereidoon P. Sioshansi). 全球电力市场演进新模式、新挑战、新路径[M]. 北京:机械工业出版社,2017.

[4] 曾鸣,刘超,段金辉,等. 美国与北欧电力双边交易市场模式的经验借

鉴[J]. 华东电力，2013，41(1)：5-10.

[5] 魏玢. 美国 PJM 电力市场及其对我国电力市场化改革的启示[J]. 电力系统自动化，2003(8)：32-35.

[6] 邹鹏，陈启鑫，夏清，等. 国外电力现货市场建设的逻辑分析及对中国的启示与建议[J]. 电力系统自动化，2014，38(13)：18-27.

[7] 国网能源研究院. 能源与电力分析年度报告系列 2016 国外电力市场化改革分析报告[M]. 北京：中国电力出版社，2016.

[8] 甘德强，杨莉，冯冬涵. 电力经济与电力市场[M]. 北京：机械工业出版社，2010.

[9] (美)詹姆斯·莫莫(James Momoh)，(美)拉明·米利(Lamine Mili)，编，董军，薛贵元，译. 电力系统经济性市场设计与规划[M]. 北京：中国电力出版社，2016.

[10] 梁青，许诺，童建中. 美国 PJM 容量市场的新模式及其对华东电力市场的启示[J]. 华东电力，2009，37(7)：1148-1152.

[11] 谢开. 美国电力市场运行与监管实例分析[M]. 北京：中国电力出版社，2017.

[12] (美)杰里米 D. 兰伯特. 美国 PJM 电力市场[M]. 北京：中国水利水电出版社，2007.

[13] 国家电力调度通信中心. 美国电力市场与调度运行[M]. 北京：中国电力出版社，2002.

[14] 董超，黄筱塈. 美国 PJM 电力市场及对广东电力改革的启示[J]. 云南电力技术，2017，45(1)：16-20.

[15] (英)Xiao-Pingzhang，主编，宋燕敏，王霄雁，李晓露，译. 电力系统重组 基于均衡模型的电力市场分析[M]. 北京：中国电力出版社，2016.

[16] (意)皮波·兰奇(Pippo Ranci)，(意)圭多·切尔维尼(Guido Cervigni). 电力市场经济学 理论与政策[M]. 北京：中国电力出版社，2017.

[17] 国际能源机构(IEA). 自由化电力市场的经验教训[M]. 成都：四川科学技术出版社，四川出版集团，2007.

[18] 亢楠，王秀丽，赵新宇. 英国输电定价模式及在我国电网中的应用 [J]. 中国电力，2004，37(7)：24-28.

[19] 朱成章. 英国电力改革 20 年引发的思考[J]. 中外能源，2011，16 (4)：7-13.

[20] Buirski D. British electricity tradingand transmission arrangements [J]. International Electric Power for China，2004：15-24.

[21] Macatangay REA. Market definition and dominant position abuse under the new electricity trading arrangements in England and Wales [J]. Energy Policy，2001，29(5)：337-340.

[22] 王兴，宋永华，徐贵光. 英国新电力市场模式中的平衡调度机制[J]. 电力系统自动化，2000，24(12)：4-8.

[23] 文安，黄维芳，刘年. 英国电力市场的电量交易平衡机制[J]. 南方电网技术，2014，8(5)：1-5.

[24] 王秀丽，宋永华，王锡凡. 英国电力市场新模式——结构、成效及问题[J]. 中国电力，2003(6)：5-9.

[25] 侯孚睿，王秀丽，锁涛，等. 英国电力容量市场设计及对中国电力市场改革的启示[J]. 电力系统自动化，2015，39(24)：8-14.

[26] 曾鸣，向红伟，刘晓立，等. 英国电力容量机制改革思路及其启示 [J]. 华东电力，2013，41(9)：1937-1940.

[27] 孙建平，戴铁潮. 北欧电力市场发展概况[J]. 华东电力，2006，34 (12)：60-65.

[28] 包铭磊，丁一，邵常政，等. 北欧电力市场评述及对我国的经验借鉴 [J]. 中国电机工程学报，2017(17)：4-15，330.

[29] 张滇生. 北欧电力交易市场与电力市场运行[J]. 中国电业，2004 (1)：70-73.

[30] 刘丹，王丽萍，纪昌明，等. 北欧统一电力市场的组成和运营模式介绍(1)物理市场：现货市场. 平衡市场和实时市场[J]. 国际电力，2003(3)：4-7.

[31] 张粒子，郑华. 区域电力市场电价机制[M]. 北京：中国电力出版社，2004.

[32] Lam LH，Ilea V，Bovo C. Impact of the price coupling of regions project on the day-ahead electricity market in Italy[C]//2017 IEEE Manchester PowerTech. IEEE，2017，pp. 1-6.

[33] 何川，杨立兵，李晓刚，等. 北欧电力金融市场差价合约研究[J]. 价格理论与实践，2008(4)：53-54.

[34] 陆一春. 澳大利亚电力改革简况[J]. 华东电力，1998(3)：49-52.

[35] AEMO. Market-bodies [EB/OL]. https://www. aemo. com. au/learn/market-bodies(2020-06-11).

[36] AEMO. Electricity market participants [EB/OL]. https://www. aemo. com. au/learn/market-participants/electricity-market-participants (2020-06-11).

[37] 黄李明，马莉，张晓萱. 澳大利亚电力市场 16 年回顾[J]. 国家电网，2014(6)：70-73.

[38] 张卫东，李林，王军. 澳大利亚国家电力市场运行做法及经验[J]. 农电管理，2001(10)：42-43.

[39] 刘东胜. 世界各国电力市场综述——澳大利亚篇 [EB/OL]. http://www. 360doc. com/content/18/0215/07/30787192_730059645. shtml (2020-06-11).

[40] 李昕，涂光瑜. 澳大利亚国家电力市场简介[J]. 电网技术，2000(8)：73-76.

[41] 陈子弦. 澳大利亚电力市场之商业模式概况[J]. 中国电力教育，2014(7)：91-93.

[42] 刘东胜. 澳大利亚的零售电市场及监管体系[J]. 电力需求侧管理，2016，18(2)：61-64.

[43] 曾次玲，谢培元. 澳大利亚 NEM 区域间电力交易结余拍卖的启示[J]. 湖南电力，2008，28(6)：5-9.

4 中国电力市场改革历程与发展现状

2015 年 3 月,中共中央国务院下发《关于进一步深化电力体制改革的若干意见》(中发〔2015〕9 号),开启了新一轮电力体制改革的序幕[1]。近年来,在国家发展改革委、国家能源局和地方政府的指导下,新一轮电力体制改革已经进入深化落实的关键阶段,电力直接交易规模有序扩大,市场交易机制逐步完善,市场主体数量迅猛增长,用户用电成本有效降低。回顾中国电力市场改革历程,剖析改革发展现状,可以帮助我们了解认识电力体制改革实践,为进一步落实电力体制改革目标和建设电力市场提供借鉴[2]。

4.1 我国电力体制改革历程概述

我国电力体制改革过程可以分为三个阶段:第一个阶段是 1985—2001 年,在此之前我国都是采用独家办电的形式,此阶段改革突破了单一的办电形式并解决了电力短缺的问题;第二个阶段是 2002—2014 年,以《电力体制改革方案》为指导,实现了厂网分开、主辅分离的基本目标;第三阶段是 2015 年以后,新一轮的电力体制改革以《关于进一步深化电力体制改革的若干意见》(中发〔2015〕9 号)为指导,以"三放开、一独立、三强化"为主要内容进一步推进。

1980 年之前,我国电力工业基本上实行集中统一的计划管理体制,由于电能生产效率低下,面临着电力短缺的局面。"六五"计划时期(1981—1985 年),在"调整、改革、整顿、提高"新八字方针指导下,电力工业技术取得了突破性的进展。为鼓励电力工业的发展,国务院陆续出台了一系列政策方针,1985 年批准国家经济委员会等部门《关于鼓励集资办电和实行多种电价的暂时规定》,1987 年提出"政企分开,省为实体,联合电网,统一调度,集资办电",加速了集资办电、利用外资办电、地方政府办电等多元化办电形式演化,电源技术亦发展迅速。1985—1992 年期间发电装机年均增幅约为 10%,到 1992 年年底达 1.67 亿千瓦。1997 年国家电力公司正式挂牌,在经历了一年多的双轨运行后统一完成了形式上的政企分开。在 2002 年厂网分开之前,国家电力公司都作为国家授权的投资主体及资产经营主体,经营跨区送电和国家电网的统一管理。

2002 年第二轮电改的主要任务是"厂网分开、竞价上网"。同时,选取东北、华东等区域进行电力市场试点,包括探究主辅分离、节能发电调度、大用户直接交易、发电权交易、农电体制改革等。发输配售"大一统"的国家电力公司被拆成"5+2+4"电企新格局,即五大发电集团、两大电网企业、四大辅业集团(后又整合为 2 个),市场竞争格局显现。之后十多年,电力行业实现了快速发展,有力支撑了国民经济的高速发展。

2015 年开始的第三轮电改主要内容是"三放开、一独立、三强化",即:有序放开输配以外的竞争性环节电价,有序向社会资本放开配售电业务,有序放开公益性和调节性以外的发用电计划;交易机构相对独立;对区域电网、输配电体制深化研究。同时,强化政府监管、统筹规划、安全可靠供应,构建"管住中间,放开两头"的体制架构。本轮电改的核心是建立有法可依、政企分开、主体规范、交易公平、价格合理、监管有效的市场体制。相较于 2002 年电改侧重的"发电侧的放开",解决了电力短缺"量"的问题;2015 年新一轮电改则着力"配售电侧的放开",重在解决"质"的问题,并旨在通过产销对接、市场竞争、提高效率、降低电价、优质服务等一系列措施,使得电力用户获得更多的受益[3-5]。

4.2 输配电价改革历程及发展现状

4.2.1 改革历程

2015年3月,中共中央国务院发布《关于进一步深化电力体制改革的若干意见》,提出有序推进电价改革,理顺电价形成机制。单独核定输配电价,逐步过渡到按"准许成本加合理收益"原则,分电压等级核定;用户或售电主体按照其接入的电网电压等级所对应的输配电价支付费用;分步实现公益性以外的发售电价格由市场形成;妥善处理电价交叉补贴。

2015年6月,国家发改委、国家能源局印发《输配电定价成本监审办法(试行)》的通知,规定了输配电定价成本监审原则、构成与归集、核定方法、电网企业固定资产分类定价折旧年限等,体现了以下原则:①合理归集。明确电网资产应与输配电业务相关,成本费用按电压等级、服务和用户类别合理归集,为分电压等级、分用户类别核定输配电价及测算电价交叉补贴提供依据。②从严核定。所有成本费用都要剔除不合理因素,明确八项费用不得列入定价成本,管理性质费用从严核定,高于行业平均水平较多的费用要适当核减。③新老分开。区分存量和增量资产,增量部分核定标准严于存量部分,积极稳妥推进改革。④共同监管。在资产和部分成本费用的审核方面,充分发挥各部门合力,共同加强对电网企业成本的监管[6]。

2015年10月,中共中央国务院发布《关于推进价格机制改革的若干意见》,要求有序放开上网电价和公益性以外的销售电价;单独核定输配电价,分步实现公益性以外的发售电价由市场形成;按照"准许成本加合理收益"原则,合理制定电网输配价格;科学核定电网企业准许收入和分电压等级输配电价;稳妥处理和逐步减少交叉补贴。

2015年11月30日,国家发改委、国家能源局正式公布6大电力体制改革配套文件,包括《关于推进输配电价改革的实施意见》,要求按照"准许成本加合理收益"原则,核定电网企业准许总收入和分电压等级输配电价,明确政府性基金和交叉补贴。根据电网各电压等级的资产、费用、电量、线损率等情况核定分电压等级输配电价,测算并单列居民、农业等享受的交叉补贴以及工商业商户承担的交叉补贴。此外,《意见》还在深圳和内蒙古西部率先开展输配电价改革试点的基础上,将安徽、湖北、宁夏、云南、贵州省(区)列入先期输配电价改革试点范围。

2016 年 7 月,为支持企业转型,减少停产、半停产企业电费支出,降低实体经济运行成本,发改委决定完善两部制电价用户基本电价执行方式并颁布《关于完善两部制电价用户基本电价执行方式的通知》,提出放宽基本电价计费方式变更周期限制,基本电价计费方式变更周期从现行按年调整为按季变更,合同最大需量核定值变更周期从现行按半年调整为按月变更等。放宽减容(暂停)期限限制,减容(暂停)后容量达不到实施两部制电价规定容量标准的,应改为相应用电类别单一制电价计费,并执行相应的分类电价标准等。

2016 年 10 月 8 日,国家发展改革委、国家能源局印发《有序放开配电网业务管理办法》,明确了"增量配电网"的内涵:一是指满足电力配送需要和规划要求的增量配电网投资、建设、运营及以混合所有制方式投资配电网增容扩建;二是除电网企业存量资产外,其他企业投资、建设和运营的存量配电网视同"增量"。

2016 年 12 月 1 日,国家发改委、国家能源局发布《关于规范开展增量配电业务改革试点的通知》,确定延庆智能配电网等 105 个项目为第一批增量配电业务改革试点项目,分布于 28 个省、自治区、直辖市及新疆生产建设兵团。此外,发改委、能源局同意天津市、青海省开展电力体制改革综合试点,要求加快组建相对独立的电力交易机构,统筹推进输配电价、电力市场建设、电力交易机制、发用电计划、配售电侧等各项改革。

2016 年 12 月 22 日,国家发改委发布《省级电网输配电价定价办法(试行)》,明确建立独立输配电价体系。以提供输配电服务相关的资产、成本为基础,确定电网企业输配电业务准许收入,并分电压等级、分用户类别核定输配电价。按照准许成本加合理收益的原则,明确规定了折旧费、运行维护费、有效资产、准许收益率等指标的核定原则和具体标准等。

2017 年 11 月,国家发改委发布《关于全面深化价格机制改革的意见》,

提出结合有序开放用电计划,扩大市场形成发电、售电价格的范围,加快推进电力市场交易,完善电力市场交易价格规则,健全煤电价格联动机制。对输配电等重点领域,全面开展定价成本监审,科学合理制定价格。积极借助第三方力量参与成本监审,逐步建立健全垄断行业定价成本信息公开制度。研究逐步缩小电力交叉补贴,完善居民电价政策。完善大型水电跨省跨区价格形成机制。开展分布式新能源就近消纳试点,探索通过市场化招标方式确定新能源发电价格等。

2017 年 12 月 29 日,国家发改委发布关于印发《区域电网输电价格定价办法(试行)》《跨省跨区专项工程输电价格定价办法(试行)》和《关于制定地方电网和增量配电网配电价格的指导意见》的通知,分别规定了区域电网跨省跨区指导意见、地方电网和增量配电网配电价格定价方法、调整机制和结算制度等。在严格成本监审基础上,按照弥补配电网企业合理成本并获得合理收益的原则核定配电价格。配电网与省级电网具有平等的市场主体地位。提出招标定价法、准许收入法、最高限价法和标尺竞争法四种定价方法等。

2019 年 5 月 30 日,国家发改委、国家能源局印发了《输配电定价成本监审办法》,启动了第二轮输配电价成本监审和核定工作,抽水蓄能电站、电储能设施、独立核算的售电公司成本等市场化业务对应的成本费用不得计入输配电价成本[7]。

4.2.2 实施现状

2015—2018 年,通过输配电价改革,已建立起一套科学独立的输配电价定价机制,完成了 26 个省级电网、5 个区域电网输配电价、20 余条跨区跨省专项工程输电价格的核定并落地实施。截止到 2018 年 1 月,全国大多数省级输配电价已经公布。

2019 年 5 月以来,全国除西藏以外的 30 个省(市、自治区)的 34 个省级电网和华北、华东、东北、西北、华中 5 个区域电网全面开展新一轮输配电成本监审[9-12]。

4.3   电力市场化建设改革历程及发展现状

中发〔2015〕9 号文件配套文件《关于推进电力市场建设的实施意见》[13]明确提出,电力市场主要由中长期市场和现货市场构成。电力中长期市场主要开展多年、年、季、月、周等日以上电能量交易和可中断负荷、调压等辅助服务交易。现货市场主要开展日前、日内、实时电能量交易和备用、调频等辅助服务交易。条件成熟时,可探索开展容量市场、电力期货和衍生品等交易。

4.3.1   电力中长期市场

中长期电力交易以促进电力资源大范围优化配置、稳定市场需求和规避价格风险为目标,主要针对符合准入条件的市场主体(包含电网公司、发电企业、售电公司、电力用户),通过多种交易方式开展多年、年、季、月、周等日以上的电能量交易。在电力中长期交易中,购售电双方以电量为交易标的,以自身发用电能力为基础,达成交易合同,约定合同电量、合同价格、交易周期及相关权利和义务等。我国电力中长期交易主要开展电能量交易并根据市场发展需要开展输电权、容量等交易。

2016 年 12 月底,国家发展改革委、国家能源局印发了《电力中长期交易基本规则(暂行)》[14],随后各省在此基础上陆续出台了地方电力交易基本规则。

2019 年 9 月 18 日,国家能源局印发《关于加强电力中长期交易监管的意见》[15],针对售电企业公平参与市场交易作出了更细化的规定,要求电网企业、发电企业所属售电企业应当具有独立法人资格、独立运营。提出要进一步规范制定市场交易规则,规范组织市场交易,规范参与交易行为,做好市场交易服务,加强运营监控和风险防控,规范市场干预行为,加强市场交易事中事后监管,加强信息披露和报送监管,加强市场信用监管,建立政府监管与外部专业化监督密切配合的监管体系。

《关于加强电力中长期交易监管的意见》要求市场主体按照市场交易规则等有关规定进入和退出电力市场、向电力交易机构提交市场交易合同、参与市场交易,严禁不正当竞争、串通报价等违规交易行为。电网企业要为参与市场交易的市场主体提供公平的输配电和电网接入服务,按照市场结算规则提供计量、抄表等服务。电力交易机构未完成股份制改造的、电网企业内设机构承担电力交易职能的,其售电企业暂不参与市场交易。拥有配电网运营权的售电企业,其配电业务与参与市场的售电业务应当实现财务分离。

2019 年 10 月,国家能源局综合司发布关于征求《电力中长期交易基本规则(暂行)》(征求意见稿)意见的函,其中指出非试点地区中长期市场采用实物合同:非试点地区中长期电力市场立足于实物合同,发电企业和售电公司交易的是带时标的能量块,是实际需要交割的[16]。

新规则主要有以下 7 大变化[17]:①明确了"电力批发交易指发电企业与电力大用户或售电公司之间通过市场化方式进行实物电能交易"。截至2019 年 10 月,首批 8 个电力现货试点,除了福建和四川等少数试点外,多数试点中长期电力市场都是金融性合同。实物电能交易对电力调度机构安全校核带来极大挑战。②取消了"内部核算的发电企业(电网企业保留的调峰调频电厂除外)经法人单位授权,可以参与相应电力交易"的条款。③取消了"电力用户准入的电压等级、落后产能、违规建设和环保不达标等限制条件"。用户全面放开,市场规模将进一步扩大。④明确了电力用户退出市场的惩罚机制:电能量价格按照政府核定的销售电价目录中居民电价的1.2~2.0 倍执行。⑤增加月内(多日)交易,月内交易主要以集中交易方式开展。根据交易标的物的不同,月内交易可定期开市(如按周或逢五逢十)或连续开市。交易周期越来越短,为即将到来的现货交易做准备。⑥完善偏差调整机制。对于未建立现货市场的地区,允许发用双方在协商一致的前提下,对尚未执行的双边合同在合同执行前一周进行动态调整。主推上下调预挂牌偏差调整机制。⑦完善清算、分摊机制。明确非市场用户造成的偏差考核由为非市场用户供电的电网企业承担偏差电量结算费用。用户、售电公司、发电企业一起参与市场资金的清算分摊与返还。

4.3.2　电力现货市场

目前我国的电力市场化交易主要采取中长期交易方式,市场主体通过双边协商、集中竞价、挂牌交易等形式,开展多年、年、季、月及月内多日的电力交易。虽然这种方法可以确保电力用户在一定时间内稳定地购买到所需的电力,但失去了在这段时间内购买更多或更低价格电力的机会。现货市场的引入则可以解决这个问题。在一个成熟完整的电力市场体系中,现货市场是其核心环节,业内素有"无现货、不市场"之说。现货市场概念与中长期市场是相对的,其间主要开展日前、日内、实时电能量交易和备用、调频等辅助服务交易。对于电力用户,可以更好地发现和利用价格信息;对于电网,现货市场为电力短期供需平衡提供了市场化手段;对于新能源,现货市场可以与新能源的波动性和随机性相适应,有利于促进新能源的消纳。

2015 年 11 月,国家发改委、国家能源局发布《关于推进电力市场建设的实施意见》,意见提出选择具备条件的地区开展试点,建成包括中长期和现货市场等较为完整的电力市场。

2017 年 8 月,国家发展改革委、国家能源局发布《关于开展电力现货市场建设试点工作的通知》[18],选择南方(以广东起步)、内蒙古西部、浙江、山西、山东、福建、四川、甘肃等 8 个地区作为第一批电力现货市场建设试点,要求试点地区于 2018 年底前启动电力现货市场试运行。

2018 年 11 月,国家能源局发布《关于健全完善电力现货市场建设试点工作机制的通知》[19],指出建立协调联系机制、信息报送机制等措施。此外,《通知》还要求加快广东、内蒙古西部、浙江、山西、山东、福建、四川、甘肃共 8 个现货试点建设,2019 年 6 月底前开展试点模拟试运行。此外,《通知》还提到了建立协调联系机制、建立信息报送机制、加强工作协调配合等事宜。

2019 年 3 月,国家能源局发布《关于征求进一步推进电力现货市场建设试点工作的意见函》[20],要求合理设计现货市场建设方案、统筹协调电力现货市场衔接机制等。其中写明了市场初期,清洁能源可以报量(即曲线)不报价方式参与电力现货市场,作为价格接受者优先出清,实现清洁能源的优先消纳。《意见》明确了交易范围包括发电企业、供电企业、售电企业和直接参加电力现货交易的电力用户。

2019 年 8 月 7 日,国家发改委、国家能源局公布《关于深化电力现货市场建设试点工作的意见》[21],对配套文件二的顶层设计进行了重申,在配套文件二的基础上对实践中出现的问题进行了深化的回答。《意见》重申与深化的关键点主要有以下 8 点:①电力现货市场主体应涵盖全部电力生产者与消费者;②市场间交易应以置地板价的方式参与市场内交易;③用电侧至少应以使用电力现货价格结算方式参与电力现货市场;④电力现货市场申报和出清的限价制定应采用结果导向;⑤首次提出电力用户承担辅助服务费用;⑥建立市场化的所需的信息披露机制;⑦探索未放开用户的目录电价调整机制;⑧将提高电力系统长期供应保障能力作为电力市场设计的边界条件[22]。

4.3.3 实施现状

目前,全国统一电力市场体系初步形成,市场交易规模持续扩大,市场建设成效初显,中长期、现货、辅助服务市场积极推进建设,市场主体市场化交易选择逐步丰富。2019 年,全国市场化交易电量 2.8 万亿千瓦时,同比增长 33%,占全社会用电量 39.1%[23]。

同时,电力现货市场建设工作推进步伐明显加快[24-29],南方(以广东起步)出台了全国首个现货规则并于 2018 年 8 月底正式启动现货市场试运行。山西、甘肃、山东、浙江、福建、四川等 6 个现货市场试点省积极开展规则编制、运营系统开发调试、市场主体培训等工作,全力推进现货市场连续结算试运行。2019 年 9 月,山西、甘肃、浙江、山东、福建开展了为期一周的结算试运行,四川开展了为期两天的结算试运行(另有 5 天按交易结果调电但不结算)。2019 年底,甘肃、山西、山东、福建等省开展第二次结算试运行,四川开展了两次调电试运行。

4.4　电力交易机构规范运作的改革历程及发展现状

4.4.1　改革历程

2015年11月30日,国家发改委、国家能源局正式发布《关于电力交易机构组建和规范运行的实施意见》[30],主要包括五部分内容:①明确了指导思想,提出了"平稳起步、有序推进,相对独立、依规运行,依法监管、保障公平"的基本原则;②交易机构组建方面,明确了机构的职能定位、组织形式、市场管理委员会、体系框架、人员和收入来源、与调度机构的关系;③交易平台运行方面,明确了交易规则拟定、建设与运维、市场成员注册管理、交易组织、交易计划编制与跟踪、交易结算、信息发布、风险防控等环节的要求;④加强对交易机构的监管;⑤组织实施,按照先试点、再推广的步骤开展工作。

《关于电力交易机构组建和规范运行的实施意见》提出建立相对独立、规范运行的电力交易机构,推进构建有效竞争的市场结构和市场体系。将原来由电网企业承担的交易业务与其他业务分开,按照政府批准的章程和规则组建交易机构。交易机构可以采取电网企业相对控股的公司制、电网企业子公司制、会员制等组织形式。其中,电网企业相对控股的公司制交易机构,由电网企业相对控股,第三方机构及发电企业、售电企业、电力用户等市场主体参股。会员制交易机构由市场主体按照相关规则组建。

2016年3月,国家发改委、国家能源局发布《北京电力交易中心组建方案》[31]。明确了北京电力交易中心的业务范围包括市场建设与规则编制、交易平台建设与运维、市场成员注册管理、市场分析预测、交易组织、交易合同管理、交易计划编制与跟踪、交易结算、信息发布、市场评估与风险防控、合规管理及市场服务共12项具体业务。同时确定了交易中心市场成员注册、市场分析预测、交易组织、交易合同管理、交易计划编制与跟踪、交易结算、信息发布等 7 项交易主要业务与电网企业其他业务的界面。此外,还明确了北京电力交易中心为国家电网公司的子公司,初期共设市场处、交易处、结算处、技术处、监察合规处和综合处共 6 个处。

2016 年 3 月,国家发改委、国家能源局发布《广州电力交易中心组建方案》[32]。明确了广州电力交易中心的业务范围包括市场建设与规则编制、交易平台建设与运维、市场成员注册管理、市场分析预测、交易组织、交易合同管理、交易计划管理、交易结算、市场评估与风险防控、综合服务与信息发布共 10 项具体业务。同时确定了交易中心市场成员注册管理、市场分析预测、交易组织管理、交易合同管理、交易计划编制与执行、交易结算、信息发布等 7 项交易主要业务与电网企业其他业务的界面。此外,还明确了广州电力交易中心依托南方电网公司组建,根据工作职责设置市场运营部、交易组织部、结算统计部、技术信息部、综合管理部、财务部、党群部(监察审计部)及研究中心等 8 个相关职能部门。此外,市场管理委员会在广州电力交易中心设立秘书处,负责市场管理委员会日常工作。

2018 年 8 月,国家发展改革委、国家能源局印发《关于推进电力交易机构规范化建设的通知》,要求进一步推进电力交易机构规范化建设,为各类市场主体提供规范公开透明的电力交易服务。要求国家电网公司、南方电网公司和各省(区、市)要按照多元制衡的原则,对北京电力交易中心、广州电力交易中心和各省(区、市)电力交易中心进行股份制改造,为市场主体搭建公开透明、功能完善的电力交易平台。

2020 年 2 月,国家发展改革委印发《关于推进电力交易机构独立规范运行的实施意见》[33],要求进一步完善公开透明的电力市场交易平台,加快推进建立市场化电价形成机制,建立电力运行风险防控机制,为逐步实现经营性电力用户发用电计划全面放开创造条件。2020 年年底前,区域性交易机构和省(自治区、直辖市)交易机构的股权结构进一步优化、交易规则有效衔接,与调度机构职能划分清晰、业务配合有序。2022 年年底前,各地结合实际情况进一步规范完善市场框架、交易规则、交易品种等,京津冀、长三角、珠三角等地区的交易机构相互融合,适应区域经济一体化要求的电力市场初步形成。2025 年年底前,基本建成主体规范、功能完备、品种齐全、高效协同、全国统一的电力交易组织体系。

《关于推进电力交易机构独立规范运行的实施意见》提出了推进电力交易机构独立规范运行的六项重点任务：

（1）进一步厘清交易机构、市场管理委员会与调度机构的职能定位和配合关系，使市场管理委员会更加独立于交易机构，强化了市场管理委员会的议事协调职能，新赋予市场管理委员会协助能源主管部门监督交易机构行为的职责等。

（2）完善电力交易规则制定程序，明确了政府部门、交易机构、市场管理委员会在其中的相应职责。

（3）加快推进交易机构股份制改造。2020年上半年，北京、广州2家区域性交易机构和省（自治区、直辖市）交易机构中电网企业持股比例全部降至80%以下，2020年底前电网企业持股比例降至50%以下。

（4）规范交易机构的人员、资产和财务管理，明确与电网企业共用资产的交易机构原则上不向市场主体收取费用，所需费用计入输配电环节成本并单列，由电网企业通过专项费用支付。具备条件的交易机构经市场管理委员会同意，也可向市场主体合理收费，经费收支情况应向市场主体公开。

（5）要求交易机构、调度机构共同做好电力市场交易组织实施。健全交易机构和调度机构信息交换机制，建立健全交易机构信息安全保障机制，要求国家电网有限公司、中国南方电网有限责任公司在各自经营范围内统一交易系统平台，统一建设灾备系统，建立数据共享机制。

（6）加强专业化监管体系建设，建立健全对交易机构的专业化监管制度，发展第三方专业评估机构，形成政府监管与外部监督密切配合的综合监管体系。

4.4.2 实施现状

截至2017年12月，包括北京、广州两个国家级电力交易中心在内，全国除港、澳、台外的30余家省级电力交易中心陆续成立（图4-1），其中广州、山西、湖北、重庆、广东、广西、云南、贵州、海南等8家电力交易中心为股份制公司。2019 年 12 月 31 日,北京电力交易中心增资协议签约仪式在北京举行,标志着北京电力交易中心股份制改造完成了关键一步,其他省级电力交易中心正在按照国家改革要求积极开展股份制改造工作。

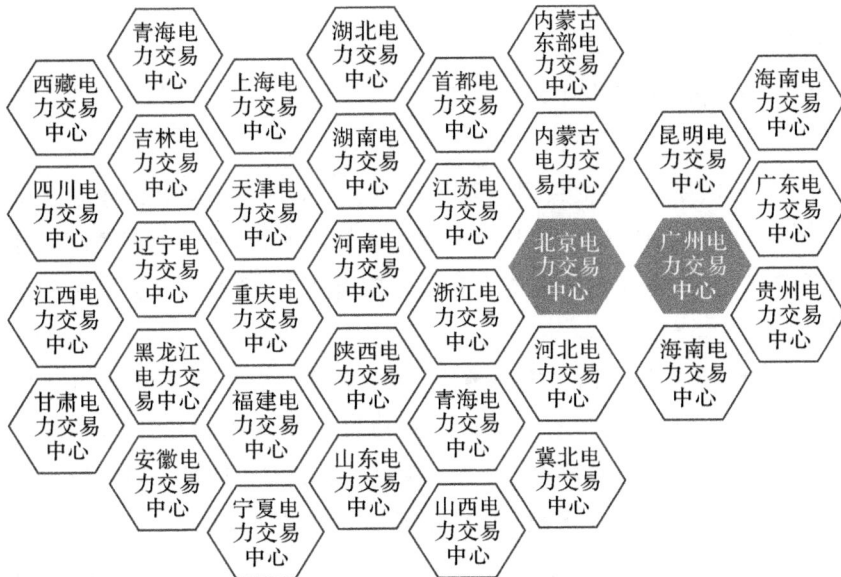

图 4-1 全国范围内已成立的电力交易中心一览

2017 年 11 月,在国家发改委、国家能源局指导下,由北京电力交易中心联合广州电力交易中心发起倡议,各电力交易中心组建全国电力交易机构联盟,搭建全国交易机构交流合作、信息共享的重要平台。北京电力交易中心为理事长单位,广州电力交易中心为副理事长单位,各省级电力交易中心为成员单位。

截至 2019 年年底,国家电网公司经营区域内北京电力交易中心和山东、江苏、安徽、上海、河南、陕西、甘肃、辽宁、吉林、蒙东、新疆、四川、重庆、青海、山西、湖北、宁夏、黑龙江、湖南、河北、福建、浙江等 22 省(市、自治区)完成市场管理委员会组建。

4.5　发用电计划放开的改革历程及发展现状

4.5.1　改革历程

2015年3月,中共中央国务院发布《关于进一步深化电力体制改革的若干意见》,提出按照管住中间、放开两头的体制架构,有序放开输配以外的竞争性环节电价,有序向社会资本开放配售电业务,有序放开公益性和调节性以外的发用电计划。

2015年11月30日,国家发改委、国家能源局正式公布6大电力体制改革配套文件,包括《关于有序放开发用电计划的实施意见》[34],要求逐步放大直接交易比例,促进建立电力市场体系,不断完善应急保障机制。

2017年4月10日,国家发改委和国家能源局印发《关于有序放开发用电计划的通知》[35],明确提出放开多类发用电计划,其中包括逐年减少既有燃煤发电企业计划电量,新核准煤电机组全部实行市场电,有序放开跨省跨区送受电计划,引导中小用户等其他购电主体参与市场交易,参与市场交易的电力用户将不再执行目录电价,电力市场体系比较健全时,全部放开上网电价和公益性电量以外的销售电价。

《关于有序放开发用电计划的通知》提出[36],要加快推进电力体制改革,逐步扩大市场化交易电量规模,尽快组织发电企业与购电主体签订发购电协议(合同),强调"约定价格调整机制"。同时,规定2017年,在优先支持已实行市场交易电量的基础上,其他煤电机组安排计划电量不高于上年火电计划小时的80%;属于节能环保机组及自行签订发购电协议(合同)超出上年火电计划利用小时数50%的企业,比例可适当上调,但不超过85%。2018年以后计划发电量比例,配合用电量放开进展逐年减小。此外,对中发〔2015〕9号文颁布实施后核准的煤电机组,原则上不再安排发电计划,不再执行政府定价,投产后一律纳入市场化交易和由市场形成价格,但签约交易电量亦不应超过当地年度燃煤机组发电小时数最高上限。

2018 年 7 月,国家发改委、国家能源局发布《关于积极推进电力市场化交易进一步完善交易机制的通知》[37],要求放开煤炭、钢铁、有色、建材等 4 个行业电力用户发用电计划,全电量参与交易,并承担清洁能源配额。积极完善市场规则,规范市场主体的交易行为,建立良好的市场环境。完善市场化交易价格机制,协商建立"基准电价＋浮动机制"的市场化定价机制,积极推进现货市场建设。加强监管,完善法律法规,有法可依,营造公平的市场环境。加快推进电力市场主体信用体系建设,建立信用评价制度。加快放开无议价能力用户以外的电力用户参与交易。

2019 年 5 月,国家发改委发布《关于做好 2019 年降成本重点工作的通知》,要求提高电力交易市场化程度,深化电力市场化改革,放开所有经营性行业发用电计划,鼓励售电公司代理中小用户参与电力市场化交易,鼓励清洁能源参与交易。

2019 年 6 月 27 日,国家发改委发布《关于全面放开经营性电力用户发用电计划的通知》[38],进一步全面放开经营性电力用户发用电计划,提高电力交易市场化程度,深化电力体制改革。主要包括以下 7 个部分[39,40]:

(1)明确全面放开发用电计划的范围。对经营性电力用户中暂不具备参与市场条件的企业提出了具体要求。拥有燃煤自备电厂的企业按照国家有关规定承担政府性基金及附加、政策性交叉补贴、普遍服务和社会责任,成为合格市场主体后,其自发自用以外电量可参与交易。

(2)支持中小用户参与市场化交易。经营性电力用户全面放开参与市场化交易主要形式可以包括直接参与、由售电公司代理参与、其他各地根据实际情况研究明确的市场化方式等,支持中小用户由售电公司代理参加市场化交易。

(3)健全全面放开经营性发用电计划后的价格形成机制。鼓励电力用户和发电企业自主协商签订合同时,以灵活可浮动的形式确定具体价格,价格浮动方式由双方事先约定。

(4)做好公益性用电的供应保障工作。进一步落实规范优先发电、优先购电管理有关要求,对农业、居民生活及党政机关、学校、医院、公共交通、金融、通信、邮政、供水、供气等重要公用事业、公益性服务等用户安排优先购电。

（5）做好规划内清洁能源的发电保障工作。研究推进保障优先发电政策执行，重点考虑核电、水电、风电、太阳能发电等清洁能源的保障性收购；积极推进风电、光伏发电无补贴平价上网工作，将平价上网和低价上网项目全部电量纳入优先发电计划予以保障。

（6）加强电力直接交易履约监管。市场主体按照市场交易规则组织签订直接交易合同，并严格按照合同内容履约执行，由政府有关部门及监管机构加强电力直接交易的履约监管，促使市场主体牢固树立契约意识和信用意识。

（7）做好跨省跨区市场化交易协调保障工作。在跨省跨区市场化交易中，鼓励网对网、网对点的直接交易，对有条件的地区，有序支持点对网、点对点直接交易。对跨省跨区送受端市场主体对等放开，促进资源大范围优化配置和清洁能源消纳。

4.5.2　实施现状

2015年新一轮电力体制改革启动以来，电力市场化交易大幅推进，逐步建立了规则明确、组织有序、形式多样、主体多元的市场化交易体系。2017年，国家启动电力现货市场试点建设，真正开始尝试通过建立"现货发现价格，中长期交易规避风险"的现代电力市场体系，以代替执行近70年的发用电计划管理制度，全国各地通过电力直接交易、跨区跨省交易、发电权交易等交易品种开展电力市场化交易。

2019年，发用电计划放开节奏进一步加快，煤炭、钢铁、有色、建材等4大行业全电量参与市场化交易，截至2019年年底，全国省内电力中长期交易电量共计达到2.03万亿千瓦时，占全社会用电量比重为28.1%，其中国家电网公司经营区域内交易电量为1.47万亿千瓦时，南方电网公司经营区域内交易电量4157.2亿千瓦时，内蒙古西部地区交易电量为1443.4亿千瓦时[41]。

4.6　售电侧改革历程及发展现状

4.6.1　改革历程

2015 年 11 月 30 日,国家发改委、国家能源局正式发布《关于推进售电侧改革的实施意见》[42],首次引入售电公司并鼓励社会资本成立售电公司,多渠道培育售电主体,增强电力市场竞争性。电网企业、发电公司及其他社会资本均可投资成立售电公司,拥有分布式电源的用户,供水、供气、供热等公共服务行业,节能服务公司等均可从事市场化售电业务。同时鼓励以混合所有制方式发展配电业务,向符合条件的市场主体放开增量配电投资业务。

《关于推进售电侧改革的实施意见》还明确了市场化的交易方式,各市场主体可以自主双边交易,也可以通过交易中心集中交易。特别提到拥有分布式电源或微网的用户可以委托售电公司代理购售电业务。市场主体交易方式的灵活有利于售电侧市场建立初期的平稳顺利过渡。售电市场改革可以充分发挥市场价格发现作用,放开的发用电计划部分通过市场交易形成价格,并进一步指导未放开发用电计划部分的政府规定电价。售电侧改革要充分保障各市场参与主体的合法合理权益,必须加强制度创新,建立完善的监管体系。一方面建立信息公开机制,政府部门定期公布市场准入退出标准、交易主体目录、负面清单、黑名单和监管报告等信息,市场主体企业也要在指定网站公示公司有关情况和信用承诺;另一方面建立信用评价机制,政府部门依据企业市场履约情况等市场行为建立市场主体的信用评价制度,并将评价结果及时公示,落实执行责任。

最后,《关于推进售电侧改革的实施意见》还要求强化信用评价结果的应用,努力防范售电业务违约风险。要完善政府的监督机制,保证电力市场公平开放,建立规范的购售电交易机制,对电网输配等自然垄断环节和市场其他主体严格监管,进一步强化政府监管。在售电侧市场主体准入、信用体系建设、风险防范、市场监管等方面,政府需要切实做好监督和指导工作。

2016年10月8日,国家发展改革委、国家能源局发布《售电公司准入与退出管理办法》和《有序放开配电网业务管理办法》,从资产、专业人员、经营场所和设备、信用等方面设置了售电公司准入条件。明确了售电公司不同资产水平对应的年可售电量规模,要求售电公司从业人员需掌握电力系统基本技术和经济专业知识,同时具备电能管理、节能管理、需求侧管理等能力。此外,售电公司还应具有与售电规模相适应的固定经营场所及电力市场技术支持系统需要的信息系统和客户服务平台。拥有配电网运营权的售电公司需负责向配电区域内用户提供的配电网服务。因此,与普通售电公司相比,配电网运营权的售电公司准入条件增加了具有电力业务许可证(供电类)、配电业务专业人员、健全有效的安全生产组织和制度、承诺履行电力社会普遍服务、保底供电服务义务等方面的内容[43]。

此外,《售电公司准入与退出管理办法》还对售电公司、配电网运营商以及电网公司三类主体的权利与义务做出了相关规定。

售电公司:售电公司可以通过自主双边交易、交易机构集中交易等多种方式在电力市场中购售电。在购电方面,售电公司可以跨省跨区交易,但在售电方面,同一售电公司只能在省内的多个配电区域内进行售电交易。售电公司还可开展合同能源管理、综合节能、合理用能咨询和用电设备运行维护等增值服务。同时售电公司还应履行提供优质专业的售电服务、用户信息保密、服从电力调度等方面的义务。

配电网运营者:增量配电需由地方政府能源管理部门统一规划,通过招标等市场化方式确定项目业主。增量配电网建设完成后,项目业主可以自主运营,也可以只拥有投资收益权,将配电网运营权委托给电网企业或符合条件的售电公司。配电网运营商拥有配电区域内与电网企业相同的权利,并要切实履行相同的责任和义务。同一配电区域内只能有一个配电运营者,且配电运营者不得跨配电区域从事配电业务。配电网运营者需负责其配电区域内的供电服务与配电服务,无歧视开放电网,公平提供电源(用户)接入等普遍服务和保底供电服务,保证配电网安全、可靠供电,服从电力调度管理。符合售电公司准入条件配电网运营者可开展售电业务。同时,配电运营者还享有配电区域内投资建设、运行和维护配电网络、为用户提供配售电服务及相关增值服务并获得收入、参与辅助服务市场等方面的权利。

电网公司：电网企业是需承担其供电营业区保底供电服务的企业，确保居民、农业、重要公用事业和公益性服务等用电。当售电公司终止经营或无力提供售电服务时，电网企业有义务在保障电网安全和不影响其他用户正常供电的前提下，按照规定的程序、内容和质量要求向相关用户供电，并按照政府规定收费。当营业区内社会资本投资的配电公司无法履行责任时，电网公司也有义务承担原配电区域的保底供电服务。电力行业是经济社会发展的基础行业，在我国经济社会改革步入"深水区"的大背景下，发布并执行售电侧改革管理办法是深化改革的指向标，也是改革少走弯路、不走错路的重要保障。总体来说，《售电办法》和《配电网办法》根据我国售电市场建设情况，对售电侧纵向改革链条的各个环节均作出了明确规定。

2018 年 3 月 20 日，国家发改委发布了《关于进一步推进增量配电业务改革的通知（征求意见稿）》，进一步明确了存量和增量的范围，电网企业已经获项目核准，但在核准文件有效期内未开工建设，视为增量配电项目。鼓励电网存量资产参与增量配电业务改革试点，鼓励增量配电项目业主在配电区域依托资源条件和用能需求建设分布式电源，增量配电项目业主拥有配电区域内与电网企业相同的权利，并切实履行相同的责任和义务。

4.6.2　实施现状

根据中电联数据显示，2010—2018 年全国售电量不断增长（图 4-2），2010 年全国售电量约为 3.56 万亿千瓦时，2012 年已经增长至 4.18 万亿千瓦时。根据中电联最新数据显示，2018 年，我国电网企业售电量 5.57 万亿千瓦时，同比增长 9.4%[44,45]。

在售电公司准入注册方面，截至 2019 年年底，在国家电网公司经营区域内注册的售电公司共有 3641 家[46]。

在增量配网改革方面[47-48]，2016 年 12 月确定首批 105 个增量配电网业务改革试点项目；2017 年 11 月确定第二批 89 个增量配电网业务改革试点项目；2018 年 4 月、7 月相继确定第三批共 126 个增量配电网业务改革试点项目；2019 年 6 月 26 日，国家发改委公布了第四批 84 家增量配电业务

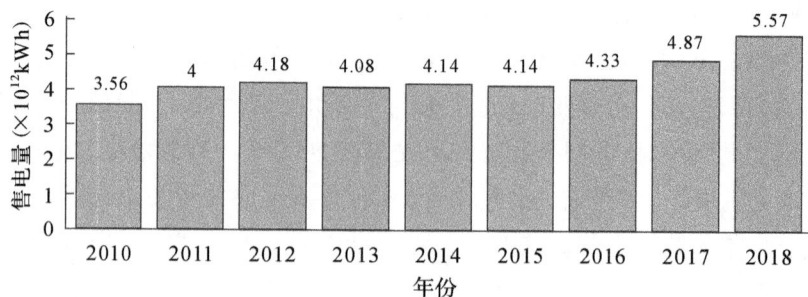

图 4-2 2010—2018 年中国售电量

改革试点名单。至此,全国增量配电业务改革试点扩围至 404 个[49],已基本实现地级以上城市全覆盖。从试点分布的省份来看,试点分布逐渐由沿海地区向内陆、西北等地区转移[50]。

4.7 本章小结

本章主要介绍了中国电力市场的改革历程与发展现状,分别从输配电价改革、电力市场化建设、电力交易机构的规范运作、发用电计划放开以及售电侧改革等几个方面逐一介绍,其中电力市场化改革方面着重介绍了电力中长期市场和电力现货市场的改革建设历程和运营状况。

参考文献

[1] 中共中央国务院. 关于进一步深化电力体制改革的若干意见[Z]. 北京:中共中央国务院,2015.

[2] 新华社. 发展改革委有关负责人就新一轮电力体制改革接受专访[EB/OL]. http://www. gov. cn/xinwen/2015-03/25/content_2838328. htm(2015-03-25).

[3] 冯永晟. 理解中国电力体制改革:市场化与制度背景[J]. 财经智库,2016,1(5):22-50,141-142.

［4］白玫．新一轮电力体制改革的目标、难点和路径选择［J］．价格理论与实践，2014（7）：10-15.

［5］闫登丰．深化中国电力体制改革研究［D］．西南财经大学，2012.

［6］国家发展和改革委员会，国家能源局．关于推进输配电价改革的实施意见［Z］．北京：国家发展和改革委员会，国家能源局，2015.

［7］北极输配电网．梳理！输配电价主要政策分析［EB/OL］．http://shupeidian.bjx.com.cn/news/20180315/885612.shtml（2018-03-15）.

［8］中国储能网新闻中心．全国各省区市输配电价一览表［EB/OL］．http://www.escn.com.cn/news/show-490781.html（2018-01-18）.

［9］北极星输配电网．给输配电价改革做个年中总结：七个电改试点进展详解［EB/OL］．http://shupeidian.bjx.com.cn/html/20150707/638555-2.shtml（2015-07-07）.

［10］国家发展改革委．内蒙古率先推行输配电价改革，用电企业收获降成本大礼包［EB/OL］．http://jgs.ndrc.gov.cn/gzdt/201807/t20180712_892314.html（2018-07-12）.

［11］配售电社区．输配电价改革成效明显，安徽2017年企业度电降幅约6分［EB/OL］．http://www.sohu.com/a/240665843_662580（2018-07-11）.

［12］山东省电力企业协会．山东省输配电价改革实施方案［EB/OL］．http://www.sohu.com/a/159178509_777961（2017-07-22）.

［13］国家发展和改革委员会，国家能源局．关于推进电力市场建设的实施意见［Z］．北京：国家发展和改革委员会，国家能源局，2015.

［14］国家发展和改革委员会，国家能源局．关于印发《电力中长期交易基本规则（暂行）》的通知［Z］．北京：国家发展和改革委员会，国家能源局，2016.

［15］国家能源局．关于印发《关于加强电力中长期交易监管的意见》的通知［Z］．北京：国家能源局，2019.

［16］国家能源局．关于征求《电力中长期交易基本规则（征求意见稿）》意见的函［Z］．北京：国家能源局，2020.

［17］北极星售电网．新版《电力中长期交易规则》的七大变化［EB/OL］.

　　　　http://shoudian. bjx. com. cn/html/20191015/1013201. shtml(2019-
　　　　10-15).

[18] 国家发展改革委,国家能源局. 关于开展电力现货市场建设试点工作
　　　　的通知[Z]. 北京:国家发展和改革委员会,国家能源局,2017.

[19] 国家能源局. 关于健全完善电力现货市场建设试点工作机制的通知
　　　　[Z]. 北京:国家能源局,2018.

[20] 国家能源局. 关于征求进一步推进电力现货市场建设试点工作的意
　　　　见函[Z]. 北京:国家能源局,2019.

[21] 国家发展和改革委员会,国家能源局. 关于深化电力现货市场建设试
　　　　点工作的意见[Z]. 北京:国家发展和改革委员会,国家能源局,
　　　　2019.

[22] 南方能源观察.《关于深化电力现货市场建设试点工作的意见》解读
　　　　[EB/OL]. http://www. china-nengyuan. com/news/143763. html
　　　　(2019-08-13).

[23] 中国电力企业联合会. 中国电力行业年度发展报告 2019[R]. 北京:
　　　　中国电力企业联合会,2019.

[24] 广东省经济和信息化委,广东省发展改革委,南方能源监管局. 南方
　　　　(以广东起步)电力现货市场实施方案(征求意见稿)[Z]. 广东:广东
　　　　省经济和信息化委,广东省发展改革委,南方能源监管局,2018.

[25] 浙江省人民政府. 浙江省电力体制改革综合试点方案[Z]. 浙江:浙
　　　　江省人民政府,2017.

[26] 甘肃省工业和信息化委员会. 关于启动电力现货市场建设试点工作
　　　　的通知[EB/OL]. http://gansu. chinagdp. org/dfzc/201801/328.
　　　　html(2017-12-18).

[27] 山西省人民政府办公厅. 关于印发山西省电力市场建设试点方案的
　　　　通知[EB/OL]. http://www. shanxi. gov. cn/sxszfxxgk/sxsrmzfzcbm/
　　　　sxszfbgt/flfg_7203/bgtgfxwj_7206/201708/t20170816_328755. shtml
　　　　(2017-08-16).

[28] 内蒙古经信委. 蒙西电力现货市场建设试点方案(征求意见稿)[Z].
　　　　内蒙古:内蒙古经信委,2018.

[29] 中国电力圆桌. 西北区域电力现货市场及监管机制研究报告[EB/OL]. http://shoudian. bjx. com. cn/html/20190902/1004063-6. shtml(2019-09-02).

[30] 国家发展和改革委员会,国家能源局. 关于电力交易机构组建和规范运行的实施意见[Z]. 北京:国家发展和改革委员会,国家能源局,2015.

[31] 国家发展和改革委员会. 北京电力交易中心组建方案[EB/OL]. . http://tgs. ndrc. gov. cn/gzdt/201602/W020160301323847568032. pdf(2016-03-01)

[32] 国家发展和改革委员会. 广州电力交易中心组建方案[EB/OL]. http://tgs. ndrc. gov. cn/gzdt/201602/W020160301323847869728. pdf(2016-03-01).

[33] 国家发展和改革委员会,国家能源局. 关于推进电力交易机构规范化建设的通知[Z]. 北京:国家发展和改革委员会,国家能源局,2018.

[34] 国家发展和改革委员会,国家能源局. 关于有序放开发用电计划的实施意见[Z]. 北京:国家发展和改革委员会,国家能源局,2015.

[35] 国家发展和改革委员会,国家能源局. 关于有序放开发用电计划的通知[Z]. 北京:国家发展和改革委员会,国家能源局,2017.

[36] 证券时报. 发改委:有序放开发用电计划 扩大市场化交易电量规模[EB/OL]. http://finance. sina. com. cn/roll/2017-04-11/doc-ifyecfnu7992493. shtml(2017-04-11).

[37] 国家发展和改革委员会,国家能源局. 关于积极推进电力市场化交易进一步完善交易机制的通知[Z]. 北京:国家发展和改革委员会,国家能源局,2018.

[38] 国家发展和改革委员会. 关于全面放开经营性电力用户发用电计划的通知[Z]. 北京:国家发展和改革委员会,2019.

[39] 光大证券.《关于全面放开经营性电力用户发用电计划的通知》点评,电力市场化"质变"来临[EB/OL]. https://www. 55188. com/thread-8941737-1-1. html(2019-06-28).

［40］机电商报. 国家发改委明确全面放开经营性电力用户发用电计划［EB/OL］. http://www. meb. com. cn/news/2019＿08/12/7081. shtml(2019-08-12).

［41］国家能源局. 2019 年能源监管工作综述［R］. 北京：国家能源局，2019.

［42］国家发展和改革委员会，国家能源局. 关于推进售电侧改革的实施意见［Z］. 北京：国家发展和改革委员会，国家能源局，2015.

［43］北极星电力网. 曾鸣第一时间解读《售电公司准入与退出管理办法》和《有序放开配电网业务管理办法》［EB/OL］. https://www. sohu. com/a/115910533_131990(2016-10-12).

［44］北极星售电网. 2018 年中国售电行业发展现状与 2019 年行业前景［EB/OL］. http://shoudian. bjx. com. cn/html/20190506/978627. shtml(2019-05-06).

［45］中国能源报. 国网经营区去年市场交易电量增三成［EB/OL］. https://www. nengapp. com/news/detail/3850579(2020-04-08).

［46］北京电力交易中心. 2019 年电力市场年报［R］. 北京：北京电力交易中心，2020.

［47］沈贤义. 配电业务主要政策文件梳理［EB/OL］. http://shupeidian. bjx. com. cn/news/20180212/880789. shtml(2018-02-12).

［48］国家发展和改革委员会，国家能源局. 关于印发《增量配电业务配电区域划分实施办法(试行)》的通知［Z］. 北京：国家发展和改革委员会，国家能源局，2018.

［49］北极星电力网. 前四批 404 家增量配电项目试点业主揭秘(2019 年 8 月 30 日)［EB/OL］. http://www. sohu. com/a/338117002_131990 (2019-09-02).

［50］国家能源研究会中小型配电企业发展战略研究中心. 增量配电发展研究白皮书 2019［R/OL］. http://pdqyyjzx. 365power. cn/＃front/news/detail? id＝92&code＝center-news(2019-12-05).

5 安徽电力市场建设运营情况

2016 年 8 月,国家发展改革委、国家能源局批复了《安徽省电力体制改革综合试点方案》,全面推进安徽省电力体制改革。电力市场化改革方面,市场框架逐步形成,市场机制逐渐完善,市场规模日益扩大。

本章从安徽电力市场规则框架入手,分准入注册、交易组织、电量结算、交易平台等方面详细介绍安徽电力市场运营情况,并对安徽电力市场管理委员会组建状况以及安徽电力交易中心机构运作情况作简要介绍,旨在帮助读者对安徽电力市场建设运营情况形成较为全面的认识和了解。

5.1 安徽电力市场规则

市场规则是运营机构开展工作的核心依据,也是市场机制得以发挥作用的基础和依据。2016 年,安徽省能源局、安徽省物价局与国家能源局华东监管局联合印发了《安徽省电力直接交易规则》和《安徽省电力交易市场主体准入退出管理实施细则》,明确了安徽省开展电力直接交易的相关规则。其后,安徽电力交易中心发布了《安徽省电力集中直接交易出清细则》、《安徽省电力双边直接交易执行细则》、《安徽省电力市场主体准入退出管理实施细则》等执行细则。在交易开展前的 2018—2020 年期间,安徽省能源局逐年发布电力直接交易实施方案,对交易规则不断进行优化完善。

《安徽省电力直接交易规则》规定,直接交易是指符合准入条件的发电企业、电力用户和售电公司等市场主体,依托市场运营机构和电网企业,通过双边协商交易(以下简称"双边交易")、集中竞价交易(以下简称"集中交易")等市场化方式开展的电力交易。在安徽省内参与直接交易的市场主体、电网企业以及市场运营机构,均应严格遵守交易规则,不得操纵市场价格、损害其他市场主体的利益。任何单位和个人不得非法干预市场正常运行。

5.1.1 市场成员权利与义务

《安徽省电力直接交易规则》对参与安徽电力市场的市场成员的权利与义务作出明确规定,市场成员由市场主体、电网企业和市场运营机构等组成。市场主体为在安徽电力交易中心有限公司(以下简称"安徽电力交易中心")注册的发电企业、售电公司和电力用户,市场主体准入与退出管理办法详见本书5.2节。电网企业指拥有输电网、配电网运营权,并承担供电营业区保底供电服务的企业。市场运营机构为安徽电力交易中心和电力调度机构。

发电企业的权利和义务有:①按规则参与直接交易,签订和履行市场化交易形成的购售电合同;②获得公平的输电服务和电网接入服务;③执行并网调度协议,服从电力调度机构的统一调度,按规定提供辅助服务;④按规定披露和提供信息,获得市场交易和输配电服务等相关信息;⑤法律法规规定的其他权利和义务。

电力用户、售电公司的权利和义务有:①按规则参与直接交易,签订和履行购售电协议、输配电合同,提供直接交易电力电量需求、典型负荷曲线及其他生产信息;②获得公平的输配电服务和电网接入服务,按规定支付购电费、输配电费、政府性基金与附加等;③按规定披露和提供信息,获得市场交易和输配电服务等相关信息;④服从电力调度机构的统一调度,在系统特殊运行状况下按调度机构要求安排用电;⑤遵守有关电力需求侧的管理规定,执行有序用电管理,配合开展错避峰;⑥法律法规规定的其他权利和义务。

拥有配电网运营权售电公司的权利和义务有:①拥有并承担售电公司全部的权利与义务;②拥有和承担配电区域内与电网企业相同的权利和义务,按国家有关规定和合同约定承担保底供电服务和普遍服务;③开展配电区域内电费收取和结算业务,包括按照政府核定的配电价收取配电费;按合同向各方支付相关费用,并向其供电的用户开具发票;代收政府性基金及附加,交电网企业汇总后上缴财政;代收政策性交叉补贴,按照国家有关规定支付给电网企业;④承担配电网安全责任,确保承诺的供电质量;⑤按照规划、国家技术规范和标准投资建设配电网,负责配电网运营、维护、检修和事故处理,无歧视提供配电服务,不得干预用户自主选择售电公司;⑥同一配电区域内只能有一家公司拥有该配电网运营权,不得跨配电区域从事配电业务;⑦承担代付其配电网内使用的可再生能源电量补贴的责任。

电网企业的权利和义务有:①保障输配电设备的安全稳定运行;②为市场主体提供公平的输配电服务和电网接入服务;③服从电力调度机构、交易机构的统一调度,建设、运行、维护和管理电网配套技术支持系统;④向市场主体提供报装、计量、抄表、维修等各类供电服务;⑤按规定收取输配电费,代收代付电费和政府性基金与附加等;⑥按政府定价向优先购电用户、不参与市场交易用户提供售电服务;⑦按规定披露和提供信息;⑧法律法规规定的其他权利和义务。

安徽电力交易中心的权利和义务有:①负责市场主体的注册管理;②组织市场主体开展直接交易活动;③编制市场主体月度电量计划;④提供电力交易结算依据及相关服务;⑤监测分析市场运行情况;⑥经授权在特定情况下实施市场干预;⑦建设、运营和维护电力市场交易平台;⑧按规定披露和发布信息;⑨法律法规规定的其他权利和义务。

电力调度机构的权利和义务有:①负责安全校核;②按调度规程实施电力调度,负责系统实时平衡,确保电网安全;③向省电力交易中心提供安全约束条件和基础数据,配合省电力交易中心履行市场运营职能;④合理安排电网运行方式,保障电力交易合同的执行;⑤经授权暂停执行市场交易合同;⑥按规定披露和提供电网运行的相关信息;⑦法律法规规定的其他权利和义务。

5.1.2 市场主体准入与退出

《安徽电力直接交易规则》及《安徽电力市场主体准入退出管理实施细则》对市场主体准入与退出条件作出了详细规定。市场主体应符合产业政策,满足国家节能环保要求,具有独立法人资格、财务独立核算、信用良好、能够独立承担民事责任的经济实体。

发电企业准入条件为:符合国家基本建设审批程序和产业政策、完成超低排放改造、取得发电类的电力业务许可证且单机容量10万千瓦以上的发电企业(其中自备电厂须缴纳政府性基金和政策性交叉补贴、支付系统备用费)方可申请成为市场主体。

电力用户准入条件为:①执行工商业及其他用电(两部制)电价的经营性电力用户;②执行工商业及其他用电(单一制)电价且单一户号年用电量(2018年11月—2019年10月)大于50万千瓦时的经营性电力用户;③主动参与电力市场,且符合上述用电类型及用电量条件的优先购电权用户(居民、农业电力用户除外);④电力用户直接与发电厂签约为一级用户,由售电公司代理为二级用户。控股企业代理下属独立法人公司参与市场交易的,在电力市场注册时需提供股权比例材料,在市场交易时视同售电公司。

售电公司准入条件为:①资产总额应不低于2000万元人民币。拥有配电网经营权的售电公司注册资本应不低于其总资产的20%。资产总额=2000万元人民币,可以从事的年售电量≤6亿千瓦时;2000万元人民币<资产总额≤20000万元人民币,可以从事的年售电量=资产总额×(30万千瓦时/万元);资产总额>20000万元人民币,不限制售电量。②拥有10名及以上专业人员,掌握电力系统基本技术、经济专业知识,具备电能管理、节能管理、需求侧管理等能力,有3年及以上工作经验。至少拥有1名高级职称和3名中级职称的专业管理人员。③具有与售电规模相适应的固定经营场所、电力市场技术支持系统需要的信息系统和客户服务平台,能够满足参加市场交易的报价、信息报送、合同签订、客户服务等功能。④无不良信用记录,并按照规定要求作出信用承诺,确保诚实守信经营。满足法律法规规定的其他条件。⑤拥有配电网经营权的售电公司除满足上述条件外,还应满足以下条件:取得供电类的电力业务许可证;专业人员不少于20人,增加与配电业务相适应的专业技术、营销和财务人员等。至少拥有2名高级职称和5名中级职称的专业管理人员;生产运行、技术和安全负责人应具有5年以上与配电业务相适应的经历,具有中级及以上专业技术任职资格或者岗位培训合格证书;具有健全有效的安全生产组织和制度,按照相关规定开展安全培训工作,配备安全监督人员;具备与承担配电业务相适应的机具设备和维修人员。承担对外委托有资质的承装、修、试队伍的监管责任;具有与配电业务相匹配并符合调度标准要求的场地设备和人员;承诺履行电力社会普遍服务、保底供电义务。

同时,售电公司注册及交易前须提交履约保函,履约保函额度将与售电公司售电规模挂钩:①售电公司应提交的履约保函最低额度为 100 万元;②售电公司提交的履约保函额度为 100 万元时,年售电规模不得超过 1 亿千瓦时;③售电公司提交的履约保函额度为 300 万元时,年售电规模不得超过 30 亿千瓦时;④售电公司提交的履约保函额度为 500 万元时,年售电规模不得超过 60 亿千瓦时;⑤售电公司提交的履约保函额度为 1000 万元时,年售电规模不受限制。

市场主体准入原则上按季度办理,安徽省能源局、华东能源监管局、安徽电力交易中心、各市发展改革委依据《安徽省电力市场主体准入退出管理实施细则》开展审核、注册、公示、备案等工作。市场主体变更或者撤销注册,应向安徽电力交易中心提出申请,经同意后办理相关手续;强制退出的市场主体由安徽电力交易中心撤销注册,并向社会公告。市场主体退出后,3 年内不得重新进入市场。退出的市场主体未执行的合同可以转让,并按合同约定履行违约责任。

2020 年交易方案新增规定,电力直接交易市场主体均应通过交易平台线上签署《安徽省电力直接交易市场主体自律公约》,自觉服从相关约束。

5.1.3 交易方式

《安徽省电力直接交易规则》对交易方式作出详细规定。根据安徽电力市场运营现状,截至 2020 年年初,安徽省电力直接交易方式包括年度双边交易、年度集中交易、月度交易等。电力直接交易价格不高于燃煤机组基准电价,下浮原则上不超过基准电价的 15%。

其中,年度双边交易由发电企业与一级用户、售电公司自主协商签订双边交易意向协议。年度集中交易采用统一边际出清方式,全部电量的成交价格为最后一个交易匹配对双方报价的算术平均值。买卖双方报价按高低匹配顺序成交,价格相同时时间优先,价格、时间均相同时,按照申报电量等比例成交。月度交易通过发电侧合同转让、用电侧合同转让、月度集中交易实现。合同转让按双方协商方式进行交易,集中交易按照统一出清方式进行交易。

直接交易电量结算方面,《安徽省电力直接交易规则》要求:①市场主体须按成交电量签订直接交易合同。年度双边和集中交易成交合同电量须分解到月,年度双边交易分月电量由电力用户提出,经一级用户或售电公司与发电企业协商确定,年度集中交易分月电量按成交电量均分到月。分月电量在每次交易开展前作出调整,但全年合同总电量保持不变。②发电企业与一级用户、售电公司执行解耦结算。发电企业成交合同电量优先结算,月结月清;基本电量按月滚动,月结年清。一级用户、售电公司成交合同电量月结月清,合同偏差季结季清。所产生的偏差电费按照《安徽省电力直接交易偏差电费收缴使用细则(暂行)》执行。③发电企业因自身原因导致成交合同分月电量无法完成时,所欠发电量不再滚动执行,且按燃煤机组基准电价10%缴纳合同偏差电费。④一级用户、售电公司成交合同偏差电量允许范围为$-2\%\sim+3\%$,之外偏差电量按燃煤机组基准电价10%缴纳合同偏差电费。售电公司合同偏差电费由其与相关二级用户各自承担50%。

5.1.4 交易电量

《安徽省电力直接交易规则》对市场交易主体的交易电量作出了详细规定,并逐年调整完善。截至2020年年初,根据安徽省电力交易中心的相关规则文件,发电企业交易电量规定为:①年度发电计划安排时,不再剔除发电企业直接交易电量所对应的机组容量。②机组市场电量上限为2800×装机容量×机组利用系数。按照节能发电调度原则,各类机组利用系数分别为:1.0(30万千瓦级以下)、1.2(30万千瓦级常规)、1.3(60万千瓦级常规和超临界)、1.5(60万千瓦级和100万千瓦级超超临界)。③机组全年发电量(含优先计划和交易电量)无法满足电网安全约束时,首先在同一发电集团机组计划电量中调度,计划电量若不能满足需要时,通过发电权交易从其他发电集团机组调度。④在保障电网安全的前提下,同一机组利用系数的发电机组之间的可开展发电权交易,不同机组利用系数的发电机组之间的发电权交易按现行规定执行。

售电公司交易电量规定为:①同一投资主体(含控股关联企业)控股(含绝对控股、相对控股)的售电公司,全年合计成交电量控制在75亿千瓦时以内;②售电公司申报年度交易电量不得超过所签约意向电量之和。

电力用户交易电量规定为:①参与直接交易电力用户须全电量进入市场,并符合同一电力用户一个交易年度内不得在一、二级用户之间转换;同一个二级用户只能与一家售电公司签订年度代理合同,否则该二级用户所签署的直接交易代理合同均无效,该二级用户退出本年度交易,执行原目录电价;同一电力户号在一个交易年度内不得归属两家电力用户参与交易。②在开展年度交易时,既未提交年度双边交易意向,也未签订代理合同的注册电力用户,视为自动参与市场交易,并执行目录电价、保持现有结算方式。③年度直接交易出清后,强制退出市场的电力用户,按保底电价向所在地供电公司购电。

5.1.5　争议和违约处理

《安徽省电力直接交易规则》对争议和违约处理作出了详细规定。其中,直接交易协议、合同履约发生争议时,原则上由市场主体自行协商,或者提请安徽电力市场管理委员会调解,必要时由安徽省能源局或国家能源局华东监管局根据市场主体要求依法进行调处。市场主体、电网企业和运营机构等市场成员应遵守相关管理规定,对于无理阻碍、拖延和扰乱直接交易的行为,由安徽电力市场管理委员会负责处置,必要时安徽省能源局或国家能源局华东监管局依法进行处理。

各类市场成员应当遵循及时、真实、准确、完整的原则,通过电力市场交易平台和有关网站披露信息,并对披露信息的准确性、及时性和真实性负责。安徽电力交易中心负责市场信息的管理和发布,建设和管理电力市场交易平台,及时会同电力调度机构等发布市场成员信息、市场需求信息、市场交易信息等。对于市场主体违反国家节能减排政策、不服从电力调度管理、不执行交易规则、不正当竞争、提供虚假信息和材料等行为,一经发现,由安徽电力市场管理委员会指出并要求整改,直至安徽省能源局、国家能源局华东监管局依法依规进行处理,严重的将强制其退出市场。强制退出的市场主体,3年内不得重新申请进入市场。

出现紧急情况导致交易难以正常进行时,安徽省能源局、国家能源局华东监管局可会同相关部门进行市场干预,或授权安徽电力市场管理委员会和安徽电力交易中心制订本规则的临时条款。进行市场干预时,应及时向市场成员通告市场干预的原因、范围和持续时间。发生下列情况可进行市场干预:①市场主体滥用市场影响力、串谋及其他严重违约、不能履约等,致使市场秩序受到严重扰乱;②安徽电力交易平台发生故障,交易无法正常运行;③不可抗力因素造成电网运行方式发生重大变化;④确需进行市场干预的其他情况。市场干预包括但不限于临时取消相关市场主体资格、调整市场交易时间、调整直接交易电量规模、暂缓或终止市场交易等措施。

5.1.6 市场主体自律公约

2020年,安徽省电力直接交易首次引入了市场主体自律公约,以此进一步规范市场秩序,建立健全电力直接交易市场信用体系,营造更加透明公正的市场环境,确保交易有序开展。《安徽省电力直接交易市场主体自律公约》规定,安徽省电力市场管理委员会(以下简称"市场管理委员会")、安徽电力交易中心承担安徽省电力直接交易市场主体失信行为清单发布等工作。其中,市场管理委员会负责拟定、发布失信行为清单,组织对市场主体失信行为审核、异议申诉等管理工作;电力交易中心负责电力直接交易市场主体基本信息和市场交易过程中发生的失信行为的信息采集和管理工作。

电力市场管理委员会收到"失信名单"初步建议及相关证明材料,并按照以下程序对失信名单初步建议进行审核后,报省能源局认定确认,最后由电力交易中心发布。电力交易中心根据省能源局认定的"失信名单"向失信市场主体出具电力市场失信告知书,告知书主要包括市场主体名称、统一社会信用代码、认定事由及修复渠道等内容,并在电力交易平台上发布通告向市场主体披露"失信名单",发布信息包括市场主体名称、统一社会信用代码、认定事由、认定时间、有效期限等内容。"严重失信名单"一经认定,电力交易中心在 5 个工作日内将名单、列入事由及相关市场主体信用信息报送省能源局、省信用办和华东能源监管局备案,并通过交易平台网站向社会披露。

5.2　安徽电力市场准入注册

5.2.1　准入流程

市场主体根据准入条件,履行"承诺、公示、注册、备案"等程序,由安徽电力交易中心承担市场主体准入服务。准入流程(图 5-1)如下。

(1)符合准入条件的发电企业、电力用户和售电公司,分别到安徽省能源局、各地市发展改革委和安徽电力交易中心提出申请,按固定格式签署信用承诺书,并提交营业执照、法人代表、资产证明、从业人员、经营场所和设备等基本信息和银行账户等资料。

(2)通过初审后,安徽电力交易中心每季度将符合要求的市场主体信息、材料和信用承诺书等,通过安徽省能源局网站、安徽电力交易中心网站、"信用安徽"网站向社会公示,公示期为 10 个工作日。

(3)公示期满无异议的市场主体,由安徽电力交易中心办理注册手续,获取市场交易资格,进入市场主体目录。注册过程中需要完成基本信息注册,注册基本信息应包括:

①电力用户:企业基本信息、交易员信息、生产规模等生产基础信息,报装容量(最大需量)、电压等级、年用电量、年用电负荷、用电负荷率等用电技术信息。

②售电公司:营业执照、法人代表、资产证明、交易员信息、经营场所等基本信息,代理企业名录、银行账户等交易信息。

③发电企业:企业基本信息、交易员信息、项目核准文件、发电业务许可证、机组详细技术参数等。

公示期间存在异议的市场主体,可提交补充材料并申请下批次公示。

```
┌──────────┐      ┌──────────┐      ┌──────────┐
│  发电企业  │      │  电力用户  │      │  售电公司  │
└──────────┘      └──────────┘      └──────────┘
      │                 │                 │
┌──────────┐      ┌──────────────┐  ┌────────────┐
│  省能源局  │      │  各地市发展改革委 │  │ 省电力交易中心 │
└──────────┘      └──────────────┘  └────────────┘
      │                 │                 │
         ┌────────────────────────────────┐
         │ 提出入市交易注册申请、            │
         │ 提交注册所需材料及信              │
         │ 用承诺书待审                     │
         └────────────────────────────────┘
                        │
              ┌──────────────────┐
              │ 省电力交易中心进行审查 │
              └──────────────────┘
                        │
   ┌────────────────────┐    ┌──────────┐
   │ 材料不齐、不合规、退回补充 │    │  审查通过  │
   └────────────────────┘    └──────────┘
                                   │
                        ┌──────────────────┐
                        │  10个工作日公示期   │
                        └──────────────────┘
                                   │
   ┌────────────────────┐    ┌──────────┐
   │ 公示有异议，当年内提交补充 │    │  公示无异议 │
   │ 材料并申请下次公示        │    └──────────┘
   └────────────────────┘
        │            │
┌──────────┐  ┌──────────┐
│ 仍有异议当年 │  │  公示无异议 │
│ 则不再受理  │  └──────────┘
└──────────┘
                        │
              ┌──────────────────────┐
              │ 省电力交易中心列入市场准入目录 │
              └──────────────────────┘
                        │
           ┌────────────────────────────┐
           │ 省电力交易中心及时将市场主体注册情况 │
           │ 报省能源局、省物价局、华东能源监管局 │
           │ 和征信机构备案                 │
           └────────────────────────────┘
                        │
              ┌──────────────────────┐
              │ 注册完成，售电企业可进入      │
              │ 电力市场开展电力交易         │
              └──────────────────────┘
```

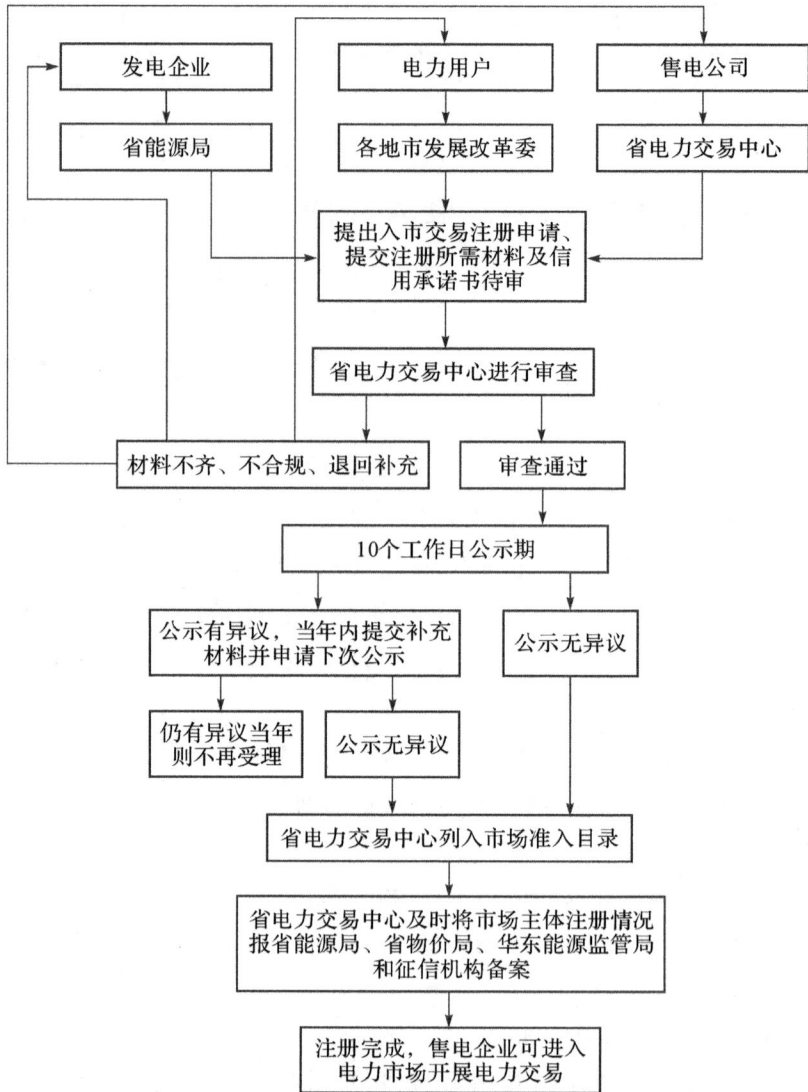

图 5-1 安徽省市场交易主体准入流程示意图

两次公示后仍存在异议的,安徽电力交易中心当年不再受理注册申请。

(4)安徽电力交易中心应及时将市场主体注册情况报安徽省能源局、省物价局、国家能源局华东监管局和征信机构备案。

有下列情况之一,市场主体应进行注册变更:①已注册市场主体因新建、扩建、兼并、重组、合并、分立等原因,发生股权、经营权、营业范围、生产规模等变化的,应再次予以承诺、公示,符合准入条件的,重新办理注册。② 已注册市场主体更名但未发生股权、经营权、营业范围、生产规模等变化的,通过安徽电力交易中心变更注册,安徽电力交易中心将变更情况报安徽省能源局、国家能源局华东监管局。

5.2.2　退出方式

市场主体有下列情形之一的,依据国家有关规定,由安徽电力交易中心在市场主体目录中删除并取消注册,3 年内不得重新申请进入市场:

(1)隐瞒有关情况或者以提供虚假申请材料等方式违法违规进入市场,且拒不整改的;

(2)严重违反市场交易规则,不服从电力调度指令,且拒不整改的;

(3)依法被撤销、解散,依法宣告破产、歇业的;

(4)企业违反信用承诺且拒不整改或信用评价降低为不适合继续参与市场交易的;

(5)被有关部门和社会组织依法依规对其他领域失信行为作出处理,并被纳入严重失信主体"黑名单"的;

(6)法律、法规规定的其他情形。

市场主体被强制退出,其所有已签订但尚未履行的购售电协议由安徽省能源局征求合同购售电各方意愿,通过电力市场交易平台转让给其他售电公司或交由安徽省电力公司保底供电,并处理好其他相关事宜。

安徽省能源局确认市场主体符合强制退出条件后,由安徽电力交易中心通过安徽省能源局网站、安徽电力交易中心网站、"信用安徽"网站向社会公示,公示期为 10 个工作日。公示期满无异议的,方可对该市场主体实施强制退出。

市场主体可以申请自愿退出电力市场,但合同期内原则上不得退出;如确需退出,须提前 30 个工作日向安徽电力交易中心提交退出申请,将签订的所有购售电协议履行完毕或转让,并处理好相关事宜。

拥有配电网经营权的售电公司申请自愿退出电力市场时,还须妥善处置配电资产。若无其他公司承担该地区配电业务,由安徽省电力公司接收并提供保底供电任务。

安徽电力交易中心收到市场主体自愿退出市场的申请后,通过安徽省能源局网站、安徽电力交易中心网站、"信用安徽"网站向社会公示,公示期为 10 个工作日。公示期满无异议的,方可办理退出市场手续。

安徽电力交易中心应及时将强制退出和自愿退出且公示期满无异议的市场主体从目录中删除,同时注销其市场注册资格,向安徽省能源局、省物价局、国家能源局华东监管局和第三方征信机构备案,并通过安徽省能源局网站、安徽电力交易中心网站、"信用安徽"网站向社会公布。

5.2.3　安徽市场主体准入现状

2017 年以来,安徽省电力直接交易市场的市场主体数量呈高速增长态势,2017 年准入市场主体 5004 家(含 16 年新增数量),2018 年准入 1481 家,2019 年准入 3408 家。截至 2019 年年底,安徽电力市场主体目录共有10176 家市场主体,其中发电企业 29 家、售电公司 213 家、电力用户 9934 家。与 2016 年相比,市场主体数量增长了近 36 倍,展现出电力改革高速推进的态势。由于售电公司主体从 2017 年进入电力市场,新增市场主体主要为售电公司代理参与交易的二级用户。

安徽电力市场注册的售电公司主要属于五类行业,其中发电企业背景的售电公司有 31 家,施工、设备制造业 55 家,热力供应等公共事业 5 家,其他类型总和 122 家。

5.3　安徽电力市场交易组织

安徽电力市场直接交易品种包括年度双边交易、年度集中交易和月度交易,月度交易通过发电侧合同转让、用电侧合同转让、月度集中交易实现。

安徽电力市场首先开展年度双边交易,准许发电企业与一级用户、售电公司自主协商确定年度双边交易意向协议。双边协商是一种最自由的双边博弈交易模式,市场限制条件较少,供需双方可自行寻找交易对象实行"点对点"谈判。双边交易有利于市场主体充分发挥主观能动性,利用自身优势寻找合适的交易对象,达成有利于自身的双边合同,以长期合同的方式对冲短期集中市场的风险。一般认为,双边交易的主要博弈策略是"保量保价",供需双方均寄希望于通过双边合同确定一定比例的电量保底,同时能获得较为有利的价格。

安徽电力市场集中交易的交易周期覆盖年度、月度,交易主体在电力交易中心集中申报发电能力、用电需求和价格,按统一出清原则竞价形成匹配结果并送省电力调度中心进行安全校核,形成最终交易结果。年度集中交易是供需双方全面参与的第一次集中博弈,其交易价格是市场意愿的集中反映;月度集中交易结果是月度市场价格的"风向标",也是市场月度偏差电费结算的基准。月度集中竞价前,电力用户须完成对年度双边交易分月电量的调整,同时考虑年度集中交易成交电量均分到月,根据自身的用电需求进行合理竞价,以避免受到偏差考核。

5.3.1 2017 年电力直接交易情况

2017 年,安徽省共组织开展 400 亿千瓦时年度双边、100 亿千瓦时年度集中和 50 亿千瓦时月度集中直接交易,成交均价为 0.34190 元/千瓦时,较标杆上网电价平均下降 0.03457 元/千瓦时,共降低企业购电成本约 36 亿元。

(1)申报情况

2017 年,电力直接交易共有 25 家发电企业、51 家售电公司(代理零售用户 3413 家)以及 45 家批发用户参与申报。其中:

①年度双边共有 23 家发电企业、23 家售电公司(代理零售用户 2924 家)以及 39 家批发用户参与申报;

②年度集中三批次交易共有 25 家发电企业、33 家售电公司(代理零售用户 2985 家)以及 42 家批发用户参与申报;

③月度集中五批次交易共有 21 家发电企业(未参与申报的 4 家均已通过年度直接交易达到其市场容量上限)、42 家售电公司(代理零售用户 3273

家)以及 30 家批发用户参与申报。

(2)交易成交情况

1)总体成交情况

2017 年全年直接交易成交电量 550 亿千瓦时,成交均价 0.34190 元/千瓦时,较标杆上网电价平均下降 0.03457 元/千瓦时。549.98 亿千瓦时大工业电量,成交均价 0.34190 元/千瓦时,较标杆上网电价平均下降 0.03457 元/千瓦时;0.02 亿千瓦时一般工商业电量,成交均价 0.32885 元/千瓦时,较标杆上网电价平均下降 0.04852 元/千瓦时。其中:

①年度双边成交电量 400 亿千瓦时,全部为大工业电量,成交均价 0.33067 元/千瓦时,较标杆上网电价平均下降 0.04482 元/千瓦时。

②年度集中成交电量 100 亿千瓦时,其中 99.98 亿千瓦时大工业电量,成交均价 0.36902 元/千瓦时,较标杆上网电价平均下降 0.00738 元/千瓦时;0.02 亿千瓦时一般工商业电量,成交均价 0.32885 元/千瓦时,较标杆上网电价平均下降 0.04852 元/千瓦时。

③月度集中成交电量 50 亿千瓦时,全部为大工业电量,成交均价 0.37746 元/千瓦时,较标杆上网电价平均下降 0.00694 元/千瓦时。

2)售电公司概况

2017 年全年共有 40 家售电公司(代理零售用户 3261 家)达成交易,合计成交大工业电量 428.02 亿千瓦时,占购电侧大工业全年成交电量的 77.83%,成交均价 0.34399 元/千瓦时;一般工商业 0.02 亿千瓦时,占购电侧一般工商业全年成交电量的 100%,成交均价 0.32885 元/千瓦时。

3)一级用户概况

2017 年全年共 42 家批发用户达成交易,合计成交电量 121.96 亿千瓦时(全部为大工业电量),占购电侧大工业全年成交电量的 22.17%,成交均价为 0.33456 元/千瓦时。

(3)交易效益

2017 年直接交易大工业电量(549.98 亿千瓦时)购电均价 0.34190 元/千瓦时,较目录电价平均下降 0.06540 元/千瓦时,降低企业购电成本达 36 亿元;一般工商业电量(0.02 亿千瓦时)购电均价 0.32885 元/千瓦时,较目录电价平均上升 0.01158 元/千瓦时,购电成本上涨 0.0004 亿元。2017 年直接交易电量总计 550 亿千瓦时，降低企业购电成本 35.9678 亿元。其中：

①年度双边大工业电量（400 亿千瓦时）购电均价为 0.33067 元/千瓦时，较目录电价平均下降 0.07602 元/千瓦时，降低企业购电成本 30.4097 亿元。年度双边无一般工商业电量。

②年度集中大工业电量（99.98 亿千瓦时）购电均价为 0.36902 元/千瓦时，较目录电价平均下降 0.03823 元/千瓦时，降低企业购电成本 3.8225 亿元；一般工商业电量（0.02 亿千瓦时）购电均价为 0.32885 元/千瓦时，较目录电价平均上升 0.01158 元/千瓦时，购电成本上涨 0.0004 亿元。

③月度集中大工业电量（50 亿千瓦时）购电均价为 0.37746 元/千瓦时，较目录电价平均下降 0.03472 元/千瓦时，降低企业购电成本 1.7360 亿元。月度集中无一般工商业电量。

5.3.2　2018 年电力直接交易情况

（1）总体成交情况

2018 年度直接交易总规模为 520 亿千瓦时，其中年度双边交易规模 450 亿千瓦时，年度集中交易规模 70 亿千瓦时（图 5-2）。

本次年度直接交易成交总电量 520 亿千瓦时，成交均价 0.35338 元/千瓦时，降低企业购电成本 30.58 亿元（图 5-3）。其中：

①年度双边交易成交电量为 450 亿千瓦时，成交均价为 0.34689 元/千瓦时，降低企业购电成本 29.38 亿元。

②年度集中交易成交电量为 70 亿千瓦时，统一出清电价为 0.39510 元/千瓦时，降低企业购电成本 1.20 亿元。

（2）市场主体交易情况

1）售电公司交易情况

49 家售电公司中有 42 家售电公司共成交电量 322.5 亿千瓦时，成交均价 0.34891 元/千瓦时，占总成交电量 520 亿千瓦时的 62.0%。

2）一级用户交易情况

69 家一级用户共成交电量 197.5 亿千瓦时，成交均价 0.34981 元/千瓦时，占总成交电量 520 亿千瓦时的 38.0%。

一级用户,
170.4亿千瓦时,
38.7%

售电公司,
276.0亿千瓦时,
61.3%

(a) 年度双边交易

一级用户,
23.5亿千瓦时,
33.6%

售电公司,
46.5亿千瓦时,
66.4%

(b) 年度集中交易

一级用户,
197.5亿千瓦时,
38.0%

售电公司,
332.5亿千瓦时,
62.0%

(c) 年度直接交易

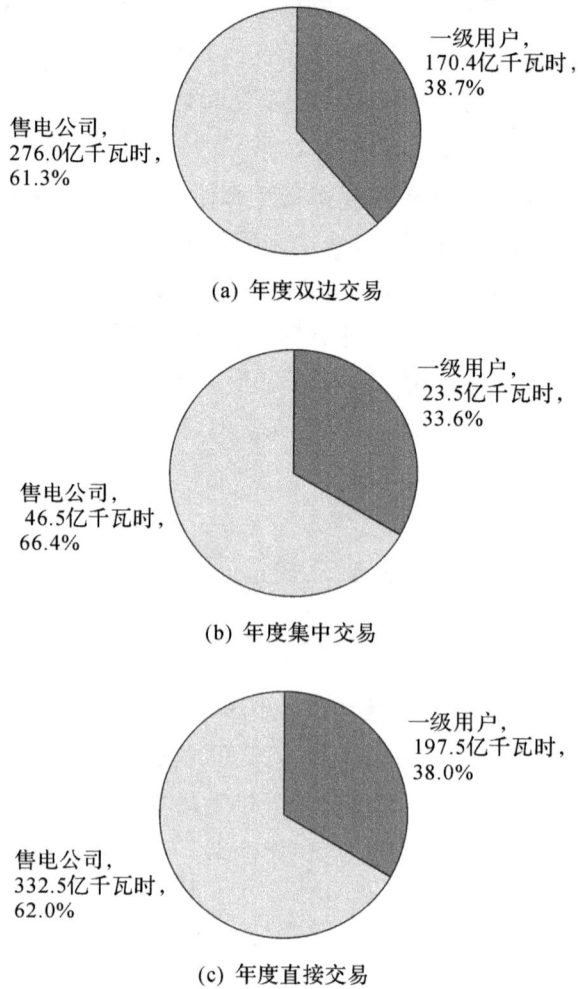

图 5-2　2018 年度购电侧直接交易成交电量

(3)交易效益分析

本次成交总电量为 520 亿千瓦时,成交均价为 0.35338 元/千瓦时,较标杆上网电价 0.38440 元/千瓦时下降 0.03102 元/千瓦时;直接交易购电均价较用户目录电价下降 0.05880 元/千瓦时,共降低企业购电成本 30.58 亿元。详情如表 5-1、图 5-2 和图 5-3 所示。

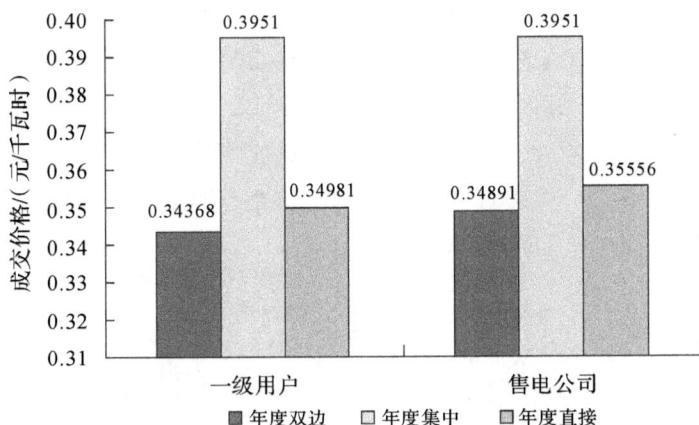

图 5-3　2018 年度购电侧直接交易成交价格

表 5-1　2018 年度直接交易效益情况表

	购电方	成交电量 (亿千瓦时)	成交均价 (元/千瓦时)	标杆差价 (元/千瓦时)	总差价 (元/千瓦时)	降低成本 (亿元)
年度 双边	一级用户	173.99	0.34368	0.04072	0.06850	11.92
	售电公司	276.01	0.34891	0.03549	0.06327	17.46
	合计	450	0.34689	0.03751	0.06529	29.38
年度 集中	一级用户	23.54	0.39510	−0.01070	0.01708	0.40
	售电公司	46.46	0.39510	−0.01070	0.01708	0.79
	合计	70	0.39510	−0.01070	0.01708	1.20
年度 直接	一级用户	197.53	0.34981	0.03459	0.06237	12.32
	售电公司	322.47	0.35556	0.02884	0.05662	18.26
	合计	520	0.35338	0.03102	0.05880	30.58

　　年度双边交易成交电量为 450 亿千瓦时,成交均价为 0.34689 元/千瓦时,较标杆上网电价下降 0.03751 元/千瓦时;直接交易购电均价较用户目录电价下降 0.06529 元/千瓦时,降低企业购电成本 29.38 亿元。

　　年度集中交易成交电量为 70 亿千瓦时,统一出清电价为 0.39510 元/千瓦时,较标杆上网电价增加 0.01070 元/千瓦时;直接交易购电均价较用户目录电价下降 0.01708 元/千瓦时,降低企业购电成本 1.20 亿元。

一级用户成交电量 197.53 亿千瓦时,成交均价 0.34981 元/千瓦时,较标杆上网电价下降 0.03459 元/千瓦时;直接交易购电均价较用户目录电价下降 0.06237 元/千瓦时,降低企业购电成本 12.32 亿元。

售电公司成交电量 322.47 亿千瓦时,成交均价 0.35556 元/千瓦时,较标杆上网电价下降 0.02884 元/千瓦时;直接交易购电均价较用户目录电价下降 0.05662 元/千瓦时,降低企业购电成本 18.26 亿元(图 5-4)。

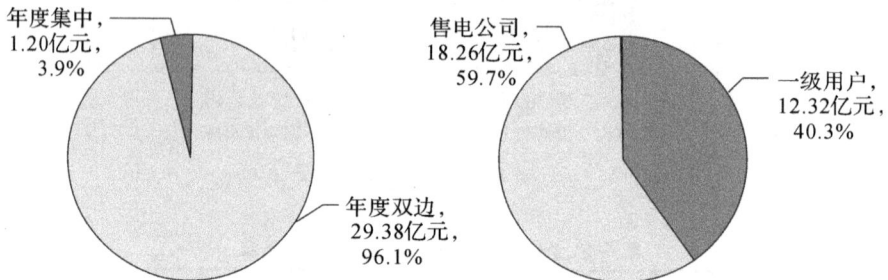

图 5-4　2018 年度直接交易降低购电成本情况

5.3.3　2019 年电力直接交易情况

(1)总体成交情况

2019 年全年全省共成交直接交易电量 771.21 亿千瓦时,同比增长 33.0%,成交均价 0.34605 元/千瓦时,较标杆上网电价下降 0.03835 元/千瓦时。其中,

①年度双边交易成交电量 760.20 亿千瓦时,占比 98.6%,成交均价为 0.34697 元/千瓦时;

②年度集中交易成交电量 5.44 亿千瓦时,占比 0.7%,统一出清电价为 0.26150 元/千瓦时;

③2—12 月份,共计 11 批次月度集中交易成交电量为 5.57 亿千瓦时,占比 0.7%,出清均价为 0.30367 元/千瓦时(图 5-5)。

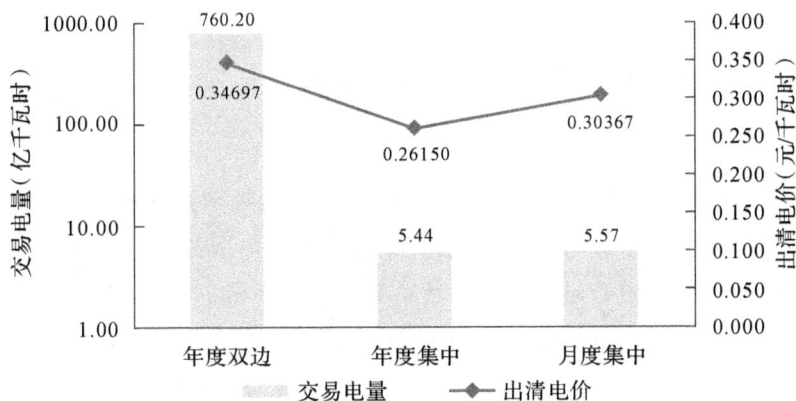

图 5-5 2019 年度电力直接交易成交情况图

（2）电量转让情况

2—12 月份，共计 11 批次月度合同转让成交电量为 16.41 亿千瓦时（未新增电量），转让均价为 0.34831 元/千瓦时。其中购电侧转让电量16.06 亿千瓦时，转让均价为 0.34850 元/千瓦时；发电侧转让电量 0.35 千瓦时。转让均价为 0.33960 元/千瓦时（图 5-6）。

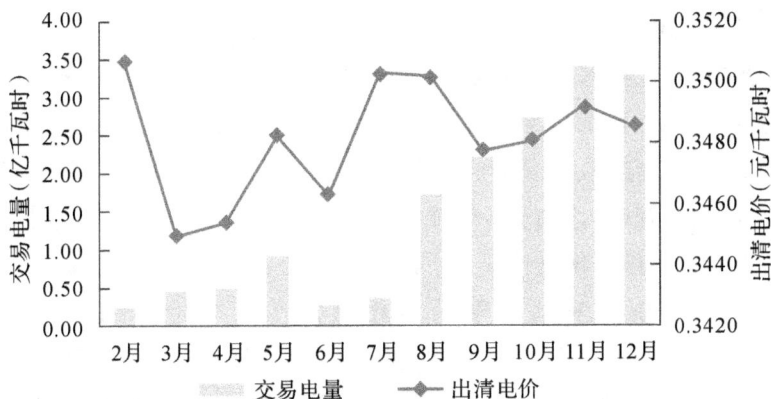

图 5-6 2019 年度合同转让成交情况图

（3）市场主体成交情况

一级用户（68 家）共成交电量 262.55 亿千瓦时，占比 34.0%，成交均价0.34418 元/千瓦时。售电公司（64 家，代理二级用户 5813 家）成交电量508.66 亿千瓦时，占比 66.0%，成交均价 0.34703 元/千瓦时。

5.4 安徽电力市场电量结算

安徽电力交易中心依据相关政策规定提供结算依据和服务,根据交易结果和执行结果,出具电量电费、辅助服务费及输电服务费等结算凭证。同时,安徽电力交易中心建立保障电费结算的风险防范机制,根据市场交易发展情况及市场主体意愿,逐步细化完善交易结算相关办法,规范交易结算职能。

5.4.1 2017 年电量结算情况

(1)发电侧结算情况

2017 年,共结算上网电量 1463.09 亿千瓦时,均价 0.3624 元/千瓦时,结算发电单元总容量 3783 万千瓦。

(2)用户侧直接交易结算情况

2017 年,共 28 家发电单元、42 家批发用户和 40 家售电公司参与电力市场直接交易结算,其中售电公司共代理零售用户 3928 家。全年结算直接交易电量 549.50 亿千瓦时,占合同量的 99.89%,均价 0.3419 元/千瓦时,差额电费 35.87 亿元,合同未执行电量 0.5029 亿千瓦时,其中产生偏差电量 0.4137 亿千瓦时,违约金 47.11 万元。

1)直接交易结算增长情况

2017 年直接交易结算电量同比增加 161.04 亿千瓦时,增长率 41.46%。2017 年直接交易结算均价同比上涨 0.0196 元/千瓦时,增长率 6.08%。2017 年,政府进一步扩大直接交易规模,市场开放程度不断提高,直接交易结算电量较 2016 年呈现较大幅度增长。受煤价持续走高影响,直接交易价格较去年也略有上涨。直接交易电量增长情况如图 5-7 所示。

2)各类型直接交易合同结算情况

①直接交易合同类型情况

2017 年,直接交易方式较 2016 年增加了月度集中交易,形成了年度双

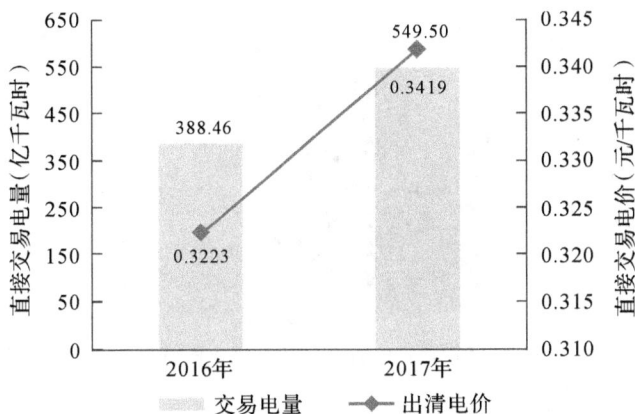

图 5-7　2017 年度安徽省电力市场直接交易电量增长情况

边、集中及月度集中三种交易方式。全年共结算直接交易合同 254 份,市场成交价发电侧较标杆电价下降 3.096 分/千瓦时,用户侧较目录电价下降 6.527 分/千瓦时。其中年度双边、集中直接交易合同共 140 份,市场成交价发电侧较标杆电价下降 3.102 分/千瓦时,用户侧较目录电价下降 6.832 分/千瓦时;月度直接交易合同 114 份,市场成交价发电侧较标杆电价下降 0.694 分/千瓦时,用户侧较目录电价下降 3.472 分/千瓦时。各类型直接交易合同数量如图 5-8 所示。

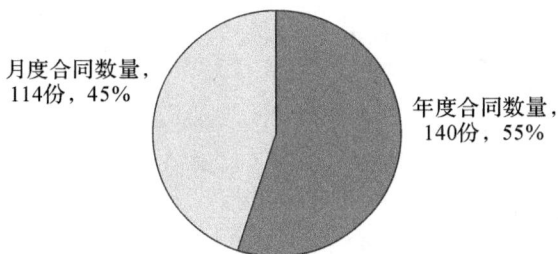

图 5-8　2017 年度安徽省电力市场各类型直接交易合同数量

②各类型直接交易合同结算情况

2017 年,年度直接交易合同结算电量 499.88 亿千瓦时,合同完成率 99.98%,均价 0.3383 元/千瓦时,差额电费 34.15 亿元;月度直接交易合同结算电量 49.62 亿千瓦时,合同完成率 99.24%,均价 0.3775 元/千瓦时,差额电费 1.72 亿元。各类型合同直接交易结算电量如图 5-9 所示。

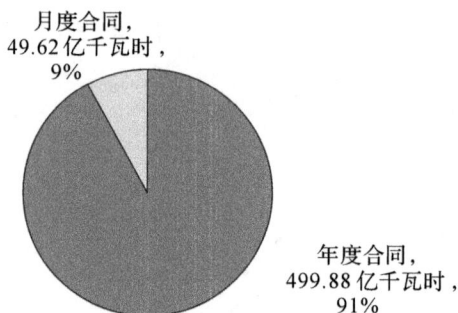

图 5-9　2017 年度安徽省电力市场各类型合同直接交易结算电量

③各类型直接交易合同违约情况

2017 年共有 5 份合同发生执行偏差,累计结算偏差电量 0.4137 亿千瓦时,违约金 47.11 万元。其中年度合同违约 1 份,偏差电量 0.0678 亿千瓦时,违约金 20.98 万元;月度合同违约 4 份,偏差电量 0.3459 亿千瓦时,违约金 26.13 万元。从各类型直接交易合同违约情况分析,月度合同实行"月结月清"结算方式,在违约风险上要大于年度合同的"月结年清"方式,但年度合同降价幅度较月度合同大。各类型直接交易合同违约情况如图 5-10 所示。

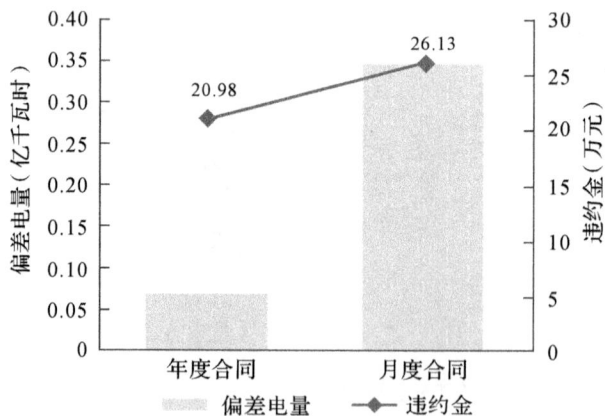

图 5-10　2017 年度安徽省电力市场各类型直接交易合同违约情况

3）各类别购电主体直接交易结算情况

①购电主体变化情况

2017 年,售电公司作为新的购电主体加入安徽电力市场,购电侧形成了售电公司、批发用户两类购电主体。全年共结算直接交易合同 254 份,市场成交价发电侧较标杆电价下降 2.946 分/千瓦时,用户侧较目录电价下降 6.527 分/千瓦时。其中售电公司直接交易合同 182 份,价差 6.331 分/千瓦时;批发用户直接交易合同 72 份,市场成交价发电侧较标杆电价下降 3.578 分/千瓦时,用户侧较目录电价下降 7.214 分/千瓦时。各类别购电主体直接交易合同数量如图 5-11 所示。

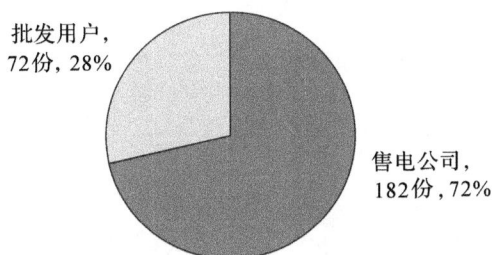

图 5-11　2017 年度安徽省电力市场各类别购电主体直接交易合同数量

②各类别购电主体结算基本情况

2017 年售电公司结算电量 427.57 亿千瓦时,均价 0.3440 元/千瓦时,差额电费 27.08 亿元;批发用户结算电量 121.93 亿千瓦时,均价 0.3346 元/千瓦时,差额电费 8.79 亿元。各类别购电主体直接交易结算电量如图 5-12 所示。

③各类别购电主体结算违约情况

2017 年共有 5 份合同发生执行偏差,累计结算违约偏差电量 0.4137 亿千瓦时,违约金 47.11 万元。其中售电公司发生合同违约 2 份,偏差电量 0.4041 亿千瓦时,违约金 46.54 万元;批发用户发生合同违约 3 份,偏差电量 0.0096 亿千瓦时,违约金 0.57 万元。各类别购电主体结算违约情况如图 5-13 所示。

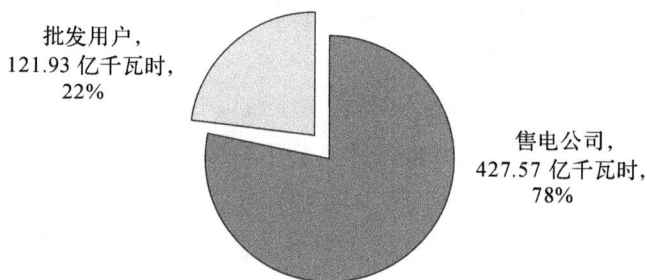

图 5-12　2017 年度安徽省电力市场各类别购电主体直接交易结算电量

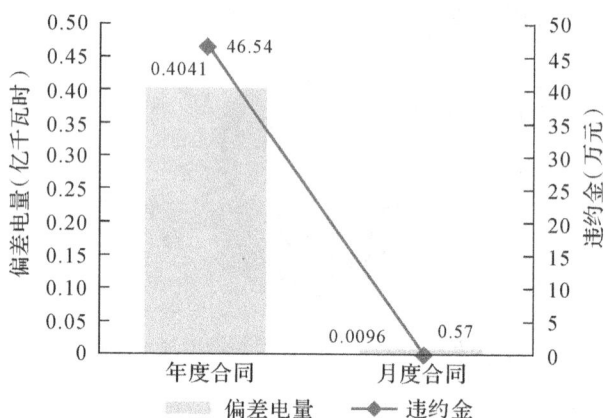

图 5-13　2017 年度安徽省电力市场各类别购电主体结算违约情况

5.4.2　2018 年电量结算情况

(1)结算总体情况

2018 年,安徽电力交易中心面向 4677 家市场主体提供结算服务,发用两侧共计结算电量 2175.38 亿千瓦时,同比增长 8.09%。

4677 家市场主体涵盖发用两侧,同比增长 473 家。其中发电侧电厂240 家,用电侧一级用户 69 家、售电公司 45 家、二级用户 4323 家。

发电侧结算上网电量 1598.16 亿千瓦时,同比增长 9.23%,发电侧购电量占安徽省公司总购电量 86.53%。用电侧结算直接交易电量 577.22 亿千瓦时,同比增长 5.04%,占省电力公司总售电量 33.31%,降低用户用电成本 32.74 亿元,同比减少 8.73%。

（2）发电侧结算情况

2018 年,共结算发电厂 240 家,总容量 4397 万千瓦,同比增长 12.37%。

综合近几年发电侧容量变化情况,2018 年太阳能、风电新能源装机容量增速已明显放缓（图 5-14、表 5-2）。

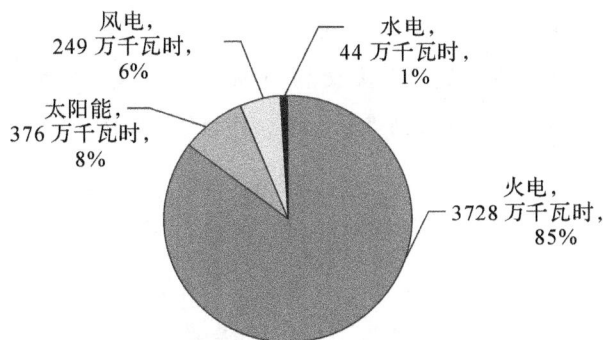

图 5-14 2018 年各电源类型容量占比情况

表 5-2 **2018 年度各电源类型容量增长情况**

年份	发电容量（万千瓦）				
	火电	太阳能	风电	水电	合计
2017	3307	330	232	44	3913
2018	3728	376	249	44	4397
增长率	12.73%	13.91%	7.38%	0	12.37%

（3）用电侧结算情况

2018 年,用电侧共计 4437 家购电主体参与直接交易结算,用户数较去年增长 10.65%。

表 5-3　2018 年度用电侧增长情况

年份	用电侧(家)			
	一级用户	售电公司	二级用户	合计
2017 年	42	40	3928	4010
2018 年	69	45	4323	4437
增长率	64.29%	12.50%	10.06%	10.65%

1)用电侧结算总体情况

2018 年,用电侧共结算直接交易电量 577.22 亿千瓦时,差额电费 32.74 亿元,结算电价较目录侧下降 5.67 分/千瓦时(图 5-15、表 5-4)。

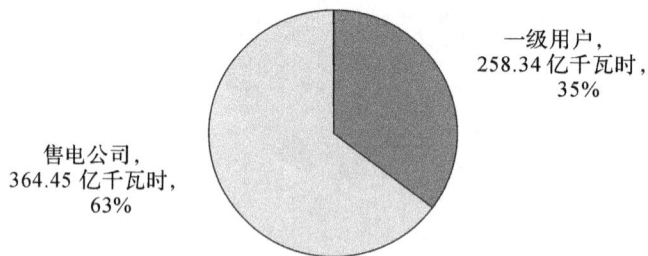

一级用户,
258.34 亿千瓦时,
35%

售电公司,
364.45 亿千瓦时,
63%

图 5-15　2018 年度市场主体各类型结算电量占比

表 5-4　2018 年度用电侧结算增长情况

年份	结算电量 (亿千瓦时)	结算均价下降 (分/千瓦时)	差额电费 (亿元)	偏差电量 (亿千瓦时)	违约金 (万元)
2017 年	549.50	6.53	35.87	0.41	47.11
2018 年	577.22	5.76	32.74	0.71	98.59
增长率	5.04%	−13.17%	−8.73%	73.17%	109.28%

2)一级用户结算情况

2018 年,一级用户结算电量 212.77 亿千瓦时,差额电费 12.95 亿元(表 5-5)。

表 5-5 2018 年度一级用户结算情况

年份	结算电量（亿千瓦时）	结算均价下降（分/千瓦时）	差额电费（亿元）	偏差电量（亿千瓦时）	违约金（万元）
2017 年	121.93	7.21	8.80	0.01	0.57
2018 年	212.77	6.09	12.95	0.47	96.79
变化量	90.84	−1.12	4.16	0.46	96.21

2018 年售电公司受 60 亿千瓦时规模限制，所代理的部分二级用户转为一级用户参与批发市场交易，造成一级用户结算电量增长。

3）售电公司结算情况

2018 年，售电公司结算电量 364.45 亿千瓦时，结算差额电费 19.79 亿元（表 5-6）。

表 5-6 2018 年度售电公司及二级用户结算情况

年份	结算电量（亿千瓦时）	差额电费（亿元）
2017 年	427.57	27.08
2018 年	364.45	19.79
变化率	−17.32%	−36.84%

4）用电侧违约考核情况

2018 年用电侧累计发生合同执行偏差电量 0.71 亿千瓦时，收取违约金 98.59 万元。

表 5-7 2018 年度购电主体违约考核情况变化情况

年份	偏差电量（万千瓦时）	违约金（万元）
2017 年	4137	47.11
2018 年	7105	98.59
变化量	71.74%	109.28%

5.4.3　2019 年电量结算情况

（1）结算总体情况

2019 年，全年累计发电侧结算上网电量 1729.54 亿千瓦时，同比增长 8.22%；用电侧结算直接交易电量 735.92 亿千瓦时，同比增长 27.49%，占安徽省全社会用电量 33%，降低用户用电成本 51 亿元，同比增长 55.77%。

（2）发电侧结算情况

2019 年，共结算发电厂 262 家，总容量 4500 万千瓦，同比增长 2.43%。

综合近几年发电侧容量变化情况，2019 年太阳能、风电新能源装机容量增速已降至个位数（图 5-16）。

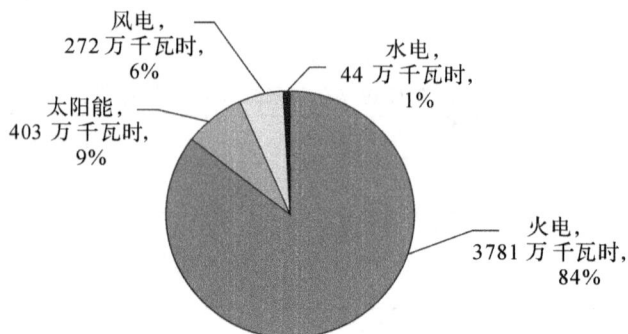

图 5-16　2019 年度各电源类型容量占比情况

2019 年，安徽电力交易中心结算发电侧上网电量共 1729.54 亿千瓦时，同比增长 8.22%。其中，火电上网电量占比 94.1%，较 2018 年下降了 0.1%（图 5-17）。除火电外，太阳能增速高于平均水平，风电较上年度呈现负增长。

2019 年发电侧直接交易电量 767.94 亿千瓦时，结算均价 0.34604 元/千瓦时，发电侧直接交易合同执行偏差 3.26 亿千瓦时，偏差电费 1254.96 万元（表 5-8）。

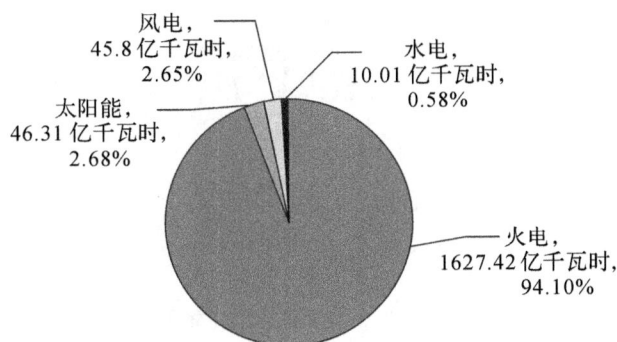

图 5-17 2019 年度各电源结算上网电量占比情况

表 5-8 2019 年度直接交易总体情况

年份	直接交易电量 （亿千瓦时）	结算均价 （元/千瓦时）	偏差电量 （亿千瓦时）	偏差电费 （万元）
2018 年	577.22	0.35650	0	0
2019 年	767.94	0.34604	3.26	1254.96
增长率	33.04%	−2.93%	—	—

（3）用电侧结算情况

2019 年，用电侧共计 5959 家购电主体参与直接交易结算，用户数较去年增长 34.30%，主要为二级用户增长（表 5-9）。

表 5-9 2019 年度用电侧增长情况

年份	一级用户（家）	售电公司（家）	二级用户（家）	合计（家）
2018 年	69	45	4323	4437
2019 年	68	64	5827	5959
增长率	−1.45%	42.22%	34.79%	34.30%

2019 年，用电侧共结算直接交易电量 735.92 亿千瓦时（图 5-18、表 5-10），差额电费 51.01 亿元，结算电价较目录侧下降 6.93 分/千瓦时，结算偏差电量 24.54 亿千瓦时，偏差电费 9268.39 万元。首次进行全电量模式结算，偏差电量、电费较 2018 年有大幅度增长。

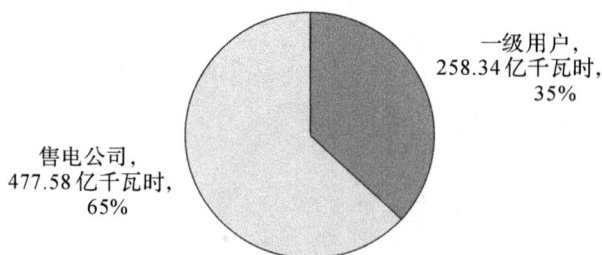

图 5-18　2019 年度市场主体各类型结算电量占比

表 5-10　2019 年度用电侧结算增长情况

年份	结算电量 （亿千瓦时）	结算均价下降 （分/千瓦时）	差额电费 （亿元）	偏差电量 （亿千瓦时）	偏差电费 （万元）
2018 年	549.50	6.53	35.87	0.71	98.59
2019 年	735.92	6.93	51.01	24.54	9268.39
增长率	33.93%	6.13%	42.21%	3356.34%	9300.94%

2019 年，一级用户结算电量 258.34 亿千瓦时，差额电费 18.21 亿元。售电公司结算电量 477.58 亿千瓦时，结算差额电费 32.80 亿元。

5.5　安徽电力市场交易平台

5.5.1　建设现状

安徽省作为电力市场交易平台首批开发试点省份，于 2014 年开展交易平台建设开发工作。

2014—2016 年，交易系统完成市场注册、交易组织、合同签订、计划编制、电量结算等核心功能模块应用，并随着改革深入推进，陆续开展扩展功能建设，完成信息发布、交易全景展示、市场运营管控、交易资源管控、交易合规管控、市场关键指标评估、移动终端交易应用、市场信息公示网站、新品种电力交易管理、交易平台电子签章等 22 个一级模块、152 个二级模块建设,实现系统上线运行。

2017 年,在前三年系统建设的基础上,结合新电改和新增业务需求,进一步完善升级系统,提升用户使用体验。截至目前,系统运行良好,有效支撑了"两级"电力交易业务的开展(图 5-19)。

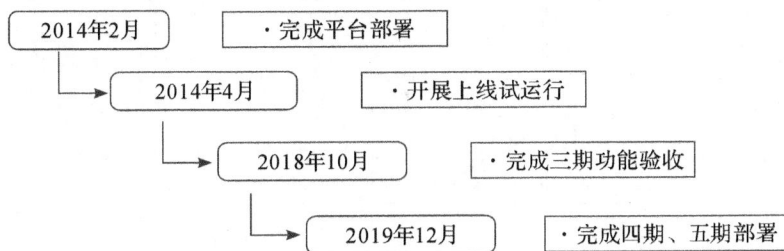

图 5-19　交易平台建设历程

5.5.2　运营状况

安徽电力市场成员已全部通过交易平台(图 5-20)完成注册,实现所有交易品种上平台组织开展,确保交易公告、交易申报、交易计算、交易出清各环节数据完整准确、流程规范,开展电力直接交易、省间交易、发电权交易等各类交易,实现在平台上完成电力预测、电量预测、平衡分析和平衡信息汇总发布,在线编制年度分月、月度发电计划;实现所有类型交易上平台结算,具备电价和成分维护功能,计量数据等原始数据自动采集,结算规则正确,结算结果精准;实现年度信息、季度信息、月度信息、交易公告和法律法规等信息的在线发布;实现交易、合同、计划、结算等基础模块数据在线数据抽取和分析统计。

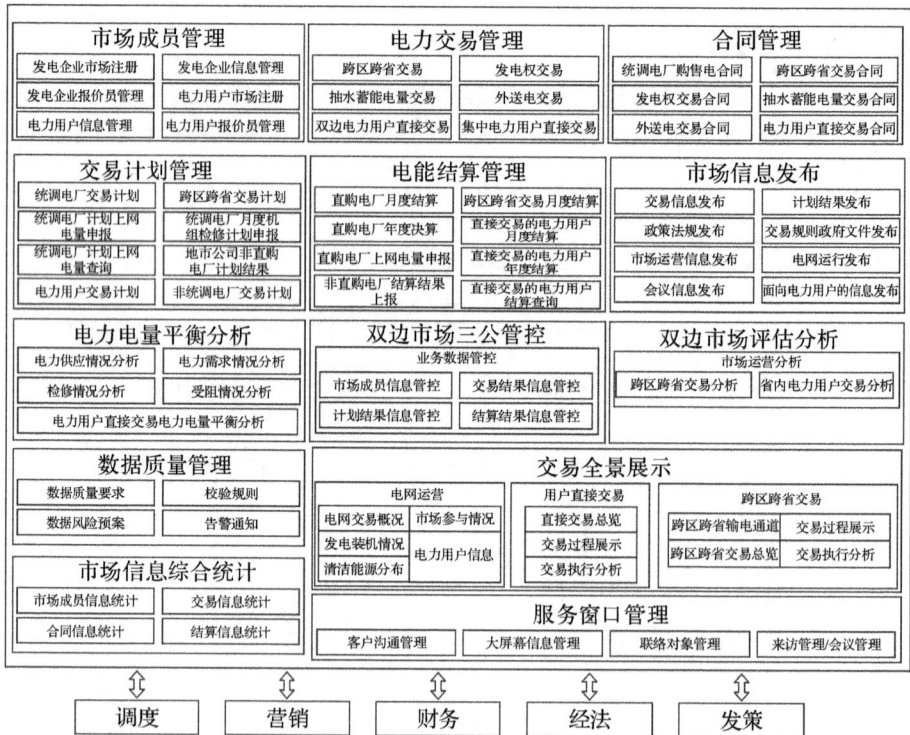

图 5-20　电力交易平台功能模板概览图

5.6　安徽电力市场管理委员会

2017 年 2 月 28 日,安徽省电力市场管理委员会(以下简称"委员会")成立,它是安徽电力市场的自治性议事协调机构,由发电方、购电方和电网企业等 3 个类别和省内研究机构推选的成员单位,以及固定成员单位省电力交易中心等组成。

5.6.1 委员会构成

委员会成员单位为 10 个,其中发电方 3 个、购电方 4 个(大中小电力用户和售电公司各 1 个)、电网企业 1 个、省内研究机构 1 个、省电力交易中心 1 个。除固定成员单位外,其余成员单位每 3 年推选一次。

委员会暂设委员 13 人,由推选成员单位和固定成员单位选派的代表和独立专家组成。其中,发电方、购电方和研究机构成员单位各选派 1 位代表担任委员,电网企业成员单位选派 3 位代表担任委员(包括调度机构人员 1 位),省电力交易中心主要负责人担任委员,委员会邀请 1 位独立专家担任委员。

委员会设主任 1 名,目前由省电力公司代表担任,主要负责主持委员会全体会议。委员会设秘书长 1 名,由省电力交易中心主要负责人担任,主要负责委员会和秘书处日常工作,并受主任委托主持委员会会议。

委员会秘书处设在省电力交易中心,主要承担委员会日常工作,联络成员单位和注册的市场主体,收集各方意见和会议议题,组织市场委员会会议、专业工作会议,承担委员会审议事项的相关工作。

5.6.2 委员会职责及工作机制

委员会是全省电力市场建设运营和监督管理的协商议事机构,主要职责包括以下 7 个方面:①委员会研究电力市场化建设有关问题,提出对策建议;②负责研究讨论交易机构章程、交易和运营规则;③对贯彻落实国家有关市场化改革政策、市场监督办法、维护市场主体合法权益、防范恶性竞争等提出建议和意见;④参与市场运行监督,提出市场干预建议,协调电力市场参与方在交易运营中发生的争议及其他相关事项;⑤评估全省电力市场交易情况,提出电力市场化交易规模、品种、规则等工作建议;⑥研究提出省电力交易中心高级管理人员建议;⑦承担安徽省能源局、国家能源局华东监管局等政府有关部门委托开展的电力市场建设、秩序维护等相关事项。

委员会议事方式主要采用全体会议和专题会议形式,相关意见或决议须经全体会议审议后方可作出。全体会议每年召开不少于 2 次,参会委员不少于 2/3。必要时,由主任、秘书长或 1/3 以上委员联名提议可临时召开。专题会议由委员会、类别组、专业工作组、专家委员会根据需要召开。省能源局、华东能源监管局等有关部门可派员参加委员会有关会议。委员会审议的事项,一般事项由半数以上参会委员同意,而重大事项由发电方、购电方和电网企业 3 个类别中参会的 3/5 及以上委员同意。

5.7 安徽电力交易中心

安徽电力交易中心有限公司由国网安徽省电力有限公司的原电网电力交易中心改组而成,于 2016 年 5 月 12 日正式挂牌成立,为国网安徽省电力有限公司的全资子公司,初期注册资本 5000 万元,2019 年 9 月增资至 1.04 亿元。下设市场、交易、结算和综合四个部门,其中市场部同时为安徽电力市场委员会秘书处。交易中心主要承担全省的电力市场建设、电力市场成员管理、各类交易组织、电量结算、合规管理和市场主体服务等工作。

其中,市场部(市场管理委员会秘书处)负责编制安徽省电力市场发展规划;负责研究编制省电力市场的交易规则和办法、交易方案;负责市场环境、交易价格、市场行为等电力市场发展预测和研判;负责组织开展电力市场相关研究,参与有关标准制定;负责市场成员注册管理,办理省内电力市场成员注册工作;负责市场管理委员会日常工作,开展议题征集、会议组织和决议落实等工作;负责市场管理委员会成员单位之间的日常协调联系;负责安徽省电力交易平台建设与运维;负责电力市场主体接入与应用培训等工作。

交易部负责组织开展电力市场分析预测,按时编制分析报告;负责按照交易规则在电力市场交易平台组织省内电力交易;负责编制年度市场化电力交易计划,编制季度、月度电力市场交易计划,跟踪分析交易计划执行情况;负责新机并网管理相关工作;负责电力交易合同管理,协调签订电力交易合同,汇总电力用户与发电企业签订的电力市场双边交易合同;负责制定省内电力市场分析预测、交易组织、交易计划、交易合同方面的规章制度。

结算部负责安徽电力市场交易结算工作,负责结算计量数据的核实、交易成分分劈、交易计算和核算、编制发行交易结算单,向市场成员出具结算依据;负责省内电力市场统计分析,编制安徽电力市场各类统计报表和分析报告;负责电力市场交易信息发布工作,按照政府和公司有关信息发布的要求,开展年度、季度、月度、日等信息发布工作;负责购电管理工作。

综合部负责公司内部党群管理廉政建设,人力资源、财务管理、内控管理监督及风险评估,负责公司合规管理工作,电力交易与市场秩序规范;负责组织重要会议;负责公文处理、企业年审、档案管理;负责后勤事务工作;归口法律事务、规章制度建设等工作;归口内部控制和全面风险管理体系建设工作;负责电力市场评估与风险防控工作;归口管理电力市场主体服务工作,负责电力交易大厅建设、运营。

5.8 本章小结

本章主要介绍了安徽电力市场的建设运营情况。首先,从市场成员、市场主体准入与退出条件、交易方式、电量结算、交易电量和争议违约处理方式等方面详细介绍了安徽电力市场规则。接着,从准入注册、交易组织、电量结算、交易平台、市场管理委员会等方面介绍了安徽电力市场近年来的运营情况。最后,简要介绍了安徽电力交易中心的组建及运作情况。

6 安徽电力市场关键问题探讨

近年来,安徽电力市场化改革持续深化,对市场机制设计等关键问题开展了研究。本章介绍了电力中长期市场偏差处理机制、清洁能源交易机制等方面研究内容。

6.1 电力中长期市场偏差处理机制

6.1.1 研究意义和背景

电力中长期交易是当前电力市场的主要交易品种,发电企业与电力用户通过签订年度、月度等交易合同,保障了双方生产的计划性和连续性。实际上,机组出力与用户负荷需求的远期准确预测无法实现,合同电量偏差难以避免。在成熟的电力市场交易框架下,中长期交易用于规避现货市场价格风险,市场主体可通过日前市场交易对中长期交易合同进行调整,并通过实时市场进行偏差平衡。

多年来,电力市场交易主要采用大用户直购电的形式,发电企业和用户的市场双边合同交易受到管制,交易电量仅占用户实际用电量的小部分,剩余电量采用目录电价进行结算,合同电量偏差问题没有突显。新一轮电力体制改革启动后,电力市场化交易不断推进,市场准入条件逐渐放开,交易比例逐步扩大。在用户侧全电量参与交易的市场模式下,用户实际用电量与中长期合同的偏差处理问题受到越来越多的重视。不可忽视的是,电力中长期交易合同普遍仅约定某一时间周期内的交易电量,并未约定特定时段的交割电力;调度机构根据发电企业总合同电量安排其各时段的发电出力。当市场任一发、用电主体在电量合同执行过程中出现电量偏差,调度机构需要调整其他发电企业的发电计划以实现系统整体的发用电量平衡,难以保障偏差电量处理的经济性与结算的公平性。在此背景下,设计合理的合同电量偏差处理与结算机制,保障中长期交易向现货市场的有效衔接,成为安徽电力市场发展建设的关键问题。对此,本书对合同电量偏差考核机制设计以及发、用电主体对其的响应策略进行了探讨,以期对电力市场偏差考核机制设计提供理论借鉴。

6.1.2 偏差考核机制的阈值优化设计

(1)基于具有奖惩机制的 PBR 的偏差电量考核机制

英国、挪威、美国等许多国家在配电系统中实施基于绩效的管制,以提高运营效率和降低电价,但配电公司为提高效率,可能采取降低成本的措施,例如减少设备投资、延长设备维修时间间隔等,导致配电系统可靠性的降低[1-2]。为了保证供电可靠性,监管机构在实施 PBR(Performance-based Regulation,基于绩效的监管)管制模式时,通常引入奖惩机制(Reward Penalty Scheme,RPS),根据供电可靠性水平,给予配电公司一定金额的奖励或者惩罚[3]。图6-1 所示为 RPS 机制的 4 种形式:最小值标准型(Minimum Standards)、连续型(Continuous)、封顶型(Capped)和死区型(Dead Band)[4]。最小值标准型是一种离散(质量和价格的离散关系)的 RPS 机制,当配电公司的供电可靠性低于目标值时,将受到一个固定的惩罚。这种形式不利于激励配电公司将其可靠性设定在高于目标值水平上,因此系统的可靠性由目标值决定。后 3 种形式是关于质量和价格之间的连续函数,比最小值标准型更能激励配电公司实现社会经济最佳可靠性水平。连续型 RPS 机制下,配电公司的可靠性水平一旦偏离目标值,将受到奖励或者惩罚。封顶型 RPS 机制与连续型相似,区别在于它对配电公司的奖励和惩罚设置了上限值,以限制配电公司的财务风险。死区型 RPS 机制在目标值附近设置了一个既不奖励也不惩罚的区域,以避免由随机因素导致可靠性水平的波动而引起配电公司的财务风险;在此区间外也类似于连续型 RPS 机制,奖励和惩罚随着可靠性水平的变化而变化。

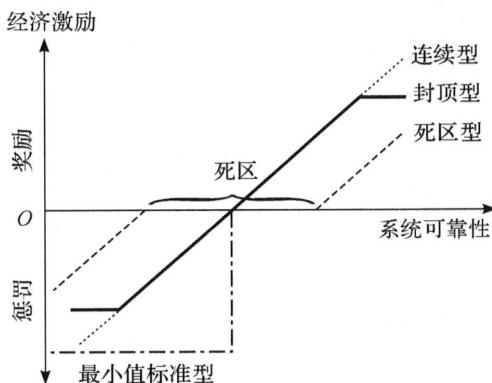

图 6-1　RPS 机制的 4 种形式

　　偏差电量考核与配电系统可靠性监管类似,本质上都是由于市场主体绩效偏离理想设定值,而对其进行经济上的奖励或者惩罚,激励其提高绩效以实现社会经济最优。目前国内大部分省市采用的单段式偏差考核机制与最小值标准型 RPS 机制类似,免考核范围外的偏差电量都按照某一固定的价格来考核,没有体现偏差大小对系统整体平衡的影响,不利于激励售电公司将偏差率控制在较低的水平。为此,江苏省设置了多段式考核机制,考核价格阶梯上升。免考核范围(考核阈值)为±3%,−3%以下的负偏差电量按照燃煤标杆电价的 10%考核,3%至 10%之间的正偏差电量按照销售目录电价的 10%来考核;10%以上的正偏差电量按照销售目录电价的 20%来考核。由此可见,对不同偏差率范围内的偏差电量采用不同的考核单价是一种趋势。此外,分段线性的惩罚函数也被用于挪威的电力市场,以结算实际用电负荷与日前电力市场中标电力之间的偏差[5-6]。因此,本书借鉴连续型 RPS 机制对配电公司的经济激励随着其供电可靠性水平而变化的思想,结合封顶型 RPS 和死区型 RPS 的特点,设计分段线性的偏差考核机制对售电公司的偏差电量进行惩罚。

　　图 6-2 所示为偏差电量考核单价与售电公司合同执行偏差率的关系。按合同执行偏差率的差异,分为 3 个区域:免考核区域、负偏差考核区域和正偏差考核区域。免考核区域的设置是为了降低售电公司受考核的风险[7-8],由于受天气、政策等随机因素的影响,售电公司实际用电量与合同电量之间难免有偏差,因此在偏差为零附近的一定区域内是可接受的偏差,不

进行惩罚。当合同执行偏差率高于免考核区域的正边界时,售电公司受到正偏差考核,且考核单价随着偏差率的增大由零开始线性上升,在拐点 M 达到正偏差考核单价上限值。负偏差考核区域与正偏差考核区域类似。考核单价上限的设置是为了降低售电公司的财务风险,避免因某月偏差控制不当而发生破产的可能。

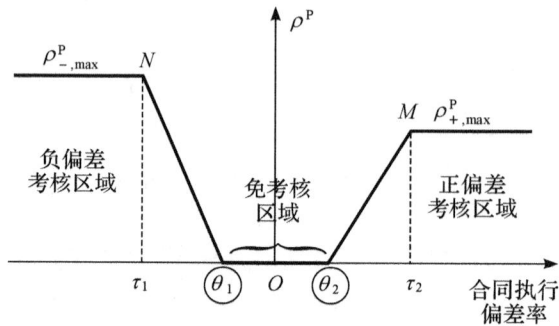

图 6-2 考核单价分段线性的偏差考核机制

考核单价与免考核范围的正负边界、最大限值拐点的横轴坐标等参数的设置密切相关,其表达式为

$$\rho^{P}(\alpha_k)=\begin{cases} \rho^{P}_{-,\max}, & \alpha_k < \tau_1 \\ \dfrac{\rho^{P}_{-,\max}}{\tau_1-\theta_1}\alpha_k - \dfrac{\rho^{P}_{-,\max}}{\tau_1-\theta_1}\theta_1, & \tau_1 \leqslant \alpha_k < \theta_1 \\ 0, & \theta_1 \leqslant \alpha_k < \theta_2 \\ \dfrac{\rho^{P}_{+,\max}}{\tau_2-\theta_2}\alpha_k - \dfrac{\rho^{P}_{+,\max}}{\tau_2-\theta_2}\theta_2, & \theta_2 \leqslant \alpha_k < \tau_2 \\ \rho^{P}_{+,\max}, & \tau_2 \leqslant \alpha_k \end{cases} \tag{6-1}$$

式中:$\rho^{P}(\alpha_k)$ 表示售电公司 k 的合同电量偏差执行率为 α_k 时对应的考核单价;$\rho^{P}_{+,\max}$ 和 $\rho^{P}_{-,\max}$ 分别表示正、负偏差电量考核单价的上限值;τ_1 和 τ_2 分别表示达到负、正偏差考核单价上限值的合同执行偏差率;θ_1 和 θ_2 分别表示免考核区域的上、下边界,其中 $\theta_1 < 0, \theta_2 > 0$;$\alpha_k$ 为合同电量执行偏差率,表示售电公司 k 在场景 ω 下 t 时段的售电量 $E^{S}_k(\omega,t)$ 和合同电量 $E^{B}_k(t)$ 的差值与合同电量的比率,其表达式为

$$\alpha_k(\omega,t) = \frac{E_k^{\mathrm{S}}(\omega,t) - E_k^{\mathrm{B}}(t)}{E_k^{\mathrm{B}}(t)} \tag{6-2}$$

(2)偏差电量考核机制下考虑可调节负荷的售电公司的最优经营策略

售电公司是将电力商品由发电公司或批发市场销售至终端用户的中间商,以购售电作为其基本业务,具有紧密连接其他市场主体的职能,增加了电力市场的流动性。在现货市场建立前,售电公司代理用户通过中长期市场中的双边合同和集中竞争交易向多家发电企业购买电能。根据出力特性、发电成本和清洁程度的差异,发电机组可分为可再生能源机组和常规能源机组这两类。在双边市场中,售电公司可以自由选择与可再生能源机组和常规能源机组议价谈判购买电能,而月度集中竞争交易市场中则只能购买常规能源。

由于用户侧的用电需求具有波动性,售电公司面临着偏差电量考核的风险。售电公司可以通过以下几种途径来降低偏差电量考核费用:①提高负荷预测的精度,这对售电公司的技术实力要求较高。②通过向用户分摊偏差考核费用来转移风险,但会减少用户黏性。③利用用户的负荷弹性,在电量短缺时调用可中断负荷来减少正偏差,在电量剩余时对用户进行激励增加其用电量,从而减少负偏差。可调节负荷具有简单易行的特点,是售电公司进行负荷和风险管理、实现企业与用户双赢的重要手段[9]。④利用储能和分布式发电等灵活性资源来实现偏差的减少,但在中长期交易以月度为结算周期的长时间尺度上不适用[10]。⑤利用不同用户之间负荷特性的差异,进行组合管理,实现偏差率的降低[11]。⑥通过售电公司间的电量互保策略来降低电量偏差,实现正负偏差的相互调剂,但这取决于具体的政策,目前只有较少省份允许售电侧的事后合同电量转让。

本书在考虑售电公司最优经营策略问题时有如下假设:①由于直接参与市场交易的电力大用户的偏差考核及应对考核的策略与售电公司基本没有差异,可视为仅代理本企业负荷的小型售电公司,本书在需求侧仅考虑售电公司在偏差考核机制下的经营策略;②售电公司代理用户的购电合同采用全电量模式,并且承诺负责该用户的全部偏差电量考核;③售电公司参与年度双边协商市场和月度集中竞争市场,在年度双边市场中与发电厂签订电量合同,并将电量分解至每月,双边交易的价格由合同双方协商确定,集中竞争市场中供给侧申报电量和电价,需求侧仅需申报电量,交易价格由市场统一出清确定;④为了规避在月度集中竞争市场中的价格波动风险,售电公司通过双边协商市场签订90%的电量,剩余电量在月度集中竞争市场中购买;⑤售电公司仅通过调用可调节负荷来应对偏差电量考核。售电公司的购售电业务模式如图6-3所示。

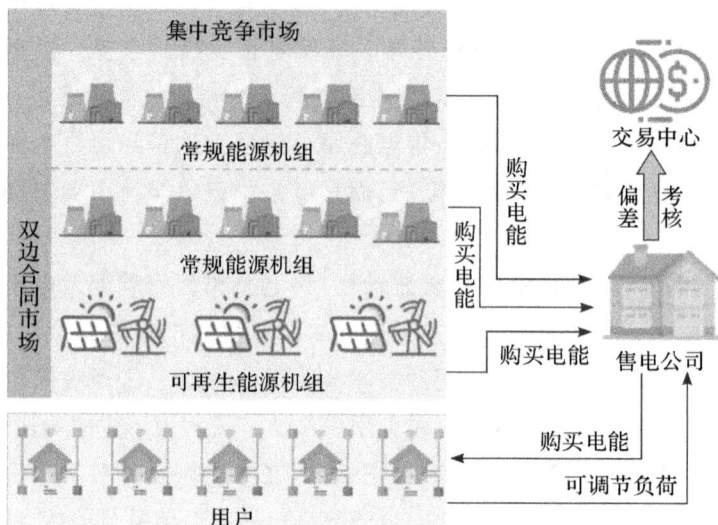

图 6-3 售电公司的购售电业务模式

用户的用电负荷通常分为刚性负荷和柔性负荷,其中前者指必须随时满足的电力需求,后者指以原始用电方式为基准,在一定范围内可以进行调整的用电负荷,包括空调、冰箱等传统负荷和储能、电动汽车等双向可控负荷。柔性负荷可响应售电公司的需求和指令并参与电力电量平衡[12],在售电公司的经济激励下,为可削减负荷(decreasable load,DEC)和可增长负荷(increasable load,INC)。如图6-4的情形1所示,当月底还有大量电量富余时,售电公司通过经济激励来鼓励用户增加用电需求,以降低负偏差考核风险。类似地,如图6-4的情形2所示,在电量紧缺时,售电公司通过调用可削减负荷以避免受到正偏差考核,用户响应调用指令获得经济补偿。

由消费者心理学可知,用户的响应程度与补偿价格相关[13]。如图6-5所示,用户的响应曲线分为死区、线性区和饱和区。当补偿单价低于可觉察

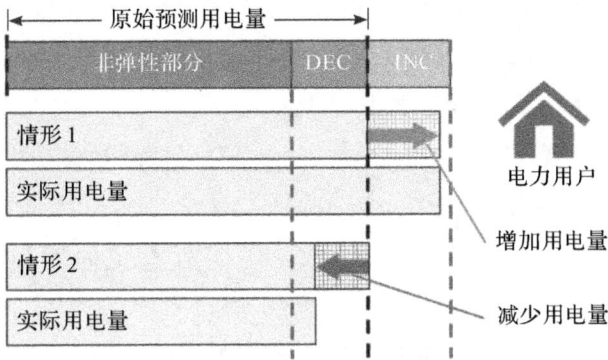

图 6-4 电力用户的柔性负荷响应

阈值时,用户基本不响应;超过该阈值,用户开始响应中断/增长指令,且在一定范围内,随着补偿单价的提高,用户的响应率线性上升;超过某一上限时,用户的响应能力趋于饱和,不再有更多的可调节电量。

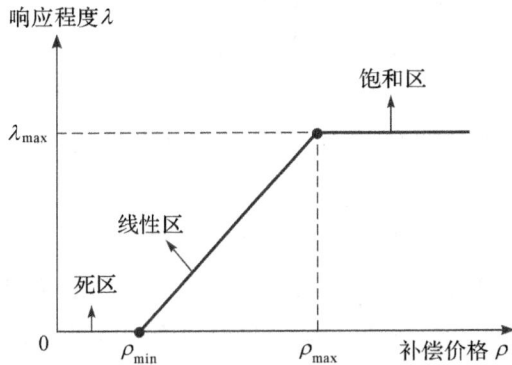

图 6-5 可调节负荷用户响应率曲线

以电量削减系数 $\lambda_k^{\mathrm{IL}}(t)$ 来描述可中断负荷的响应率,其值为可中断电量与弹性部分电量之比,表达式为

$$\lambda_k^{\mathrm{IL}}(t) = \begin{cases} 0, & 0 \leqslant \rho_k^{\mathrm{C,IL}}(t) < \rho_{k,\min}^{\mathrm{C,IL}} \\ \mu_k^{\mathrm{IL}}(\rho_k^{\mathrm{C,IL}}(t) - \rho_{k,\min}^{\mathrm{C,IL}}), & \rho_{k,\min}^{\mathrm{C,IL}} \leqslant \rho_k^{\mathrm{C,IL}}(t) < \rho_{k,\max}^{\mathrm{C,IL}} \\ \lambda_{k\max}^{\mathrm{IL}}, & \rho_{k,\max}^{\mathrm{C,IL}} \leqslant \rho_k^{\mathrm{C,IL}}(t) \end{cases} \quad (6\text{-}3)$$

式中:$\rho_k^{\mathrm{C,IL}}(t)$ 表示 t 时段售电公司 k 给用户的单位可中断电量补偿单价;$\rho_{k,\min}^{\mathrm{C,IL}}$ 和 $\rho_{k,\max}^{\mathrm{C,IL}}$ 分别表示可中断负荷响应的死区阈值和饱和区阈值;μ_k^{IL} 表示

可中断负荷线性区的斜率;$\lambda_{k\max}^{\mathrm{IL}}$ 表示电量削减系数的饱和值。

类似地,以电量增长系数 $\lambda_k^{\mathrm{UL}}(t)$ 来描述可增长负荷的响应率,其值为可增长电量与弹性部分电量之比,表达式为

$$\lambda_k^{\mathrm{UL}}(t)=\begin{cases}0, & 0\leqslant\rho_k^{\mathrm{C,UL}}(t)<\rho_{k,\min}^{\mathrm{C,UL}}\\ \mu_k^{\mathrm{UL}}\left(\rho_k^{\mathrm{C,UL}}(t)-\rho_{k,\min}^{\mathrm{C,UL}}\right), & \rho_{k,\min}^{\mathrm{C,UL}}\leqslant\rho_k^{\mathrm{C,UL}}(t)<\rho_{k,\max}^{\mathrm{C,UL}}\\ \lambda_{k\max}^{\mathrm{UL}}, & \rho_{k,\max}^{\mathrm{C,UL}}\leqslant\rho_k^{\mathrm{C,UL}}(t)\end{cases}$$

$$(6\text{-}4)$$

式中:$\rho_k^{\mathrm{C,UL}}(t)$ 表示 t 时段售电公司 k 给用户的单位可增长负荷补偿单价;$\rho_{k,\min}^{\mathrm{C,UL}}$ 和 $\rho_{k,\max}^{\mathrm{C,UL}}$ 分别表示可增长负荷响应的死区阈值和饱和区阈值;μ_k^{UL} 表示可增长负荷响应线性区的斜率;$\lambda_{k\max}^{\mathrm{UL}}$ 表示电量增长系数的饱和值。

故售电公司的可中断电量和可增长电量分别为

$$E_k^{\mathrm{IL}}(\omega,t)=\lambda_k^{\mathrm{IL}}(t)E_k^{\mathrm{F,f}}(\omega,t) \qquad (6\text{-}5)$$

$$E_k^{\mathrm{UL}}(\omega,t)=\lambda_k^{\mathrm{UL}}(t)E_k^{\mathrm{F,f}}(\omega,t) \qquad (6\text{-}6)$$

式中:$E_k^{\mathrm{IL}}(\omega,t)$ 和 $E_k^{\mathrm{UL}}(\omega,t)$ 分别表示 t 时段售电公司 k 可调用的中断电量和可增长电量;$E_k^{\mathrm{F,f}}(\omega,t)$ 表示售电公司代理用户电量的弹性部分电量。

(3)基于 PBR 的分段线性偏差考核机制下售电公司的可调节负荷调用策略

当售电公司代理用户的原始用电量超出正偏差免考核范围时,售电公司可以考虑通过购买可中断负荷来减少受考核的电量。在中长期市场中,售电公司的合同电量和中断补偿价格通常在月前已经确定,故用户的可中断负荷响应率是固定的;在每月末,售电公司将权衡因中断电量而减少的损失和为之支付的补偿费用的多少来确定可中断负荷的实际调用策略。

图 6-6 所示为 t 时段售电公司售出单位电量的综合损失函数。当偏差率较小时,售电公司售出单位电量是盈利的,即其损失为负;当偏差率较大时,售电公司代理单位用电量的收入为售电费用,其支出包括偏差电量结算费用和偏差考核费用,故定义综合损失函数为

$$\rho_k^{\mathrm{L}}(\alpha_k,t)=\rho^{\mathrm{P}}(\alpha_k)+\rho^{\mathrm{Q}}(t)-\rho_k^{\mathrm{S}}(t) \qquad (6\text{-}7)$$

式中:$\rho_k^{\mathrm{L}}(\alpha_k,t)$ 表示 t 时段售电公司 k 在偏差执行率为 α_k 时售出单位电量的综合损失;$\rho^{\mathrm{Q}}(t)$ 表示 t 时段偏差电量结算单价;$\rho_k^{\mathrm{S}}(t)$ 表示 t 时段售电公司 k 与其用户签订的所有合同的加权平均价。

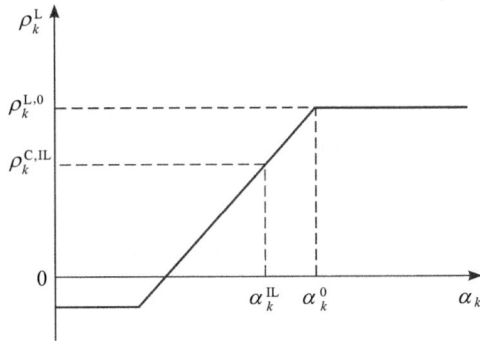

图 6-6　售电公司单位电量综合损失函数

图 6-6 中 α_k^0 表示不考虑可中断负荷时售电公司的合同执行偏差率,对应售电公司综合损失为 $\rho_k^{L,0}$。t 时段合同执行偏差率 α_k^0 可表示为

$$\alpha_k^0(t) = \frac{E_k^F(\omega,t) - E_k^B(t)}{E_k^B(t)} \tag{6-8}$$

式中:$E_k^F(\omega,t)$ 表示 t 时段售电公司 k 代理用户的原始用电量,即不考虑可中断负荷时的售电量。以 $\alpha_k^{IL}(t)$ 表示 t 时段售电公司综合损失与中断补偿单价相等时对应的偏差率,即有

$$\{\alpha_k^{IL}(t) \mid \rho_k^L(\alpha_k^{IL}(t),t) = \rho_k^{C,IL}(t)\} \tag{6-9}$$

$\alpha_k^{IL}(t)$ 反映了售电公司调用中断负荷的意愿。$\alpha_k^{IL}(t)$ 越小,售电公司则更愿意通过购买可中断电量来避免偏差考核,且仅当单位电量所承受的损失大于单位电量的中断补偿价格时,售电公司才会调用可中断负荷来减少正偏差电量。此外,不同偏差率范围的单位用电量对应不同的损失,而补偿单价在某一时段内是与偏差率无关的固定值。因此,售电公司实际中断电量的大小与原始偏差率和中断补偿单价密切相关。售电公司的经济中断电量 $E_k^{IL,0}(\omega,t)$ 定义为当实际中断电量为 $E_k^{IL,0}(\omega,t)$ 时,售电公司削减负荷后的偏差率恰好等于 $\alpha_k^{IL}(t)$,其表达式为

$$E_k^{IL,0}(\omega,t) = E_k^F(\omega,t) - \alpha_k^{IL}(t)E_k^B(t) \tag{6-10}$$

若实际中断电量大于 $E_k^{IL,0}(\omega,t)$,超出 $E_k^{IL,0}(\omega,t)$ 的电量对应的综合损失小于中断补偿单价,故接受偏差考核是更经济的做法;若实际中断电量小于 $E_k^{IL,0}(\omega,t)$,此时售电公司售出单位电量的综合损失大于中断补偿价

格,故仍可中断部分电量以降低考核费用。因此,经济中断电量的本质为不考虑用户可响应的中断电量限制时,售电公司为降低偏差考核费用且达到利润最大化时的最佳中断电量。

考虑到用户中断意愿的限制,售电公司实际中断电量 $E_k^{\mathrm{IL,C}}(\omega,t)$ 为

$$E_k^{\mathrm{IL,C}}(\omega,t)=\begin{cases}0, & \alpha_k^0(t)\leqslant\alpha_k^{\mathrm{IL}}(t)\\ \min\{E_k^{\mathrm{IL}}(\omega,t),E_k^{\mathrm{IL,0}}(\omega,t)\}, & \alpha_k^0(t)>\alpha_k^{\mathrm{IL}}(t)\end{cases}$$

(6-11)

类似地,综合考虑用户增长负荷的意愿和售电公司追求利润最大化下对可增长负荷的调用策略,可得出售电公司的实际增长电量 $E_k^{\mathrm{UL,C}}(\omega,t)$ 为

$$E_k^{\mathrm{UL,C}}(\omega,t)=\begin{cases}0, & \alpha_k^0(t)\geqslant\alpha_k^{\mathrm{UL}}(t)\\ \min\{E_k^{\mathrm{UL}}(\omega,t),E_k^{\mathrm{UL,0}}(\omega,t)\}, & \alpha_k^0(t)<\alpha_k^{\mathrm{UL}}(t)\end{cases}$$

(6-12)

$$E_k^{\mathrm{UL,0}}(\omega,t)=\alpha_k^{\mathrm{UL}}(t)E_k^{\mathrm{B}}(t)-E_k^{\mathrm{F}}(\omega,t)$$

(6-13)

式中:$E_k^{\mathrm{UL,0}}(\omega,t)$ 表示场景 ω 下 t 时段售电公司 k 的经济增长电量;$\alpha_k^{\mathrm{UL}}(t)$ 表示综合损失与增长补偿单价相等时对应的偏差率。

综上所述,售电公司代理用户的实际用电量(即售电量)为

$$E_k^{\mathrm{S}}(\omega,t)=E_k^{\mathrm{F}}(\omega,t)-E_k^{\mathrm{IL,C}}(\omega,t)+E_k^{\mathrm{UL,C}}(\omega,t)$$

(6-14)

(4)配额制下售电公司的可再生能源购电业务

未来我国将推进并完善可再生能源配额制和绿色证书交易制度,届时非水电可再生能源电力将更多地参与市场竞争,同时售电公司被要求购买绿色证书或一定的非水电可再生能源电能。可再生能源机组由于出力具有随机性和波动性,相较于其他类型机组在合同履约上面临着更大的风险。借鉴国外购电协议合同(Power Purchase Agreement,PPA)模式,售电公司可以开展可再生能源电力的收购业务,以相对便宜的固定价格全额收购可再生能源机组所发电量[14]。一般来说,售电公司抗风险能力强,对冲风险手段丰富,发电商通过与售电公司按容量签订 PPA,可以将可再生能源机组出力不确定引发的平衡责任风险转移给售电公司。由于售电公司购买了可再生能源机组的整体发电量,承担了平衡责任风险,PPA 中约定的购电价格一般低于批发市场的平均价格。在此购电业务中,售电公司和可再

生能源发电商彼此实现了利润和风险的合理再分配。

假定在某一较小区域内,可再生能源机组基本发电单元规格相同且实时出力大小一致。在合同履约期内,售电公司以固定价格全额收购可再生能源机组所发电量时,其风电、光伏购电成本分别为:

$$C_k^{\mathrm{W}}(\omega) = k_1 \sum_{t=1}^{T} \rho_k^{\mathrm{W}}(t) E_k^{\mathrm{W}}(\omega, t) \tag{6-15}$$

$$C_k^{\mathrm{PV}}(\omega) = k_2 \sum_{t=1}^{T} \rho_k^{\mathrm{PV}}(t) E_k^{\mathrm{PV}}(\omega, t) \tag{6-16}$$

式中:$C_k^{\mathrm{W}}(\omega)$ 和 $C_k^{\mathrm{PV}}(\omega)$ 分别表示售电公司 k 购买风电和光伏的成本;$E_k^{\mathrm{W}}(\omega, t)$ 和 $E_k^{\mathrm{PV}}(\omega, t)$ 分别表示场景 ω 下 t 时段售电公司 k 所收购的风电、光伏基本发电单元的发电量,为随机变量;$\rho_k^{\mathrm{W}}(t)$ 和 $\rho_k^{\mathrm{PV}}(t)$ 分别表示 t 时段售电公司 k 收购单位风电电量和光伏电量的价格;k_1 和 k_2 分别表示光伏、风电的购电规模系数,即风电发电机数目和光伏基本发电单元(光伏阵列)数量;T 表示规划周期内的时段总数。

2019 年 5 月,中国正式提出建立健全可再生能源电力消纳保障机制,规定售电侧和电力用户协同承担配额义务,要求售电公司销售的电能含一定比例的可再生能源,即应满足以下约束:

$$k_1 \sum_{t=1}^{T} E_k^{\mathrm{W}}(\omega, t) + k_2 \sum_{t=1}^{T} E_k^{\mathrm{PV}}(\omega, t) \geqslant \gamma \sum_{t=1}^{T} E_k^{\mathrm{S}}(\omega, t), \forall \omega \tag{6-17}$$

式中:γ 表示售电公司应满足的最低可再生能源配额比例。

售电公司的收入为向终端用户销售电能所得,其支出包括常规能源机组购电成本、可再生能源机组购电成本、偏差电量结算费用、考核费用和可调节负荷补偿费用,其表达式分别为

$$R_k(\omega) = \sum_{t=1}^{T} \rho_k^{\mathrm{S}}(t) E_k^{\mathrm{S}}(\omega, t) \tag{6-18}$$

$$C_k^{\mathrm{B}}(\omega) = \sum_{t=1}^{T} [\rho_k^{\mathrm{B,b}}(t) E_k^{\mathrm{B,b}}(t) + \rho_k^{\mathrm{B,c}}(t) E_k^{\mathrm{B,c}}(t)] \tag{6-19}$$

$$C_k^{\mathrm{Q}}(\omega) = \sum_{t=1}^{T} \rho^{\mathrm{Q}}(t) [E_k^{\mathrm{S}}(\omega, t) - E_k^{\mathrm{B}}(t)] \tag{6-20}$$

$$C_k^{\mathrm{P,R}}(\omega) = \sum_{t=1}^{T} C_k^{\mathrm{P,R}}(\omega, t) \tag{6-21}$$

$$C_k^{\mathrm{P,R}}(\omega, t)$$

$$
= \begin{cases}
\rho^{\mathrm{P}}(\alpha_k)\left[\tau_1 E_k^{\mathrm{B}}(t) - E_k^{\mathrm{S}}(\omega,t) + \dfrac{1}{2}(\theta_1 - \tau_1)E_k^{\mathrm{B}}(t)\right], \alpha_k < \tau_1 \\[3mm]
\dfrac{1}{2}\rho^{\mathrm{P}}(\alpha_k)\left[\theta_1 E_k^{\mathrm{B}}(t) - E_k^{\mathrm{S}}(\omega,t)\right], \tau_1 \leqslant \alpha_k < \theta_1 \\[3mm]
0, \theta_1 \leqslant \alpha_k < \theta_2 \\[3mm]
\dfrac{1}{2}\rho^{\mathrm{P}}(\alpha_k)\left[E_k^{\mathrm{S}}(\omega,t) - \theta_2 E_k^{\mathrm{B}}(t)\right], \theta_2 \leqslant \alpha_k < \tau_2 \\[3mm]
\rho^{\mathrm{P}}(\alpha_k)\left[E_k^{\mathrm{S}}(\omega,t) - \tau_2 E_k^{\mathrm{B}}(t) + \dfrac{1}{2}(\tau_2 - \theta_2)E_k^{\mathrm{B}}(t)\right], \tau_2 \leqslant \alpha_k
\end{cases}
$$

$$\tag{6-22}$$

$$
C_k^{\mathrm{comp}}(\omega) = \sum_{t=1}^{T}\left[\rho_k^{\mathrm{C,IL}}(t)E_k^{\mathrm{IL,C}}(\omega,t) + \rho_k^{\mathrm{C,UL}}(t)E_k^{\mathrm{UL}}(\omega,t)\right] \tag{6-23}
$$

式中：$R_k(\omega)$、$C_k^{\mathrm{B}}(\omega)$、$C_k^{\mathrm{Q}}(\omega)$、$C_k^{\mathrm{P,R}}(\omega)$ 和 $C_k^{\mathrm{comp}}(\omega)$ 分别表示场景 ω 下售电公司 k 的售电收入、常规能源机组购电成本、偏差电量结算费用、偏差考核费用和中断电量补偿费用；$C_k^{\mathrm{P,R}}(\omega,t)$ 表示场景 ω 下 t 时段售电公司 k 需支付的偏差考核费用；$E_k^{\mathrm{B,b}}(\omega,t)$ 和 $E_k^{\mathrm{B,c}}(\omega,t)$ 分别表示场景 ω 下时段 t 售电公司 k 在常规能源双边协商市场和月度集中竞争市场中的购电量；$\rho_k^{\mathrm{B,b}}(t)$ 和 $\rho_k^{\mathrm{B,c}}(t)$ 分别表示售电公司 k 在双边协商市场与发电公司签订合同的加权平均价和月度集中竞争市场的出清价。

故售电公司 k 在偏差考核机制下考虑可调节负荷的总利润期望 H_k^{E} 为

$$
\begin{aligned}
H_k^{\mathrm{E}} = \sum_{\omega}\pi(\omega)\left[R_k(\omega) - C_k^{\mathrm{B}}(\omega) - C_k^{\mathrm{W}}(\omega) - C_k^{\mathrm{PV}}(\omega)\right] \\
- \sum_{\omega}\left[C_k^{\mathrm{Q}}(\omega) + C_k^{\mathrm{P}}(\omega) + C_k^{\mathrm{comp}}(\omega)\right]
\end{aligned} \tag{6-24}
$$

式中：$\pi(\omega)$ 表示场景 ω 出现的概率。

（5）偏差考核机制设计的随机双层优化模型

偏差考核机制设计问题涉及的两大主体分别为电力交易中心和售电公司。电力交易中心作为交易实施规则的制定者，其本身是一个非盈利性的组织，应尽量保持平衡账户余额接近于零，以消除售电公司对交易中心实施偏差考核是为了集资的疑虑。售电公司则需要根据偏差考核机制的具体规定并结合自身利益来调整经营策略，且其经营策略的改变也会影响平衡账户的余额，进而对交易中心的决策产生影响。

因此,这里提出了偏差考核机制设计双层规划模型,其中上层模型描述了电力交易中心的机制设计策略,通过优化偏差考核机制中的相关参数,使一定周期内平衡账户余额的方差之和最小化,从而在保持平衡账户收支平衡的同时尽量减少其波动性;下层模型描述了单个售电公司的最优经营策略,选取 CVaR(conditional value at risk,条件风险价值)作为评估风险的指标,通过优化售电公司在不同时段的购电量和可中断负荷补偿单价,使其计及风险和期望利润的综合效用最大化。

平衡账户的收入主要来自于发电机组和售电公司缴纳的偏差考核费用,其支出主要用于支付上、下调平衡服务的费用。

《电力中长期交易基本规则(暂行)》中推荐采用发电侧预挂牌月平衡方式来处理中长期合同执行偏差。在此方式下,在每月最后 7 日,调度机构根据当月基本电力供需形势,在电力供需形势紧张时优先安排增发价格较低的机组增发电量,在电力需求不足时优先安排补偿价格较低的机组减发电量,其余机组按照合同电量安排发电计划。预挂牌月平衡方式下按照经济性最优的原则调用机组的增发和减发电量,以保障系统发用电平衡。因此,t 时段系统的上、下调服务费为

$$C^{A}(t) = \sum_{\omega} \pi(\omega) C^{A}(\omega, t) \tag{6-25}$$

$$C^{A}(\omega, t) = \begin{cases} \rho^{U}(t)[E^{S}(\omega, t) - E^{B}(t)], & E^{S}(\omega, t) \geqslant E^{B}(t) \\ \rho^{D}(t)[E^{B}(t) - E^{S}(\omega, t)], & E^{S}(\omega, t) < E^{B}(t) \end{cases} \tag{6-26}$$

$$E^{S}(\omega, t) = \sum_{k=1}^{K} E_{k}^{S}(\omega, t) \tag{6-27}$$

$$E^{B}(t) = \sum_{k=1}^{K} E_{k}^{B}(t) \tag{6-28}$$

式中:$C^{A}(t)$ 表示时段 t 内总的上、下调服务费用;$C^{A}(\omega, t)$ 和 $E^{S}(\omega, t)$ 分别表示 t 时段在场景 ω 下的上、下调服务费用和所有售电公司的总售电量;$\rho^{U}(t)$ 和 $\rho^{D}(t)$ 分别表示上调电量和下调电量的补偿单价;$E^{B}(t)$ 表示 t 时段所有售电公司的总合同电量;K 表示售电公司数量。

偏差考核费用是平衡账户的主要收入,既包括对发电侧因自身原因造成的多发/少发电量的考核,也包括对用户侧偏离合同电量的用电量的考核。发电企业和售电公司的偏差考核费用分别为

$$C^{\mathrm{P,G}}(t) = \sum_{\omega} \pi(\omega) \sum_{s=1}^{S} C_s^{\mathrm{P,G}}(\omega, t) \qquad (6\text{-}29)$$

$$C^{\mathrm{P,R}}(t) = \sum_{\omega} \pi(\omega) \sum_{k=1}^{K} C_k^{\mathrm{P,R}}(\omega, t) \qquad (6\text{-}30)$$

式中：$C^{\mathrm{P,G}}(t)$ 表示全部发电企业的偏差考核费用之和；$C_s^{\mathrm{P,G}}(\omega, t)$ 表示场景 ω 下 t 时段发电企业 s 的偏差考核费用；S 表示发电企业的个数；$C^{\mathrm{P,R}}(t)$ 表示 t 时段全部售电公司的偏差考核费用之和；$C_k^{\mathrm{P,R}}(\omega, t)$ 表示场景 ω 下 t 时段售电公司 k 的偏差考核费用。

综上所述，上层模型以平衡账户在多个时段内余额方差之和最小为目标，以免考核区域的上、下边界 θ_1 和 θ_2 为决策变量，其目标函数可表示为

$$\min \sum_{t=1}^{T} [C^{\mathrm{P,R}}(t) + C^{\mathrm{P,G}}(t) - C^{\mathrm{A}}(t)]^2 \qquad (6\text{-}31)$$

CVaR 克服了风险价值指标（value at risk，VaR）不满足风险计量一致性的缺陷，被广泛运用于电力零售业务的风险评估。在一个给定的置信水平 β 下，CVaR 定义为利润概率分布函数中利润不高于 $(1-\beta)$ 分位点的所有场景的平均利润[15]。通过生成场景来模拟随机变量的概率分布函数，则 CVaR 可以通过以下优化问题来求解：

$$F_{k,\beta}^{\mathrm{CVaR}} = \max \xi_k - \frac{1}{1-\beta} \sum_{\omega} \pi(\omega) \eta_k(\omega) \qquad (6\text{-}32)$$

$$\text{s. t.} \quad \xi_k - [R_k(\omega) - C_k^{\mathrm{B}}(\omega) - C_k^{\mathrm{W}}(\omega) - C_k^{\mathrm{PV}}(\omega)$$
$$- C_k^{\mathrm{W}}(\omega) - C_k^{\mathrm{P}}(\omega) - C_k^{\mathrm{comp}}(\omega)] \leqslant \eta_k(\omega), \forall \omega \qquad (6\text{-}33)$$

$$\eta_k(\omega) \geqslant 0, \forall \omega \qquad (6\text{-}34)$$

式中：$F_{k,\beta}^{\mathrm{CVaR}}$ 表示置信水平为 β 时的售电公司 k 的条件风险价值；ξ_k 的最优解 ξ_k^* 表示在 β 下售电公司 k 的预期风险利润（即 VaR），其含义是利润不超过 ξ_k^* 的场景发生的概率为不大于 $(1-\beta)$；$\eta_k(\omega)$ 为辅助变量，表示 VaR 和售电公司 k 在场景 ω 下的利润之间的差值。

下层模型以单个售电公司计及风险和期望收益的综合效用最大化为目标，以每个售电公司在每个时段的合同电量 $E_k^{\mathrm{B}}(t)$、可中断负荷补偿单价 $\rho_k^{\mathrm{C,IL}}(t)$、风险价值 ξ_k 和辅助变量 $\eta_k(\omega)$ 为决策变量。对于第 k 个售电公司，其目标函数可表示为

$$\max \{H_k^{\mathrm{E}} + \psi F_{k,\beta}^{\mathrm{CVaR}}\}$$

$$
= \max \left\{
\begin{aligned}
& \sum_{\omega} \pi(\omega) \sum_{t=1}^{T} \rho_k^{\mathrm{S}}(t) E_k^{\mathrm{S}}(\omega, t) - \sum_{t=1}^{T} \rho_k^{\mathrm{B}}(t) E_k^{\mathrm{B}}(t) - \\
& \sum_{\omega} \pi(\omega) \sum_{t=1}^{T} \rho^{\mathrm{Q}}(t) \big[E_k^{\mathrm{S}}(\omega, t) - E_k^{\mathrm{B}}(t) \big] - \\
& \sum_{\omega} \pi(\omega) \Big[k_1 \sum_{t=1}^{T} \rho_k^{\mathrm{W}}(t) E_k^{\mathrm{W}}(\omega, t) + k_2 \sum_{t=1}^{T} \rho_k^{\mathrm{PV}}(t) E_k^{\mathrm{PV}}(\omega, t) \Big], \\
& \sum_{\omega} \pi(\omega) \sum_{t=1}^{T} C_k^{\mathrm{P}}(\omega, t) - \\
& \sum_{\omega} \pi(\omega) \sum_{t=1}^{T} \big[\rho_k^{\mathrm{C, IL}}(t) E_k^{\mathrm{IL, C}}(\omega, t) + \rho_k^{\mathrm{C, UL}}(t) E_k^{\mathrm{UL}}(\omega, t) \big] + \\
& \psi \Big[\xi_k - \frac{1}{1-\beta} \sum_{\omega} \pi(\omega) \eta_k(\omega) \Big]
\end{aligned}
\right\}
$$

$$(6\text{-}35)$$

式中:ψ 表示售电公司 k 的风险规避因子。

（6）算例分析

本文采用中国某省电力市场实际运行数据来进行算例分析,以验证模型的可行性。以一年为规划周期,共包含 12 个月,各月集中竞价市场的出清价格如图 6-7 所示,出清平均价为 727.78 元/MWh。按照售电公司的合同执行偏差率分布范围将售电公司分为 3 类,偏差率较低且市场份额较大的为大规模售电公司（large-scale electricity retailer,LRT）,偏差率较高且占市场份额较小的为小规模售电公司（small-scale electricity

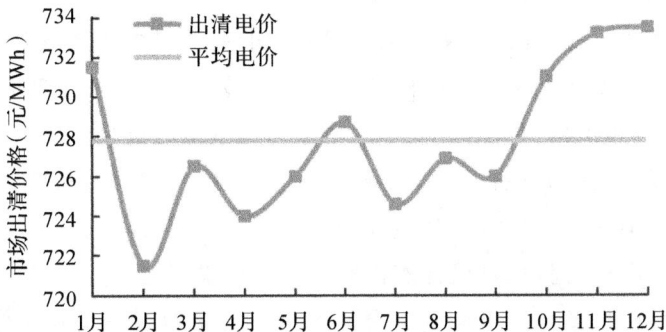

图 6-7　月度集中竞价市场出清价格

retailer,SRT),偏差率和市场份额介于 LRT 和 SRT 之间的为中规模售电公司(medium-scale electricity retailer,MRT)。表 6-1 所示为 3 种类型售电公司的年售电量、售电合同均价、与可再生能源机组签订的双边合同均价和市场份额。根据历史统计数据,所有售电公司的偏差率的标准差为 7%。

表 6-1 不同类型售电公司的特点

售电公司 类型	年售电量 (MWh)	售电合同平均价 ρ^S(元/MWh)	双边合同购电合同 平均价 $\rho^{B,b}$(元/MWh)	类型比例(%)
LRT	1161	702.7	683.4	60%
MRT	701	707.1	689.8	20%
SRT	251	709.1	690.1	20%

为了简化计算,假设所有售电公司的风险规避因子 ψ_k 相同,条件风险价值的置信度水平 β_k 为 95%。为了规避月度集中竞价市场的价格波动风险,售电公司在双边市场中购买大部分所需电量,本书根据市场统计数据设定该比例为 70%。假设售电公司仅通过与风电机组签订 PPA 协议来完成可再生能源配额义务,以 683 元/kWh 的价格全额收购风电机组所发电量。发电机组提供上、下调服务补偿的价格分别为 90 元/MWh 和 200 元/MWh。DEC 和 INC 响应曲线的参数相同,线性区斜率为 4,补偿单价死区阈值为 50 元/MWh,补偿单价饱和区阈值为 200 元/MWh,电量削减系数和电量增长系数饱和值均为 100%。

根据该概率统计特性,采用文献[16]中的启发式算法生成 50 组不同类型售电公司月度用电量场景。此外,根据历史统计,采用拉丁超立方抽样方法生成 20 组风电出力场景。由于用电量和风电出力场景之间具有独立性,所研究的场景集一共包含 1000 个场景。为了减少计算量,采用文献[16]中的后向场景削减法将场景数削减到 50。

1)偏差电量考核机制设计随机双层规划结果

为了分析偏差电量考核机制参数的优化结果对售电公司决策的影响,在基础算例中不考虑条件风险价值和 RPS 机制的影响,风险规避因子 ψ_k 和可再生能源配额比例 γ 都设置为 0。求解偏差电量考核机制设计随机双层规划模型,得到当 $\theta_1 = -2.5\%$,$\theta_2 = 2.5\%$ 且正、负偏差电量考核单价的上限值为 5 倍月度集中竞争交易成交价差时,平衡账户在规划周期内余额方差最小。

在上述最优参数设置的偏差电量考核机制下,三类偏差率不同的售电公司最优购电量均稍低于代理用电量均值。尤其在偏差率较大的月度,售电公司少购电量的比例更大。LRT、MRT 和 SRT 的全年少购电量比例分别为 0.21%、0.45% 和 0.63%,表明偏差率越大的售电公司倾向于购买更少的电量。

将本书提出的分段线性偏差考核机制与目前各省份广泛应用的单段式偏差考核机制作对比,比较不同偏差率的售电公司在两种机制下的预期利润和风险。选取 LRT 类型中的 3 个售电公司,其代理用电量相同,按照偏差率从低到高分别记为 LRT-A、LRT-B 和 LRT-C。表 6-2 所示为 6 月份 3 个售电公司在两种偏差考核机制下的预期收益和 CVaR 值。由表 6-2 可知,LRT-A 在分段线性偏差考核机制下的期望利润为 563×10^3 元,高于其在单段式偏差考核机制下的期望利润值(497×10^3 元);分段线性偏差考核机制下 LRT-A 的风险指标 CVaR 为 161×10^3 元,表示置信度为 95% 时,LRT-A 的尾部平均收益为 161×10^3 元,而其在单段式偏差考核机制下具有 113×10^3 元的平均损失。LRT-B 在分段线性偏差考核机制下的风险指标 CVaR 为 -1768×10^3 元,比其在单段式偏差考核机制下的 CVaR 值(-1093×10^3 元)低 61.8%,表明 LRT-B 在分段线性偏差考核机制下面临着更大的损失风险。LRT-C 在分段线性偏差考核机制下的期望利润为 -48×10^3 元,负数值表示此时 LRT-C 不能盈利。从售电公司收益风险的角度来看,当偏差率较小时,分段线性偏差考核机制下的收益风险低于原单段式考核机制,随着偏差率的增大,分段线性偏差考核机制下的风险显著增大,远高于单段式考核机制下的风险。综上所述,在分段线性偏差考核机制下,售电公司整体偏差率控制在较低的水平时,其收益期望高于原单段式偏差考核机制,而风险低于原单段式偏差考核机制,故本书所提的偏差考核机制对于激励售电公司提高负荷预测精度、降低系统偏差率具有重要意义。

表 6-2　两种偏差考核机制下售电公司的预期收益和 CVaR 对比

售电公司	预期收益（×10³ 元）		CVaR（×10³ 元）	
	SP-EIS 机制	PLP-EIS 机制	SP-EIS 机制	PLP-EIS 机制
LRT-A	497	563	−113	161
LRT-B	197	235	−1093	−1768
LRT-C	9	−48	−1542	−2882

2）风险偏好对售电公司经营策略和偏差考核机制参数设置的影响分析

不同风险偏好系数下，售电公司在月度集中市场中的购电量、DEC/INC 补偿单价以及可增长负荷补偿单价的优化结果如表 6-3 所示（以售电公司 LRT 为例）。可以看出，风险规避因子 ψ_k 由 0 增大到 2 的过程中，售电公司的利润由 545×10^3 元下降至 526×10^3 元，而 CVaR 值由 275×10^3 元逐渐增大至 346×10^3 元，即 26％的 CVaR 值增加量导致了 3％的期望利润下降量。考虑到在同等条件下正偏差电量造成的单位综合损失大于负偏差电量，用电正偏差较大的场景可能造成高额损失。因此，随着风险规避因子 ψ_k 的增大，售电公司倾向于在月度集中竞价市场中购买更多的电量以降低风险。例如，当完全不考虑风险时，售电公司的最优购电量为 100600MWh，而当风险规避因子 ψ_k 为 2 时，其最优购电量增大至 102515MWh。与此同时，售电公司设置的 DEC 补偿单价下降了 6％，INC 补偿单价增加了 15％，以获得更大的正偏差调节能力。该仿真结果可为售电公司的购售电决策和需求响应定价决策提供参考。

根据表 6-3 的结果可以得到售电公司期望收益关于 CVaR 的有效前沿曲线，如图 6-8 所示。图 6-8 中有效前沿曲线下方区域为购售电决策的有效可行集。按照风险偏好水平可将售电公司划分为 4 类，分别代表售电公司为保守型、较保守型、较激进型和激进型。下面分别选取代表 4 种不同购售电策略的风险规避因子，来给不同风险偏好的售电公司提供购售电策略的定量依据：$\psi=0$ 代表售电公司为激进型；$\psi=0.15$ 代表售电公司为较激进型；$\psi=0.30$ 代表售电公司为保守型；$\psi=2.00$ 代表售电公司为保守型。

表 6-3　不同风险规避因子下售电公司的最优决策

ψ_k	F^{CVaR} （×10^3 元）	H^{E} （×10^3 元）	E^{B} （MWh）	$\rho^{\mathrm{C,IL}}$ （元/MWh）	$\rho^{\mathrm{C,UL}}$ （元/MWh）
0	275	545	100600	64.4	59.5
0.05	288	544	100855	64.0	60.1
0.10	298	543	101070	63.5	61.3
0.15	307	542	101273	63.0	61.9
0.20	315	541	101451	62.5	62.5
0.30	327	538	101748	61.8	63.6
0.40	332	536	101893	61.4	66.1
0.50	337	534	102053	61.2	67.2
1.00	344	530	102338	61.0	67.8
2.00	346	526	102515	60.7	68.2

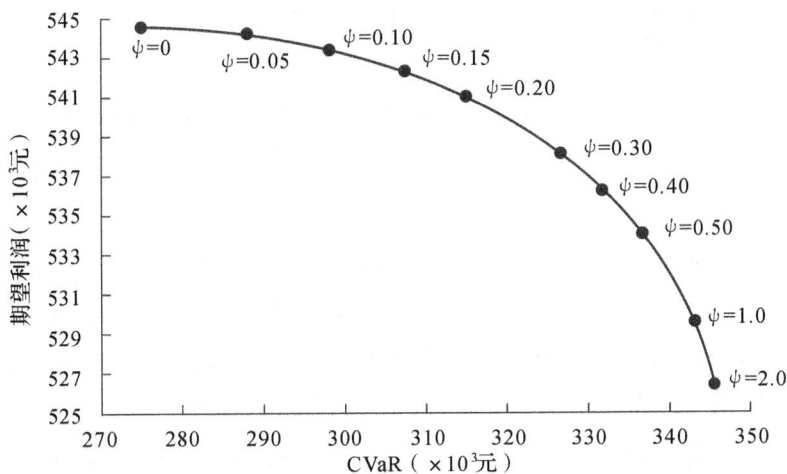

图 6-8　售电公司期望收益和 CVaR 的有效前沿曲线

假设市场中所有售电公司具有同样的风险偏好，求解偏差考核机制设计双层规划模型在不同风险规避因子下的优化结果。表 6-4 所示为不同风险偏好下偏差考核机制的最优参数。分析表 6-4 可得，当售电公司都采取保守型经营策略时,偏差考核机制的最优阈值较宽松,正、负考核阈值分别为 3.5% 和 −4.0%,考核单价上限值也相对较低,为 3 倍的月度集中竞争交易成交价差;当售电公司都采取激进型经营策略时,偏差考核考核机制的最优正考核阈值 2.5%,负考核阈值为 −2.5%,此时考核单价上限值的最优解为月度集中竞争交易成交价格的 5 倍。整体上,激进型经营策略下的最优考核机制对售电公司的考核力度最大,保守型经营策略下的最优考核机制对售电公司的考核力度最小。因此,可通过预先测试,模拟分析市场主体的行为基础上设置偏差考核参数,以适应于各地区电力市场的不同发展情况。

表 6-4　不同风险偏好下偏差考核机制的最优参数

售电公司类型	偏差考核机制最优参数		
	负考核阈值	正考核阈值	考核单价最大限值
激进型	−2.5%	2.5%	5
较激进型	−2.5%	3.0%	5
较保守型	−3.0%	3.0%	4
保守型	−4.0%	3.5%	3

3)可再生能源电力配额比例对售电公司经营策略和偏差考核机制的影响分析

随着可再生能源配额制在我国的推行,可再生能源发电量占总发电量的比例将逐年提高。为了探究可再生能源配额制的实施对偏差考核机制参数设置的影响,在不同的配额比例下求解所提出的双层规划模型。表 6-5 所示为不同可再生能源电力配额比例下售电公司的最优经营策略。由表 6-5 可知,随着配额比例由 10% 向 30% 增大,售电公司的最优购电量上升了 3.33%,DEC 和 INC 补偿单价均逐渐增大。从购电计划来看,所有类型的售电公司始终采购最低比例的可再生能源电力以恰好完成配额义务。尽管 PPA 模式下可再生能源机组具有价格优势,但其出力具有较大的随机性和波动性,售电公司面临更高的受考核风险。随着购买可再生能源比例的增加,售电公司的预期利润下降了 28.37%,由 577×10^3 元($\gamma = 10\%$)下降

至 413×10^3 元($\gamma=30\%$),其 CVaR 值增大了 219%,由 394×10^3 元($\gamma=10\%$)至 -470×10^3 元($\gamma=30\%$),其中负数值表示售电公司可能遭受经济损失。值得注意的是,当配额比例较小时(例如 $\gamma=10\%$ 或 15%),INC 补偿价格低于 DEC 补偿价格。随着配额比例的增大,两个补偿价格都将逐渐增大并且 INC 补偿价格超过 DEC 补偿价格,原因在于配额比例增大的同时,售电公司倾向于购买更多的电量,此时需要更多可用的 INC 容量来平衡负偏差电量。表 6-6 所示为不同可再生能源配额比例下偏差考核机制的最优参数。由表 6-6 可知,当可再生能源配额比例不断提高时,相应的偏差考核机制的免考核范围应设置得更小,而考核单价的上限值却应逐渐减小。

表 6-5　不同可再生能源电力配额比例下售电公司的最优经营策略

γ	F^{CVaR} ($\times10^3$ 元)	H^{E} ($\times10^3$ 元)	E^{B} (MWh)	$\rho^{\mathrm{C,IL}}$ (元/MWh)	$\rho^{\mathrm{C,UL}}$ (元/MWh)
10%	394	577	101691	56.9	55.5
15%	246	559	102548	59.7	58.4
20%	54	527	103348	62.5	63.6
25%	-196	476	104162	65.4	67.5
30%	-470	413	104965	68.4	71.4

表 6-6　不同可再生能源电力配额比例下偏差考核机制的最优参数

γ	偏差考核机制最优参数		
	负考核阈值	正考核阈值	考核单价最大限值
10%	-5.0%	5.0%	6
15%	-2.5%	6.0%	5
20%	-1.0%	4.5%	3
25%	-2.0%	2.5%	3
30%	-2.5%	1.0%	2

(7)结论

本节以新一轮电力体制改革下电力中长期交易和可再生能源配额制为背景,针对现行偏差电量考核机制设计不合理的问题,提出了一种基于PBR的考核单价分段线性的偏差电量考核机制。协同考虑市场运营机构保持平衡账户平稳性和售电公司追求购售电利润和风险综合效用最大化的目标,构建了偏差电量考核机制关键参数设计的双层优化模型。以柔性负荷作为售电公司应对偏差考核的措施,基于用户心理学模拟了用户对响应售电公司经济激励的意愿,并从售电公司规避损失的角度研究了偏差考核机制下对用户可削减负荷的实际调用策略,在此基础上建立了售电公司在可再生能源配额制下的最优经营决策模型。通过对所构建的偏差考核机制设计模型进行算例仿真,得出以下结论:

①在本节所提出的考核单价分段线性的偏差电量考核机制下,当售电公司整体偏差率控制在较低的水平时,其收益期望明显高于原单段式偏差考核机制,风险更低。这表明本节所提的偏差考核机制对于激励售电公司提高负荷预测精度、降低系统偏差率具有重要作用。

②售电公司对风险的偏好水平直接影响其购售电策略,进而对平衡账户产生影响。整体上,激进型经营策略下的最优偏差电量考核机制对售电公司的考核力度最大,保守型经营策略下的最优考核机制对售电公司的考核力度最小。因此,可通过预先测试,模拟分析市场主体的行为基础上设置偏差考核参数,以适应于各地区电力市场的不同发展情况。

③在可再生能源配额制下,随着配额比例的不断提高,相应的偏差电量考核机制的免考核范围应设置得更小,而考核单价的上限值却应逐渐减小。

6.1.3　偏差考核机制下的售电公司购售电联盟策略

(1)售电公司偏差考核合作联盟

1)偏差考核机制下的售电公司购售电盈利

电力中长期市场中,售电公司主要通过代理电力用户参与双边交易与月度集中竞价市场获取购售电利润,两类市场交易中签订的购电合同均纳入偏差考核范畴。不失一般性,本书对偏差考核机制下售电公司作出如下假设:①售电公司代理用户全部实际用电量且以固定售电价差与用户结算;②售电公司负责其代理电力用户的偏差电量考核费用[17]。

设市场中 m 个售电公司组成集合 M,按照代理电量规模、合同电量偏差率划分为 k 类,即 $M=\bigcup_{j=1}^{k}K_j$。对售电公司代理用户的实际用电量的不确定性采用场景集合 Ω 表示,偏差考核机制下售电公司 $i \in M$ 在月度市场交易的购售电盈利 $R_{i,\omega}^{\mathrm{PS}}$ 可表示为:

$$R_{i,\omega}^{\mathrm{PS}} = q_{i,\omega}^{\mathrm{U}} - p_i^{\mathrm{U}} - q_i^{\mathrm{B}}p_i^{\mathrm{B}} - q_i^{\mathrm{M}}p^{\mathrm{M}} - C_{i,\omega}^{\mathrm{DP}} \tag{6-36}$$

$$C_{i,\omega}^{\mathrm{DP}} = \begin{cases} (q_{i,\omega}^{\mathrm{U}} - q_{i,\omega}^{\mathrm{C}})p^{\mathrm{M}} + (q_{i,\omega}^{\mathrm{U}} - q_i^{\mathrm{up}})p^u, & q_{i,\omega}^{\mathrm{U}} > q_i^{\mathrm{up}} \\ (q_{i,\omega}^{\mathrm{U}} - q_{i,\omega}^{\mathrm{C}})p^{\mathrm{M}}, & q_i^{\mathrm{down}} \leqslant q_{i,\omega}^{\mathrm{U}} \leqslant q_i^{\mathrm{up}} \\ (q_{i,\omega}^{\mathrm{U}} - q_{i,\omega}^{\mathrm{C}})p^{\mathrm{M}} + (q_i^{\mathrm{down}} - q_{i,\omega}^{\mathrm{U}})p^l, & q_{i,\omega}^{\mathrm{U}} < q_i^{\mathrm{down}} \end{cases} \tag{6-37}$$

$$\begin{cases} q_i^{\mathrm{C}} = q_i^{\mathrm{B}} + Q_i^{\mathrm{M}} \\ q_i^{\mathrm{up}} = (1+\alpha)q_i^{\mathrm{C}} \\ q_i^{\mathrm{down}} = (1+\beta)q_i^{\mathrm{C}} \end{cases} \tag{6-38}$$

式中:q_i^{B}、q_i^{M}、q_i^{C}、$q_{i,\omega}^{\mathrm{U}}$ 分别为售电公司双边交易月度分解电量、月度集中竞价成交电量、月度总市场合同电量、场景 ω 下代理电力用户月度实际用电量;α 和 β 为正、负偏差考核阈值,q_i^{up} 和 q_i^{down} 为售电公司当月合同电量免考核上、下限;p_i^{B}、p^{M}、p_i^{U} 分别为售电公司与发电企业双边交易价差、月度集中竞价出清价差、售电公司与电力用户结算价差;p^u 和 p^l 为正、负偏差考核电价;$C_{i,\omega}^{\mathrm{DP}}$ 为场景 ω 下售电公司的偏差电量结算成本。式(6-37)表示在结算时对总偏差电量按月度集中竞价价差结算,对阈值外偏差电量收取考核费用。

2)售电公司应对偏差考核的联盟策略

合作对策是售电公司降低偏差电量考核费用的可行方法[18],按参与对象可划分为两种合作方式。①售电公司与电力用户间的合作,如建立考核成本分摊机制或签订可中断负荷合同,转嫁合同电量偏差考核风险。该方法降低了用户的用电体验,使得售电公司需为其提供额外的响应补偿或电价优惠以维持自身的市场竞争力。②售电公司间的合作对策,如通过电量互保交易减少合同偏差电量[10]。《电力中长期交易基本规则(暂行)》指出,

"发电企业之间及电力用户之间可以签订电量互保协议,一方因特殊原因无法履行合同电量时,经电力调度机构安全校核通过后,由另一方代发(代用)部分或全部电量,在事后补充转让交易合同"[19],为售电公司间的电量互保交易提供了规则依据。江苏、云南、贵州等省份先后发布了电力市场电量互保交易实施细则;重庆电力交易中心在 2018 年 5 月组织开展了第一次市场化电量互保交易,成交电量 3.4 亿千瓦时。电量互保交易已经成为售电公司当前规避合同偏差考核风险的重要手段。

本书提出的售电公司应对偏差考核的合作联盟策略——售电公司在进行双边协商、集中竞价购电后,组建偏差考核联盟,作为整体与电力交易中心进行电量电费与偏差考核结算,联盟内部进行联盟收益分配与事后合同转让——在电量互保交易机制基础上进一步回答售电公司合作伙伴选择、联盟适宜规模、合作收益分配等问题。售电公司联盟的电力市场主体关系如图 6-9 所示。

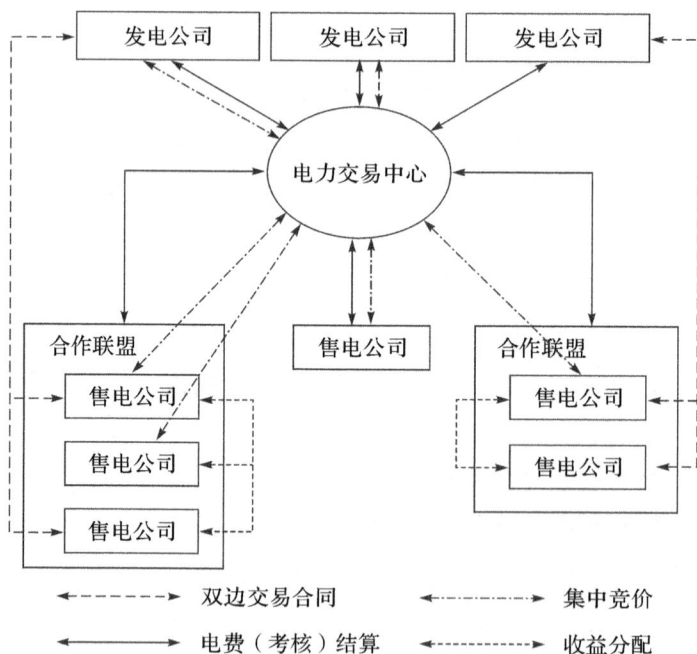

图 6-9 发电公司、售电公司与交易中心之间的关联关系

偏差考核合作联盟旨在通过联盟内部售电公司正、负偏差打捆互抵,降低联盟总体偏差率。此外,由于偏差电量考核阈值的存在,如辽宁、河北等12个省份实行±5％以内免考核,湖南、四川等11个省份实行±3％以内免考核,广东、山西实行±2％免考核,月度实际用电量在自身阈值范围内的售电公司可为联盟其他成员提供免考核电量裕度,进一步降低联盟偏差电量考核费用。

需要指出的是,由于合同电量偏差考核机制实现了发、用电侧电费结算解耦,电力交易调度机构对发电侧下达的电量上、下调服务指令取决于需求侧的整体合同偏差,售电公司的偏差考核合作联盟在当前市场规则下不会损害发电侧的合理收益。

3)计及合作成本的售电公司联盟收益分析

售电公司联盟中涉及成员间的信息交互、协商谈判、违约监督等活动,由于市场主体普遍存在有限理性和机会主义行为,一系列隐性的联盟合作成本不可避免,该合作成本可用交易成本理论进行分析。交易成本理论由诺贝尔经济学奖得主 Coase[20] 提出,用于解释市场环境下企业形成的原因;Williamson[21] 在其基础上从有限理性、投机主义、环境不确定性等角度指出了交易成本的来源,将交易成本分为事前交易成本与事后交易成本。

关系网络是分析合作机制的一种研究方法。简单合作关系网络,如农户间为提高企业粮食收购价格而形成的议价联盟,随着关系网络的发展,网络内成员的机会主义行为约束不断强化,抵御环境风险的能力提高,关系网络的交易成本下降[22]。然而市场中售电公司需要通过竞争用户资源赚取价差电费,联盟成员表现为竞合关系而非简单合作,因此售电公司联盟的合作成本变化趋势与简单合作关系网络有所不同。本书提出的售电公司联盟的合作成本主要包括:

①信息搜寻成本 C_1:属于事前成本,指有意愿通过联盟形式进行偏差考核的售电公司为寻找合适的潜在合作者而进行市场主体信息搜集所花费的成本。C_1 受到联盟内售电公司类别的影响,售电公司间差异性越大,意味着组建联盟前需要获得的信息越多,该信息搜寻成本越高。

②协商决策成本 C_2:属于事前成本,合作联盟谈判过程中售电公司间对各方责任、利益分配、风险分担等方面进行协商的议价成本。C_2 主要受

到联盟规模影响,成员间需要建立信任关系以约束机会主义与自利行为,联盟关系网络越复杂,协商议价成本越高。

③风险管理成本 C_3:属于事后成本,指由于市场环境、交易规则等客观因素变化造成事前协议不适用而进行再谈判或用于解决联盟内售电公司因上述原因引发纠纷所需的相关成本。C_3 主要受到外部客观环境不确定性的影响,环境因素不确定性越强,用于维持联盟合作的成本越高。

售电公司联盟关系网络合作成本影响因素如图 6-10 所示,共计 3 类、6 个售电公司参与联盟。假设各售电公司相互独立,没有强制性关系,仅受自身利益驱动进行互保合作。售电公司在联盟组建之前均需进行对潜在合作对象的信息搜寻用以估计参与联盟可能获得的合作收益,联盟内信息交互共享,基于信息搜寻规模的合作成本 C_1 应与联盟中售电公司类型数成正比;任意第 p 个体加入特定联盟,如售电公司Ⅲ2,需要与原有联盟成员建立新的合作关系,联盟新增结构关系连线 $p-1$ 条,因此具有 n 个成员的联盟关系网络连线总数共计 $0.5n(n-1)$,联盟协商决策合作成本 C_2 与联盟成员数的平方成正比。

假设 M 中 n 个售电公司通过协商谈判组成合作联盟 $N=\{1,2,\cdots,n\}$,$n \subseteq M$。根据对售电公司联盟合作成本及对应的影响因素分析,可将其表示为:

$$C_N^{\mathrm{TC}} = k_{C1}g_N + k_{C2}n^2 + k_{C3} \tag{6-39}$$

式中:C_N^{TC} 表示联盟合作成本;g_N 为联盟 N 中涉及的售电公司类型个数;k_{C1}、k_{C2}、k_{C3} 分别为合作成本 C_1、C_2、C_3 的价格系数。

偏差电量考核机制下的售电公司联盟 N 的购售电盈利 $R_{N,\omega}^{\mathrm{RS}}$ 表示为:

$$R_{N,\omega}^{\mathrm{PS}} = \sum_{i=1}^{n} q_{i,\omega}^{\mathrm{U}} p_i^{\mathrm{U}} - \sum_{i=1}^{n} (q_i^{\mathrm{B}} p_i^{\mathrm{B}} + q_i^{\mathrm{M}} p^{\mathrm{M}}) - C_{N,\omega}^{\mathrm{DP}} \tag{6-40}$$

$$C_{N,\omega}^{\mathrm{DP}} = \begin{cases} (q_{N,\omega}^{\mathrm{U}} - q_{N,\omega}^{\mathrm{C}})p^{\mathrm{M}} + (q_{N,\omega}^{\mathrm{U}} - q_N^{\mathrm{up}})p^{\mathrm{U}}, & q_{N,\omega}^{\mathrm{U}} > q_N^{\mathrm{up}} \\ (q_{N,\omega}^{\mathrm{N}} - q_N^{\mathrm{C}})p^{\mathrm{M}}, & q_N^{\mathrm{down}} \leqslant q_{N,\omega}^{\mathrm{U}} \leqslant q_N^{\mathrm{up}} \\ (q_{N,\omega}^{\mathrm{N}} - q_N^{\mathrm{C}})p^{\mathrm{M}} + (q_N^{\mathrm{down}} - q_{N,\omega}^{\mathrm{N}})p^{l}, & q_{N,\omega}^{\mathrm{U}} < q_N^{\mathrm{down}} \end{cases}$$

$$\tag{6-41}$$

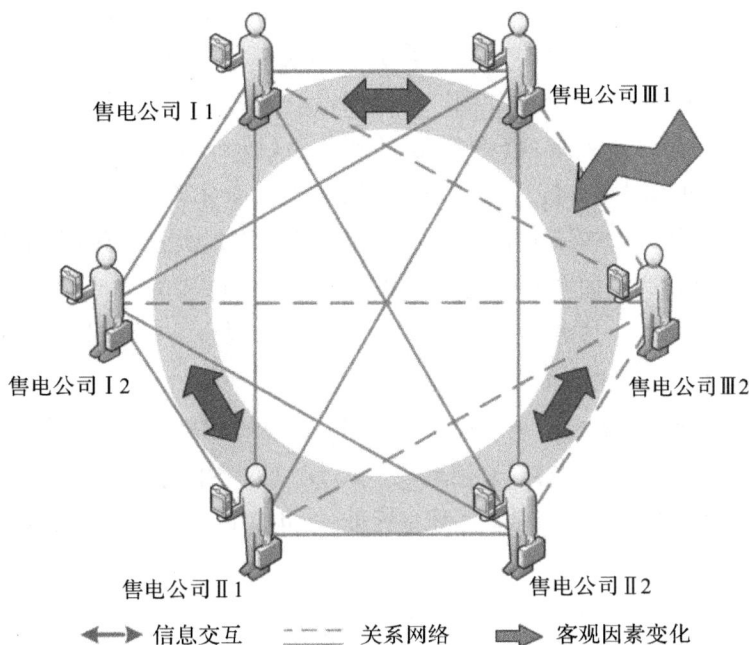

售电公司Ⅰ1　售电公司Ⅲ1

售电公司Ⅰ2　售电公司Ⅲ2

售电公司Ⅱ1　售电公司Ⅱ2

◀▶ 信息交互　---- 关系网络　▶ 客观因素变化

图 6-10　售电公司联盟合作成本的影响因素

$$\begin{cases} q_N^{\mathrm{C}} = \sum_{i=1}^{n}(q_i^{\mathrm{B}} + q_i^{\mathrm{M}}) \\ q_N^{\mathrm{up}} = (1+\alpha)q_N^{\mathrm{C}} \\ q_N^{\mathrm{down}} = (1+\beta)q_N^{\mathrm{C}} \\ q_{N,\omega}^{\mathrm{U}} = \sum_{i=1}^{n} q_{i,\omega}^{\mathrm{U}} \end{cases} \tag{6-42}$$

式中：$C_{N,\omega}^{\mathrm{DP}}$ 为第 ω 场景下售电公司联盟 N 的偏差电量结算费用；q_N^{C}、q_N^{up}、q_N^{down}、$q_{N,\omega}^{\mathrm{U}}$ 分别为联盟的月度总市场合同电量、合同免考核上限和下限、第 ω 场景下售电公司代理电力用户月度实际总用电量。

因此，计及合作成本的售电公司偏差考核合作联盟的收益 $R_{N,\omega}^{\mathrm{L}}$ 为：

$$R_{N,\omega}^{\mathrm{L}} = R_{N,\omega}^{\mathrm{PS}} - \sum_{i=1}^{n} R_{i,\omega}^{\mathrm{PS}} - C_N^{\mathrm{TC}} = \left(\sum_{i=1}^{n} C_{i,\omega}^{\mathrm{DP}} - C_{N,\omega}^{\mathrm{DP}}\right) - C_N^{\mathrm{TC}} \tag{6-43}$$

显然，第 ω 场景下合作联盟 N 的收益 $R_{N,\omega}^{\mathrm{L}}$ 由两部分构成，即联盟降低偏差考核电量带来的免考核收入与联盟合作成本支出 C_N^{TC}。

(2)基于熵权－AHP 的联盟收益改进 Shapley 值分配方法

售电公司组建合作联盟,降低整体偏差电量考核费用,该部分收益 $R_{N,\omega}^L$ 应在联盟成员间充分分配。从博弈论的角度,可以将其视作多人合作对策问题。Shapley 值、最小费用剩余资金(Minimum Costs Remaining Savings,MCRS)等分配方法是用于解决多人合作对策问题的数学方法,根据各局中人给合作带来的收益增值比例分配合作的利益。然而,上述方法进行售电公司联盟的利益分配时只考虑了成员对联盟的贡献程度,却没有考虑售电公司的个体差异。实际市场中,售电公司由于其代理电量规模、负荷预测能力、风险承受能力的差异,在联盟收益分配谈判时将表现出不同的话语权。因此,本书选取联盟收益贡献率、资源稀缺性、结构重要性以及联盟收益依赖性等 4 个指标,运用熵权－AHP 法对各指标进行主客观组合赋权,对合作博弈传统 Shapley 值解进行改进,构建售电公司合作联盟收益分配模型。

1)售电公司联盟收益分配指标

Shapley 值将个体对联盟的边际贡献的大小作为个体分配的依据[23],售电公司 i 在合作联盟 N 中的 Shapley 值收益分配结果 $X_{i,\omega,N}^L$ 可表示为:

$$X_{i,\omega,N}^L = \sum_{S \subset N} \frac{(|S|-1)!\ (n-|S|)!}{n!}(R_{S,\omega}^L - R_{S-i,\omega}^L) \quad (6\text{-}44)$$

式中,S 为联盟 N 中部分售电公司组成的虚拟合作联盟,$|S|$ 为虚拟合作联盟中售电公司个数;$(R_{S,\omega}^L - R_{S-i,\omega}^L)$ 表示售电公司 i 加入虚拟联盟 $S\backslash\{i\}$ 给该联盟带来的边际收益。

售电公司 i 在合作联盟 N 中的边际收益贡献度指标 I_i^{BJ} 可用其 Shapley 值收益分配结果占联盟总收益比例衡量,即

$$I_i^{BJ} = \frac{\sum_{\omega=1}^{\Omega} \pi_\omega X_{i,\omega,N}^L}{\sum_{\omega=1}^{\Omega} \pi_\omega R_{N,\omega}^L} \quad (i \in N) \quad (6\text{-}45)$$

式中:π_ω 表示场景 ω 的出现概率。

偏差考核阈值内的售电公司为联盟其他成员提供免考核电量裕度,是合作联盟的赢利点之一。传统 Shapley 值法仅通过数学手段进行收益分配,忽略了售电公司联盟中个体作为裕度/偏差电量提供者的角色差异[24]。

从合作的角度,资源依赖理论(Resource Dependence Theory, RDT)认为联盟成员间的资源依赖关系决定了其系统内的权力分配[25]。售电公司的裕度/偏差电量在联盟创造合作收益过程中具有资源的不可分离性,即资源的过程依赖性,但由于现阶段电力市场偏差考核形势严峻,合同电量偏差率较低的售电公司在联盟占据稀缺性资源,其作为裕度电量提供者,在收益分配谈判时处于有利地位。

定义售电公司 i 的合同偏差评价系数 A_i 用以衡量其在联盟中提供免考核裕度电量的能力:

$$A_i = \delta \left(\frac{Q_i^{\text{ex}} - \min\limits_{k=1}^{n}(Q_k^{\text{ex}})}{\max\limits_{k=1}^{n}(Q_k^{\text{ex}}) - \min\limits_{k=1}^{n}(Q_k^{\text{ex}})} \right) + (1-\delta) \tag{6-46}$$

$$Q_i^{\text{ex}} = q_i^{\text{C}} \left(\int_0^{\gamma_i} (\alpha - \theta) f_i(\theta) \mathrm{d}\theta + \int_{\gamma_i}^0 (\theta - \beta) f_i(\theta) \mathrm{d}\theta \right) \tag{6-47}$$

$$f_i(\theta) = \begin{cases} \dfrac{1}{2\gamma_i}, & \theta \in [-\gamma_i, \gamma_i] \\ 0, & \text{其他} \end{cases} \tag{6-48}$$

式中,δ 为线性变换参数;Q_i^{ex} 为售电公司 i 合同偏差电量期望;$f_i(\theta)$ 为售电公司 i 合同偏差率的概率密度函数。假设售电公司 i 的合同偏差率 θ 服从区间 $[-\gamma_i, \gamma_i]$ 的均匀分布,结合正、负偏差电量考核阈值范围 $[\beta, \alpha]$ 及售电公司月度总市场合同体量 q_i^{C},计算其合同偏差电量期望 Q_i^{ex} 并通过线性变换统一指标异号数据,生成合同偏差评价系数 A_i。A_i 越大,售电公司 i 越表现为裕度电量提供者,将获得越大比例的联盟收益分配。因此,售电公司 i 在联盟中考虑裕度电量资源稀缺性的收益分配指标可表示为:

$$I_i^{\text{XQ}} = \frac{A_i}{\sum\limits_{j \in N}} \quad (i \in N) \tag{6-49}$$

合作联盟的资源依赖性还包含资源的结构依赖性,即合作伙伴资源的不可替代性,认为即使售电公司的裕度/偏差电量相同,其经营规模、风险倾向等也会造成联盟合作关系差异。售电公司在市场中所属售电公司类型成员数目越少,则其在确定的联盟结构中的不可替代程度越高,其他成员对其的依赖性越强。联盟成员间的这种不对称依赖关系使得不可替代程度较低的售电公司甚至愿意通过让利等方式维持合作以获取联盟收益,在谈判中处于被动的状态。

定义售电公司子集 K_j 的类密度为

$$\rho_j = \frac{|K_j|}{m} \quad (1 \leqslant j \leqslant k, K_j \subset M) \tag{6-50}$$

式中:$|K_j|$ 为子集 K_j 中售电公司个数。售电公司 i 的结构重要性 B_i 可用其从属子集类密度的倒数表示,即 $B_i = \dfrac{1}{\rho_j}$。售电公司 i 的结构重要性 B_i 越强,联盟内其他成员对其的依赖程度越高,则其在联盟 N 中具有的谈判话语权越大,分配得到的联盟收益越多,因此售电公司在合作联盟中基于结构重要性的收益分配指标可定义为:

$$I_i^{\text{JG}} = \frac{B_i}{\sum\limits_{j \in N} B_i} \quad (i \in N) \tag{6-51}$$

实际市场中,部分小型独立售电公司由于其代理用户体量少、负荷控制能力差,通过联盟合作的方式能够极大地规避偏差考核风险,提高自身收益水平,对组建合作联盟的积极性强;相比之下,资产规模大、风险抵御能力强的发售/配售一体化售电公司则对合作的积极性较弱。从智猪博弈(Boxed Pigs)[26] 角度对售电公司的联盟策略进行分析,认为大规模售电公司更有可能存在占优对策,即"搭便车"行为,在联盟谈判中表现为较强的议价能力,当分配收益达不到其目标时有可能拒绝参与联盟合作。

定义售电公司对合作联盟 N 的依赖性指数 $D^{i,N}$ 为:

$$D_{i,N} = \text{e}^{-\mu \frac{(X_{i,N}^{\text{L,E}})^2}{R_i^{\text{C}}}} \quad (\mu > 0) \tag{6-52}$$

$$X_{i,N}^{\text{L,E}} = \sum_{\omega=1}^{\Omega} \pi_\omega X_{i,\omega,N}^{\text{L}} \tag{6-53}$$

$$R_i^{\text{C}} = q_i^{\text{B}}(p_i^{\text{U}} - p_i^{\text{B}}) + q_i^{\text{M}}(p_i^{\text{U}} - p^{\text{M}}) \tag{6-54}$$

式中:μ 为售电公司联盟依赖性参数;$X_{i,N}^{\text{L,E}}$ 为 Shapley 值下售电公司 i 的联盟收益分配期望;R_i^{C} 为售电公司的理想合同购售电收益。$D_{i,N}$ 越大表明售电公司 i 对联盟 N 的依赖程度越低,在合作谈判时可以为自身争取更多收益。因此,售电公司基于联盟收益依赖性的收益分配指标可表示为:

$$I_i^{SY} = \frac{D_{i,N}}{\sum\limits_{j \in N} D_{j,N}} (i \in N) \tag{6-55}$$

2）基于熵权－AHP 法的联盟收益综合分配

组合赋权法将主观与客观权重相结合，是可以有效避免主观经验局限性、客观唯数据局限性的权重确定方法[27-28]。本书拟采用客观熵权来衡量不同指标的数据灵敏度，同时采用 AHP（Analytic Hierarchy Process，层次分析法）[29] 反映不同指标在售电公司联盟收益分配的实际问题中的主观重要性[29]，对上述分配指标进行综合赋权。

构建售电公司合作联盟 N 在 s 个指标下的联盟收益 $n \times s$ 阶初始分配指标矩阵：

$$\boldsymbol{H} = \begin{bmatrix} h_{11} & h_{12} & \cdots & h_{1s} \\ h_{21} & h_{22} & \cdots & h_{2s} \\ \vdots & \vdots & \vdots & \vdots \\ h_{n1} & h_{n2} & \cdots & h_{ns} \end{bmatrix} \tag{6-56}$$

本书共选取 4 个联盟收益分配指标且这 4 个指标满足一致性：售电公司 i 的分配指标越大，则其分得的联盟收益应越多。

对矩阵 $\boldsymbol{H}$ 各指标进行归一化处理，其表达式为：

$$h_{pt}^{nor} = \frac{h_{pt} - \min\limits_{p=1}^{n}(h_{pt})}{\max\limits_{p=1}^{n}(h_{pt}) - \min\limits_{p=1}^{n}(h_{pt})} \quad (1 \leqslant t \leqslant s) \tag{6-57}$$

式中：h_{pt}^{nor} 为归一化后的第 p 个售电公司的第 t 个指标。归一化后的联盟收益分配指标矩阵为 $\boldsymbol{H}_{nor} = [h_{pt}^{nor}]_{n \times s}$。

售电公司合作收益分配指标中第 t 个指标的信息熵 E_t 为：

$$E_t = -\frac{1}{\ln n} \sum_{p=1}^{n} r_{pt} \ln r_{pt}, \quad t = 1, 2, \cdots, s \tag{6-58}$$

$$r_{pt} = \frac{h_{pt}^{nor}}{\sum\limits_{p=1}^{n} h_{pt}^{nor}} \tag{6-59}$$

如果 $r_{pt} = 0$，则认为 $r_{pt} \ln r_{pt} = 0$。

联盟收益分配各指标的熵权 w_t^{Ent} 表示为：

$$w_t^{\text{Ent}} = \frac{1 - E_t}{s - \sum\limits_{j=1}^{s} E_j} \tag{6-60}$$

式中:$0 \leqslant w_t^{\text{Ent}} \leqslant 1$ 且 $\sum\limits_{t=1}^{s} w_t^{\text{Ent}} = 1$。

AHP 是将定性分析与定量分析有效结合的主观赋权方法,通过专家打分等形式表现所取指标在售电公司联盟收益分配问题中的重要性。首先,通过 $1 \sim 9$ 标度法构建指标间的相对重要程度判断矩阵 $\boldsymbol{T}$;然后,计算判断矩阵 $\boldsymbol{T}$ 的最大特征根 $\lambda_{\max}$ 及对应的正规化特征向量 $\boldsymbol{W}_{\text{AHP}} = [w_1^{\text{AHP}}, w_2^{\text{AHP}}, \cdots, w_s^{\text{AHP}}]^{\text{T}}$;若 $\boldsymbol{T}$ 满足一致性检验,则将特征向量 $\boldsymbol{W}_{\text{AHP}}$ 归一化即可得到相应的权重向量。

基于熵权 — AHP 法的指标综合权向量为 $\boldsymbol{W}_{\text{Com}} = [w_1^{\text{Com}}, w_2^{\text{Com}}, \cdots, w_s^{\text{Com}}]^{\text{T}}$,其中

$$w_t^{\text{Com}} = \frac{w_t^{\text{Ent}} w_t^{\text{AHP}}}{\sum\limits_{j=1}^{s} w_j^{\text{Ent}} w_j^{\text{AHP}}}, \quad t = 1, 2, \cdots, s \tag{6-61}$$

在此基础上对各项售电公司联盟收益分配指标进行综合评估,得到联盟收益分配系数向量 $\boldsymbol{V}$,即

$$\boldsymbol{V} = \boldsymbol{H}\boldsymbol{W}_{\text{Com}} = \begin{bmatrix} h_{11} & h_{12} & \cdots & h_{1s} \\ h_{21} & h_{22} & \cdots & h_{2s} \\ \vdots & \vdots & \vdots & \vdots \\ h_{n1} & h_{n2} & \cdots & h_{ns} \end{bmatrix} \begin{bmatrix} w_1^{\text{Com}} \\ w_2^{\text{Com}} \\ \vdots \\ w_3^{\text{Com}} \end{bmatrix} = \begin{bmatrix} v_1 \\ v_2 \\ \vdots \\ v_n \end{bmatrix} \tag{6-62}$$

售电公司 i 在合作联盟 N 中的改进 Shapley 值收益分配结果可表示为:

$$R_{i,\omega,N}^{\text{L}} = \frac{v_i}{\sum\limits_{i=1}^{n} v_i} \times R_{N,\omega}^{\text{L}} \tag{6-63}$$

(3)计及风险评估的售电公司合作联盟优化模型

当联盟内售电公司均为阈值外正(负)偏差或联盟收益不足以弥补合作成本时,联盟出现亏损情况,因此售电公司参与联盟组建需要同时考虑联盟预期收益分配与风险损失。在金融等领域已经发展了多种计量风险的方法,其中包括常用的风险价值 VaR、条件风险价值 CVaR,以及其他一些基

于这两种方法的改进方法。VaR 在数学上具有缺乏次可加性以及尾部损失测量不充分等局限性；CVaR 则描述了损失超过 VaR 的条件均值，比 VaR 包含了更多的尾部信息，更能适当反映出含有不确定性因素时决策的潜在损失，因而在近年来受到了较普遍的重视[30]。本书引入 CVaR 衡量联盟合作成本导致的亏损风险。售电公司 i 对合作联盟 N 的综合效用函数 $U_{i,N}^{\mathrm{L}}$ 可表示为：

$$U_{i,N}^{\mathrm{L}} = R_{i,N}^{\mathrm{L,E}} + b_i R_{i,N}^{\mathrm{L,CVaR}} \tag{6-64}$$

$$R_{i,N}^{\mathrm{L,E}} = \sum_{\omega=1}^{\Omega} \pi_\omega R_{i,\omega,N}^{\mathrm{L}} \tag{6-65}$$

$$R_{i,N}^{\mathrm{L,CVaR}} = r_{\mathrm{VaR},a} - \frac{1}{1-a} \sum_{\omega=1}^{\Omega} \pi_\omega \left[r_{\mathrm{VaR},A} - R_{i,\omega,N}^{\mathrm{L}} \right]^+ \tag{6-66}$$

式中：$[t]^+ = \max(0, t)$ 为实数 t 的函数；$R_{i,N}^{\mathrm{L,E}}$ 和 $R_{i,N}^{\mathrm{L,CVaR}}$ 分别为售电公司 i 在联盟中的预期收益与条件风险收益值；b_i 为售电公司 i 的风险偏好系数，其值越大表示售电公司越易规避风险；$r_{\mathrm{VaR},a}$ 表示在置信度水平 a 下售电公司 i 的离散型风险价值。

售电公司组建偏差考核合作联盟以实现个体综合效用最大化，该联盟需要同时满足内部各成员的利益诉求，否则可能造成联盟破裂。定义合作联盟 N 的稳定性 F_N 为：

$$F_N = \sqrt[n]{\prod_{i=1}^{n} U_{i,L}^{N,\mathrm{lin}}} \tag{6-67}$$

其中

$$U_{i,L}^{N,\mathrm{lin}} = \frac{U_{i,L}^N - U_{i,L}^{N_i^{\min}}}{U_{i,L}^{N_i^{\max}} - U_{i,L}^{N_i^{\min}}} \tag{6-68}$$

式中，$U_{i,L}^{N,\mathrm{lin}}$ 为极差化法线性化后的售电公司综合效用，$U_{i,L}^{N,\mathrm{lin}} \geqslant 0$；$N_i^{\max}$、$N_i^{\min}$ 分别表示使售电公司 i 取得最大、最小综合效用的合作联盟。F_N 越大，说明组成该联盟的售电公司对其的满意度越高，合作关系破裂的可能性越低。

（4）算例分析

根据某省偏差电费结算结果将售电公司分为 3 类，各类售电公司实际用电量随机场景集合 Ω 采用蒙特卡洛法模拟。售电公司市场合同电量规模、偏差率范围、类型个数占比见表 6-7；电力市场月度结算价差及偏差考核参数见表 6-8，并假设各类型售电公司结算价差相同；模型其他参数见表 6-9。

表 6-7 典型售电公司合同体量、偏差率及个数占比

售电公司类型	双边合同月分解 （MW·h）	月度集中竞价 （MW·h）	合同偏差率范围 （%）	类型个数占比 （%）
Ⅰ	75000	25000	[−5, 5]	60
Ⅱ	35000	15000	[−10, 10]	20
Ⅲ	15000	5000	[−15, 15]	20

表 6-8 典型售电公司合同体量、偏差率及个数占比

双边交易价差 （元/MWh）	集中竞价价差 （元/MWh）	用户结算价差 （元/MWh）	偏差考核阈值 （%）	正偏差 考核电价 （元/MWh）	负偏差 考核电价 （元/MWh）
−78.2	−41.5	−61.5	[−2, 2]	83	124.5

表 6-9 算例模型参数表

K_{C1}	K_{C2}	K_{C3}	δ	μ	a	b
10000	8000	100000	0.7	0.5	0.95	[1；2；5]

1）售电公司联盟效益计算结果

各类型售电公司单独结算时的合同购售电价差收益、偏差电量考核成本、购售电净收益如表 6-10 所示，售电公司联盟综合效用如表 6-11 所示。

表 6-10 售电公司单独结算收益

售电公司类型	合同购售电价差收益 （万元）	偏差考核费用 （万元）	购售电净收益 （万元）
Ⅰ	75.25	9.17	66.08
Ⅱ	28.45	17.09	11.36
Ⅲ	15.05	11.84	3.21

表 6-11 售电公司合作联盟综合效用

售电公司类型	联盟序号	联盟稳定性	联盟组成			个体综合效用	个体收益分配（万元）	条件风险收益（万元）
			Ⅰ	Ⅱ	Ⅲ			
Ⅰ	AL1	0.934	1	6	0	1.000	17.46	−7.26
	AL2	0.921	1	7	0	0.977	17.14	−7.24
	AL3	0.768	1	5	1	0.738	13.34	−6.61
	AL4	0.333	3	0	0	0.333	4.43	−3.07
	AL5	0.473	1	0	2	0.284	5.45	−4.79
Ⅱ	AL6	1.000	0	7	0	1.000	8.64	−3.30
	AL7	0.967	0	8	0	0.967	8.23	−3.22
	AL1	0.934	1	6	0	0.923	6.31	−2.62
	AL3	0.768	1	5	1	0.833	5.51	−2.73
	AL8	0.627	0	2	1	0.749	4.78	−2.84
Ⅲ	AL9	0.487	3	3	1	1.000	3.86	−2.86
	AL3	0.768	1	5	1	0.807	8.49	−4.21
	AL10	0.607	0	0	2	0.607	2.50	−2.60
	AL5	0.473	1	0	2	0.609	3.11	−2.71
	AL8	0.627	0	2	1	0.439	7.59	−4.51

由表 6-10 和表 6-11 可以看出：

Ⅰ型售电公司月度市场合同体量大、偏差率小，联盟资源稀缺性指标高；个体数量多，结构重要性低；单独结算时偏差考核费用仅占合同价差收益的 12.2%，对联盟收益的依赖性低。Ⅰ型售电公司参与联盟 AL1 可最大化个体综合效用且联盟稳定性较好（0.934），易于达成合作意向，此时Ⅰ型售电公司可获得最大个体收益分配 17.46 万元，购售电净收益提高 26.4%。Ⅰ型售电公司分别与Ⅰ、Ⅲ型售电公司组建合作联盟时的联盟稳定性最大值仅为 0.333（AL4）、0.473（AL5），难以达成合作。综上，Ⅰ型售电公司的最优策略为与Ⅱ型售电公司组建合作联盟。

Ⅱ型售电公司月度市场合同体量与偏差率均较大，资源稀缺性指标低；个体数量少，联盟结构重要性较强；单独结算时偏差考核费用 17.09 万元，占购售电价差收益的 60.1%,经营收益受偏差考核影响较为突出,对联盟收益的依赖性较强。Ⅱ型售电公司间相互合作组建考核联盟可最大化个体综合效用,如联盟 AL6、AL7;AL6 中Ⅱ型售电公司可获取最大个体收益分配 8.64 万元,购售电净收益提高 76.1%,联盟稳定性最大,是Ⅱ型售电公司的最优结盟策略。此外,Ⅱ型售电公司也可与Ⅰ型售电公司组建联盟 AL1,该联盟中Ⅱ型售电公司的条件风险收益相比联盟 AL6 可提高 20.6%,在一定程度上弥补了综合效用中个体收益分配的下降。

Ⅲ型售电公司市场合同体量小、偏差率大,是市场中的少数个体,联盟结构重要性指标较高;单独结算时偏差考核费用为 11.84 万元,占合同购售电净收益的 78.7%,偏差考核最为严峻,对联盟收益的依赖性强。Ⅲ型售电公司参与联盟 AL9 可获得个体最大综合效用,但该联盟稳定性较差 (0.487),难以长期合作;Ⅰ、Ⅱ型售电公司分别与Ⅲ型售电公司组建合作联盟时的个体综合效用低且联盟稳定性仅为 0.473(AL5)、0.627(AL8),均难以达成联盟意向。综上所述,Ⅲ型售电公司的可行结盟策略应为同类型间合作,如联盟 AL10,此时其个体收益分配达 2.5 万元,购售电净收益可提高 77.9%。

2)联盟规模对售电公司收益的影响

按照控制变量的思想以同类型售电公司间合作分析联盟规模对售电公司收益的影响。图 6-11 给出了不同 n 值下售电公司的收益变化情况。

由图 6-11(a)可见,随着联盟规模扩大,各类型售电公司的个体分配收益先增大后减小。这是由于 n 值较小($n \leqslant 4$)时,联盟成员同时呈正/负偏差的概率较高,难以通过偏差互抵的方式获取联盟收益,条件风险收益曲线与合作成本曲线相重合;通过扩大联盟规模提高免考核电量裕度及正负偏差互抵概率,能够有效降低整体偏差考核电量,提高联盟合作收益,削弱合作成本带来的亏损风险,各类型售电公司条件风险收益曲线相比合作成本曲线均有一定回升,如图 6-11(b)所示。随着 n 值的继续增大,联盟协商决策成本 C_2 迅速提高,合作收益随之下降,且偏差电量期望较低的Ⅰ型售电公司最先出现收益下滑现象。

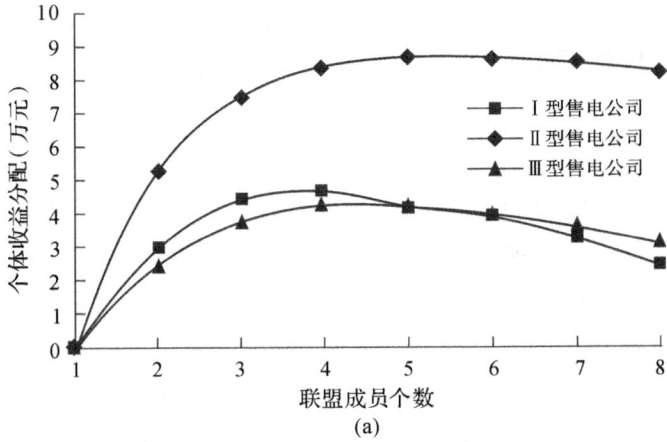

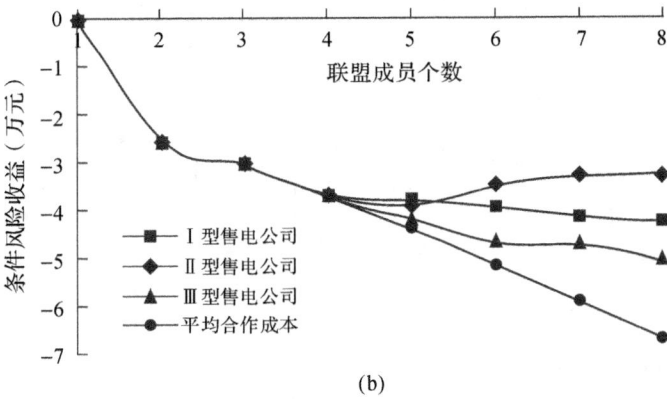

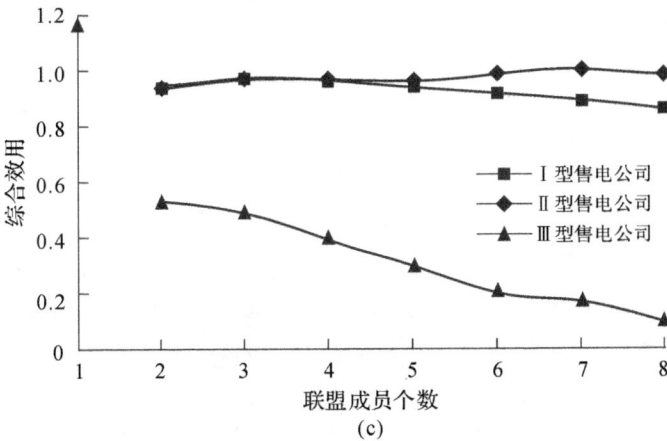

图 6-11 不同 n 值下售电公司联盟效益分析

图 6-11(c)展示了联盟规模变化对售电公司综合效用的影响,同类型售电公司间合作联盟的稳定性与其个体综合效用相一致。售电公司组建偏差考核合作联盟时综合考虑联盟收益与风险损失,其中:偏好风险的 I 型售电公司综合效用曲线与联盟收益曲线变化趋势相一致,风险因素对联盟决策影响较小;Ⅲ型售电公司由于风险规避倾向较大,综合效用随联盟规模的扩大递减,因此在 $n=4$ 时得到个体最大收益,$n=2$ 时取得最大综合效用。

3)联盟结构对售电公司收益的影响

图 6-12 给出了相同 n 值下Ⅱ型售电公司在联盟中的合作收益与风险损失关系,各联盟组成情况如表 6-12 所示。

表 6-12 售电公司合作联盟的组成及指标权重

联盟序号	联盟组成			综合权重				Ⅱ型售电公司综合效用
	I	Ⅱ	Ⅲ	I^{BJ}	I^{XQ}	I^{JG}	I^{SY}	
AL11	4	1	0	0.809	0.064	0.098	0.029	0.573
AL12	3	2	0	0.620	0.207	0.079	0.093	0.729
AL13	2	3	0	0.407	0.392	0.046	0.155	0.822
AL14	1	4	0	0.181	0.603	0.018	0.198	0.855

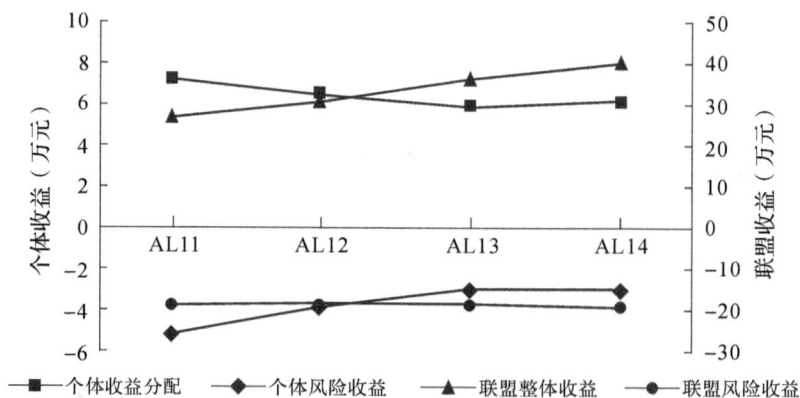

图 6-12 售电公司联盟收益与风险损失关系

从图 6-12 可以看出,随着联盟中Ⅱ型售电公司成员比例提高,合作收益不断增大,Ⅱ型售电公司分配收益反而下降。这是由于联盟中售电公司间呈现为对外偏差电量互保合作、对内联盟收益分配竞争的关系,当联盟中Ⅱ型售电公司逐渐增多,联盟的结构寡头由Ⅱ型售电公司转为Ⅰ型售电公司,前者的谈判优势指标——联盟边际收益贡献——的综合权重由 0.809 逐渐下降至 0.181,导致其在收益分配竞争谈判中的话语权下降。然而从风险角度来看,收益分配比例的下降同样意味着亏损风险的降低,考虑到Ⅱ型售电公司的风险偏好,其在联盟 AL11～AL14 中的综合效用逐渐提高,如表 6-12 所示。综上所述,认为Ⅱ型售电公司更倾向于抱团与Ⅰ型售电公司进行联盟合作,这与市场中普遍存在的中小公司依附大型公司从而规避经营风险的情况相一致。

4)联盟收益分配方法对比

以表 6-11 联盟 AL3 为例对比分析联盟收益分配方法差异。联盟 AL3 由Ⅰ型售电公司Ⅰ1、Ⅱ型售电公司Ⅱ1～Ⅱ5、Ⅲ型售电公司Ⅲ1 组成,合作成本 43.2 万元,联盟总收益期望 48.7 万元。合作收益 Shapley 值法、MCRS 法以及改进 Shapley 值法分配结果如图 6-13 所示。

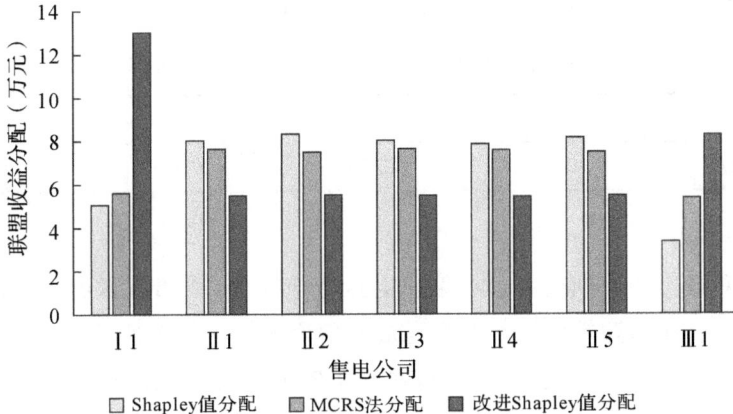

图 6-13　售电公司联盟收益分配方式对比

Shapley 值法按照售电公司对联盟收益的贡献进行分配,需要计算各售电公司对联盟 AL3 的全部虚拟子联盟的边际贡献,是对联盟贡献的全面衡量。联盟合作收益主要来源于售电公司间正负偏差互抵,因此偏差电量期望值较大的Ⅱ型售电公司在该分配方式下得到的平均收益分配比例最大(16.6%);合同偏差率较低的Ⅰ型售电公司可为联盟提供免考核电量裕度,是联盟收益的第二来源,使得Ⅰ型售电公收益分配比例(10.3%)大于Ⅲ型售电公司(6.9%)。

MCRS法在进行收益分配时同样考虑个体对联盟的收益贡献,与Shapley值法的区别在于其在进行收益分配时仅需计入虚拟子联盟$\{N-i\}$对售电公司i收益分配的约束,计算过程较为简单,但各售电公司对联盟收益的边际贡献差异性减弱,导致Ⅱ型售电公司的平均收益分配比例下降为15.5%,Ⅰ、Ⅲ型售电公司收益分配比例相应提高至11.4%、11.1%。

改进Shapley值法综合考虑了售电公司对联盟的边际贡献、资源稀缺性、联盟结构的重要性以及对联盟收益的依赖性,相比于Shapley值、MCRS法等数值解法,其对影响联盟收益分配谈判的因素考虑得更加全面。联盟AL3基于熵权—AHP法的指标权重如表6-13所示,Ⅰ型售电公司联盟资源稀缺性、收益依赖性等指标较高,该权重下其在联盟收益谈判时具有较强的话语权(26.8%);相反,Ⅱ型售电公司在该权重下对联盟的边际收益贡献作用被削弱,对联盟收益的依赖性及偏差率劣势被放大,对收益分配的议价能力下降,平均收益分配比例仅为11.2%。

表6-13 基于熵权—AHP法的联盟AL3的指标权重

指标	I^{BJ}	I^{XQ}	I^{JG}	I^{SY}
权重	0.192	0.625	0.015	0.168

(5)结语

针对电力中长期交易市场偏差电量考核问题,提出了售电公司降低考核费用的合作联盟策略。结合交易成本理论分析了信息搜寻、协商决策、风险管理等对联盟合作成本的影响,在此基础上建立了偏差考核机制下计及合作成本的售电公司联盟收益模型;联盟收益分配阶段选取边际收益贡献、资源稀缺性、联盟结构重要性及联盟收益依赖性等造成成员间谈判话语权差异的典型因素作为分配指标,提出了基于熵权—AHP法的联盟收益改进Shapley值分配方法;考虑售电公司收益与风险损失的综合效用,建立联盟稳定性评估模型衡量售电公司间进行合作的可能性。算例仿真结果说明售电公司采用提出的联盟对策,选取恰当的合作伙伴组建偏差考核联盟,能够有效降低考核费用,提高购售电收益。

此外,提出的售电公司联盟合作成本也可通过"对参与联盟组建的售电公司收取联盟管理费,补偿发电机组为需求侧阈值内偏差电量提供的上、下调服务"的方式进行量化,为电力市场偏差考核机制规则设计提供参考。

6.1.4 偏差处理机制下发电公司的报价策略

(1)中长期市场交易下的预挂牌月平衡偏差处理机制

《基本规则》提出了四种中长期交易合同的偏差处理机制,分别为预挂牌月平衡机制、预挂牌日平衡机制、等比例调整机制和滚动调整机制。其中,预挂牌月平衡作为其重点推荐的偏差处理机制,体现了发电商提供平衡服务的意愿,具有市场化的特征。当实际电力需求和系统预测出现偏差时,在每月最后 7 天,调度机构根据各个机组月前上报的上调增发价格和下调补偿价格(均按由低到高排序),以平衡调度的费用最小为目标调整安排各机组的出力。

图 6-14 为预挂牌月平衡机制下的偏差处理和结算的流程。由图 6-14 可见,月前发电商同时对月度中长期市场和平衡市场提交报价,且两个市场的出清具有时序性和耦合性:月初由交易中心 PX 组织开展月度中长期市场交易竞价并进行出清;月末由 PX 根据系统的偏差电量和机组报价,在调度机构 ISO 对发电商月度计划电量分解的基础上,安排不平衡服务并结算不平衡费用。该结算包含提供平衡服务的结算和因自身原因造成偏差的结算两部分,且在对前者结算时并非按照全电量,而是设置了平衡市场结算阈值,只有超过结算阈值的平衡服务可以得到补偿。另外,发电商在进行两个月度时序性市场的报价决策时,月度中长期市场的总交易电量为发布值而平衡市场的总偏差电量为估计值[31]。

预挂牌月平衡机制在偏差处理上与英国的平衡机制具有一定相似性。英国自引入双边合同市场(New Electricity Trading Arrangement,NETA)后,由英国国家电网公司(National Grid Company,NGC)负责平衡市场。英国平衡市场中的交易电量仅约占总电量的 3%,但在系统平稳运行中起到了至关重要的作用。在交易时段关闸(Gate Closure)后,NGC 根据市场成员的上、下调服务报价(Offer/Bid),在平衡机制单元(Balancing

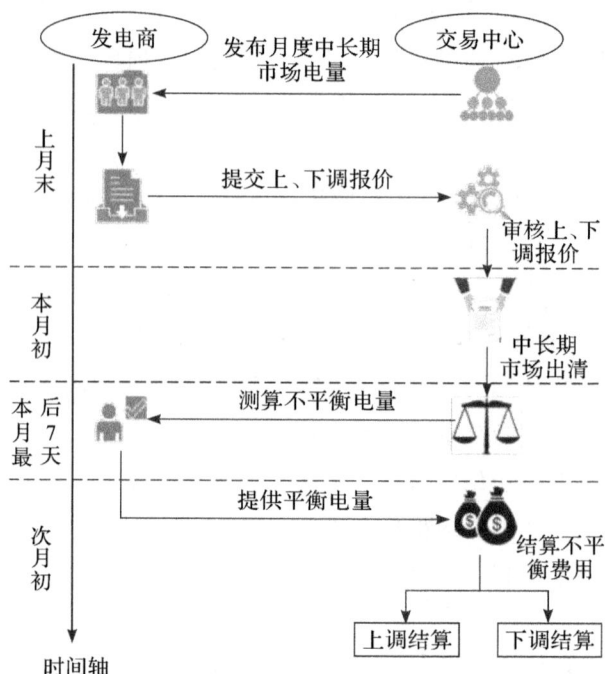

图 6-14 偏差处理和结算流程

Mechanism Unit, BMU)最终物理申报(Final Physical Notification, FPN)的基础上,以平衡控制费用最小为目标调用不平衡服务。不同于仅通过发电侧调整解决合同电量偏差,英国平衡机制中发电侧和用户侧均可作为平衡服务的提供者。在调度时段结束后,结算机构 ELEXON 公司根据电力平衡结算准则(Electricity Balancing Significant Code, EBSC)[32],以 BMU 为单元进行不平衡结算,其中对平衡服务提供者按报价支付(Pay as Bid, PAB),对平衡服务使用者以系统售电价(System Sell Price, SSP)和系统购电价(System Buy Price, SBP)结算。英国能源监管机构 Ofgem 对平衡机制不断进行评估和改进,2014 年出台的《电力平衡机制评估——终稿方案》(Electricity Balancing Significant Code Review)提出将双结算机制改为单结算机制和采用边际成本法计算不平衡价格等方面的改革,以期为系统提供更有效的经济信号并激励市场成员实现平衡,并计划于 2018—2019 年以最后入围的 1MW 报价作为偏差的平均结算价格,从而更好地反映平衡服务的边际成本。

图 6-15 为英国和中国平衡机制和预挂牌月平衡机制的对比。由图可见,两者在报价方式、对平衡服务提供者的结算方式上存在一定共性,但在平衡市场的报价时间、平衡服务的提供者、不平衡结算的单元上差异较大。

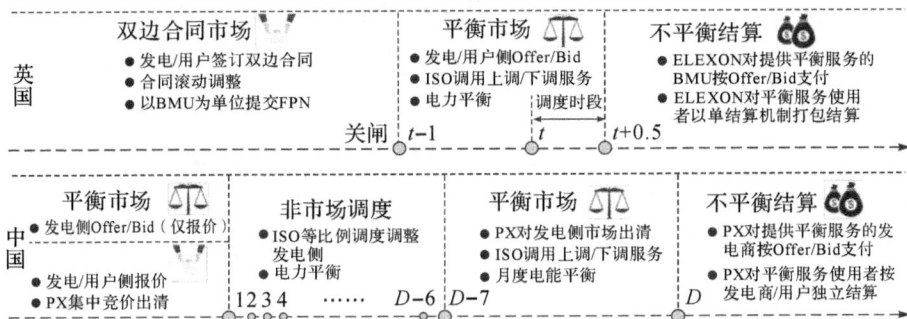

图 6-15 英国平衡机制和中国偏差处理机制的对比

当前中长期交易机制下的月度中长期市场和平衡市场具有时序性和耦合性,图 6-15 对比了这两个市场的特征。发电商在月前同时对两个市场提交报价,而 PX 分别在交易月初对月度中长期市场出清和月末倒数第 7 天对平衡市场出清。此外,在 PX 对月度中长期市场交易出清的基础上,ISO 对发电商月度总计划电量按照典型日负荷曲线分解到月内每日的各个时段,并制订该月的发电计划[33]。根据《基本规则》以及各省提出的预挂牌月平衡偏差处理机制的实施细则,对月度市场的整体运作机制假设如下(其中 D 为月度总天数):

①交易月的上月末,发电商同时对月度中长期市场和平衡市场提交报价;

②交易月初,PX 根据发电商在月度中长期市场中的报价进行集中竞价交易并出清;

③月度中长期市场交易出清后,ISO 运用确定性电量分解算法将各发电商的总计划电量分摊至 $1 \sim D$ 天的各个时段;

④交易月 $1 \sim D-7$ 天,ISO 根据系统不平衡情况对所有发电机组的计划调度曲线进行非经济性等例调整,满足系统电力平衡;

⑤交易月第 $D-6$ 天,PX 根据系统月偏差电量 ΔQ 以及发电商的平衡

市场报价对机组 $D-6\sim D$ 天的计划调度曲线进行经济性最优比例调整，从而对前 $D-7$ 天的非经济调度结果进行修正。由于系统仍是对电量进行平衡，在调用不平衡服务时保持各机组计划调度曲线形状不变。

(2)月度中长期市场和平衡市场下的发电商时序性双市场报价模型

1)发电商在月度中长期市场和平衡市场中的收益和风险

发电商 i 在月度中长期市场和平衡市场中的时序性双市场报价决策框架如图 6-16 所示。上层中，发电商 i 根据 PX 发布的交易电量 $Q_{\text{sys}}^{\text{M}}$，基于其对竞争对手报价 p_{-i}^{M}、p_{-i}^{O}、p_{-i}^{B} 和系统月偏差电量 ΔQ 的估计值，根据市场的结算规则，权衡其在月度中长期市场和平衡市场中的收益和风险，决策最优的月度中长期市场报价 p_i^{M} 以及平衡市场上、下调服务报价 p_i^{O}、p_i^{B}，使得其月度综合效用最大化；下层则按照市场时序性分别对 PX 的月度中长期市场出清(模块 A)、ISO 的计划电量分解(模块 B)、PX 的平衡市场出清(模块 C) 三个子问题进行模拟。其中，模块 A 将发电商 i 在月度中长期市场竞价得到的交易电量 $Q_{i,\text{total}}^{\text{M}}$ 传递给模块 B，模块 B 将发电商 i 的月度总计划电量 $Q_{i,\text{total}}^{\text{P}}$ 分解值 $Q_{i,d,t}^{\text{P}}$ 传递给模块 C。通过上层向下层传递发电商报价决策以及下层向上层反馈市场出清电量 $Q_{i,\text{total}}^{\text{M}}$ 和 $Q_{i,\text{total}}^{\text{A}}$，模拟发电商参与月度时序性双市场报价、出清和结算的过程。

发电商 i 月度总计划电量 $Q_{i,\text{total}}^{\text{P}}$ 由月度基数电量 $Q_{i,\text{total}}^{\text{C}}$ 和模块 A 中 PX 出清的月度中长期交易电量 $Q_{i,\text{total}}^{\text{M}}$ 两部分构成：

$$Q_{i,\text{total}}^{\text{P}} = Q_{i,\text{total}}^{\text{M}} + Q_{i,\text{total}}^{\text{C}} \tag{6-69}$$

$$Q_{i,\text{total}}^{\text{C}} = \gamma_i^{\text{m}} \cdot Q_{i,\text{max}}^{\text{P}} \tag{6-70}$$

式中：$Q_{i,\text{max}}^{\text{P}}$ 为发电商 i 的月度最大计划发电量；γ_i^{m} 为基数合同电量比例，反映了市场化程度。

发电商的月度总收益 R_i 由以下三部分构成：月度基数电量收益 R_i^{C}、月度中长期市场收益 R_i^{M} 和平衡市场收益 R_i^{A}，其中 R_i^{A} 包含发电商 i 提供上下调服务的收益 R_i^{O} 和 R_i^{B}。月度中长期市场和平衡市场的结算方式存在差异：在月度中长期市场中，系统按统一出清价(Market Clearing Price, MCP)进行全电量结算；而在平衡市场中，系统以 PAB 方式对超过阈值部分的偏差服务电量进行结算。各部分收益的表达式为：

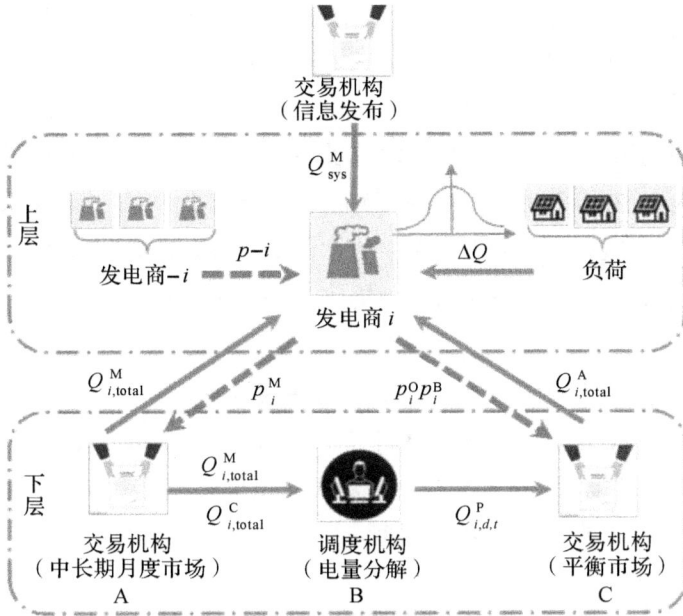

图 6-16 月度中长期市场和平衡市场下的发电商时序性双市场报价决策框架

$$R_i^C = (p_i^C - c_i) \cdot Q_{i,\text{total}}^C \tag{6-71}$$

$$R_i^M = (p^M - c_i) \cdot Q_{i,\text{total}}^M \tag{6-72}$$

$$R_i^A = \begin{cases} R_i^O (\Delta Q > 0) \\ R_i^B (\Delta Q < 0) \end{cases} \tag{6-73}$$

$$R_i^O = (p_i^O - c_i) \cdot Q_{i,\text{total}}^{Oc} \tag{6-74}$$

$$R_i^B = (p^M - c_i) \cdot Q_{i,\text{total}}^A - p_i^B \cdot Q_{i,\text{total}}^{Bc} \tag{6-75}$$

式中：c_i 为发电商 i 的单位电量发电成本，可由机组的平均煤耗测算得到。p_i^C 为其基数电量结算价格，p^M 为月度中长期市场的 MCP。$Q_{i,\text{total}}^A$ 为发电商 i 的月度总调整电量，$Q_{i,\text{total}}^{Oc}$ 和 $Q_{i,\text{total}}^{Bc}$ 为不同市场结算阈值下发电商 i 提供上下调服务的实际结算电量：

$$Q_{i,\text{total}}^A = \sum_{d=1}^D \sum_{t=1}^T Q_{i,d,t}^R - \sum_{d=1}^D \sum_{t=1}^T Q_{i,d,t}^P \tag{6-76}$$

$$Q_{i,\text{total}}^{Oc} = \begin{cases} 0, & Q_{i,\text{total}}^A \leqslant \beta^O \cdot Q_{i,\text{total}}^P \\ Q_{i,\text{total}}^A - \beta^O \cdot Q_{i,\text{total}}^P, & Q_{i,\text{total}}^A > \beta^O \cdot Q_{i,\text{total}}^P \end{cases} \tag{6-77}$$

$$Q_{i,\text{total}}^{\text{Bc}}=\begin{cases}0, & 0<-Q_{i,\text{total}}^{\text{A}}\leqslant\beta^{\text{B}}\cdot Q_{i,\text{total}}^{\text{P}}\\Q_{i,\text{total}}^{\text{A}}-\beta^{\text{B}}\cdot Q_{i,\text{total}}^{\text{P}}, & -Q_{i,\text{total}}^{\text{A}}>\beta^{\text{B}}\cdot Q_{i,\text{total}}^{\text{P}}\end{cases}\qquad(6\text{-}78)$$

式中:β^{O} 和 β^{B} 分别为平衡市场中上、下调服务的结算阈值,即小于阈值部分的上调和下调电量不给予补偿结算。β^{O} 和 β^{B} 在各省实施细则下设置的数值不同,例如江苏省和山东省设置的结算阈值分别为 $\pm3\%$ 及 $+6\%$、-2%。D 为月总天数,T 为一天中的总调度时段数。$Q_{i,d,t}^{\text{P}}$ 为发电商 i 月度总计划电量 $Q_{i,\text{total}}^{\text{P}}$ 分解至交易月内第 d 天时段 t 的计划发电量,$Q_{i,d,t}^{\text{R}}$ 为实际发电量。

考虑到平衡市场的偏差电量 ΔQ、对手报价策略等存在不确定性,发电商 i 在月度中长期市场收益 R_i^{M} 和平衡市场收益 R_i^{A} 为随机变量。定义效用指标 U_i 权衡发电商 i 在月度时序性双市场报价决策时的收益和风险,其报价决策的目标函数为最大化 U_i,即:

$$\max_{p_i^{\text{M}},p_i^{\text{O}},p_i^{\text{B}}}U_i=R_i-A\sigma_i\qquad(6\text{-}79)$$

$$R_i=R_i^{\text{C}}+E(R_i^{\text{M}})+E(R_i^{\text{A}})\qquad(6\text{-}80)$$

$$\sigma_i=\text{CVaR}(R_i^{\text{M}})+\text{CVaR}(R_i^{\text{A}})\qquad(6\text{-}81)$$

式中:R_i 为发电商 i 的月度总收益,σ_i 为其风险评估指标。A 为发电商决策的风险偏好系数,数值越大表示其越厌恶风险。$E(\cdot)$ 表示随机变量的期望;$\text{CVaR}(\cdot)$ 表示随机变量的条件风险价值。条件风险价值理论(CVaR)衍生于 VaR,是指损失超过 VaR 的条件均值,反映了超过 VaR 值可能遭受的平均潜在损失大小,能克服 VaR 值在尾部损失测量上的非充分性[34],从而较好地体现发电商参与市场的潜在风险价值。文献[35]采用如下简化计算方法:

$$\text{CVaR}(R_i^{\text{M}})=-\mu^{\text{M}}+\frac{1}{S^{\text{M}}(1-\delta)}\sum_{l_1=1}^{S^{\text{M}}}[\mu^{\text{M}}-R_i^{\text{M}}(l_1)]^+\qquad(6\text{-}82)$$

$$\text{CVaR}(R_i^{\text{A}})=-\mu^{\text{A}}+\frac{1}{S^{\text{A}}(1-\delta)}\sum_{l_2=1}^{S^{\text{A}}}[\mu^{\text{A}}-R_i^{\text{A}}(l_2)]^+\qquad(6\text{-}83)$$

式中:μ^{M} 和 μ^{A} 为收益临界值,S^{M} 和 S^{A} 分别为月度中长期市场和平衡市场对应的总场景数,l_1 和 l_2 分别为两个市场对应的子场景序号,δ 表示其置信水平。定义 $[\mu^{\text{M}}-R_i^{\text{M}}(l_1)]^+=\max\{0,\mu^{\text{M}}-R_i^{\text{M}}(l_1)\}$,$[\mu^{\text{A}}-R_i^{\text{A}}(l_2)]^+=$

$\max\{0, \mu^{\mathrm{A}} - R_i^{\mathrm{A}}(l_2)\}$。

2）考虑电量分解的月度中长期市场和平衡市场出清机制

月度中长期市场和平衡市场下的发电商时序性双市场报价决策的下层问题充分考虑预挂牌月平衡机制的特征，按照时序性模拟了月度市场运作的三个业务环节。

模块 A：交易中心的月度中长期市场出清过程

月初 PX 根据发电商报价进行月度中长期市场的集中交易出清。A 省的实际情况显示，由于中长期电力市场交易电量的限制，需求方均采取零价差报价策略，即需求方的报价与市场出清无关，因此模块 A 可等效为发电侧单边竞价模式，其决策变量为各个发电商的月度中长期市场出清电量 $Q_{i,\mathrm{total}}^{\mathrm{M}}$ 和统一出清价格 p^{M}，目标为使得调度 I 个发电商的成本最小化，即：

$$\min_{Q_{i,\mathrm{total}}^{\mathrm{M}}, p^{\mathrm{M}}} \sum_{i=1}^{I} p_i^{\mathrm{M}} \cdot Q_{i,\mathrm{total}}^{\mathrm{M}} \tag{6-84}$$

约束条件如下：

① 交易电量平衡约束：

$$\sum_i^I Q_{i,\mathrm{total}}^{\mathrm{M}} = Q_{\mathrm{sys}}^{\mathrm{M}} \tag{6-85}$$

② 发电商可发电量约束：

$$Q_{i,\mathrm{total}}^{\min} \leqslant Q_{i,\mathrm{total}}^{\mathrm{M}} \leqslant Q_{i,\mathrm{total}}^{\max} \tag{6-86}$$

式中：$Q_{\mathrm{sys}}^{\mathrm{M}}$ 为 PX 月前发布的月度总交易电量；$Q_{i,\mathrm{total}}^{\min}$ 和 $Q_{i,\mathrm{total}}^{\max}$ 分别为发电商 i 在交易月内的最小、最大上网电量，由发电商基数合同电量、机组最小技术出力、机组检修等因素综合确定。

模块 B：调度机构的电量分解和约束修正

在月度中长期市场交易出清后，ISO 根据典型日负荷曲线对发电商的月度总计划电量 $Q_{i,\mathrm{total}}^{\mathrm{P}}$ 进行时段性分解，并根据发电商各时段的最小出力限制 $Q_{i,d,t}^{\min}$ 对分解结果进行约束修正，最终确定各发电商交易月内各时段的计划电量 $Q_{i,d,t}^{\mathrm{P}}$。本章侧重于研究大容量机组的发电商报价策略，暂不考虑机组组合问题，假设机组始终处于开机状态。在分解月度总计划电量时采用传统的确定性电量分解算法[36]：

步骤 1：初始化，取 $k=1$。定义 N_C 为各时段越限发电商集合，并令 $N_C^{(0)}$

$=\phi$。计算系统各时段待分解的计划电量:

$$Q^{\mathrm{P}(0)}_{d,t} = \lambda^{\mathrm{P}}_{d,t} \cdot \sum_{i}^{I} Q^{\mathrm{P}}_{i,\mathrm{total}} \tag{6-87}$$

式中:$Q^{\mathrm{P}}_{d,t}$ 为系统在交易月第 d 天时段 t 的总计划电量;$\lambda^{\mathrm{P}}_{d,t}$ 为全系统该时段负荷电量占当月总负荷电量的比重,可由典型日负荷曲线计算得到。

步骤 2:计算发电商各时段第 k 次约束修正前分配的计划电量:

$$\omega^{\mathrm{P}(k)}_{i,d,t} = \frac{Q^{\mathrm{P}}_{i,\mathrm{total}}}{\displaystyle\sum_{i=1,\{i,d,t\} \notin N_{\mathrm{C}}^{(k-1)}}^{I} Q^{\mathrm{P}}_{i,\mathrm{total}}}, \quad \{i,d,t\} \notin N_{\mathrm{C}}^{(k-1)} \tag{6-88}$$

$$Q^{\mathrm{P}(k)}_{i,d,t} = \omega^{\mathrm{P}(k)}_{i,d,t} \cdot Q^{\mathrm{P}(k-1)}_{d,t} \tag{6-89}$$

式中:$\omega^{\mathrm{P}(k)}_{i,d,t}$ 为第 k 次约束修正前发电商 i 在该时段的计划电量分配比,$Q^{\mathrm{P}(k)}_{i,d,t}$ 为其对应的计划电量。

步骤 3:对发电商计划电量进行第 k 次修正。若 $Q^{\mathrm{P}(k)}_{i,d,t} \leqslant Q^{\min}_{i,d,t}$,则令 $Q^{\mathrm{P}(k)}_{i,d,t} = Q^{\min}_{i,d,t}$,且 $\{i,d,t\} \in N_{\mathrm{C}}^{(k)}$。

步骤 4:判断是否结束分解过程。若满足 $N_{\mathrm{C}}^{(k)} - N_{\mathrm{C}}^{(k-1)} = \phi$,则终止修正过程;若不满足,则令 $k=k+1$,用式(6-90)修正待分解的计划电量 $Q^{\mathrm{P}}_{d,t}$,并返回步骤 2。

$$Q^{\mathrm{P}(k-1)}_{d,t} = Q^{\mathrm{P}(0)}_{d,t} - \sum_{i=1,\{i,d,t\} \in N_{\mathrm{C}}^{(k-1)}}^{I} Q^{\min}_{i,d,t} \tag{6-90}$$

模块 C:交易中心的平衡市场出清过程

PX 在 ISO 计划电量分解的基础上,在月末第 $D-7$ 天根据各发电商报价进行平衡市场的出清,以平衡调度成本最小化为目标,即:

$$\min_{Q^{R}_{i,d,t}} \sum_{i=1}^{I} p^{\mathrm{O}}_{i} \cdot g(Q^{\mathrm{A}}_{i,\mathrm{total}}) + \sum_{i=1}^{I} p^{\mathrm{B}}_{i} \cdot g(-Q^{\mathrm{A}}_{i,\mathrm{total}}) \tag{6-91}$$

式中:p^{O}_{i} 为发电商 i 的上调服务报价,p^{B}_{i} 为其下调服务报价,$Q^{\mathrm{A}}_{i,\mathrm{total}}$ 为发电商 i 的月度总调整电量。在实际运行中系统根据特定的不平衡方向调用不平衡服务,即不同时调用上调和下调服务,因此引入分段函数 $g(x) = \begin{cases} x & (x > 0) \\ 0 & (x \leqslant 0) \end{cases}$,对此特征进行描述。为处理分段函数 $g(x)$,定义 $Q^{\mathrm{A}}_{i,\mathrm{total}} = u^{\mathrm{A}}_{i} - v^{\mathrm{A}}_{i}$,其中,$u^{\mathrm{A}}_{i}$、$v^{\mathrm{A}}_{i}$ 为 2 个非负松弛变量,其实质分别为发电商 i 月度上

调和下调的总电量,则式(6-91)可表示为:

$$\min_{Q_{i,d,t}^R} \sum_{i=1}^I p_i^O \cdot u_i^A + \sum_{i=1}^I p_i^B \cdot v_i^A \tag{6-92}$$

根据《基本规则》,系统仅在月末 7 天根据平衡市场报价进行经济性最优比例调整。因此,模块 C 的决策变量仅为 $D-6 \sim D$ 天发电商各个时段的实际发电量 $Q_{i,d,t}^R$。

平衡市场调度出清的约束条件为:

① 电量平衡约束:

$$\sum_{i=1}^I Q_{i,d,t}^R = Q_{d,t}^R \tag{6-93}$$

② 等比例调节约束:

$$Q_{i,d,t}^R = \alpha_{i,d}^A \cdot Q_{i,d,t}^P \tag{6-94}$$

③ 调节电量约束:

$$u_i^A - v_i^A = \sum_{d=1}^{D-7} \sum_{t=1}^T r_{d,t} \cdot Q_{i,d,t}^P + \sum_{d=D-6}^D \sum_{t=1}^T Q_{i,d,t}^R - Q_{i,\text{total}}^P$$
$$(i = 1, 2, \cdots, I) \tag{6-95}$$

式中:系数 $r_{d,t} = \dfrac{Q_{d,t}^R}{Q_{d,t}^P}$,为系统前 $D-7$ 天各时段实际负荷和预测负荷的比值,即该时段调度曲线的等比例调整系数。

④ 发电商出力约束:

$$Q_{i,d,t}^{\min} \leqslant Q_{i,d,t}^R \leqslant Q_{i,d,t}^{\max} \tag{6-96}$$

⑤ 松弛变量约束:

$$u_i^A \geqslant 0, v_i^A \geqslant 0 \tag{6-97}$$

式中,$t = 1, 2, \cdots, T$;$d = D, D-1, \cdots, D-6$。$Q_{d,t}^R$ 为系统第 d 天时段 t 实际需求电量,$Q_{i,d,t}^{\max}$ 为发电商 i 各时段最大发电量限制。式(6-93)表示月末 7 天各时段的系统总电量平衡。式(6-94)表示 PX 在对平衡市场出清时不改变各发电商的计划调度曲线形状,仅对原调度曲线进行上下平移,$\alpha_{i,d}^A$ 为平移的比例系数。式(6-95)表示平衡市场中发电商 i 的月度总调整电量,其中 $1 \sim D-7$ 天根据计划调度曲线由系统进行统一等比例调整,第 $D-6 \sim D$ 天为优化调度,D 天的调整总量即为发电商 i 提供的月度上下调服务电量。

（3）考虑双重不确定性的发电商双层报价模型的求解流程

发电商在对月度时序性双市场提交报价决策时，确定性信息包含系统的月度总交易电量、自身的成本函数和收益函数，不确定性信息包含系统的月偏差电量和竞争对手的报价策略。结合历史数据对不确定性信息进行合理的估计是发电商 i 报价决策前的重要步骤。

系统的偏差电量 ΔQ 来源于负荷预测的误差，可用概率分布函数描述[37]。本章引入偏差系数 $k \sim N(\mu_k, \sigma_k)$ 描述 ΔQ，模拟时根据 k 的概率密度函数对其进行 N 次抽样：

$$\Delta Q = k \cdot Q_{sys}^P \tag{6-98}$$

市场中发电商的竞争对手众多，难以逐一准确估计其报价，因此很多报价策略的研究中将发电商的竞争对手简化为一个或者按照不同类型假设为几个[38]。本章将发电商 i 以外的 $I-1$ 个发电商合记为发电商 $-i$，并假设其在月度中长期市场和平衡市场中的等效累积报价曲线分别为：

$$p_{-i}^M = c_{-i} + \mu_{-i}^M \cdot Q_{-i} \tag{6-99}$$

$$p_{-i}^O = p_{-i}^B = c_{-i} + \mu_{-i}^A \cdot (\Delta Q_{-i} + Q_{-i}) \tag{6-100}$$

式中：c_{-i} 为对手的平均发电成本，μ_{-i}^M 和 μ_{-i}^A 分别为月度中长期市场和平衡市场中等效累积报价曲线对应的斜率。为模拟对手报价策略的不确定性，多数研究采用概率方法估计其报价参数的分布[39]，本章也采用具有概率分布的随机变量表示曲线参数 μ_{-i}^M 和 μ_{-i}^A。

月度中长期市场和平衡市场下的发电商时序性双市场最优报价策略的求解流程如图 6-17 所示，根据月度中长期市场和平衡市场中报价优化的时序关系，运用循环迭代的方法，最终确定发电商 i 的月度最优报价策略 $(p_i^{M*}, p_i^{O*}, p_i^{B*})$。其中，在求解发电商 i 月度中长期市场的最优报价 p_i^{M*} 时采用粒子群算法（Particle Swarm Optimization，PSO），该方法鲁棒性强、求解速度快，能有效地解决复杂的非线性优化问题，以较大概率找到全局最优解[40]。图 6-17 中，虚线表示信息流，实线表示求解流程；a 为优化报价的初始值，K_{max} 为最大迭代次数。

算法的具体步骤如下：

步骤 1：根据历史数据估计对手 $-i$ 的报价和系统月偏差电量 ΔQ 的分布，运用蒙特卡洛法抽样生成 N 个 ΔQ 及发电商 i 在平衡市场中的报价集

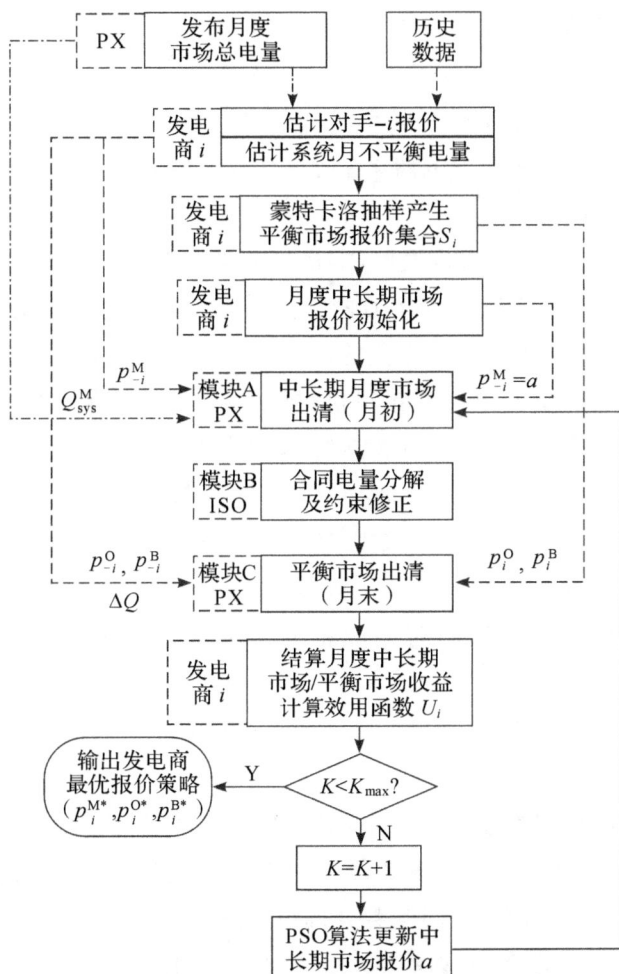

图 6-17　发电商时序性双市场最优报价策略流程

合 S_i。

步骤 2：初始化发电商 i 的月度中长期市场报价 $p_i^M = a$。

步骤 3：运用模块 A 进行月度中长期市场的出清计算，得到发电商 i 的月度总计划电量 $Q_{i,\text{total}}^P$。

步骤 4：运用模块 B 将发电商 i 的 $Q_{i,\text{total}}^P$ 分解为各时段计划电量 $Q_{i,d,t}^P$。

步骤 5：将 $Q_{i,\text{total}}^P$、ΔQ 和对手报价 p_{-i}^O、p_{-i}^B 作为参数代入模块 C，求解发电商 i 在 p_i^M 为 a 时的最优报价 p_i^{O*}、p_i^{B*}（$p_i^M = a$），使其对所有 ΔQ 的期望收益 $E(R_i^A)$ 最大，并计算发电商 i 的效用 $U_i(a)$。

步骤 6：判断是否满足收敛条件，若不满足，运用 PSO 继续寻找最优报价 p_i^{M*}。

步骤 7：重复步骤 2 到步骤 6，通过循环迭代求出使 U_i 取得最大值的 $(p_i^{M*}, p_i^{O*}, p_i^{B*})$，输出发电商 i 在时序性双市场中的最优报价策略。

（4）算例分析

为验证上述发电商报价模型，本章参考某省级电力市场的数据进行算例仿真。根据该省份 2017 年 8 月的负荷统计数据，月度总交易电量 Q_{sys}^M 为 146.54 亿千瓦时，占全社会用电量的 15.86%。选取装机容量为 683 万千瓦的发电商作为优化对象。对于基准算例，根据该省当前的实际数据，折算基数合同电量比重 γ^m 为 34.6%；在市场不确定性模拟中，设电量偏差系数 k 满足 $\mu_k = 0, \sigma_k = 0.03$ 的正态分布，对手的等效报价曲线参数为常值，即 $c_j = 0.245, \mu_j^M = \mu_j^A = 8.6$。采用《基本规则》中的推荐的方案：上调服务不设置阈值，即 $\beta^O = 0\%$，下调服务的结算阈值 β^B 为 -2%；取发电商效用指标的风险偏好系数 A 为 1.5，置信度 δ 为 95%。优化求解时，取场景数 N 为 1000。

1）月度中长期市场和平衡市场下发电商的时序性双市场最优报价策略分析

以下从基数合同电量比例、最小技术出力限制和风险偏好三方面对发电商在月度中长期市场和平衡市场下的最优报价策略进行对比分析。

图 6-18 为发电商在不同基数合同电量比例下的最优报价策略。如图 6-18 所示，随着基数合同电量比例的增大，发电商在月度中长期市场以及平衡市场中参与上调服务的最优报价呈逐渐增大的趋势，但其参与下调服务的最优报价呈逐渐减小的趋势。这意味着随着基数合同电量比重的增大，发电商被保障的发电份额随之提高，导致其参与月度中长期市场和平衡市场上调服务的意愿减弱，而参与下调服务的意愿有所增强。

此外，由图 6-18 可见，发电商在月度中长期市场中的报价总是低于其在平衡市场中提供上调服务的报价，这是由于系统偏差电量的不确定性导致发电商在平衡市场中竞价的风险较大，因而其倾向于提高报价，以高收益对冲风险带来的潜在损失。这一结果与发电商在国外日前市场中的报价通常低于实时市场中的报价的实证分析一致[41]。

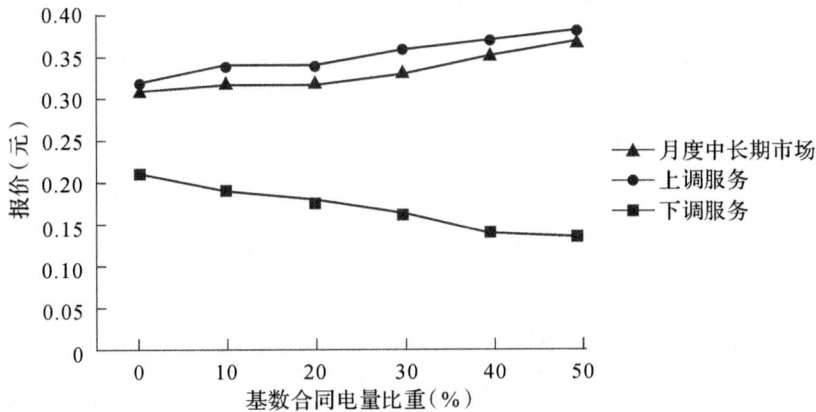

图 6-18　不同基数合同电量比重下发电商的双市场报价策略

　　由于现有的合同电量分解规则,发电商的最小技术出力限制亦会影响其最优报价策略。图 6-19 为发电商最小技术出力占其额定容量比重为35％～55％时的最优报价策略。如图 6-19 所示,随着最小技术出力的增加,发电商在月度中长期市场中的最优报价呈明显上升的趋势,而其在平衡市场中的最优报价变化幅度则较小。这是由于随着最小技术出力的增加,发电商利用合同电量分解得到保障的计划电量增加,导致其参与月度中长期市场的意愿有所下降。

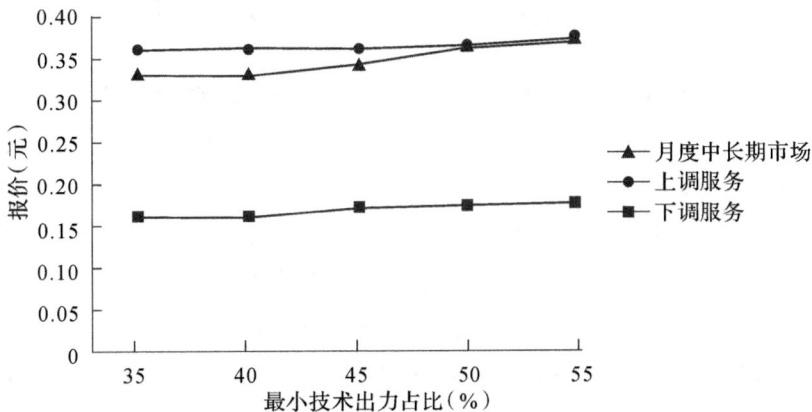

图 6-19　不同最小技术出力下发电商的双市场报价策略

　　发电商的风险偏好程度是影响其报价策略的另一重要因素,图 6-20 为发电商在风险偏好系数 A 取 $0.5\sim2.5$ 时发电商的最优报价策略。由图 6-20 可见,随着风险偏好系数的增大,即发电商的风险厌恶程度逐渐增强时,其在月度中长期市场和平衡市场中的最优报价均有所下降,且后者的下降幅度更为明显。这表明当发电商厌恶程度逐渐增强时,其在各个市场中的报价趋于保守,以便保障一定市场份额下的收益;而当发电商风险偏好程度增强时,其倾向于在各个市场中提高报价,显示了其高收益高风险的态度。此外,受系统月偏差电量不确定性的影响,发电商在平衡市场中的最优报价对其风险偏好程度变化的敏感性更强。

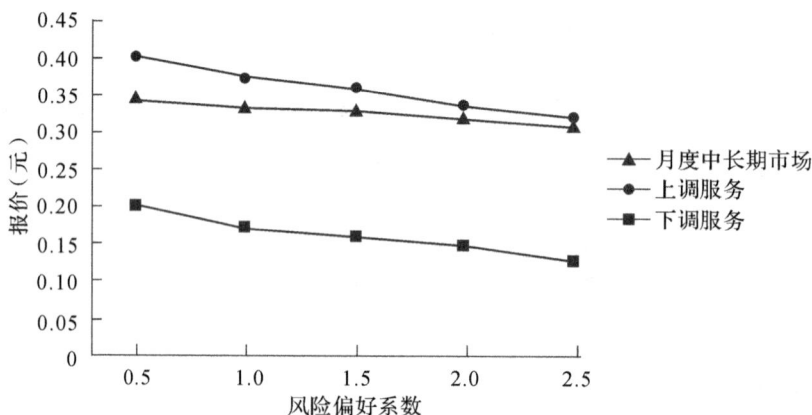

图 6-20　不同风险偏好系数下发电商的双市场报价策略

　　2)平衡市场中偏差电量和对手报价估计对发电商报价策略的影响

　　发电商对系统偏差电量以及竞争对手报价等不确定信息的估计也会影响其报价策略。

　　图 6-21、图 6-22 分别为发电商在偏差系数 k 分布不同情况下的最优报价策略和各市场中收益比重的变化情况。如图 6-21 所示,随着 k 的正态分布标准差的增大,发电商在中长期市场中的最优报价呈逐渐增大的趋势,而其在平衡市场中提供上下调服务的最优报价均呈逐渐减小的趋势。从图 6-22 可以看出,随着标准差的增大,发电商在中长期市场中的收益比重降低而其在平衡市场中的收益比重有所上升。由此可见,随着市场偏差电量不确定性的增加,发电商参与月度中长期市场的积极性减弱,而参与平衡市

场的积极性增强,即其希望通过提供更多的不平衡服务最大化其月度综合效用。

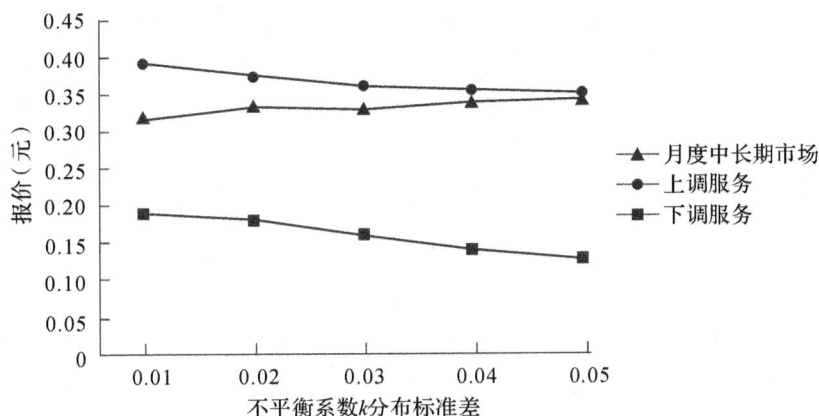

图 6-21 在不同偏差系数分布下发电商双市场报价策略

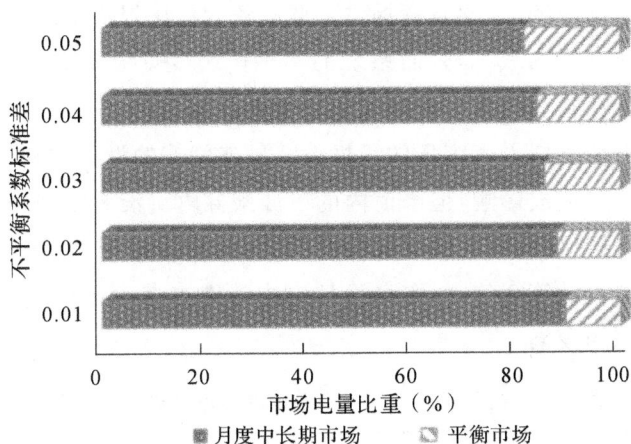

图 6-22 在不同偏差系数分布下发电商双市场收益比重

表 6-14 为发电商在不同对手报价系数分布情况下的最优报价策略。从表 6-14 可以看出,当发电商对其竞争对手报价信息估计的不确定性增加时,其在月度中长期市场和平衡市场两市场中的报价均有所增大。这显示了由于发电商对竞争对手报价估计的准确性降低,市场风险增加,其参与月度市场的积极性下降,报价趋于保守。由此可见,准确获取和评估对手报价

的历史信息对于发电商报价决策具有重要意义。因此,市场运营者可考虑适时发布准确的报价和市场出清信息以提高发电商参与市场的积极性。

表 6-14　在不同对手报价参数分布下发电商双市场报价策略

分布	p_i^M	p_i^O	p_i^B
A	0.33	0.36	0.16
B	0.36	0.38	0.18
C	0.38	0.39	0.19

3)平衡市场结算阈值对发电商报价策略的影响

结算阈值是平衡市场的重要特征之一。表 6-15 显示了下调服务结算阈值为 2%～5% 时,发电商的最优报价策略和相应的期望收益以及系统不平衡服务的调度成本。由于下调结算阈值影响的是发电商提供下调服务的报价,表 6-15 仅列出其报价及对应的收益情况。表 6-15 显示,随着下调服务结算阈值的逐渐增大,发电商提供下调服务的最优报价随之增大,但对应的下调期望收益逐渐减小,因而系统的不平衡调度总成本也随之减小。这是由于市场结算阈值的增大使得发电商提供平衡服务的获利空间减小,从而抑制了发电商参与平衡市场的积极性。虽然阈值的设置有利于减少对系统不平衡账户的造成影响,但阈值内的下调服务电量没有得到补偿,长期下去,会进一步导致发电商下调服务报价提高,系统有效下调容量减小,因此在设定平衡市场结算阈值时,市场设计者应考虑市场主体积极性和平衡调度成本间适当的权衡。

表 6-15　在不同结算阈值下发电商的报价和收益情况

β^B	p_i^B	下调服务期望收益(万元)	系统平衡调度成本(万元)
2%	0.16	901.28	5257.98
3%	0.17	845.04	4291.48
4%	0.17	793.19	3324.98
5%	0.18	727.34	2358.47

（5）结语

针对现阶段中长期交易下具有时序性和耦合性的月度中长期市场和平衡市场，基于合同电量分解理论，提出了发电商在月度中长期市场和平衡市场下的时序性双市场最优报价策略的双层优化模型。该模型考虑发电商在两个市场中出清时间和已知信息上的差异性，权衡其月度总收益和风险，优化发电商在月度中长期和平衡市场中的报价策略。算例分析表明，发电商可运用该模型，根据其机组最小技术出力限制、风险偏好及市场偏差电量和对手报价估计等自身参数的变化调整其报价策略。此外，市场规则设计者也可运用该模型，分析基数合同电量比重、平衡市场结算阈值等市场参数对发电商报价策略的影响，以便设计合理的发电侧市场规则。

本章提出的发电商时序性双市场报价策略，以《基本规则》下的预挂牌月平衡机制为背景，且采用历史数据模拟竞争对手报价以及系统月偏差电量的不确定性。下一步的研究工作可从以下几个方面展开：①结合各省出台的不同预挂牌机制细则，例如山东省提出的在每月前5日对上月偏差电量进行交易出清，对比分析在设定不同平衡市场调整时间下的发电商报价策略；②没有考虑发电商之间的动态博弈过程，后续研究可以运用博弈方法，模拟多个发电商的市场均衡问题，以进一步分析市场规则对发电侧整体市场表现的影响；③分析交易中心月度中长期市场交易发布电量与实际电量偏差期望值非零时，即交易中心有意提高或减少月度中长期市场交易电量时，发电商的表现以及对不平衡账户的影响。

6.2 清洁能源交易机制

6.2.1 研究意义和背景

近年来，我国清洁能源产业不断发展壮大，已成为推动能源转型发展的重要力量，为建设清洁低碳、安全高效的能源体系作出了突出贡献。但同时，清洁能源发展不平衡、不充分的矛盾也日益突显，特别是清洁能源消纳问题突出,已严重制约行业健康可持续发展,引起了国家的高度重视和社会各界的广泛关注。壮大清洁能源产业是推动我国能源结构调整的重要举措,实现充分消纳则是清洁能源产业高质量发展的关键保障。近年来,党中央、国务院和社会各界对清洁能源消纳问题高度关注,在党的十九大报告和中央经济工作会议上对大力发展清洁能源提出明确要求。在国家高度重视和行业共同努力下,目前清洁能源消纳取得一定成效,整体呈现好转态势。但是,当前取得的成绩还不牢固,短期临时性措施多,长效机制少;局部单一品种措施多,全局性机制少。通过深化电力体制改革,在更大范围促进资源优化配置和清洁能源消纳,是发展清洁能源,构建清洁低碳、安全高效的能源体系,推动能源结构调整优化,实现国家能源战略的关键。

当今世界,可再生能源发展得到越来越多的关注,采用可再生能源激励机制以引导和促进可再生能源电力的发展已经成为各国的共识。多年来,我国采取固定电价机制(Feed-in Tarriff,FIT),有力地促进了可再生能源电力的发展,但依然存在一些问题。为完善可再生能源政策,近年来我国积极探索新的可再生能源激励机制,溢价机制(Feed-in Premium,FIP)与可再生能源配额制(Renewable Portfolio Standard,RPS)逐渐成了各界关注的热点。FIP 是对 FIT 的改进,在 FIT 的基础上引入了一定程度的市场竞争,是新能源发电从全额收购逐步转为完全竞价上网的一种过渡方式,能控制成本,有效引导可再生能源的持续性发展[42]。目前,越来越多学者认为,FIP 相比于 FIT 更有利于促进生产技术的改进和发电成本的降低,在此基础上,将 FIP 与 RPS 结合起来研究,探索建立一种 FIP 与 RPS 协同作用下的可再生能源激励机制,从而实现两种机制的优势互补,具有越来越重要的现实意义。因此,本节首先对 FIP 与 RPS 进行对比分析,比较了两者在机制设计、社会福利等方面的差异。根据两种政策的优缺点,提出一种基于两种政策协同作用的电力市场均衡模型,该模型可为过渡期我国可再生能源激励机制的设计提供参考。

实行可再生能源配额制是我国可再生能源支持政策的趋势,因此,研究该机制下发电侧和售电侧的市场行为和应对策略具有重要现实意义。在发电侧清洁能源交易研究中(6.2.3节),基于投资组合理论,将 RPS 政策下燃煤发电公司的应对策略问题,转化为组合策略中配额电量分配比例的优化问题,建立了燃煤发电公司的风险收益等值模型及投资决策优化模型。应用该模型,得出了燃煤发电公司的最优组合策略,并且分析了发电公司的风险偏好以及政府的配额政策对最优组合策略中配额电量分配比例的影响,为燃煤发电公司的决策以及政府的 RPS 政策制定提供了参考依据。在售电侧研究中(6.2.4 节),基于投资组合理论,分析了 RPS 下售电公司参与电力市场及绿证市场的交易框架、交易风险以及决策方式。接着,将售电公司在多市场中的购电问题解耦,在配额指标的约束下,分别建立了售电公司可再生能源容量配置问题和绿色证书资产配置问题。然后,基于价值函数和多心理账户,建立了同时考虑可再生能源出力和绿证价格不确定性的售电公司的最优购电决策模型。仿真分析了心理账户的最低期望收益率、预期收益比重等自身参数的设置以及罚金、可调节负荷的购买单价等市场信息对售电公司在 RPS 下购电策略的影响。算例结果表明,该模型能够辅助售电公司灵活调整购电策略,且可为市场规则设计者和监管者提供一定参考。

6.2.2　清洁能源交易机制设计

(1)研究基础

根据政府对可再生能源的规划,电力市场总体上网电量中的绿电必须占有一定比例 K。政府无论采用何种可再生能源激励政策,其目的均是使得绿电的占比达到 K。假定市场上的发电厂商仅有火力发电商与绿电生产商两种,则在 FIP 与 RPS 下,市场总体上网电量均应满足

$$K(\sum_{i=1}^{a}q_{\text{coal},i} + \sum_{j=1}^{b}q_{\text{green},j}) \leqslant \sum_{j=1}^{b}q_{\text{green},j} \tag{6-101}$$

式中:a、b 是火力发电商和绿电生产商的个数,$q_{\text{coal},i}$ 是第 i 个火力发电商的发电量($i=1,2,\cdots,a$),$q_{\text{green},j}$ 是第 j 个绿电生产商的发电量($j=1,2,\cdots,b$)。

为方便研究,假设电力市场是一个具有古诺均衡模型的寡头垄断市场,每个电力生产企业通过发电量竞争在电力市场上获取份额。因此,电力价格是一个根据总发电量斜率为负的线性函数,电力价格均衡结果可以表

示为

$$p_e = f - g \left(\sum_{i=1}^{a} q_{\text{coal},i} + \sum_{j=1}^{b} q_{\text{green},j} \right) \tag{6-102}$$

式中：p_e 为电力市场平衡时的电价，q_{coal}、q_{green} 分别是传统电力企业和可再生能源企业的发电量，f、g 是电价线性函数中的两个参数。

假设火力发电商和绿电生产商的发电成本都是二次函数，则火力发电商与绿电生产商的成本可分别表示为

$$C_{\text{coal},i} = m_1 q_{\text{coal},i}^2 + n_1 q_{\text{coal},i} + d_1 \tag{6-103}$$

$$C_{\text{green},j} = m_2 q_{\text{green},j}^2 + n_2 q_{\text{green},j} + d_2 \tag{6-104}$$

式中：$C_{\text{coal},i}$ 为第 i 个火力发电商的成本，$C_{\text{green},j}$ 为第 j 个绿电生产商的成本，m_1、n_1、d_1、m_2、n_2、d_2 分别为火力发电商与绿电生产商的成本决定参数。

每个火力发电商和绿电生产商都有自己的出力上下限，尤其是绿电发电商，虽然装机容量较大，但由于可再生能源本身的不确定性和波动性，出力的最大值可能小于装机总容量，必须将发电厂的出力考虑到约束条件中，即：

$$q_{\text{coal}}^{\min} \leqslant q_{\text{coal}} \leqslant q_{\text{coal}}^{\max} \tag{6-105}$$

$$q_{\text{green}}^{\min} \leqslant q_{\text{green}} \leqslant q_{\text{green}}^{\max} \tag{6-106}$$

式中：$q_{\text{coal}}^{\min}$ 和 $q_{\text{coal}}^{\max}$ 分别表示火力发电商能发出的火电量的最大值和最小值，$q_{\text{green}}^{\min}$ 和 $q_{\text{green}}^{\max}$ 分别表示绿电生产商能发出的绿电的最大值和最小值。

（2）FIP 与 RPS 协同作用下电力市场均衡模型

1）FIP 下的电力市场均衡模型

在 FIP 下，绿电生产商获得的实际收益包括电力市场交易电价与政府溢价补贴两部分。绿电生产商直接参与市场竞争，以电力市场均衡电价成交电量的同时，可获得政府的可再生能源溢价补贴。绿电生产商的实际收益可以表示为

$$p_{\text{green}} = p_e + p_r = p_e + \beta p_e \tag{6-107}$$

式中：p_{green} 为绿电生产商每度电获得的实际收益，p_r 为可再生能源溢价补贴，β 为可再生能源溢价系数。

FIP 下市场中火力发电商和绿电生产商的总体收益为电力销售总额与

电力生产总成本的差值,二者可分别表示为

$$S_{\text{coal}} = p_e \sum_{i=1}^{a} q_{\text{coal},i} - \sum_{i=1}^{a} C_{\text{coal},i} \tag{6-108}$$

$$S_{\text{green}} = (p_e + \beta p_e) \sum_{j=1}^{b} q_{\text{green},j} - \sum_{j=1}^{b} C_{\text{green},j} \tag{6-109}$$

式中:S_{coal} 为 FIT 下火力发电商的总收益,S_{green} 为 FIT 下绿电生产商的总收益。

在本模型中,电力市场创造社会总效益包含的经济主体为各电力生产商、电力用户和政府。FIP 下社会总效益目标函数应当为每个电力生产商的总利润减去所有发电商的发电成本之和、绿电发电商从政府获得的溢价补贴以及火力发电商对环境造成的负面影响,所以 FIP 下电力市场创造的社会总效益为

$$\max E_{\text{FIP}} = S_{\text{green}} + S_{\text{coal}} - \eta w$$
$$= \int_0^Q p_e \mathrm{d}Q - \sum_{i=1}^{a} C_{\text{coal},i} - \sum_{j=1}^{b} C_{\text{green},j} - \eta \beta p_e \sum_{j=1}^{b} q_{\text{green},j} \tag{6-110}$$

式中:E_{FIP} 为 FIP 下社会总效益目标函数,Q 为总发电量,即电力市场的总供给,$Q = \sum_{i=1}^{a} q_{\text{coal},i} + \sum_{j=1}^{b} q_{\text{green},j}$,$\eta$ 是政府提供的绿色电力溢价补贴水平系数,代表着政府补贴的效率损失,当其为 1 时,表示政府提供的补贴效率损失为 0;w 表示无损失时政府为绿色电力提供的总溢价补贴。

以 FIP 下电力市场创造的社会总效益为最大化优化目标,以式(6-101)～(6-109)为约束条件,即可得到 FIP 下的电力市场均衡模型。通过优化求解该模型,可得到市场中火力发电商和绿电生产商的实际发电量以及 FIP 下的社会总效益。

2)RPS 下的电力市场均衡模型

根据 RPS 的政策目标,政府要求所有发电商的发电总量中绿色电力至少占有比例 K,则发电商可以通过建立可再生能源发电设备,生产所需要的绿色电力,也可以通过从绿电生产商中直接购买绿色证书来完成配额。与 FIP 不同,政府不再给予绿电生产商溢价补贴,而是强制要求火力发电商必须完成配额,所以绿电生产商高于火力发电商的生产成本由绿色证书得

到补偿。绿电生产商超过配额部分的绿色证书可以在绿证市场上直接出售以获取额外收入,火力发电商为了避免较高金额的惩罚不得不从绿电生产商手中购买绿色证书[42]。

因此,RPS下市场中火力发电商和绿电生产商的总体收益为电力销售总额与电力生产总成本的差值,二者可分别表示为

$$S_{coal} = p_e \sum_{i=1}^{a} q_{coal,i} - \sum_{i=1}^{a} C_{coal,i} - K p_c \sum_{i=1}^{a} q_{coal,i} \tag{6-111}$$

$$S_{green} = p_e \sum_{j=1}^{b} q_{green,j} - \sum_{j=1}^{b} C_{green,j} + (1-K) p_c \sum_{j=1}^{b} q_{green,j} \tag{6-112}$$

式中:S_{coal} 为 RPS 下火力发电商的总收益,S_{green} 为 RPS 下绿电发电商的总收益,p_c 为绿证的度电折算价格。

RPS 引入了市场机制,将可再生能源发电高昂的技术、设备、维护成本分摊到传统发电企业,从而减轻了政府的财政负担。与此同时,电力市场具有自我调节功能,可以自动调节电价和绿证价格,所以火力发电商承担了自己对环境造成的部分危害,使得政府难以维持高昂固定补贴的情况得到解决。此时 RPS 下的社会总效益为

$$\max E_{RPS} = \int_0^Q p_e \mathrm{d}Q - \sum_{i=1}^{a} (C_{coal,i} + K p_c q_{coal,i}) - \sum_{j=1}^{b} C_{green,j}$$

$$\tag{6-113}$$

式中:E_{RPS} 为 RPS 下的社会总效益。

以 RPS 下电力市场创造的社会总效益为最大化优化目标,以式(6-101)～(6-106)、(6-111)、(6-112)作为约束条件,即可得到 RPS 下的电力市场均衡模型。通过优化求解该模型,可得到市场中火力发电商和绿电生产商的实际发电量以及 RPS 下的社会总效益。

3)FIP 与 RPS 协同作用下的电力市场均衡模型

FIP 与 RPS 各具特点,为了保证市场电价、证书价格等因素的波动不可太大,使两种政策在协同作用中发挥更大的作用,二者的比例配合至关重要。根据政府设定的总量目标和配额,存在使社会总效益最大化的两种政策最优配比。当配额 K 发生变化,两种政策的配比也会相应变化,这种情况下的社会总效益为:

$$\max E_{\mathrm{ALL}} = xE_{\mathrm{FIP}} + yE_{\mathrm{RPS}}$$

$$= x \left(\int_0^Q p_e \mathrm{d}Q - \sum_{i=1}^a C_{\mathrm{coal},i} - \sum_{j=1}^b C_{\mathrm{green},j} - \eta\beta p_e \sum_{j=1}^b q_{\mathrm{green},j} \right)$$

$$+ y \left(\int_0^Q p_e \mathrm{d}Q - \sum_{i=1}^a (C_{\mathrm{coal},i} + K p_c q_{\mathrm{coal},i}) - \sum_{j=1}^b C_{\mathrm{green},j} \right)$$

$$(6\text{-}114)$$

式中: E_{ALL} 为 FIP 和 RPS 协同作用时的社会总效益; x 和 y 表示 FIP 和 RPS 各自所占比例,因此 $x+y=1$。特殊情况下,如 $x=1$, $y=0$ 时,表示政策中只含有 FIP; $x=0$, $y=1$ 时,表示政策中只含有 RPS。

在 FIP 与 RPS 协同作用的市场机制下,每个电力生产者通过发电量来获得竞争力,电力市场上供应的电力越多,供过于求时电价会下降。绿证价格与电价相似,也随着绿电电量的增加而降低。因此,绿证市场中的绿证价格线性表达式为

$$p_c = r - t \sum_{j=1}^b q_{\mathrm{green},j} \qquad (6\text{-}115)$$

式中: r 和 t 为绿证价格随可再生能源发电总量波动的价格函数参数;价格函数中 f, g, r, t 都是不为负的常数。

以两种政策协同作用下电力市场创造的社会总效益为最大化优化目标,以式(6-101)~(6-108)、(6-111)、(6-112)、(6-114)、(6-115)作为约束条件,即可得到 FIP 与 RPS 协同作用下的电力市场均衡模型。通过优化求解该模型,可得到市场中火力发电商和绿电生产商的实际发电量以及社会总效益,并可根据求解结果合理设计两种政策的配比,实现最佳的政策效果。

(3)求解方法

该电力市场均衡模型涉及的优化问题是一个具有多元变量的双层优化问题。使用求解方法的最终目标是获得各个火力发电公司和可再生能源发电公司的实际发电量及社会总效益。目前求解该问题可以采用粒子群算法、模拟退火算法、差分进化算法以及遗传算法等。通过几种方法的综合比较发现,在本优化问题中,遗传算法的收敛速度更快,且最优解的全局性更好。因此,采用遗传算法对各模型进行优化求解。各求解方法的比较结果将在算例分析中呈现。

遗传算法是一种通过模拟生物进化中的自然选择和遗传学原理来寻求

最优解的计算模型。遗传算法的目的是求解一个可能存在最优解的问题,当问题形成后,会设定一个具有一定数目个体的初始种群,群体中每个个体都有自己的特征,特征是基因的外在表现。通过基因编码,将基因放到染色体上,染色体的作用是携带代表每个个体特征的遗传物质;染色体携带的基因可能不止一个,基因与基因之间通过交叉、变异和组合等方式可以形成新的性状。

在本模型中,最优解应当是 FIT 与 RPS 协同作用下目标函数的最大值,在不同配额 K 下要使社会总效益最大,两种政策所占的比例要作出调整,因此遗传算法设置的种群适应函数如下所示

$$E(x,y) = \max E_{\text{ALL}} = x E_{\text{FIT}} + y E_{\text{RPS}} \qquad (6\text{-}116)$$

(4)算例分析

结合电力市场和绿色证书市场实际情况,并基于以下假设进行模型验证。假设电力市场上一共有 4 家发电企业,为火力发电厂(Q_1,Q_2)及可再生能源发电厂(G_1,G_2),各发电厂的成本系数、装机容量上下限等参数见表 6-16,模型涉及的市场价格及社会效益有关参数见表 6-17。使用 MATLAB 遗传算法工具箱进行优化求解时,需要提前设置四个参数,通常可以设置为:群体大小 N(20~100),终止进化代数 m(100~500),交叉概率 pc(0.4~0.99)与变异概率 pm(0.0001~0.1)。

表 6-16 火力/可再生能源发电厂相关参数

发电厂	发电成本系数			装机容量 (MW)
	m(CNY/MWh^2)	n(CNY/MWh)	d(CNY)	
Q_1	3	270	20	200
Q_2	4	170	25	140
G_1	—	200	30	60
G_2	—	180	40	50

表 6-17 市场价格及社会效益相关参数

市场均衡价格参数		绿证价格参数		可再生能源溢价系数 β	绿色电力溢价补贴水平系数 η
F(CNY)	g (CNY/MWh)	r (CNY)	t (CNY/MWh)		
600	0.5	350	0.05	0.8	1

在优化求解时,预先对四个参数进行了调优。在群体大小 N 的选择上,我们发现 N 越大,目标函数收敛速度越快,最优解的全局性越好,但计算时间越长,故折中选择 N 为 50。在终止进化代数 m 的选择上,我们发现遗传算法进化 300 次左右时,在各个参数下前后代目标函数之差已经小于 1,相对误差已经很小,稳妥起见,设置迭代次数为 500。在 pc 的选择上,采用 $pc = 0.4 \sim 0.99$ 进行测试,我们发现 pc 较大有利于寻求全局最优点,但是 pc 到达 0.9 以上时,会使高适应值的结构很快被破坏掉,收敛速度减缓,甚至只得到局部最优解;当 pc 小于 0.7 时,最优解的搜索会停止不前,因此折中选择 pc 为 0.8。变异的概率 pm 是一个极小值,当 pm 过小时,靠有限随机选取很难得到全局最优解,因此我们选择 pm 为 0.1。最终确定遗传算法的群体大小 N 为 50,终止进化代数 m 为 500,交叉概率 pc 为 0.8,变异概率 pm 为 0.1。

1)FIP 与 RPS 对市场均衡发电量的影响

FIP 与 RPS 对火力发电厂商及绿电厂商的发电量具有不同的激励效果。当政府仅采用 FIP 或 RPS 政策时,在不同的配额比例下,市场均衡电量的变化情况如图 6-23 所示。

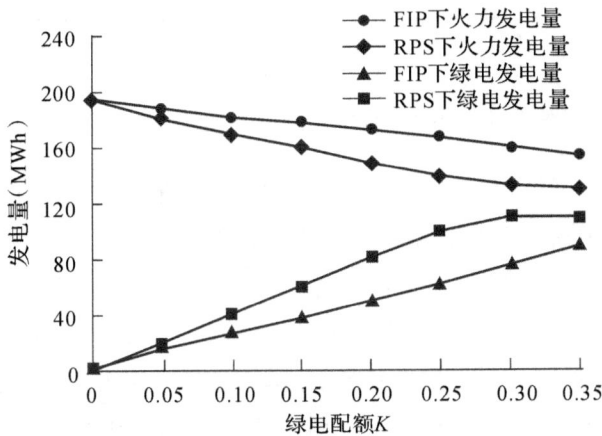

图 6-23　FIP 和 RPS 单独作用时的市场均衡发电量

由图 6-23 可见,在两种制度单独作用下,随着政府绿电配额要求 K 的增大,火力发电量均非线性下降,可再生能源发电量均非线性上升。当 K

较小时,两种制度的作用效果差别不明显,例如 $K<0.05$ 时,两种政策下对发电厂商决策的影响几乎一致;当 K 较大时,配额制下火力发电量下降更为明显,例如 $K>0.05$ 时,RPS 下可再生能源及火力发电量的增加和降低速度均显著大于 FIP 制度。算例结果表明,采用 FIP 与 RPS 均能实现提高绿电发电量、降低火电发电量的作用,但 RPS 的作用显著大于 FIT。

2)FIP 与 RPS 对市场均衡电价的影响

FIP 与 RPS 政策可以改变市场均衡电量,这也将对市场均衡电价产生影响。当政府仅采用 FIP 或 RPS 政策时,在不同的配额比例 K 下,市场均衡电价的变化情况如图 6-24 所示。

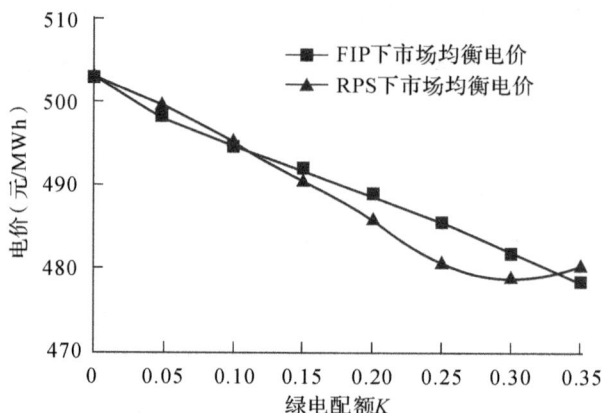

图 6-24 FIP 和 RPS 单独作用时的市场均衡电价

由图 6-24 可见,在两种制度单独作用下,随着政府绿电配额要求 K 增大,市场均衡电价均降低,同时 RPS 下均衡电价从高于 FIP 下的均衡电价转向低于 FIP 下的均衡电量,且在 $K=0.1$ 左右时,在两种制度下的市场电价相等。算例结果表明,在可再生能源发电产业发展初期,采用溢价机制更有利于快速降低市场发电成本;当绿色电力达到一定占比,绿电产业趋于成熟之后,采用 RPS 更有利于引入市场竞争,实现更少的市场发电成本与更低的市场均衡电价水平。但从电价波动的幅度来看,配额制下市场电价的波动幅度较大,这也给电力市场的实际运行带来了更大的风险。

3)FIP 与 RPS 对社会总效益的影响

在 FIP 与 RPS 下,火力发电企业与绿电企业的收益结构、政府的制度成本以及发电企业对环境的影响存在差异,这决定了两种制度带来的社会总效益存在差异。在不同的配额比例 K 下,市场均衡电价的变化情况如图 6-25 所示。

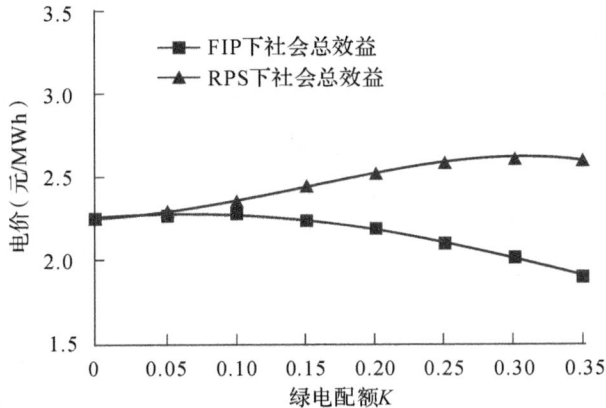

图 6-25 FIP 和 RPS 单独作用时的社会总效益

由图 6-25 可见,在两种制度单独作用下,随着政府绿电配额要求 K 增大,FIP 下的社会总效益呈下降趋势,RPS 下的社会总效益总体上呈现上升趋势,且在 $K=0.3$ 附近存在极值。算例结果表明,FIP 制度将会带来社会效益的损失,其原因主要是政府在 FIP 制度中参与了溢价补贴和市场监管,造成了一定的管理成本;RPS 的实施更有利于提高效率,更符合可再生能源的发展需求,其原因主要是 RPS 下可再生能源的部分发电成本由火力发电厂来承担,相当于火电厂承担了一部分其对环境造成的压力,同时政府的补贴压力减小,引入市场机制后政府管理成本降低,所以 RPS 下的社会总效益较高。不宜设置过大的配额比 K。由于可再生能源发电技术仍然不成熟,过大的配额会扭曲市场激励信号,增大火电企业压力,最终导致社会总效益下降。

FIP 和 RPS 单独作用时的社会总效益差值如图 6-26 所示。从社会总效益的变化可以看出,由 FIP 过渡到 RPS 将满足经济学上的 Kaldor-Hicks 改进。当 K 较小时,两种政策的社会总效益差别不明显,电力市场具有的自我调节作用可以保持自身稳定;随着 K 的增加,RPS 下的总收益更大,但由于 RPS 下电价的波动比 FIP 下大得多,电力市场失衡风险增加,因此实施配额制时应当考虑更全面。

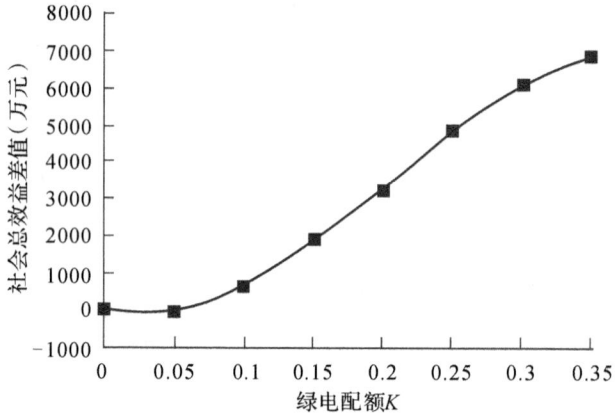

图 6-26 FIP 和 RPS 单独作用时的社会总效益差值

4)FIP 与 RPS 协同作用下的市场均衡结果

可再生能源激励机制改革的过程中,政府在 FIP 的基础上逐步引入 RPS 制度,存在两种制度共存的状态。在 FIP 与 RPS 共存的市场机制下,两种机制协同作用,共同决定了电力市场中的均衡发电量、均衡电价以及社会总效益。场景 1~3 分别研究了 $K=0.15$ 情况下 FIP、RPS 以及两种政策各占一半(即 $x=y=0.5$)时的市场均衡,结果如表 6-18 所示。

表 6-18　三种场景下电力市场均衡结果

		场景 1	场景 2	场景 3
发电量 (MAh)	Q_1	85.356	76.436	84.315
	Q_2	92.981	82.812	88.034
	G_1	0	10.107	7.006
	G_2	38.177	49.89	45.995
总发电量(MWh)		216.514	219.245	225.35
总效益(元)		22403.566	24370.627	23050.932
电价(元)		491.743	490.378	487.325

由表 6-18 可见,与上述算例结果相对应,相比于 FIP,单独采用 RPS 制度将获得更高的绿电均衡电量、更低的市场电价以及更高的社会效益;相比

于直接采用 RPS,通过两种机制的协同作用,在保证较高绿电均衡电量的同时,更大程度保障了火力发电企业的出力,同时实现了比单独政策更低的市场电价。结果表明,在 FIP 的基础上,通过引进 RPS 制度,实现两种制度的协同作用,在提高了社会效益的同时,降低了市场均衡电价,在实现火电均衡电量降低的基础上,实施效果不至于过分激进,实现了政策的平稳过渡。

5)FIP 与 RPS 在协同作用中的最优占比研究

在 FIP 的基础上,引入 RPS,实现两种政策的协同作用,将实现政策的优势互补。此时,决策者将希望寻找一种两政策最优占比的确定方法。FIT 和 RPS 的不同占比将影响社会总效益的大小。通过多次优化求解,得出不同的政策占比下社会总效益的变化趋势,如图 6-27 所示,图中 $x=1$ 表示只实行 FIT,$x=0$ 表示只实行 RPS。

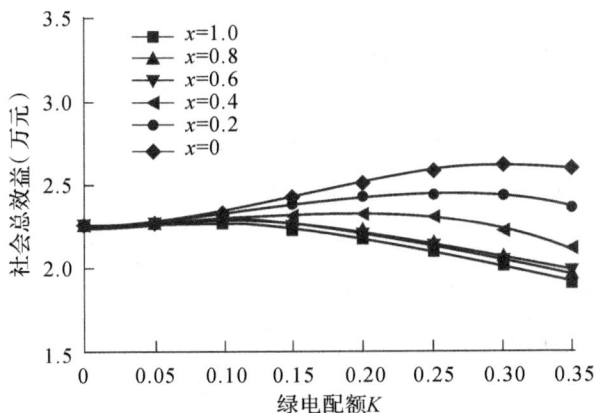

图 6-27　FIP 与 RPS 不同占比下的社会总效益

由图 6-27 可见,在实行 FIP 的电力市场中加入 RPS,实现政策协同作用后,随着 RPS 占比 y 的增加,社会总效益呈现不断增大的趋势。同时,当配额制占比 y 超过某一值时,K 继续增大,社会总效益反而会下降,此时的社会总效益存在极值。当配额制占比 y 较高时,由于可再生能源发电高昂的技术成本还没有降低,绿电配额 K 应当维持在中等水平。

由图 6-27 的分析,亦可得到 FIP 与 RPS 在实施中的最优占比确定方法。事实上,当前多数国家的配额比例 K 尚处于较低水平,当政府采取激励政策逐步提高配额比例 K 时,若不引入一定比例的 RPS,将使社会总效益降低。因此,政府应当引入 RPS,并逐步提高其占比。为避免过于激进地引入 RPS 带来不可控的市场风险,根据图 6-27,当配额比例逐步增大,若社会总效益在该配额比例 K 下取得极大值,对应的 FIP 与 RPS 占比即为协同作用中的最优占比。不同绿色电力配额比例 K 下 FIP 与 RPS 的最优占比如表 6-19 所示。

表 6-19　不同配额比例 K 下协同策略中 FIP 与 RPS 的最优占比

绿电配额 K	固定电价制占比 x	配额制占比 y	总效益 E_{ALL}（元）
0	1	0	22562.602
0.05	0.903	0.096	22834.277
0.10	0.816	0.184	23357.93
0.15	0.626	0.374	23760.384
0.20	0.552	0.449	24158.881
0.25	0.390	0.610	24265.231

由表 6-19 可见,当 $K=0$ 时,电力市场中只含有火力发电量,此时只有 FIP 就可以实现可再生能源发展的目的。当该国采取激励政策使得绿电配额 K 逐步增加时,协同政策中配额制的最优占比 y 也不断增加,但仍然远小于 FIP 的最优占比 x,此时社会总效益也逐步增大。最优占比 y 远小于 x,表明虽然配额制的实施有助于推进可再生能源发电的发展,但在绿色电力发电技术还不够成熟时,由 FIP 向配额制转型需要一段较长的过渡期,过渡时期要实行 FIP 为主、RPS 为辅的可再生能源激励政策。

6.2.3　发电商在清洁能源交易机制下的策略

（1）配额制下燃煤发电公司的组合策略

RPS 是政府运用强制力,规定 RES 电力市场份额的制度。政府首先确定有效的 RES 种类,要求发电公司、电网公司或消费者所提供或使用的电量中,必须达到一定比例的 RES 电量,该电量又称配额电量;同时通过建立

REC 市场,引导电力主体通过 REC 交易达到配额指标。在多数实行发电侧 RPS 政策的国家,燃煤发电公司可以通过投资新建风电场、购买 REC 或缴纳罚金达到配额要求。

投资新建风电场策略是指燃煤发电公司通过投资新建风电场,自行生产 RES 电力,最终使得风电场 RES 上网电量在发电公司总上网电量中的占比达到配额比例的策略。该策略下,在配额考核时段 T 内应满足:

$$Q_{\mathrm{W}}^{\mathrm{T}} \geqslant \alpha(Q_{\mathrm{W}}^{\mathrm{T}} + Q_{\mathrm{F}}^{\mathrm{T}}) \tag{6-117}$$

式中:$Q_{\mathrm{W}}^{\mathrm{T}}$ 为时段 T 内风电场的风电上网电量,$Q_{\mathrm{F}}^{\mathrm{T}}$ 为时段 T 内燃煤发电公司的火电上网电量,α 为配额考核比例。RPS 下,风电与火电上网电价相同,政府为风电上网电量中超过配额电量的部分核发 REC,风电场通过在市场上卖出 REC 的方式获得电价补贴。当新建风电场的上网电量恰好为配额电量时,政府不予核发 REC,风电场无法获得电价补贴,可能面临亏损,同时承担上网电价和电量不确定性带来的风险。因此,投资新建风电场策略是风险策略。

购买 REC 策略是指燃煤发电公司在市场上购买 REC,并确保 REC 数量所对应的 RES 发电量达到配额电量的策略。该策略下,在配额考核时段 T 内应满足:

$$Q_{\mathrm{REC}}^{\mathrm{T}} \geqslant \alpha Q_{\mathrm{F}}^{\mathrm{T}} \tag{6-118}$$

式中:$Q_{\mathrm{REC}}^{\mathrm{T}}$ 为时段 T 内,燃煤发电公司购买的 REC 所对应的 RES 发电量。燃煤发电公司在市场上购买 REC,需要承担购买成本,同时需承担 REC 的价格波动带来的风险。因此,购买 REC 策略是风险策略。

缴纳罚金策略是指燃煤发电公司不完成配额电量而直接缴纳对应罚金的策略。该策略下,在配额考核时段 T 内应满足:

$$F^{\mathrm{T}} = f \cdot \alpha Q_{\mathrm{F}}^{\mathrm{T}} \tag{6-119}$$

式中:F^{T} 为时段 T 内,配额电量均未满足时,燃煤发电公司需缴纳的罚金总额,f 为单位罚金,即单位配额电量未满足时,燃煤发电公司需要缴纳的罚金。该策略下,发电公司需要承担罚金带来的成本,若假定政府制定的罚金数额可以预期,则发电公司不需要承担风险。因此,缴纳罚金策略是无风险策略。为保证配额指标的实现,政府往往设置较高的罚金,因此在各独立策略中,缴纳罚金带来的成本是最大的,是最不利的选择。

为简化描述,这里将投资新建发电场策略、购买 REC 策略和缴纳罚金策略分别记为 S_1、S_2 和 S_3。实际运行中,由于策略 S_1、S_2 和 S_3 对应的成本和风险各不相同,选择使用不同的策略对于燃煤发电公司的盈利具有较大影响。为有效降低燃煤发电公司应对 RPS 的风险,可以将配额指标通过策略的组合来实现。这里称策略 S_1、S_2 和 S_3 为独立策略,其组合 $\{S_1, S_2, S_3\}$ 为组合策略。燃煤发电公司通过组合策略 $\{S_1, S_2, S_3\}$ 达到配额要求时,在配额考核时段 T 内应满足:

$$Q_W^T + Q_{REC}^T \geqslant \alpha (Q_W^T + Q_F^T) \tag{6-120}$$

式中:Q_W^T 为时段 T 内策略 S_1 的风电场风电上网电量,Q_{REC}^T 为时段 T 内策略 S_2 REC 所折算的 RES 发电量,F^T 为时段 T 内策略 S_3 所缴纳的罚金总额。

采用组合策略能够有效降低燃煤发电公司应对 RPS 的风险,$\{S_1, S_2, S_3\}$ 的成本为策略 S_1、S_2 和 S_3 的成本之和,由于独立策略间存在风险对冲,$\{S_1, S_2, S_3\}$ 的风险总小于 S_1、S_2 和 S_3 风险的加权平均值。具体来说,其风险大小受 S_1、S_2 和 S_3 成本间的协方差影响,S_1、S_2 和 S_3 成本间的协方差越小,则组合策略的风险越小。基于此,通过寻找合理的比例,燃煤发电公司将配额电量通过各独立策略的组合 $\{S_1, S_2, S_3\}$ 来综合实现,可以实现风险对冲,从而在较小的风险和成本水平下达到配额要求。因此,如何寻找最优比例,使得组合策略达到最优是亟待研究的问题。

(2) 基于投资组合理论的燃煤发电公司最优投资决策

燃煤发电公司在投资决策中采用组合策略,可以有效降低风险。在诸多组合策略中,必然存在一个最优的组合策略 $\{S_1^*, S_2^*, S_3^*\}$,即最优投资决策,使得燃煤发电公司获得的投资决策效用最大。在 $\{S_1^*, S_2^*, S_3^*\}$ 下,燃煤发电公司通过合理的比例,将配额电量在 S_1、S_2 和 S_3 中进行分配,从而将配额电量通过投资新建风电场、购买 REC 以及缴纳罚金三种方式的组合综合实现。然而,策略 S_1、S_2 和 S_3 均需付出成本,并非可盈利的投资项目。目前国内外对于多个非盈利策略间的组合问题研究不多,对于 RPS 下多策略组合问题的研究更为缺乏。这种情况下,使用现有方法求解 $\{S_1^*, S_2^*, S_3^*\}$ 较为困难,亟待需求新的方法。

多年来,投资组合理论在解决多投资项目的组合问题中已得到广泛应用。投资组合理论认为,若干种投资项目组成的投资组合,其收益是投资项目各自收益的加权平均数,但其风险总小于投资项目各自风险的加权平均数。投资组合理论能够同时给出最优投资组合中各投资项目的比例,以及最优投资组合的预期收益率和风险。因此,现有条件下,将投资组合理论应用于 $\{S_1^*, S_2^*, S_3^*\}$ 的求解是一种可行途径。将各独立策略等效为各投资项目,从而将投资组合理论引入燃煤发电公司投资决策问题的研究中,通过投资组合理论的模型和求解方法,优化求解出最优的组合策略。

1) 投资新建风电场与购买绿证策略的风险收益等值模型

策略 S_1、S_2 和 S_3 中,燃煤发电公司为达到政府设定的配额指标,均需要不同程度地付出成本。而在投资组合理论的常规情形中,投资项目均为盈利项目,投资者仅需考虑初始投资资金在盈利项目之间的分配。为了将投资组合理论引入到燃煤发电公司的最优投资决策问题研究中,将组合策略及其独立策略分别等效为可盈利的投资组合及其包含投资项目,且投资组合与投资项目的收益均为燃煤发电公司不采取任何应对策略时应当缴纳的罚金总额。

若将某独立策略等效为某投资项目,该投资项目的等效投资收益为燃煤发电公司的罚金总额 F^{T},等效投资净收益为罚金总额 F^{T} 与独立策略付出成本 C^{T} 的差值,而投资成本为燃煤发电公司采取该独立策略所付出的成本 C^{T}。因此,构造独立策略的等效收益率为

$$r = \frac{F^{\mathrm{T}} - C^{\mathrm{T}}}{C^{\mathrm{T}}} \tag{6-121}$$

这里构造的等效收益率,其决定因素为罚金总额 F^{T} 和成本 C^{T}。对于策略 S_1 和 S_2,成本 C^{T} 的影响因素为风电上网电价、风电发电成本和 REC 购买价格,取值主要由市场决定;罚金 F^{T} 由政府设定,当政府配额考核严格时,会设置较大的单位罚金 f,使得 F^{T} 较大,此时得到的等效收益率也较大。

投资学中,预期收益率以收益率 r 的数学期望 $E(r)$ 表示,风险以收益率的方差 σ^2 表示。独立策略 S_1、S_2 和 S_3 的等效预期收益率与等效风险分别为:

$$E(r_i) = E\left(\frac{F^{\mathrm{T}} - C_i^{\mathrm{T}}}{C_i^{\mathrm{T}}}\right) = E\left(\frac{F^{\mathrm{T}}}{C_i^{\mathrm{T}}}\right) - 1 \tag{6-122}$$

$$\sigma^2(r_i) = \sigma^2\left(\frac{F^{\mathrm{T}} - C_i^{\mathrm{T}}}{C_i^{\mathrm{T}}}\right) = \left(\frac{1}{C_i^{\mathrm{T}}}\right)^2 \cdot \sigma^2(F^{\mathrm{T}}) \tag{6-123}$$

式中：r_i 为第 i 个独立策略的等效收益率，$E(r_i)$ 为第 i 个独立策略的等效预期收益率，$\sigma^2(r_i)$ 为第 i 个独立策略的等效风险。

对于策略 S_1，假设风电场在时段 T 内的上网电量为 $Q_{\mathrm{W}}^{\mathrm{T}}$，恰好达到配额要求，若 T 时段内风电的平均上网价格为 $P_{\mathrm{W}}^{\mathrm{T}}$，全时段风电场度电发电成本为 C_P，则风电项目的等效收益率为

$$r_1 = \frac{(1-\alpha)f}{C_P - P_{\mathrm{W}}^{\mathrm{T}}} - 1 \tag{6-124}$$

因此，该策略的等效预期收益率和等效风险分别为：

$$E(r_1) = (1-\alpha)f \cdot E\left(\frac{1}{C_P - P_{\mathrm{W}}^{\mathrm{T}}}\right) - 1 \tag{6-125}$$

$$\sigma^2(r_1) = (1-\alpha)^2 f^2 \cdot \sigma^2\left(\frac{1}{C_P - P_{\mathrm{W}}^{\mathrm{T}}}\right) \tag{6-126}$$

对于策略 S_2，燃煤发电公司需要购买对应于火电上网电量 $Q_{\mathrm{F}}^{\mathrm{T}}$ 的 REC，则需要购买的 REC 对应的 RES 电量 $Q_{\mathrm{REC}}^{\mathrm{T}} = \alpha Q_{\mathrm{F}}^{\mathrm{T}}$。若 REC 每 kWh 折算价格为 P_{REC}，购买 REC 总支出 $C_{\mathrm{REC}}^{\mathrm{T}} = P_{\mathrm{REC}} \cdot Q_{\mathrm{REC}}^{\mathrm{T}} = P_{\mathrm{REC}} \alpha Q_{\mathrm{F}}^{\mathrm{T}}$，则策略 S_2 的收益率为：

$$r_2 = \frac{F^{\mathrm{T}}}{P_{\mathrm{REC}} \alpha Q_{\mathrm{F}}^{\mathrm{T}}} - 1 = \frac{f}{P_{\mathrm{REC}}} - 1 \tag{6-127}$$

因此，策略 S_2 的等效预期收益率和等效风险分别为：

$$E(r_2) = f \cdot E\left(\frac{1}{P_{\mathrm{REC}}}\right) - 1 \tag{6-128}$$

$$\sigma^2(r_2) = f^2 \cdot \sigma^2\left(\frac{1}{P_{\mathrm{REC}}}\right) \tag{6-129}$$

对于策略 S_3，显然等效预期收益率 $E(r_3) = 0$ 和等效风险 $\sigma^2(r_3) = 0$。

2）基于投资组合理论的燃煤发电公司投资决策优化模型

在上一节中，已将 S_1、S_2 和 S_3 分别等效为投资项目，因此，各策略的组合所构成的组合策略优化问题即等效为投资组合优化问题。根据投资组合理论，若组合策略 $\{S_1, S_2, S_3\}$ 的投资决策效用以 U_{C} 表示，则

$$U_{\mathrm{C}} = E(r_{\mathrm{C}}) - 0.5A\sigma^2(r_{\mathrm{C}}) \tag{6-130}$$

式中：r_C 为组合策略的等效收益率，$E(r_C)$ 为组合策略的等效预期收益率，$\sigma^2(r_C)$ 为组合策略的等效风险，A 为风险偏好系数，取值通常在 $2 \sim 6$ 之间，投资者的风险偏好程度越高，其取值越小。

根据投资组合理论，燃煤发电公司组合策略 $\{S_1, S_2, S_3\}$ 的等效预期收益率和等效风险分别为：

$$E(r_C) = yE(r_P) + (1-y)r_F \tag{6-131}$$

$$\sigma^2(r_C) = y^2 \cdot \sigma_P^2 \tag{6-132}$$

式中：y 为风险策略 S_1 和 S_2 构成的风险策略组合 $\{S_1, S_2\}$ 在组合策略 $\{S_1, S_2, S_3\}$ 中的占比，$0 \leqslant y \leqslant 1$，$r_p$ 为 $\{S_1, S_2\}$ 的等效收益率，$E(r_P)$ 为 $\{S_1, S_2\}$ 的等效预期收益率，r_F 为无风险策略 S_3 的等效收益率，σ_P^2 为 $\{S_1, S_2\}$ 的等效风险。

组合策略 $\{S_1, S_2, S_3\}$ 中所包含风险策略组合 $\{S_1, S_2\}$ 的等效预期收益率和等效风险分别为：

$$E(r_P) = \omega_1 E(r_1) + \omega_2 E(r_2) \tag{6-133}$$

$$\sigma_P^2 = \omega_1^2 \sigma_1^2 + \omega_2^2 \sigma_2^2 + 2\omega_1 \omega_2 \cdot F_{\text{cov}}(r_1, r_2) \tag{6-134}$$

式中：ω_1 和 ω_2 分别表示两个风险策略 S_1 和 S_2 在 $\{S_1, S_2\}$ 中的占比，且有 $0 \leqslant \omega_1, \omega_2 \leqslant 1$，$r_1$ 和 r_2 分别表示 S_1 和 S_2 的等效收益率，$F_{\text{cov}}(r_1, r_2)$ 表示 S_1 和 S_2 等效收益率间的协方差。

由图 6-28 所示，根据投资组合理论，风险策略组合 $\{S_1, S_2\}$ 可以确定一个有效前沿，无风险策略 S_3 与有效前沿可以确定一条切线，该切线的斜率为 k_P，切点即对应最优的风险策略组合 $\{S_1^*, S_2^*\}$。因此，燃煤发电公司最优风险策略组合 $\{S_1^*, S_2^*\}$ 的目标函数为

$$\max_{\omega_i} k_P = [E(r_P) - r_F] / \sigma_P \tag{6-135}$$

式中：k_P 为该切线的斜率。

求解式（6-133）$\sim$（6-135）描述的优化问题，可得到最优的风险策略组合 $\{S_1^*, S_2^*\}$，具体为策略 S_1 和 S_2 在 $\{S_1^*, S_2^*\}$ 中的最优占比 ω_1^* 和 ω_2^*，以及 $\{S_1^*, S_2^*\}$ 的等效预期收益率 $E(r_P)^*$ 和等效风险 $(\sigma_P^2)^*$。

燃煤发电公司采取投资决策以应对 RPS，其目标是权衡风险与收益，实现组合策略的投资决策效用最大化，根据式（6-130）$\sim$（6-132），得到该目标

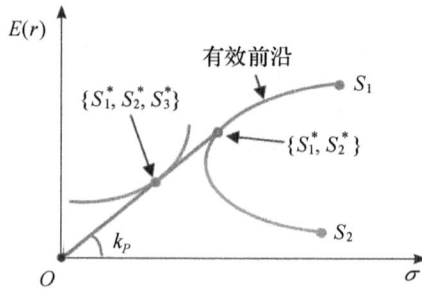

图 6-28　投资组合理论示意图

函数为

$$\max_{y} U_C = E(r_C) - 0.5A\sigma_C^2$$

$$= r_F + y(E(r_P)^* - r_F) - 0.5Ay^2(\sigma_P^*)^2 \qquad (6\text{-}136)$$

求解该优化问题,可得到最优组合策略$\{S_1^*, S_2^*, S_3^*\}$,具体如下:风险策略组合$\{S_1^*, S_2^*\}$在组合策略中的最优占比为y^*,策略S_1和S_2在组合策略中的最优占比为$y^*\omega_1^*$和$y^*\omega_2^*$,策略S_3在组合策略中的最优占比为$(1-y^*)$。

CPLEX 求解器是解决非线性规划问题的一种通用方法。先将最大化 kP 的优化问题转化为二次规划问题,再通过 MATLAB 中的 Yalmip 工具箱调用 CPLEX 求解器求解二次规划问题,得到最优解。

(3)算例分析

采用实际电力市场和 REC 市场的运行数据进行模型验证。因美国康涅狄格州实行配额制度较晚,其市场现状能够很好地反映我国在实行配额制初期的电力市场情况,对国内研究有较大的参考意义,故算例中选取美国康涅狄格州电力市场和绿色证书的交易数据,验证提出的模型。康涅狄格州 20 个月份的电力市场价格和 REC 折算价格如图 6-29 所示。

假设政府设定的配额考核周期 T 为 1 个月,单位罚金 f 为 0.025 美元/kWh,配额比例 α 为 20%,某燃煤发电公司月度火电上网电量 Q_F^T 为 $1000 \times 10^4\,\text{kWh}$,新建风电场的平均度电发电成本 C_P 为 0.193 美元/kWh,燃煤发电公司风险偏好系数 A 为 5。

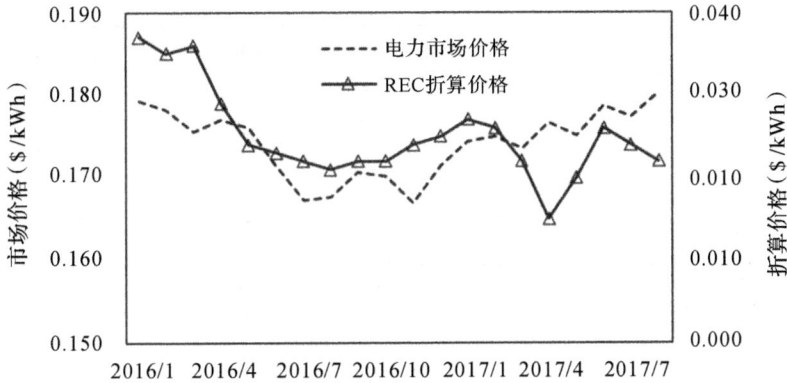

图 6-29 康涅狄格州电力市场价格和 REC 折算价格

1)燃煤发电公司的最优组合策略

通过优化求解可得燃煤发电公司的最优组合策略$\{S_1^*, S_2^*, S_3^*\}$,具体为:47.1%(94×10^4 kWh)的配额电量通过 S_1 实现,30.1%(60×10^4 kWh)的配额电量通过 S_2 实现,22.8%(46×10^4 kWh)的配额电量通过 S_3 实现。

此时,策略 S_1、S_2 和 S_3 与最优组合策略$\{S_1*, S_2*, S_3*\}$的等效投资回报指标如表 6-18 所示。策略 S_1 的等效预期收益率为 10.66%,相对较高,对应的风险为 0.054,相对较大。相应地,策略 S_2 的等效预期收益率为 3.98%,相对较低,其风险为 0.048,也相对较小,可见风险收益等值模型的结果较为合理。$\{S_1^*, S_2^*, S_3^*\}$的等效预期收益率为 5.18%,大于策略 S_1 的等效预期收益率;$\{S_1*, S_2*, S_3*\}$的等效风险为 0.009,远小于策略 S_1 和 S_2 的等效风险;$\{S_1^*, S_2^*, S_3^*\}$的投资决策效用为 0.026,大于单独采用策略 S_1、S_2 或 S_3 时获得的投资决策效用。相比于策略 S_2,组合策略 $\{S_1^*, S_2^*, S_3^*\}$ 在增加收益率的同时还能降低风险,并获得更大的投资决策效用。因此,$\{S_1^*, S_2^*, S_3^*\}$是燃煤发电公司应对 RPS 的一种更优决策,而投资组合理论则保证了$\{S_1^*, S_2^*, S_3^*\}$同时也是最优决策。

表 6-18   各投资决策的等效投资回报指标

投资决策	等效预期收益率	等效风险	投资决策效用
S_1	10.66%	0.054	-0.028
S_2	3.98%	0.049	-0.081
S_3	0	0	0
$\{S_1^*, S_2^*, S_3^*\}$	5.18%	0.009	$+0.026$

2）最优组合策略的影响因素分析

①风险偏好

不同的燃煤发电公司或者同一发电公司在不同时期进行投资决策时可能有不同的风险偏好，此时风险偏好系数 A 值将发生改变，这将直接影响发电公司的投资决策效用，进而对优化求解出的最优组合策略结果造成影响。

考虑 A 值变动后，$\{S_1^*, S_2^*, S_3^*\}$ 中策略 S_1、S_2 和 S_3 间配额电量的分配比例如表 6-19 所示。

表 6-19   风险偏好系数对最优组合策略的影响

配额电量分配比例	A		
	4	5	6
S_1	58.9%	47.1%	39.2%
S_2	37.6%	30.1%	25.1%
S_3	3.5%	22.8%	35.7%

由表 6-19 可见，随着风险偏好减小，风险偏好系数 A 值增大，配额电量在风险策略 S_1 和 S_2 间的分配比例不断降低（S_1 的比例由 58.9% 逐步降低到 39.2%，S_2 的比例由 38% 逐步降低到 25%），策略 S_3 的比例不断增大（由 3% 逐步增加到 36%）。其原因是，当风险偏好系数逐渐增大时，决策者对风险的厌恶程度增加，由于 S_3 是无风险策略，故通过 S_3 实现的配额电量比例逐渐增加，而通过风险策略 S_1 和 S_2 实现的配额电量比例逐渐减小。在实际决策中，燃煤发电公司应当充分认识到自身的风险偏好，当决策者趋于保守时，在优化求解 $\{S_1, S_2, S_3\}$ 时，目标函数应当设置较小的

A 值。

②单位罚金

政府会根据市场中 RES 电力的比例,适时调整未完成配额电量的单位罚金 f,这将会直接影响到风险策略 S_1,S_2 的收益率。

考虑 f 的变动后,$\{S_1^*,S_2^*,S_3^*\}$ 中策略 S_1、S_2 和 S_3 间配额电量的分配比例如图 6-30 所示。

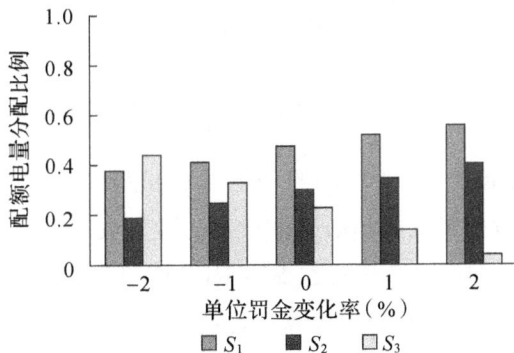

图 6-30 单位罚金对最优组合策略的影响

由图 6-30 可见,当 f 在 0.025 美元/kWh 附近递增时,缴纳罚金的成本增加,通过策略 S_1,S_2 实现的配额电量比例逐步增加,相反通过 S_3 实现的配额电量比例逐步减少。燃煤发电公司的最优组合策略对单位罚金 f 的敏感性较大。在实际决策中,由于政府倾向于不断增加惩罚力度从而推进 RPS 政策,故发电公司在 RPS 实施初期可以适当选择多缴纳罚金,随着政府增加单位罚金数额,发电公司可逐步增大风电场规模,从而实现最优决策。

③配额考核比例

各国政府可再生能源发展规划的普遍目标是逐步提高 RES 电力占比,故在 RPS 政策实施过程中,随着 RES 发电量的增加,政府会逐渐提高配额考核比例 α,这将直接影响发电公司的投资决策。

考虑 α 的变动后,$\{S_1^*,S_2^*,S_3^*\}$ 中策略 S_1、S_2 和 S_3 间配额电量的分配比例如图 6-31 所示。

由图 6-31 可见,随着 α 增加,发电公司会减少风电场的投资,而更倾向

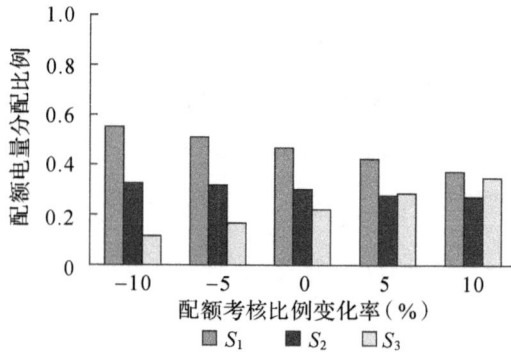

图 6-31　配额考核比例对最优组合策略的影响

于缴纳罚金,同时通过 S_2 实现的配额电量比例缓慢减少。燃煤发电公司的最优组合策略对配额比例的敏感性较小。对于政府而言,其 RPS 政策目标并非收取罚金;要使 RPS 政策在提高 RES 电量比例中真正发挥作用,政府应该在增加配额比例的同时,提高单位罚金,以引导燃煤发电公司更多地通过策略 S_1 和 S_2 达到配额要求。

（4）结语

算例分析结果表明,燃煤发电公司通过构建组合策略,并设置合理的比例,将配额电量通过投资新建风电场、购买 REC 以及缴纳罚金策略的组合综合实现,可以在较小的成本和风险水平下达到配额要求,实现发电公司的投资决策效用最大化;具有不同风险偏好的燃煤发电公司其最优决策存在显著差异,RPS 下单位罚金和配额比例的设置对发电公司的最优组合策略具有较大影响;政府在逐步提高配额比例时,应当同时增加单位罚金,以引导燃煤发电公司更多地投资新建风电场和购买 REC,从而实现 RPS 政策的预期效果。

6.2.4　售电商在清洁能源交易机制下的策略

（1）可再生能源配额制下售电公司的交易策略与建模分析

1）售电公司参与电力市场及绿证市场的交易框架

图 6-32 表示 RPS 下售电公司参与电力市场及绿证市场的交易框架。

如图所示,售电公司同时参与电能市场和绿色证书市场:前者为物理市场,产品为可再生能源发电企业和常规能源发电企业所发的电能;后者为金融市场,产品为与可再生能源发电企业上网电量相对应的绿证。其中,REC被定义为一种可交易的、金融性的能源商品。生产可再生能源的REC持有者与承担配额义务的REC需求者,在REC市场中进行交易。REC根据其与RES电力之间的关系可分为捆绑式和非捆绑式两种。捆绑式REC和可再生能源电量在电能市场中捆绑销售,而非捆绑式REC则与相应可再生能源电量独立,可作为金融产品单独在绿证市场中销售。

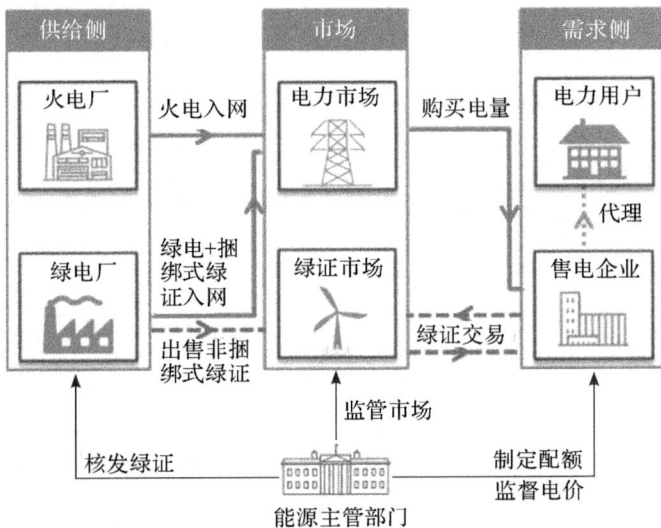

图 6-32　RPS 下售电公司参与电力及绿证市场的交易框架

　　售电公司是我国配额制下的主要考核主体,需要在给定的期限内根据政府的规定完成一定比例的配额任务,否则将缴纳相应的罚款。售电公司主要可通过两种途径完成配额指标:①直接与可再生能源发电厂签订合同购买绿色电能和捆绑式的REC;②从常规能源发电厂购买常规能源的同时,在绿色证书交易市场购买非捆绑式的REC。在第二种方式下,配额制通过REC交易将可再生能源的环境属性实现货币化,而REC的价格则基于市场动态定价机制(Dynamic Price Setting Mechanism)。图 6-33 显示了几种典型可再生能源激励政策下的定价方式。

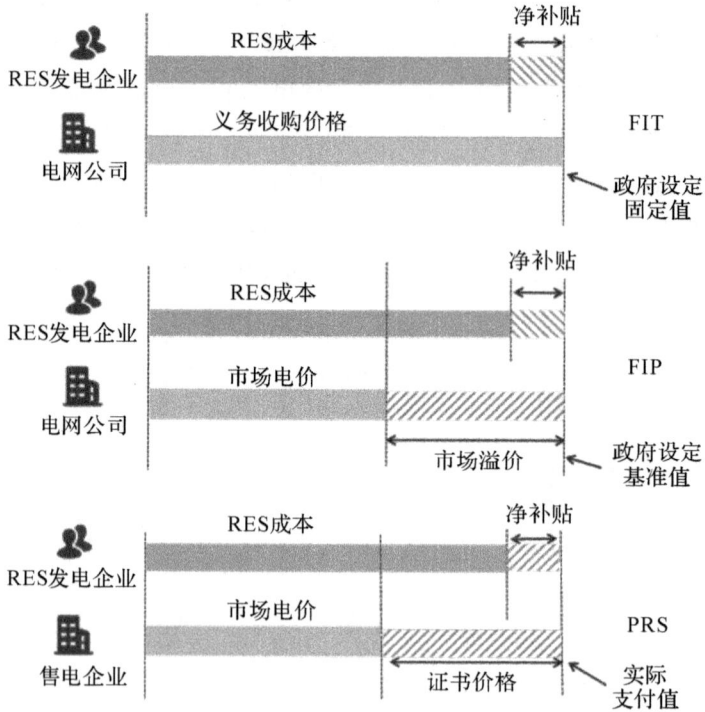

图 6-33　典型可再生能源激励政策下的电价示意图

图 6-33 对比了几种常见可再生能源激励政策下的可再生能源电力价格。如图 6-33 所示,FIT 下可再生能源电力价格即为政府核定的固定上网电价;市场溢价机制(Feed-in Premium,FIP)机制下该价格为市场电价和市场溢价之和,溢价水平则根据政府设定的基准值浮动;而 RPS 机制下该价格为标杆火电上网电价和可再生能源证书交易价格之和,即可再生能源发电企业通过销售 REC 的市场交易方式来获得"补贴",且单位 RES 的等效价格 P^{green} 为

$$P^{\text{green}} = P^{\text{grid}} + P^{\text{REC}} \tag{6-137}$$

式中:P^{grid} 为单位常规电能的上网电价,P^{REC} 为绿色电力证书的销售价格。

2)RPS 下基于投资理论的售电公司交易策略及其风险分析

图 6-34 为售电公司在 RPS 下的整体购电业务框架。如图 6-34 所示,售电公司除了在电力市场中购买常规能源外,为完成规定的 RPS 指标,还

需进行购买一定可再生能源容量和绿色证书。其中,购买可再生能源容量的策略包含风电、光伏发电资源及平衡 RES 出力偏差的可调节负荷资源容量的组合优化;购买 REC 的策略又包含不同种类证书资源的组合优化。售电公司的各个策略之间存在一定的耦合关系,假设售电公司的总购电量(即购买 RES 和非 RES 的总电量)为 Q,则其为完成规定的配额指标 γ,购买 RES、购买 REC 以及缴纳罚金的各部分所对应的总电量应满足 γQ。采用分层分区的思想解决售电公司的整体购电决策问题,即首先分别单独优化 RES 的容量优化配置问题和 REC 的金融资产配置问题,最后优化在完成 RPS 指标前提下的整体购电决策问题。

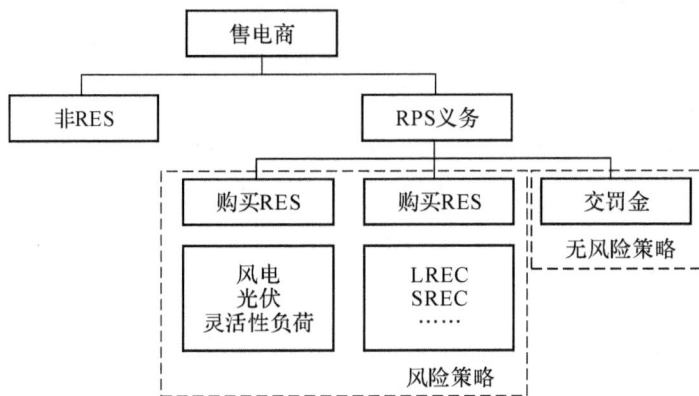

图 6-34 售电公司在 RPS 下的购电业务框架示意图

利用投资组合理论的思想解决售电公司的整体购电决策问题。投资组合理论从经济学的角度揭示了如何通过建立组合有效边界来选择最优组合,以及如何通过分散资产有效降低市场中的非系统性风险,并被广泛运用于金融投资领域分析资产配置问题[44]。现代投资组合理论主要建立在理性预期(Rational Expectation)、风险回避(Risk Aversion)、效用最大化等假设的基础上。如前所述,在 RPS 规定的配额指标下,售电公司面临如何优化多种 RPS 满足方式的投资问题。根据投资组合理论,售电公司的决策可分为有风险的策略和无风险的策略两类。其中,前者包含直接购买可再生能源电能和购买 REC,而后者则为缴纳政府罚金。

而在两种风险策略中,售电公司直接购买可再生能源电能和购买 REC

时具有不同的市场风险。售电公司若直接提前与可再生能源发电厂签订中长期购售电协议(Power Purchase Agreement,PPA),则能以相对便宜的固定价格收购可再生能源机组固定容量所发电量,但其需要承担由于可再生能源出力不确定性带来的电量波动的风险,且该波动受到季节、天气等因素的影响。售电公司若选择购买常规能源电量,同时用购买绿证的方式完成配额指标,则其需要承担绿证价格波动的风险。相比于即买即用的电能市场,绿证市场是一个金融市场,在其中购买的绿证通常有 1 年的有效期,因而可进行存储,且其具有较强的流通性,因而和一般的金融产品类似,可在正式注销之前退回。最后,售电公司若无法在规定的考核时间内完成配额指标,则将面临政府罚款,虽然缴纳罚金不存在任何风险,但罚金的设置一般远大于 REC 的价格,因此大量缴纳罚金必然会影响售电商的收益。

根据投资组合理论,首先优化售电公司多种 RPS 满足方式中有两种风险策略的投资比重。随后,将有风险策略打包为一个资产,则其与无风险策略的组合收益率与期望可分别表示为:

$$r_c = r_f + y(r_p - r_f) \tag{6-138}$$

$$E(r_c) = r_f + y(E(r_p) - r_f) = r_f + \frac{E(r_p) - r_f}{\sigma_p} \cdot \sigma_c \tag{6-139}$$

售电公司的决策以最大化权衡其收益和风险的效用函数为目标,即:

$$\max_y U_c = E(r_c) - 0.5A\sigma^2(r_c)$$
$$= r_f + y(E(r_p) - r_f) - 0.5Ay^2 \cdot \sigma^2(r_p) \tag{6-140}$$

式中:A 为投资者的风险厌恶系数。不同取值的 A 反映了投资者的风险偏好,$A = 3$ 为风险中立性,$A > 3$ 为风险厌恶型,$A < 3$ 则为风险偏好型。最后,可得最优的风险资产配置比例 y^* 与风险溢价成正比,而与方差和投资者风险厌恶系数成反比,即:

$$y^* = \frac{E(r_p) - r_f}{A \cdot \sigma^2(r_p)} \tag{6-141}$$

可进一步根据 y^* 求得有风险策略和无风险策略的投资比重。

(2)RPS 下考虑多种 RES 和 REC 的售电公司购电收益率优化

1)基于经典场景法的考虑可调节负荷的售电公司可再生能源容量优化配置

为完成规定的配额比,售电公司与可再生能源企业提前签订中长期合同,购买可再生能源机组的发电容量。类似于澳大利亚电力市场中,电力采购商 Origin/AGL/EA 与发电公司签订的 PPA,无论现货价格如何波动,双方均参照相对固定的价格进行交易结算[45]。售电公司可以利用中长期合同避免月度市场中可再生能源价格波动带来的风险,但也需要承担可再生能源发电企业发电不确定性带来的风险。

由于售电公司直接和可再生能源发电企业签订了容量协议,其需要承担由于可再生能源发电不确定性所带来的风险,该风险可能导致售电公司购买的发电量与其代理用户的用电量产生一定偏差,从而需要购买额外的系统备用;该风险还可能导致售电公司无法完成规定的配额指标。另一方面,售电公司代理的需求响应(Demand Response,DR)用户可参与实时市场交易,从而降低售电公司购买系统备用的费用,提高购售电收益[46]。售电公司的用户 DR 项目主要包括可削减负荷和可增长负荷[47]。图 6-35 为售电公司调用用户侧 DR 项目应对可再生能源出力偏差的示意图。如图 6-35 所示,在可调节负荷弹性部分范围内,可根据可再生能源出力偏差的方向,调用相应的可调节负荷。假设售电公司购买可调节负荷的目的是为出力不确定性较大的可再生能源提供自备用,以便消除由 RES 造成的实时不平衡电量。另外,当可调节负荷仍无法满足平衡关系时,则需要系统额外提供上、下调备用予以平衡。由于配额制一般以年为单位考核,时间尺度较长,可调节负荷在各个时段进行正向和负向的调整后,其对于配额的影响由于累积效应可忽略不计。

假设售电公司风电、光伏发电企业以年为单位签订 PPA 合同,购买相应的可再生能源发电容量。此外,售电公司还需购买一定的可调节负荷,从而减少可再生能源出力的偏差。考虑到风电、光伏出力的波动性及互补特性,计算其直接购买可再生能源电能的收益率 r_{RES} 为:

$$r_{\text{RES}} = \frac{p^{\text{sale}}(q_{\text{w}}^{\text{T}} + q_{\text{pv}}^{\text{T}} + q_{\text{f}}^{\text{T}} + q_{\text{r}}^{\text{T}}) - C_{\text{RES}} - C_{\text{f}}}{C_{\text{RES}} + C_{\text{f}}} \tag{6-142}$$

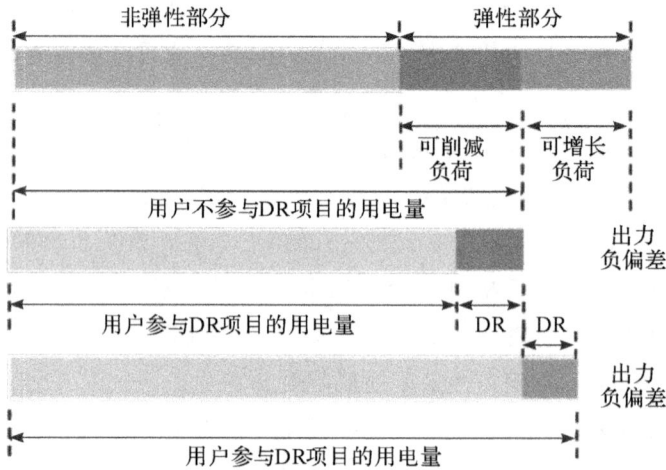

图 6-35　可再生能源出力偏差时售电公司调用用户侧 DR 项目的示意图

$$C_{RES} = C_w + C_{pv} + C_{FL} \tag{6-143}$$

$$C_w = p_w^b \cdot Q_w = w_w(iv)Q_{RES} \tag{6-144}$$

$$C_{pv} = p_{pv}^b \cdot Q_{pv} = w_{pv}(iv)Q_{RES} \tag{6-145}$$

$$C_{FL} = p_{FL}^b \cdot Q_{FL} = w_{FL}(iv)Q_{RES} \tag{6-146}$$

$$C_f = p_f^b \cdot q_f^T \tag{6-147}$$

式中,p^{sale} 为售电公司的出售单位电量的价格,C_{RES} 则为售电公司购买风电、光伏和可调节负荷的总投资成本,C_f 为其购买火电的总成本。q_w^T 和 q_{pv}^T 分别为风电、光伏在时段 T 内的总出力,与所购买的风电、光伏容量相关,存在一定不确定性。q_f^T 为火电在时段 T 内的总出力,为固定值,且与可再生能源总出力成比例关系,即在规定配额比 γ 的约束下,满足 $\gamma q_f^T = (1 - \gamma)(q_w^T + q_{pv}^T)$ 的关系。q_r^T 为系统备用提供的上、下调电量,当且仅当可调节负荷无法调节由于 RES 出力不确定性造成的系统不平衡时调用。C_w、C_{pv} 和 C_{FL} 分别为其购买风电、光伏和可调节负荷的投资成本,p_w^b、p_{pv}^b 和 p_{FL}^b 分别为其购买时段 T 内单位容量光伏、风电和可调节负荷的价格,p_f^b 为购买单位火电的价格,w_w、w_{pv} 和 w_{FL} 分别为其购买光伏、风电和可调节负荷的资金投资比重,Q_w、Q_{pv} 和 Q_{FL} 为光伏、风电和可调节负荷的配置容量。

售电公司在该策略下,需考虑如何优化光伏、风电和可调节负荷三种资源的资金配置情况,即分别确定式(6-140)～(6-142)中的 w_w、w_{pv} 和 w_{FL},从而最大化售电公司的最大期望收益率。本章忽略负荷的不确定性,仅考虑风电和光伏出力(即 q_w^T 和 q_{pv}^T)的不确定性,利用风电和光伏的经典场景集模拟不同可再生能源之前的互补性和相关性[48]。设所有可能存在的总场景数为 S,售电公司对 S 内所有场景下可优化部分的收益的期望为 $E_S(R_{RES})$,场景 s 所对应的概率为 $\varphi(s)$,则售电公司在该策略下的优化目标函数可表示为:

$$\max_{w_w,w_{pv},w_{al}} E_S(R_{RES}) = \sum_{s \in S} \varphi(s) \sum_{t=1}^{T} [(q_w(s,t) + q_{pv}(s,t)$$
$$+ q_r(s,t))p^{sale} - p_u.f(q_r(s,t))$$
$$- p_d.f(-q_r(s,t))]\Delta t \qquad (6-148)$$

式中,$q_w(s,t)$、$q_{pv}(s,t)$ 和 $\boldsymbol{q}_r(s,t)$ 分别为场景 s 和时间段 t 内风电、光伏的实际出力以及调用的系统备用。p_u 和 p_d 分别表示系统上调备用和下调备用的价格,分段函数 $f(x) = \begin{cases} x & (x > 0) \\ 0 & (x \leqslant 0) \end{cases}$。

为处理分段函数 $f(x)$,定义 $q_r(s,t) = u(s,t) - v(s,t)$,其中,$u(s,t)$、$v(s,t)$ 为 2 个非负松弛变量,其实质分别为售电公司在市场上购买的系统上、下调备用,则式(6-148)可表示为:

$$\max_{w_w,w_{pv},w_{al}} E_S(R_{RES}) = \sum_{s \in S} \varphi(s) \sum_{t=1}^{T} [(q_w(s,t) + q_{pv}(s,t) + u(s,t)$$
$$- v(s,t))p^{sale} - p_u.u(s,t) - p_d.v(s,t)]\Delta t$$
$$(6-149)$$

约束条件如下:

① 功率平衡约束

$$q_w(s,t) + q_{pv}(s,t) + q_{FL}(s,t) + u(s,t) - v(s,t) = \gamma \cdot q_L(s,t) \tag{6-150}$$

② 风电和光伏出力约束

$$q_w(s,t) = k_w(s,t) \cdot Q_w \cdot \Delta t \tag{6-151}$$

$$q_{pv}(s,t) = k_{pv}(s,t) \cdot Q_{pv} \cdot \Delta t \tag{6-152}$$

③ 可调节负荷可调范围约束

$$-Q_{FL} \cdot \Delta t \leqslant q_{FL}(s,t) \leqslant Q_{FL} \cdot \Delta t \tag{6-153}$$

式中，$q_{FL}(s,t)$ 和 $q_L(s,t)$ 分别为场景 s 和时间段 t 内实际调用的可调节负荷和负荷需求，$k_w(s,t)$、$k_{pv}(s,t)$ 为场景 s 和时间段 t 内单位容量的风电、光伏出力。

优化各容量配置比重 w_w、w_{pv} 和 w_{FL} 后，结合配额比 γ 约束下火电和可再生能源出力的数量关系，可得各个场景 s 下购买可再生能源电能的收益率 $r_{RES}(s)$ 为：

$$r_{RES}(s) = \frac{\sum_{t=1}^{T}\left[(\frac{1}{\gamma}q_w(s,t) + \frac{1}{\gamma}q_{pv}(s,t) + q_r(s,t)\right]p^{sale} - C_{RES} - C_f}{C_{RES} + C_f}$$

$$\tag{6-154}$$

最终，可根据各场景 s 下的 $r_{RES}(s)$ 计算出售电公司购买可再生能源电能的组合收益率的期望 $E(r_{RES})$ 和方差 $\sigma^2(r_{RES})$ 为：

$$E(r_{RES}) = \sum_{s=1}^{S}\varphi(s) \cdot r_{RES}(s) \tag{6-155}$$

$$\sigma^2(r_{RES}) = \sum_{s=1}^{S}\varphi(s) \cdot \left[r_{RES}(s) - E(r_{RES})\right]^2 \tag{6-156}$$

2）基于投资组合理论的售电公司购买 REC 的资产优化配置

售电公司若选择在常规电能市场购买电能，则需要通过额外购买 REC 来补偿支付绿色电能的环境成本。REC 作为 RPS 的一种政策工具，是对除水电外其他可再生能源发电量的确认和属性证明，以及消费绿色电力的唯一凭证。一般而言，每单位证书代表着 1MWh 的可再生能源发电量。部分国家根据不同种类的可再生能源的发展程度设置了不同的证书权重系数。如美国特拉华州政府规定，1MWh 光伏或燃料电池电量均对应 3 个 REC；英国政府规定，1MWh 沼气、陆上风电和海上风电的发电量分别对应 0.5、1 和 1.5 个 REC。亦有部分国家将绿色证书分为不同的种类，如澳大利亚设置了 LGC(Large-scale Generation Certificates)和 STC(Small-scale Technology Certificates)两种证书产品以便售电公司进行多样化的选择。

此外，绿色证书是典型的金融性产品，具有极强的流动性，且不涉及物理电能的交割。售电公司可以利用期货市场买卖绿证，锁定成本，从而规避因现货市场的绿证价格波动风险而可能造成损失。由于绿证的有效期通常为一年,这意味着售电公司可利用证书存储制度分散投资从而有效降低购买绿证的投资风险。REC 可购买和回收,但不可转卖,由于回收价格较低,因此假设售电公司在投资策略时不考虑 REC 的回收。

售电公司在 REC 市场中面临如何优化 J 种证书购买比例的问题。假设绿证市场共提供 J 种证书,且证书的价格有一定波动性。在规定配额比 γ 的约束下,售电公司每购买一单位的火电,则需要相应购买 γ 单位的证书,因此其购买证书 j 策略下的收益率 $r_{\text{REC},j}$ 为:

$$r_{\text{REC},j} = \frac{p^{\text{sale}} - (p_f^b + \gamma p_j^c)}{p_f^b + \gamma p_j^c} \tag{6-157}$$

式中,p_j^c 为第 j 种证书的价格,假设 w_j^c 为其对应的投资比重,则购买 J 种证书的总期望收益为:

$$E(r_{\text{REC}}) = \sum_{j=1}^{J} w_j \cdot E(r_{\text{REC},j}) \tag{6-158}$$

$$\sigma^2(r_{\text{REC}}) = \sum_{j=1}^{J} \sum_{l=1}^{J} w_j^c \cdot w_l^c \cdot f_{\text{cov}}(r_{\text{REC},j}, r_{\text{REC},l}) \tag{6-159}$$

式中,$E(r_{\text{REC}})$ 和 $\sigma^2(r_{\text{REC}})$ 分别为售电公司购买证书组合收益率的期望和方差,$f_{\text{cov}}(r_j, r_l)$ 为投资两种证书 j 和 l 收益率间的协方差,可根据两者间的相关系数 $\rho(r_{\text{REC},j}, r_{\text{REC},l})$ 确定为:

$$f_{\text{cov}}(r_{\text{REC},j}, r_{\text{REC},l}) = \rho(r_{\text{REC},j}, r_{\text{REC},l}) \cdot \sigma(r_{\text{REC},j}) \cdot \sigma(r_{\text{REC},l}) \tag{6-160}$$

根据投资组合理论,通过最大化售电公司购买 REC 的效用 U_{rec},从而优化其对各个证书的投资比重,即:

$$\begin{cases} \max_{w_j^c} U_{\text{REC}} = E(r_{\text{REC}}) - 0.5 A \sigma^2(r_{\text{REC}}) \\ \text{s.t.} \quad \sum_{j=1}^{J} w_j^c = 1, \quad w_j^c \geqslant 0 \end{cases} \tag{6-161}$$

3)售电公司缴纳政府罚金的收益率

售电公司若在考核期内无法满足规定的配额比,则需要缴纳相应的政府罚金。政府罚金对于售电公司而言相当于保底的策略,即当其无法通过上述两种策略承担配额义务时,可再生能源的环境成本则体现在政府规定的罚金中。因此,政府罚金的设置对售电公司的策略起到了一定的引导性作用。若罚金设置得过低,则售电公司将倾向于支付政府罚金而非通过购买可再生能源电力和绿证的方式以完成其相应的配额;若罚金设置得过高,则当绿色电能和绿证供应不足时,售电公司将面临高额的环境成本。在规定配额比 γ 的约束下,售电公司每购买一单位的火电,则需要相应缴纳 γ 单位电量对应的罚款。对于售电公司来说缴纳罚金不存在任何风险,其收益率为固定值。与政府设置罚金和配额比有关,可以表示为:

$$r_f = \frac{p^{\text{sale}} - (p_f^{\text{b}} + \gamma p^f)}{p_f^{\text{b}} + \gamma p^f} \tag{6-162}$$

式中,p^f 则为政府对未实现可规定配额比的单位电量的罚金。

(3)基于价值函数和多心理账户的售电公司可再生能源购电决策

售电公司可再生能源购电风险策略由直接购买绿色电能和购买可再生能源证书两种策略组成,其风险组合收益率的期望和方差可表示为:

$$E(r_{\text{p}}) = E(r_{\text{RES}}) \cdot w_{\text{RES}} + E(r_{\text{REC}}) \cdot w_{\text{REC}} \tag{6-163}$$

$$\sigma_p^2 = w_{\text{RES}}^2 \cdot \sigma^2(r_{\text{RES}}) + w_{\text{REC}}^2 \cdot \sigma^2(r_{\text{REC}}) + w_{\text{RES}} w_{\text{REC}} \cdot f_{\text{cov}}(r_{\text{RES}}, r_{\text{REC}}) \tag{6-164}$$

式中,w_{RES} 和 w_{REC} 分别为购买可再生能源电能和购买证书的比重。$f_{\text{cov}}(r_{\text{RES}}, r_{\text{REC}})$ 为直接购买可再生能源电能及购买 REC 策略收益率之间的协方差,可由两者间的相关系数 $\rho(r_{\text{RES}}, r_{\text{REC}})$ 确定为:

$$f_{\text{cov}}(r_{\text{RES}}, r_{\text{REC}}) = \rho(r_{\text{RES}}, r_{\text{REC}}) \cdot \sigma(r_{\text{RES}}) \cdot \sigma(r_{\text{REC}}) \tag{6-165}$$

行为金融学研究结果表明:投资者在投资不同的金融资产时会设立不同的心理学账户(Mental Accounting,MA),且对待不同 MA 的风险态度也各不相同。其中,金字塔式投资理论由 Statman 于 1992 年提出,即在证券投资中,行为投资者会根据价值的大小,形成一种类似于金字塔的投资组合结构,金字塔中的不同层次则对应着不同投资账户中的目标,以及投资者对于该层资产投资的风险态度[49]。位于金字塔底层的为投资资金的保护层,能够避免投资者遭受过大的损失,因而其目标收益率也较低;而位于金字塔顶层的为投资资金的潜力层,能够给投资者带来潜在的利润,因而其目标收益率较高,但也存在着较大的风险。不同的 MA 之间相互独立,因此投资者将不同 MA 之间的收益关系解耦,可单独考虑各个 MA 的资产组合带来的期望收益,而无需考虑各投资层之间的相互关联性[50]。心理学账户在电力系统领域也被应用于研究发电商的分段式报价决策问题,即将不同容量段的报价分配于不同的 MA 中,并赋予各 MA 不同的目标和风险偏好[51]。

此外,行为金融学还表明:投资者在面临投资收益和投资损失时有着不同的风险偏好,即其面临收益时更加倾向于厌恶风险,而面临损失时则更加倾向于追求风险。价值函数的概念最早由 Kahneman 和 Tverskey 基于展望理论(Prospect Theory)提出,其中价值 μ 可以表示为收益 x 的幂函数形式[52]:

$$\mu(x) = \begin{cases} x^a, & x \geqslant 0 \\ -\lambda(-x)^\beta, & x < 0 \end{cases} \tag{6-166}$$

式中:α 和 β 分别表示收益和损失区域价值幂函数的凸凹程度,$0 < \alpha < \beta < 1$;系数 $\lambda > 1$ 为损失厌恶系数,反映了投资者在面对同等数量的损失时比对收益更加敏感的心理特征。大量试验表明,当 $\alpha = 0.88$、$\lambda = 2.25$ 时,价值函数最能体现投资者多面的风险投资心理[53]。

图 6-36 显示了不同心理账户下的价值函数,从图中可以看出,价值函数的重要特征为:在收益区域是凹的,体现风险回避;在损失区域是凸的,体现风险寻求;亏损曲线的斜率大于盈利曲线,表明人们对亏损的感受比盈利的感受更强烈。此外,价值函数在不同的心理账户上具有不同的最低预期收益率和形状特征:①低风险账户中的最低预期收益率较高风高风险账户低;②对于损失部分(value<0),低风险账户中的斜率较高风险账户中更陡,体现了低风险账户中风险厌恶的心理特征;③对于收益部分(value>0),低风险账户中的斜率较高风险账户中更陡,体现了高风险账户中收益追求的心理特征。

根据展望理论可知,投资者不仅关心投资最终收益水平的绝对值,而且也关心投资最终收益相对于参考点水平的变化。本章在进行售电公司投资决策优化时,设其在可再生能源购电决策时共有 M 个心理账户。由于各个心理账户之间相互独立,对于第 m 个心理账户,将售电公司该账户中心理上的最低期望收益率 h_m 作为参考点[54]。h_m 是售电公司进行投资时可接受的下临界值,是投资底线,通常由资金成本、风险因素以及投资目的等因素共同决定。当售电公司的实际收益率低于 h_m 时,则该心理账户中被视

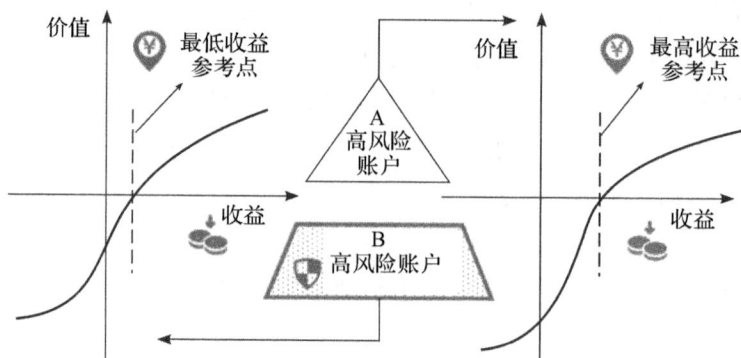

图 6-36 不同心理账户下的价值函数示意图

作亏损,不可接受。以参考点水平 h_m 对两种风险策略的期望收益率 $E(r_{RES})$ 和 $E(r_{REC})$ 进行调整,可以得到调整后第 m 个账户中的风险策略的等效收益率 $G_{RES,m}$ 和 $G_{REC,m}$。接着,基于展望理论思想,本章利用式 (6-166) 中价值函数对风险项目的调整收益率进行转换,即可得到售电公司第 m 个心理账户中风险策略的价值函数 $\mu_{RES,m}$ 和 $\mu_{REC,m}$。下面以 r_{RES} 的变换过程为例进行说明:

$$G_{RES,m} = E(r_{RES}) - h_m \tag{6-167}$$

$$\mu_{RES,m} = \begin{cases} (G_{RES,m})^{\alpha_m}, & G_{RES,m} \geqslant 0 \\ -\lambda_m (-G_{RES,m})^{\beta_m}, & G_{RES,m} < 0 \end{cases} \tag{6-168}$$

在此基础上,结合投资组合理论,综合考虑可调节负荷和证书交易成本对 RPS 下售电公司可再生能源购电收益率的影响,建立基于价值函数和多心理账户的售电公司可再生能源购电决策模型如下:

$$\max_{w_{res},w_{rec}} U(R_p) = \sum_{m=1}^{M} K_m (\mu_{RES,m} \cdot w_{RES} + \mu_{REC,m} \cdot w_{REC}) - 0.5 A \sigma_p^2 \tag{6-169}$$

$$\text{s. t.} \begin{cases} \sum_{\mu_{RES,m} \leqslant 0} (-\mu_{RES,m}) \cdot w_{RES} + \sum_{\mu_{REC,m} \leqslant 0} (-\mu_{REC,m}) \cdot w_{REC} \leqslant B_m \\ w_{RES} + w_{REC} = 1, \quad w_{RES}, w_{REC} \geqslant 0 \end{cases} \tag{6-170}$$

式中,K_m 为售电公司赋予第 m 个心理账户投入资金的比重,且满足 $\sum\limits_{m=1}^{M} K_m = 1$。
B_m 为第 m 个心理账户的风险容忍度,表明售电公司在该心理账户中可承受的最大风险。其中,将价值函数为负的差额部分作为心理账户 m 的风险,更能反映出售电公司投资时心理上的损失。

进一步考虑无风险资产时,售电公司的决策以最大化权衡其收益和风险的效用函数为目标,即可由式(6-141)确定风险策略的最优投资比重 y^*。

可进一步根据 y^* 求得售电公司各个风险策略(即购买风电和购买REC)和非风险策略(即缴纳罚金)的投资比重。图 6-37 显示了售电公司在RPS下整体购电策略优化求解的流程图。如图 6-37 所示,售电商在完成RES 和 REC 投资优化的基础上,进一步完成整体的购电策略优化。

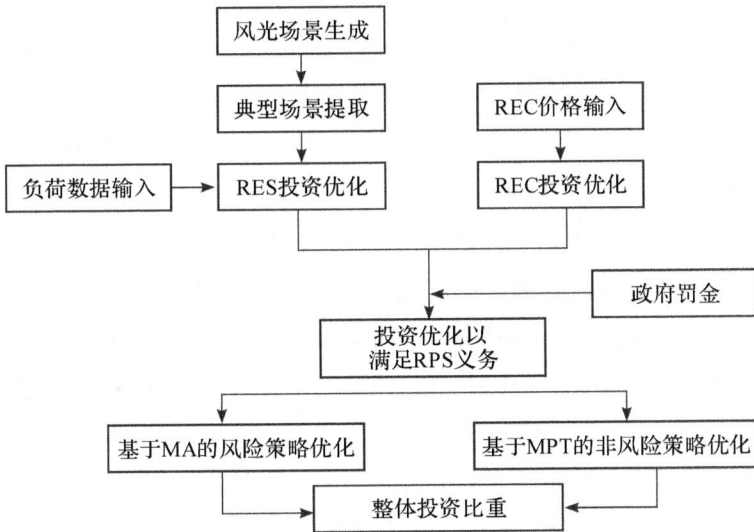

图 6-37　售电公司在 RPS 下整体购电策略优化求解的流程图

最终可得售电公司购买风电、光伏、可调节负荷、LGC、STC 以及缴纳罚金的资金投资比例分别为:

$$\begin{cases} x_w = y^* \cdot \omega_{RES} \cdot \omega_W \\ x_{pv} = y^* \cdot \omega_{RES} \cdot \omega_{pv} \\ x_{FL} = y^* \cdot \omega_{RES} \cdot \omega_{FL} \\ x_{LGC} = y^* \cdot \omega_{RES} \cdot \omega_1^c \\ x_{STC} = y^* \cdot \omega_{RES} \cdot \omega_2^c \\ x_f = 1 - y^* \end{cases} \tag{6-171}$$

（4）算例分析

为验证上述配额制下售电公司可再生能源购电的最优组合策略模型，本节利用我国某省实际光伏、风电出力数据以及市场价格进行算例仿真。算例中所用的典型场景由 K-means 聚类法生成，详细数据见图 6-38 典型风电的出力场景曲线和图 6-39 典型光伏的出力场景曲线。对于基准算例，主要参数设置如下：设置的配额比为 0.2；售电公司购买单位容量的风电和光伏出力的成本 p_w 和 p_{pv} 分别为 0.35 元/kW 和 0.38 元/kW，单位电量火电的购电成本 p_f 为 0.28 元/kWh；用户侧 DR 项目中可调节负荷的单价 C_{FL} 为 0.43 元/kW，系统上、下调备用的单价均为 0.48 元/kWh。这里应注意的是风电和光伏在时段 T 内的总出力 q_w^T 和 q_{pv}^T，与所购买的风电、光伏容量相关，存在一定不确定性，而火电在时段 T 内的总出力 q_f^T 为固定值，且与可再生能源总出力成比例关系，即在规定配额比 γ 的约束下，满足 $\gamma q_f^T = (1 - \gamma)(q_w^T + q_{pv}^T)$ 的关系，因而可以对风电、光伏和火电的报价以 T 为单位进行折算。考虑到我国 REC 市场运行不久，本算例采用了澳大利亚 2018 年 1 月到 12 月 LGC 和 STC 两种证书产品的价格数据；政府罚金 p_f 为 0.38 元/kWh；取售电公司的基本风险厌恶系数 $A=3$。考虑售电公司投资时的心理，设其具有 $M=2$ 个心理账户，即一个受最低风险保护的安全账户和一个期望投资盈利的风险账户，并分别取最低期望收益率 $h_1=0.05$ 及 $h_2=0.1$，风险容忍度 $B_1=0.1\%$ 及 $B_2=0.2\%$，且售电公司赋予 2 个心理账户未来期望收益的比重 $K_1=0.7$ 及 $K_2=0.3$。

1）RPS 下考虑风光出力不确定性的售电公司可再生能源购电的最优组合策略分析

售电公司直接购买 RES 电能的风险主要来源于可再生能源出力的不

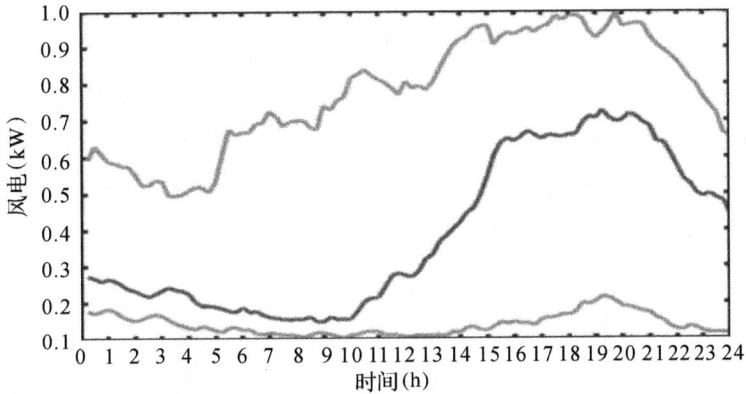

图 6-38 典型风电出力场景

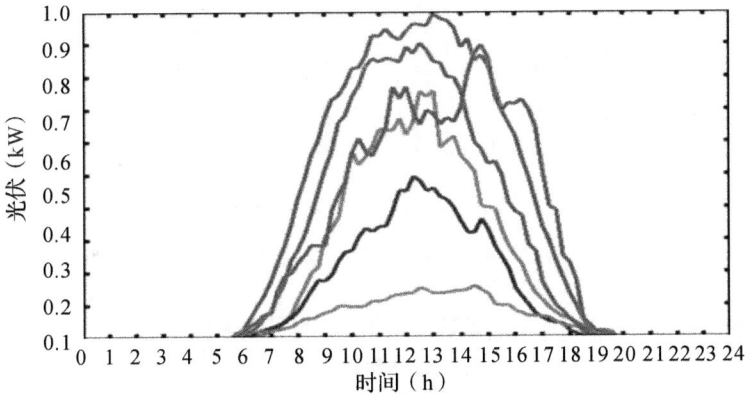

图 6-39 典型光伏出力场景

确定性,而其购买的可调节负荷以及系统提供的上、下调备用均可在一定程度上降低该风险。图 6-40 显示了风光出力不确定性变化时售电公司购买可调节负荷比例、总体调用系统备用的变化情况。如图 6-40 所示,当风光出力不确定性增加时,售电公司购买可调节负荷的比重增大,而购买的系统备用有所减少。这是由于可调节负荷以容量为单位购买,更适用于调节长期出现的出力不确定情况,而系统备用以电量为单位购买,适用于于调节短期的偏差。最终通过两者手段相互协调,最大化售电公司在风光不确定性下可再生能源容量的最优配置。

售电公司在风光出力不确定性变化时对应的购买可再生能源容量的收

益率期望和方差的变化情况见表 6-20。如表 6-20 所示,随着风光出力不确定性增加,售电公司在 RPS 下的总体购售电收益率的期望和方差均呈下降的趋势。这是由于风光出力不确定性的增加使得售电公司投资 RES 电能的风险增大,为了确保投资的安全性,其倾向于选择增大风险相对较低策略(即购买 REC 和缴纳罚金)的投资,从而使得售电公司整体投资的收益率和风险降低,符合投资学中低风险低回报的规律。

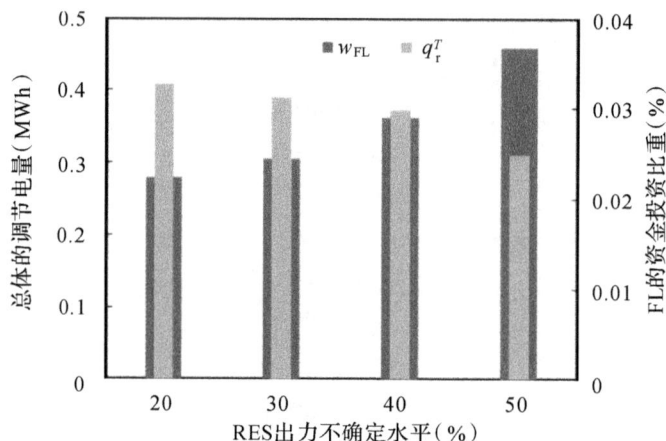

图 6-40 风光出力不确定性变化时售电公司购买的可调节负荷比例及系统备用

表 6-20 风光出力不确定性变化时售电公司可再生能源容量优化配置下的收益率期望和方差

不确定水平	20%	30%	40%	50%
$E(r_c)$	0.3734	0.3367	0.3143	0.1159
$\sigma^2(r_c)$	0.0211	0.0143	0.0125	0.0094

2)RPS 下考虑证书价格不确定性的售电公司可再生能源购电的最优组合策略分析

售电公司购买 REC 的风险主要来源于证书价格的不确定性。下面分析证书价格波动性对售电公司购电策略的影响。

图 6-41 为证书价格不确定性增加时售电公司可再生能源购电的最优分配策略及对应的收益率。如图 6-41 所示,随着证书价格不确定性的增加,售电公司在无风险策略即缴纳罚金中的投资比重显著上升;而其风险策

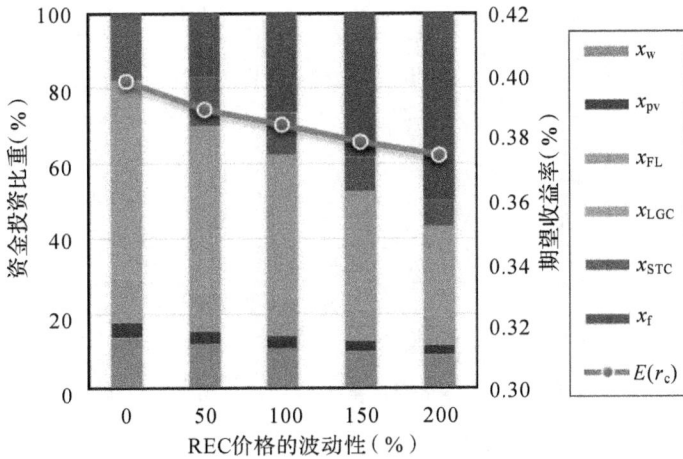

图 6-41　不同证书价格不确定性下售电公司购电的最优分配比例及对应收益率

略的投资总比重呈下降趋势,其中投资证书 LGC 和 STC 的比重下降最为明显。此外,售电公司在 RPS 下的总体购售电收益率呈下降的趋势。这是由于证书价格波动性的增加使得售电公司投资 REC 的风险增大,也随之增加了风险策略的总体投资风险,为了确保投资的安全性,售电公司倾向于选择无风险策略的投资。

3)RPS 不同政府设置罚金下的售电公司可再生能源购电的最优组合策略分析

售电公司缴纳罚金为无风险的策略,但政府设置罚金的数值直接影响该策略的收益率大小。图 6-42 为不同政府设置的罚金下售电公司可再生能源购电的最优分配策略及对应的收益率。如图 6-42 所示,随着政府设置罚金的增大,售电公司在无风险策略(即缴纳罚金)中的投资比重下降显著,但售电公司的整体收益率呈现小幅度上升,且当政府罚金超过一定数值时,无风险策略的投资比重下降至零。这是由于当政府设置罚金增大时,售电公司投资无风险策略的收益率减少,从而抑制了其对无风险资产投资的积极性。这从侧面表明,政府在设置罚金时应有所权衡,过高的罚金不具有设置罚金的惩罚性价值,而仅仅起到警示的作用;而过低的罚金则会降低售电公司的收益率,也无法达到 RPS 下促进可再生能源发展的配额目标。

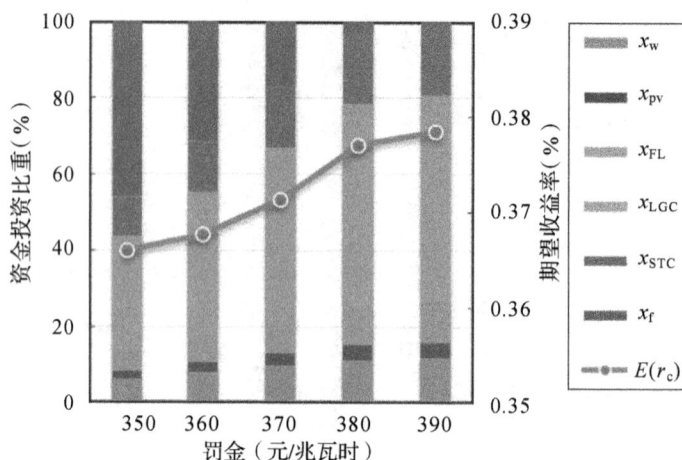

图 6-42　不同政府设置的罚金下售电公司购电的最优分配比例及对应收益率

4）不同配额比下售电公司可再生能源购电的最优组合策略分析

政府对于配额比的设置决定了售电公司购买 RES 电能、REC 以及缴纳罚金所对应的总电量。在假定其他参数不变的情况下,配额比也直接影响了售电公司的各项策略购电收益率的大小。图 6-43 为不同配额比的设置下售电公司可再生能源购电的最优分配策略及对应的收益率。如图 6-43 所示,随着设置配额比的增大,售电公司投资 RES 电能的比重整体呈上升趋势,且在配额比超过 0.3 时略有回落;而其投资 REC 的比重呈明显下降的趋势,且在配额比超过 0.3 时略有回升;缴纳罚金的投资比重自配额比不小于 0.2 后一直维持稳定;售电公司在 RPS 下的总体购售电收益率有明显的下降。当配额比较小时(例如,γ 为 0.15),售电公司主要倾向于采用购买 REC 的方式完成规定的配额;当配额比增加至 0.2 时,售电公司开始采用多样化的手段以完成规定的配额,包括直接购买 RES 电能以及缴纳罚金。其中,各项投资策略收益和风险的权衡是其决策的重要依据。

5）RPS 下考虑不同心理账户的售电公司可再生能源购电的最优组合策略分析

当售电公司心理账户的最低期望收益率、预期收益比重等参数变化时,售电公司在 RPS 下的购电决策也会相应变化。下面分析不同心理账户未来期望收益比重以及最低预期收益率下售电公司的最优购电策略。

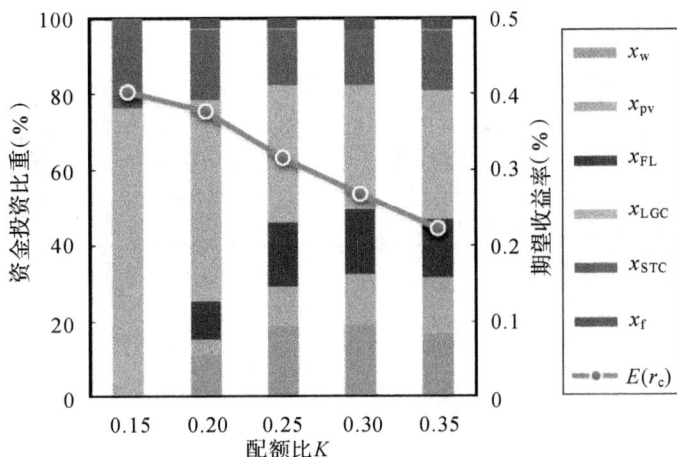

图 6-43　不同配额比下售电公司购电的最优分配比例及对应收益率

● 不同心理账户未来期望收益比重下的购电策略

为研究不同心理账户未来期望收益比重下售电公司可再生能源购电策略的变化,仍设置其心理账户仍为安全账户和风险账户,并改变两个心理账户中期望收益的比重。

图 6-44 显示了不同心理账户未来期望收益比重下售电公司可再生能源购电的最优分配策略及对应的收益率。如图 6-44 所示,随着安全账户期望收益比重的增加,风险账户期望收益比重的减小,售电公司在无风险策略即缴纳罚金中的投资比重有较为显著的上升,而在各个风险的策略即直接购买光伏发电容量以及购买证书的投资比重均有所下降。这是由于当售电公司的投资趋于保守,即更加重视安全账户的投资回报,则其更倾向于对无风险策略的投资,以减小风险策略中由于可再生能源出力以及 REC 价格不确定性带来的潜在损失。同时,售电公司的整体收益率也呈下降的趋势,这符合投资学中高风险高回报的规律。

● 不同心理账户最低预期收益率下的购电策略

为研究不同心理账户最低预期收益率下售电公司可再生能源购电策略的变化,仍设置心理账户仍为安全账户和风险账户,并改变两个心理账户的最低期望收益率。

图 6-45 显示了不同心理账户最低预期收益率下售电公司可再生能源

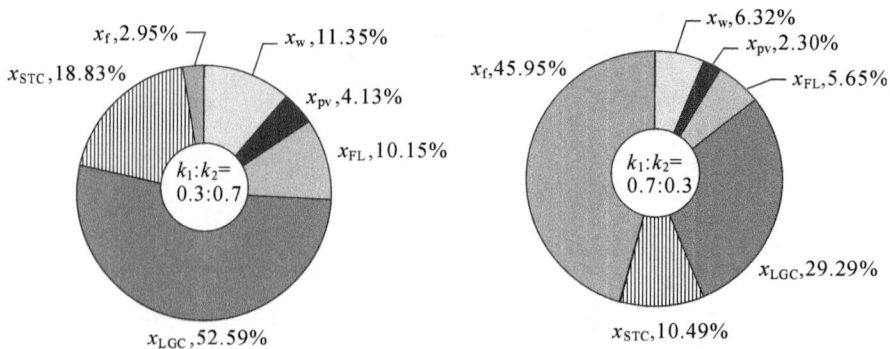

图 6-44　售电公司不同心理账户未来期望收益比重下的购电策略

购电的最优分配策略及对应的收益率。如图 6-45 所示，当安全账户和风险账户的最低期望收益率提高时，售电公司在无风险策略即缴纳罚金中的投资比重有着较为明显的上升；而售电公司购买 STC 和 LGC 证书的投资比重以及购买可再生能源容量的投资比重均有一定程度的下降。这是由于最低期望收益率 h_m 的增加提高了售电公司的投资时可接受的下临界值。当售电公司的实际收益率低于 h_m 时，则其在该心理账户中被视作亏损。为了防止出现心理上的亏损，售电公司会提高其最有保障的投资（即缴纳罚金）的比重。

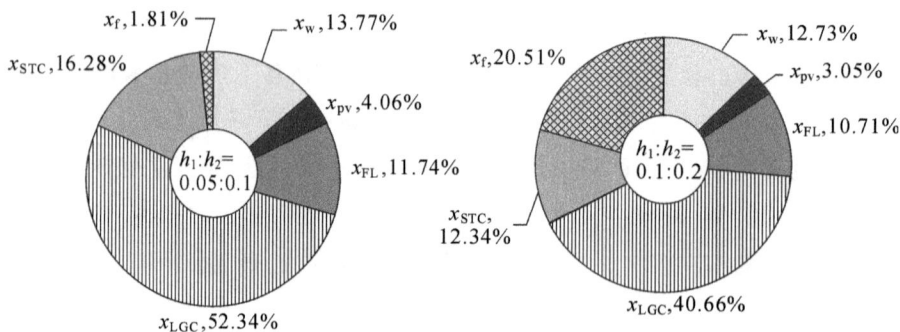

图 6-45　售电公司不同心理账户最低预期收益率下的购电策略

（5）结语

针对我国可再生能源补贴政策逐步由 FIT 向 RPS 的转型目标，基于现代投资组合理论和展望理论，建立了同时考虑可再生能源出力和绿证价格不确定性的售电公司可再生能源购电的决策模型。该模型包含售电公司直接购买可再生能源电能和购买绿证两种风险策略以及缴纳罚金的非风险策略,考虑调用可调节负荷对售电公司可再生能源购电决策的影响,权衡其购电总收益和风险,优化售电公司为完成规定配额比的最优可再生能源购电分配比重。算例分析表明,售电公司可运用该模型,根据其对心理账户的最低期望收益率、预期收益比重等自身参数的设置以及可调节负荷单价、系统上下调备用单价、证书价格波动性等市场信息调整其购电组合策略。此外,市场规则设计者也可运用该模型,分析罚金、配额比等参数的设置对售电公司可再生能源购电最优组合策略的影响,以便设计合理的PRS市场规则。

本节提出的配额制下售电公司可再生能源购电的最优组合策略,采用实际电力市场和绿证市场的价格数据计算售电公司各项策略的收益率,没有考虑配额比对RES电能价格和REC的影响。后续研究可以采用拟合方法,模拟价格参数和配额比之间的关系,以进一步分析配额比对售电公司可再生能源购电最优组合策略的影响。

6.3 本章小结

本章主要介绍了电力中长期偏差处理机制和清洁能源交易机制等安徽电力市场关键问题研究内容,提出了相关机制设计以及市场主体的市场行为和应对策略,以期对相关工作提供理论借鉴。

参考文献

[1] Simab M, Haghifam MR. Quality performance based regulation through designing reward and penalty scheme for electric distribution companies[J]. International Journal of Electrical Power & Energy Systems, 2012, 43(1): 539-545.

［2］Shourkaei HM，Jahromi AA，Firuzabad MF. Incorporating service quality regulation in distribution system maintenance strategy［J］. IEEE Transactions on Power Delivery，2011，26（4）：2495-2504.

［3］Shourkaei HM，Firuzabad MF. Impact of penalty-reward mechanism on the performance of electric distribution systems and regulator budget［J］. IET Generation，Transmission & Distribution，2010，4（7）：770-779.

［4］Ajodhia V. Regulating beyond price：Integrate price-quality regulation for electricity distribution networks. Ph. D. dissertation，Delft Univ.，Delft，The Netherlands，2005［EB/OL］. http://www. leonardo-energy. org/regulating-beyondprice.

［5］Fleten S，Pettersen E. Constructing bidding curves for a price-taking retailer in the Norwegian electricity market［J］. IEEE Transactions on Power Systems，2005，20（2）：701-708.

［6］Riveros JZ，Bruninx K，Poncelet K，et al. Bidding strategies for virtual power plants considering CHPs and intermittent renewables［J］. Energy Conversion and Management，2015，103：408-418.

［7］National grid. CMP212 Setting limits for claim：submission，validation，and minimum financial threshold values in relation to relevant interruptions［EB/OL］. https://www. nationalgrideso. com/sites/eso/files/documents/24412-CUSC% 20Modification％ 20Proposal％ 20CMP212. pdf（2013-01-04）.

［8］Council of European Energy Regulators. 6th CEER benchmarking report on the quality of electricity and gas supply［EB/OL］. https://www. nve. no/energy-market-and-regulation/latest-news/ceer-6th-benchmarking-report-on-the-quality-of-electricity-and-gas-supply/（2016-11-11）.

［9］喻小宝，谭忠富，马佳乐，等. 计及需求响应的售电公司正偏差电量考核优化模型［J］. 电力系统自动化，2019，43（7）：120-131.

［10］杨阳方，刘继春. 计及电量互保策略的售电公司两阶段日前决策方法［J］. 电力系统自动化，2017，41（24）：120-128.

[11] 胡晨，杜松怀，苏娟，等. 新电改背景下我国售电公司的购售电途径与经营模式探讨 [J]. 电网技术，2016，40(11)：3293-3299.

[12] 杨胜春，刘建涛，姚建国，等. 多时间尺度协调的柔性负荷互动响应调度模型与策略 [J]. 中国电机工程学报，2014，34(22)：3664-3673.

[13] Littlechild S. Retail competition in electricity markets：expectations，outcomes and economics[J]. Energy Policy，2009，37(2)：759-763.

[14] De Araujo JMS. WRF wind speed simulation and SAM wind energy estimation：a case study in Dili Timor Leste[J]. IEEE Access，2019(7)：35382-35393.

[15] García-Bertrand R. Sale prices setting tool for retailers[J]. IEEE Transactions on Smart Grid，2013，4(4)：2028-2035.

[16] Conejo AJ，Bertrand RG，Carrion M，et al. Optimal involvement in futures markets of a power producer[J]. IEEE Transactions on Power Systems，2008，23(2)：703-711.

[17] 郭曼兰，陈皓勇，张聪，等. 偏差电量考核机制下售电公司的最优经营策略[J]. 电力系统自动化，2017，41(20)：17-25.

[18] Zhang Z，Jiang YC，Lin ZZ，et al. Optimal alliance strategies among retailers under energy deviation settlement mechanism in China's forward electricity market [J]. IEEE Transactions on Power Systems，2020，35(3)：2059-2071.

[19] 国家发展改革委，国家能源局. 电力中长期交易基本规则(暂行)[Z]. 2016.

[20] Coase RH. The nature of the firm[J]. Economica，1937，4(16)：386-405.

[21] Williamson OE. The economics of organization：The transaction cost approach[J]. The American Journal of Sociology，1981，87(3)：548-577.

[22] 徐健. 农户人际关系网络结构、渠道行为与契约型农产品交易关系稳定性[D]. 东北财经大学，2010.

[23] Molina YP, Prada RB, Saavedra OR. Complex losses allocation to generators and loads based on circuit theory and Aumann-Shapley method[J]. IEEE Transactions on Power Systems, 2010, 25(4): 1928-1936.

[24] 胡佳, 胡林献. 改进夏普利值法的热电机组调峰补偿费用分摊[J]. 电力系统及其自动化学报, 2015, 27(3): 65-70.

[25] 张留金. 竞争性战略联盟中资源依赖性对联盟关系风险及联盟绩效的实证影响研究[D]. 重庆大学, 2009.

[26] Lin J, Fan J. "Boxed Pigs" game analysis on innovation behavior of enterprises in cluster[J]. Systems Engineering, 2006, 24(4): 31-34.

[27] 安晓华, 欧阳森, 杨家豪. 分布式供能系统场景竞争力的分类评价模型及应用[J]. 电力系统自动化, 2016, 40(10): 69-75.

[28] 李春燕, 王东, 张鹏, 等. 计及负荷聚合商调度优先权的独立微网双层实时调度模型[J]. 电力系统自动化, 2017, 41(6): 37-43.

[29] 钟慧荣, 顾雪平. 基于模糊层次分析法的黑启动方案评估及灵敏度分析[J]. 电力系统自动化, 2010, 34(16): 34-37.

[30] 杨甲甲, 何洋, 邹波, 等. 电力市场环境下燃煤电厂电煤库存优化的CVaR模型[J]. 电力系统自动化, 2014, 38(4): 51-59.

[31] Jiang Y. Hou J. Lin Z, et al. Optimal bidding strategy for a power producer under monthly pre-listing balancing mechanism in actual sequential energy dual-market in China[J]. IEEE Access, 2019(7): 70986-70998.

[32] OFGEM. Balancing and settlement code (BSC) P305: electricity balancing significant code review developments[Z/OL]. https://www.ofgem.gov.uk/electricity/wholesale-market/market-efficiency-review-and-reform/electricity-balancing-significant-code-review (2019-04-02)

[33] 黎灿兵, 胡亚杰, 赵弘俊, 等. 合约电量分解通用模型与算法[J]. 电力系统自动化, 2007, 31(11): 26-30.

[34] Yang H, Zhang S, Qiu J, et al. CVaR-constrained optimal bidding of electric vehicle aggregators in day-ahead and real-time markets [J]. IEEE Transactions on Industrial Informatics, 2017, 13(5): 2555-2565.

[35] 王壬, 尚金成, 冯旸, 等. 基于 CVaR 风险计量指标的发电商投标组合策略及模型[J]. 电力系统自动化, 2005, 29(14): 5-9.

[36] 陈建华, 张宁, 戴铁潮, 等. 确定性电量分解算法实证分析[J]. 电力系统自动化, 2008, 32(2): 21-25.

[37] 丁明, 楚明娟, 潘浩, 等. 交直流混合微电网运行优化建模与不确定性分析[J]. 电力系统自动化, 2017, 41(5): 1-7.

[38] Wen F, David AK. Optimal bidding strategies and modeling of imperfect information among competitive generators [J]. IEEE Transactions on Power Systems, 2002, 16(1): 15-21.

[39] Gountis VP, Bakirtzis AG. Bidding strategies for electricity producers in a competitive electricity marketplace [J]. IEEE Transactions on Power Systems, 2004, 19(1): 356-365.

[40] Veerachary M, Saxena AR. Optimized power stage design of low source current ripple fourth-order boost DC-DC converter: a pso approach[J]. IEEE Transactions on Industrial Electronics, 2015, 62(3): 1491-1502.

[41] Rahimiyan M, Baringo L. Strategic bidding for a virtual power plant in the day-ahead and real-time markets: a price-taker robust optimization approach[J]. IEEE Transactions on Power Systems, 2016, 31(4): 2676-2687.

[42] 蒋轶澄, 曹红霞, 杨莉, 等. 可再生能源配额制的机制设计与影响分析[J]. 电力系统自动化, 2020, 44(7): 187-199.

[43] Cai H, Chen J, Dong C, et al. Power market equilibrium under the joint FIP-RPS renewable energy[J]. Incentive Mechanism in China, 2019, 11(18): 4964.

[44] Markowitz H. The utility of wealth[J]. Journal of Political Economy, 1952, 60(2):151-158.

[45] Xin L, Sandborn PA. Maintenance scheduling based on remaining useful life predictions for wind farms managed using power purchase agreements[J]. Renewable Energy, 2017, 116: 188-198.

[46] Zugno M, Morales JM, Pinson P, et al. A bilevel model for electricity retailers' participation in a demand response market environment[J]. Energy Economics, 2013(36): 182-197.

[47] Moghaddam M P, Abdollahi A, Rashidinejad M. Flexible demand response programs modeling in competitive electricity markets[J]. Applied Energy, 2011, 88(9): 3257-3269.

[48] 王海冰, 王承民, 张庚午, 等. 考虑条件风险价值的两阶段发电调度随机规划模型和方法[J]. 中国电机工程学报, 2016, 36(24): 6838-6848.

[49] Suman P, Gupta SK. Behavioral Portfolio Theory[J]. Journal of Financial & Quantitative Analysis, 2000, 35(2): 127-151.

[50] Thaler R. Mental account and consumer choice[J]. Marketing Science, 1985(4): 199-214.

[51] 吕泉, 武亚光, 李卫东. 基于多心理账户的发电商报价决策模型[J]. 中国电机工程学报, 2006, 26(24): 24-30.

[52] Tversky KA. Prospect theory: an analysis of decision under risk[J]. Econometrica, 1979, 47(2): 263-292.

[53] Kahneman AT. Advances in prospect theory: cumulative representation of uncertainty[J]. Journal of Risk and Uncertainty, 1992, 5(4):297-323.

[54] Das S, Markowitz H, Scheid J, et al. Portfolio optimization with mental accounts[J]. Journal of Financial & Quantitative Analysis, 2010, 45(2): 311-334.